复旦大学企业发展与管理创新研究中心
上海市人民政府决策咨询研究基地芮明杰工作室
上海市社会科学创新研究基地（产业结构调整）
上海市产业发展研究和评估中心

2019

中国产业发展
年度分析报告

——投入产出的视角

芮明杰　王小沙　主编

上海财经大学出版社

本书编委会

主　　任：芮明杰
副主任：王小沙
成　　员：韩佳玲　孔　粒
　　　　　施婧婧　徐　睿
　　　　　郭　进　潘闻闻
　　　　　黄　芳　钟　榴

前　言

一

本报告是从投入产出的视角对 2018 年第 4 季度至 2019 年前三季度中国产业发展状况进行分析的报告。我国经济与产业发展至今取得了举世公认的成就，尤其在经济总量、产品总量增长方面更为突出，但产出效率、资源配置效率究竟是否也是如此这般傲人，需要进一步分析实证。本报告希望在这方面做个基本判断，以利未来高质量发展，所以使用投入产出的分析视角，这一分析视角实为产出效率的分析视角。

本报告由主报告与副报告组成。主报告为年度产业发展分析报告。主报告分四章：第一章分析 2019 年度我国经济与产业发展的总体状况，主要关注经济总量变化与产业结构、产业发展的相关特性，分析产业发展与结构变化的总体状况、相关性、影响因素，尤其是中美贸易摩擦的影响，发现年度发展的总体特征。第二章是从投入产出的角度对我国产业发展历史、产业发展的要素投入效率、产业关联与产出效率进行了深入分析，并对我国产业政策的投入产出效应进行了分析研究。第三章基于投入产出的视角进行大类产业发展动态分析，以开放经济为导向，分析传统产业和新兴产业两大类产业发展的状况、两类产业发展的投入产出效率的异同，并进一步深入剖析传统产业与新兴产业发展中存在的问题及其内在联动状况。第四章分析我国东部、中部、西部以及东北地区产业发展的总体状况以及投入产出效率，尤其对这四个区域的传统产业、新兴产业的动态发展状况、在新旧动能转换高质量发展方面进行了探讨。

副报告独立成篇,题目为《上海现代产业体系建设重点与对策》,是上海市政府决策咨询研究重点课题(项目编号:2018-GZ-02)成果。副报告主要研究上海目前至未来,如何在全球资源价格上升、汇率波动、贸易保护主义抬头、信息化、技术进步快速和劳动力成本加大等因素影响下,在现行产业体系结构性缺陷较为严重,低端产业产能过剩,高端产业核心技术缺乏的状况下,建设与发展面向未来的现代产业体系,研究符合上海未来需要的产业发展新模式,探讨相应的政策支持体系,以期对上海经济与产业的未来高质量发展提供决策参考。

二

2019 年度是我国经济与产业发展遇到重大挑战的年度。一方面由于国际贸易保护主义抬头,中美贸易从摩擦升级为严重的关税战争,引发全球经济波动乃至下行,令投资者风险担忧加剧,也使中美两国经济与产业发展受到相当大的影响;另一方面我国国民经济增长也出现了下行的趋势,失业率上升,消费物价水平上升,稳增长、调结构依然是本年度经济工作与产业发展的重中之重。

(一)从宏观基本面看

GDP 增长速度下降。从 2018 年第四季度至 2019 年前三季度,我国经济总体增速维持上一年度的放缓态势,并继续下降。2018 年全国国内生产总值为 900 309.5 亿元,比上年增长 6.6%,其中第四季度国内生产总值为 253 598.6 亿元,比上年同期增长 6.4%。2019 年前三季度国内生产总值为 697 798.3 亿元,按可比价格计算,同比增长 6.2%,增速比上年同期降低 0.5 个百分点。其中第一季度同比增速为 6.4%、第二季度为 6.2%、第三季度为 6%,经济增速逐步放缓,但 2019 年全年 GDP 增长速度保 6% 应该可以。

失业率上升,居民收入增幅下降。2018 年底至 2019 年第三季度末期城镇调查失业率整体呈上升趋势。2018 年 10 月全国城镇调查失业率为 4.9%,增加至 2019 年 2 月的 5.3%,随后有所回落,但于 9 月回到 5.3%,为近年最高。居民人均可支配收入 2018 年第四季度累计增长 6.5%,2019 年第一季度上升至 6.8%,第二、第三季度回落至 6.5%、还是以粗放为主,未来需要大力调整发展方式,提高投入产出效率,进行可持续的高质量发展。

三

产业是经济发展的发动机,产业的状况直接决定了经济发展的状况。特别是当技术发生根本性变革时,产业革命就会爆发,而产业革命直接导致了生产力的更大规模发展,导致了经济大规模的增长。进入21世纪后各类科学技术取得了巨大的进步,如互联网、智能制造、新能源技术等的进步,以至于许多学者开始讨论新一轮工业革命爆发的可能。尽管全球对此尚未取得共识,但大家已经充分认识到技术、创新、产业发展的未来对谋求未来全球经济、政治、产业竞争力的重要性,发达国家纷纷启动了科学技术发展、新兴产业发展的新战略。

实际上在21世纪初,新一轮科技创新、新兴产业发展竞争已经开始,而愈演愈烈的中美贸易摩擦已经明明白白告诉我们,贸易摩擦的背后是产业体系、产业链与产业的竞争,也是科学技术与创新的竞争,更是高端人才的竞争。这样的竞争态势是过去从来没有过的,可以说是全新的全球竞争,其中全球产业新一轮竞争已经箭在弦上。我认为现在至不远的将来新一轮全球新兴产业竞争会有以下几个新特点。

产业标准制定的竞争。新一轮产业竞争的最大特点是新兴产业标准、技术标准、产品标准建立者的争夺,即谁能够建立起新兴产业的标准尤其是技术标准、产品标准、生产标准,并获得足够大的市场,那么这个国家的产业就赢了,企业就赢了。例如5G产业的技术标准是华为一直孜孜以求的,2018年2月23日,在世界移动通信大会(MWC)召开前夕,沃达丰和华为宣布,两公司在西班牙合作采用非独立的3GPP 5G新无线标准和Sub6 GHz频段完成了全球首个5G通话测试。华为成为此标准的主要设计者,这就是华为在5G产业方面的强大竞争力所在。

产业链、价值链治理权的竞争。所谓产业链、价值链治理权是指能够掌控产业链上下游、相关产业与供应商的软实力。在产业链、价值链全球分布的今天,产品尤其是高端高技术产品的生产与研发实际上是全球产业链、价值链上相关产业供应商合作的结果。虽然这种合作是基于全球市场与多边贸易信用的,但拥有产业链、价值链治理权的企业往往是他们掌控了产业链或价值链上的关键资源、核心技术和广阔市场，例如半导体产业链上的芯片加工设备、芯片设计、高端芯片制造技术等就是如此。因此，一旦竞争力趋于恶性，谁拥有产业链、价值链治理权谁就可以卡他人脖子。

产业发展的平台竞争。平台已经成为产业发展最重要的组织者。产业发展的竞争已经表现为平台的竞争。从平台支撑性产业规模的增长来看，从 2017—2018 年的产业规模增长率来看，社交型电商平台支持该行业增长了 2.5 倍，短视频平台行业增长率超过 100%，共享单车、第三方移动支付、网络购物、网约车、O2O 外卖平台等的发展，其行业增长率也是十分可观的。例如工业互联网是制造业智能化发展的最重要的平台，工业互联网的标准制定者、领先者是 GE 公司，目前已经成为全球制造业转型发展的最重要平台。我国从 2018 年开始推进这一平台的建设发展。产业发展的平台竞争已经全面展开，未来会更趋激烈。

产业技术创新的制度竞争。新兴产业发展与竞争的背后首先是产业新技术与创新的竞争，是新技术新产业创新的效率竞争，也是推动新技术新产业创新发展的制度效率的竞争。好的制度可以激发创新主体的创新合作巨大积极性，激励多出创新成果、快出成果。例如，自 20 世纪 90 年代起，日本政府开始对科研院所等开展"独立行政法人"改革，使其由"国家机构"转变为具有独立"人格"的"行政法人"。其核心特征是转变政府职能，下放权力、赋予用人单位自主权，结果取得了显著的技术研发成果。在此基础上，2015 年日本政府对"独立行政法人通则法"进行了修订，首批 31 家"国立研发法人"被正式批准设立，其目标是提升日本产业技术在国际上的综合竞争力。目前，日本又在积极探索"特定国立研发法人（超级法人）"制度的设立，以期打造具备世界最高研究水平的研发机构，出更多新产业新技术成果，保持日本产业未来领先地位。

产业创新人才的竞争。人才的竞争已经从争夺产业创新人才、产业高科技人才到今天的在高技术产业领域设置障碍隔离竞争对手国家的人才，不接受其教育，不接受其工作这样的竞争手段以保护技术的领先性。尽管这不利于全球科学技术发展和产业发展，但至少保护了自己的技术秘密。从美国的近期表现可以看到，对产业创新人才的竞争已经到了如此阶段。因此，我们必须对现有教育体系与制度进行重大改革，培养未来科学技术与新兴产业技术人才;同时建立新的人才引进、使用体制机制,如深圳已经宣布海外人才到深圳工作,可以减免(补贴)个人所得税至15%。粤港澳大湾区都可以应用此政策,加上香港几所世界级大学的教育体系对人才的培养,可以预计未来发展不可限量。

新的产业竞争已然开始,我们准备好了吗?

芮明杰

2019 年 12 月 31 日

目　录

副报告　上海现代产业体系建设重点与对策

主报告

2019 中国产业发展年度分析报告

第一章

2019 年中国产业发展总体状况分析

    2018 年第四季度至 2019 年第三季度，是中国宏观经济动荡的一年，对内转型压力仍旧持续，对外贸易摩擦前景不明。传统产业的转型升级，新兴产业的探索发展，产业结构调整中遇到的问题，制度机制改革下面临的瓶颈，能否成功踏出中等收入陷阱未来经济可以高质量发展是关注的焦点。当前，新一轮科技革命和产业变革正加速演进，创新合作、合作共赢是大势所趋，以开放促改革、促发展，是我国产业体系结构调整转型升级的必经之路。

1.1 年度宏观经济概览

    本章节主要分析我国 2018 年第四季度至 2019 年前三季度宏观经济发展状况以及相应的产业发展的现状与问题。

1.1.1 经济总量

    2019 年，国际贸易摩擦持续、国内内需投资低迷、产业转型升级仍在攻克瓶颈,中国的宏观经济呈现增速持续放缓、市场信心欠缺尚未改善的态势。

1. 经济增速放缓,市场情绪低迷

从 2018 年第四季度至 2019 年前三季度,我国经济总体增速维持上一年度的放缓态势,并继续下降。2018 年全国国内生产总值为 900 309.5 亿元,比上年增长 6.6%,其中第四季度国内生产总值为 253 598.6 亿元,比上年同期增长 6.4%。2019 年前三季度国内生产总值为 697 798.3 亿元,按可比价格计算,同比增长 6.2%,增速比上年同期降低 0.5 个百分点。其中第一季度同比增速为 6.4%,第二季度为 6.2%,第三季度为 6%,经济增速继续放缓(见图 1—1)。

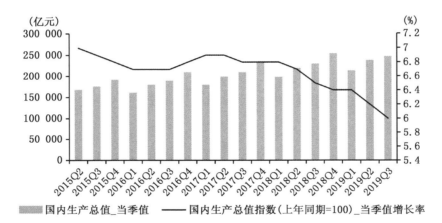

资料来源:根据国家统计局数据绘制。

图 1—1　我国国内生产总值与增长率

2018 年第四季度起,综合 PMI 产出指数波动较上一年度减弱,全年度高点在 2019 年 3 月的 54,低点在 2 月的 52.4,区间仅为 1.6,区间幅度较上一年度缩小 0.6。2019 年 4 月以来,综合 PMI 基本稳定在略高于 53 水平,显示采购经理对经济预期较为稳定(见图 1—2)。

2. 广东、江苏、山东三省 GDP 总额最高,云南、贵州、西藏自治区三地 GDP 增速最高

各省市中,广东省的区域生产总值在四个季度均为最高,2018 年第四季度为 26 642.55 亿元,2018 年第一、二、三季度分别为 23 886.77 亿元、26 614.4 亿元和 26 689.83 亿元。江苏省的区域生产总值在四个季

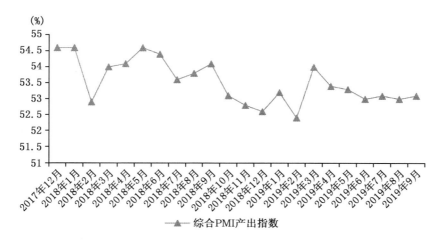

资料来源:根据国家统计局数据绘制。

图 1—2　综合 PMI 产出指数

度中都排行第二,分别为 25 556.12 亿元、22 883.79 亿元、25 698.87 亿元和 23 617.34 亿元。山东省的区域生产总值在 2019 年一季度超过 2 万亿元大关,达到 20 177.39 亿元。西藏自治区的生产总值在全国排行最末,在 400 亿元上下徘徊,但其同比增速名列全国前三(见图 1—3)。

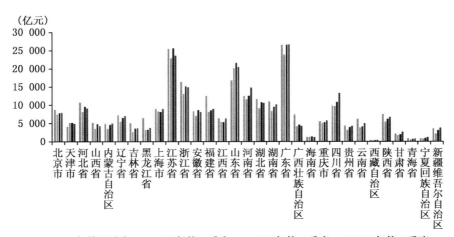

资料来源:根据国家统计局数据绘制。

图 1—3　各省及直辖市 GDP 当季值

本年度中,云南、贵州、西藏自治区三地生产总值同比增速最高,其中云南省的增速于 2019 年全面超过贵州与西藏自治区,位列全国第一。云南省 2018 年第四季度至 2019 年第三季度的同比增速分别为 8.9%、9.7%、9.2%和 8.8%。贵州省 2018 年第四季度至 2019 年第二季度的生产总值同比均超过 9%,分别为 9.1%、9.2%和 9%,第三季度则下降至8.7%。西藏自治区的生产总值同比趋势与贵州省相仿。GDP 总值最高的广东、江苏二省依旧保持高于全国 GDP 增速的高速增长,山东省 2019年的增速则低于全国平均水平(见图 1—4)。

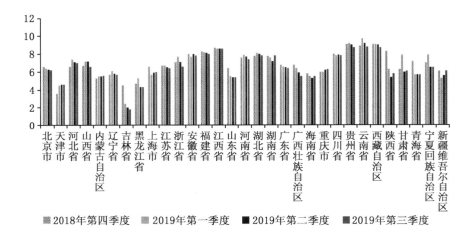

■ 2018年第四季度　■ 2019年第一季度　■ 2019年第二季度　■ 2019年第三季度

资料来源:根据国家统计局数据绘制。

图 1—4　各省及直辖市 GDP 同比涨跌幅

3. 第一产业贡献率季节性波动,第二产业贡献率占比略有上升,第三产业贡献率保持稳定

第一产业贡献率占比从 2018 年第四季度至 2019 年前三季度呈现先降后升的态势,2018 年第四季度为 5.9%,2018 年第一季度则为全年度低点 1.8%,第二和第三季度为 3.4%和 4.1%。第二产业贡献率占比较上一年度略有上升,平均比上一年度同期增加 1.3 个百分点,从 2018 年第四季度至 2019 年前三季度处于 36%上下。本年度第三产业贡献率则保持稳定,2018 年第四季度第三产业的贡献率为 56.9%;2019 年第一、二、三季度分别为 61.3%、59.3%、61.2%(见图 1—5)。

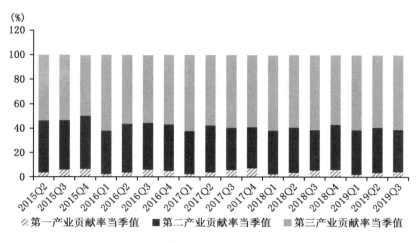

图 1-5　三次产业贡献率当季值

4.生产者价格指数持续下行,消费者价格指数略有上涨

2018 年 10 月至 2019 年 2 月,CPI 从 2.5% 一路向下至 1.5%,2019 年 3 月回升至 2.3%,随后受猪肉价格影响持续增长至 9 月的 3%。PPI 自 2018 年 10 月的 3.3% 骤降至 2019 年 1 月的 0.1%,随后 4 个月有所反弹并于 6 月再次触及零点。2019 年 7 月起,PPI 转负并持续向下,于 9 月达到 -1.2%,显示生产者原材料价格下降,通货紧缩压力显现。2018 年底至今,PPI 与 CPI 敞口扩大,PPI 同比下降,工业生产者价格指数传导至下游消费者价格指数给 CPI 带来下行压力(见图 1-6)。

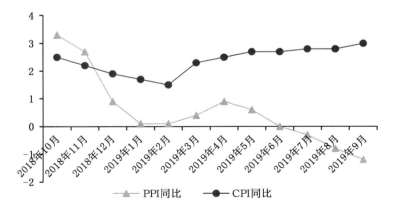

图 1-6　PPI 与 CPI 同比涨跌幅

5. 2019 年第二季度居民人均可支配收入为全年最低

2018 年第四季度居民人均可支配收入为 7 193 元,2019 年第一季度为 8 493 元,并于第二季度下降至 6 801 元,随后在第三季度回升至 7 588 元(见图 1—7)。工资性收入依旧占居民人均可支配收入最大部分,其占比从 2018 年第四季度的 53.45% 上升至 2018 年第一、二、三季度的 56.96%、58.15%、55.71%。与此相对,居民可支配经营净收入占比在年内下降,从 2018 年第四季度的 19.67% 降至 17.5%、14.42%、17%,该趋势与年底企业经营会计结算有关(见图 1—8)。

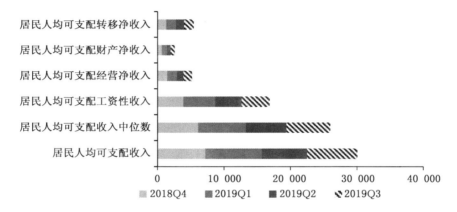

资料来源:根据国家统计局数据绘制。

图 1—7　居民人均可支配收入

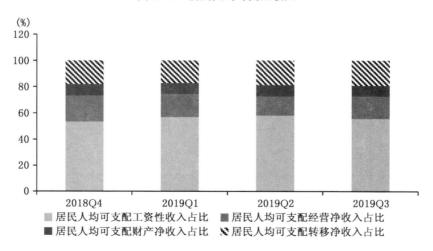

资料来源:根据国家统计局数据绘制。

图 1—8　居民人均可支配收入占比

6. 固定资产投资额累计增长下行

固定资产投资额累计增长有季节波动的特点,但其总体趋势仍持续下行。2018 年 10 月同比数据为 5.7%,后于 2019 年 3 月达到高点6.3%,随后一路下降至 5 月的 5.6%,9 月的 5.4%(见图 1—9)。

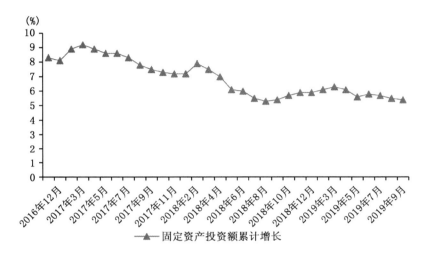

资料来源:根据国家统计局数据绘制。

图 1—9 固定资产投资完成额累计增长

1.1.2 运行状况

本节从总供给与总需求两个角度来了解本年度中国经济的总体状况:供给端总产出承压,工业增加值增速波动加剧,发电量同比增速有回暖倾向;私人部门投资下滑,对外出口总额下降;消费、投资对经济贡献率下降,进出口同比下降。

1. 总供给

从宏观经济总供给的角度观察我国经济运行状况得知本年度总产出额承压,民间投资增速下行,所幸科研仍在发力。

(1)第一产业总产值同比增速下降

第一产业总产值的季节性波动十分明显。与往年不同,今年按现价计算的产值累计值在 2018 年第四季度。2019 年第一季度分别为 64 734亿元、8 769.4 亿元,均小于去年同期。2019 年第二、第三季度则为

23 207 亿元、43 005 亿元,高于去年同期。本年度按不变价计算的第一产业同比增速亦有所下降,2018 年第四季度的同比增速为 3.5%,小于 2017 年第四季度 0.4 个百分点。2019 年第一、第二、第三季度分别为 2.7%、3%、2.9%,均小于去年同期 0.2 至 0.5 个百分点(见图 1—10)。

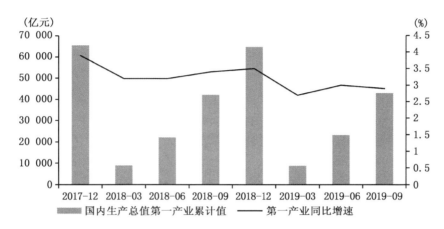

资料来源:根据国家统计局数据绘制。

图 1—10 第一产业总产值累计值与同比增速

(2)工业增加值同比波动加剧

工业增加值同比增长较上一年度波动明显加剧。本年度高点在 2019 年 3 月的 8.5%,低点在 2019 年 8 月的 4.4%。虽有年内季节波动影响,但期内总波动幅度仍高达 4.1 个百分点。2018 年第四季度同比增速较为稳定,保持在 5.4% 至 5.9% 的水平,进入 2019 年后先升后降再升再降,波动幅度较往年加大,但总体趋势仍然隐约下降:2018 年 10 月同比增速为 5.9%、到 2019 年 5 月的 5% 以及 8 月的 4.4%(见图 1—11)。

(3)发电量同比增速有所反弹

2018 年第四季度以来,发电量同比增速波动下降,从 2018 年 10 月的 4.8%,下降至 2019 年 5 月的 0.2%,随后于 9 月回升至 4.7%。发电量当期值数据则显示出普遍的季节性波动:全年用电高峰位于夏季 7 月与 8 月(见图 1—12)。

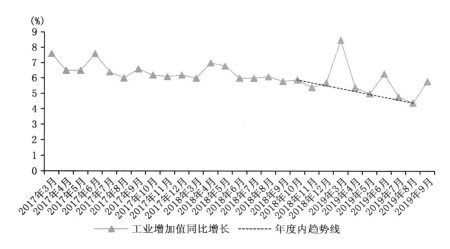

资料来源:根据国家统计局数据绘制。

图1—11　工业增加值同比涨跌幅

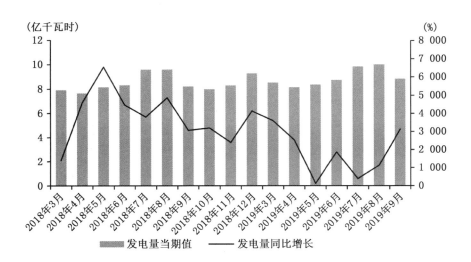

资料来源:根据国家统计局数据绘制。

图1—12　发电量当期值与同比增速

(4)固定资产投资额累计增速较为平稳,民间投资增速下行,国企上升

本年度固定资产投资额累计增速较上一年度有所下行,但于年内波动平稳。2018年10月的固定资产投资额累计同比为5.7%,其后两个季度略有上升,于2019年3月到达年度内高点6.3%,波动下行随之而来,

并最终于 9 月到达 5.4%(见图 1—13)。

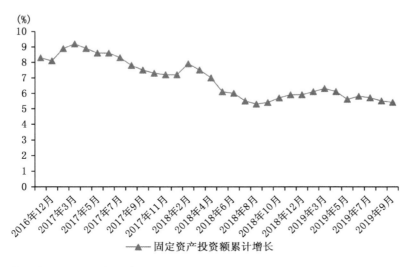

资料来源:根据国家统计局数据绘制。

图 1—13   固定资产投资额累计增长

其中,民间固定资产投资额累计增速于 2018 年第四季度稳定在 8.7%至 8.8%区间内后,于 2019 年 3 月跌落至 6.4%,乃年度内初次低于国有及国有控股固定资产投资额累计增速。其后民间固定资产投资额累计增速逐步下滑至 2019 年 9 月的 4.7%,与国有及国有控股固定资产投资额累计增速的差距敞口较年初有所扩大。国有及国有控股固定资产投资额累计增速在 2018 年 10 月仅为 1.8%,并于整个第四季度保持在 2%左右水平。2019 年 2 月国有及国有控股固定资产投资额累计增速抬升至 5.5%,其后一路上涨至 4 月的 7.8%,并于 9 月稳定于 7.3%(见图 1—14)。

(5)单位科研人员可获研发经费持续上升

我国研究与试验发展经费支出与人员数量逐年上涨。2018 年度研究与试验发展经费支出高达 19 677.93 亿元,研究与试验发展人员全时当量达 438.14 万人/年,其中平均单个研究与试验发展人员在一年内可获得的经费约为 44.9 万元,比 2017 年度上涨 12 637.5 元(见图 1—15)。

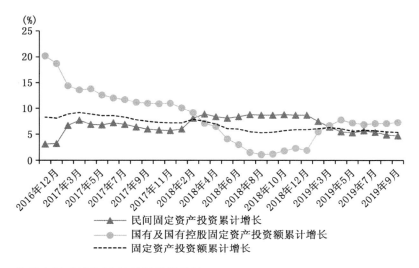

资料来源:根据国家统计局数据绘制。

图 1-14 国有及民间固定资产投资额累计增长

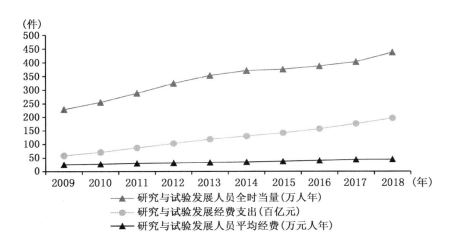

资料来源:根据国家统计局数据绘制。

图 1-15 上市公司国内外专利申请获得数

(6)工业出口交货值同比增速持续下滑

2018 年 10 月至年底,工业出口交货值当期值从 11 488.6 亿元增长至 11 748.8 亿元,随后于 2019 年 3 月跌落至 10 292 亿元,并于 4 月持续下降至 9 899.3 亿元,5 月起有所回升,最终于 9 月达到 11 703.6 亿元,仍然比去年同期减少 135.6 亿元。工业出口交货值同比增速在本年度持续波动下滑,2018 年 10 月的同比增长为 14.7%,到 2019 年 8 月跌破零点,降至 -4.3%;2019 年 9 月则为 -0.7%(见图 1-16)。

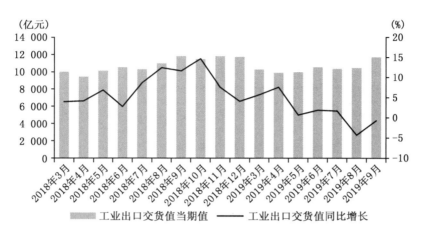

资料来源:根据国家统计局数据绘制。

图 1-16　工业出口交货值总值与同比涨跌幅

2. 总需求

从总需求的角度观察我国经济总体运行状况得知本年度居民消费疲软,投资对国民生产总值贡献率持续缩水,进出口同比亦有所下降。

本年度中,消费、投资、净出口"三驾马车"对经济贡献率出现变化,最终消费支出对国内生产总值的贡献率从 2018 年第四季度的 71.6% 下降至 2018 年第一季度的 65.1%;第二季度持续下降至 55.3%;第三季度回升至 61.4%。资本形成总额对国内生产总值增长的贡献率较去年有所下降,除 2019 年第一季度为 12.1% 外,本年度其余三个季度均略高于 20%。货物和服务净出口对国内生产总值增长贡献率则在 2018 年第四季度破零回升至 8%,随后于 2019 年第一季度增至 22.8%,于第三季度稳定在 17.5%(见图 1-17)。

(1)社会消费品零售总额增速较高,但较往年下降

本年度社会消费品零售总额当期值依旧平稳上升。2018 年第四季度为全年度消费高峰,各月零售总额依次为 35 534.4 亿元、35 259.7 亿元和 35 893.5 亿元,2019 年 4 月为年度低谷,零售总额为 30 586.1 亿元,

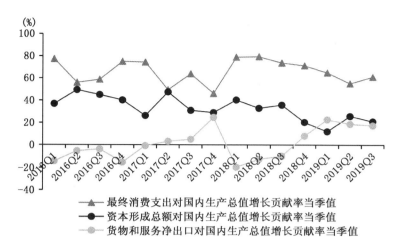

资料来源：根据国家统计局数据绘制。

图 1—17　"三驾马车"对 GDP 贡献增长率

随后当月值回升，9 月达 34 494.9 亿元（见图 1—18）。

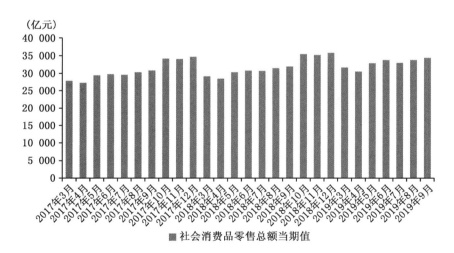

资料来源：根据国家统计局数据绘制。

图 1—18　社会消费品零售总额当期值

社会消费品零售总额同比增速仍高于 GDP 同比，但较往年持续放缓。2018 年 10 月社会消费品零售总额同比增速为 8.6%，其后下降但于2019 年 6 月回升至 9.8%，2019 年 7 月下降至 7.6%，2019 年 9 月保持在

7.8％(见图 1－19)。

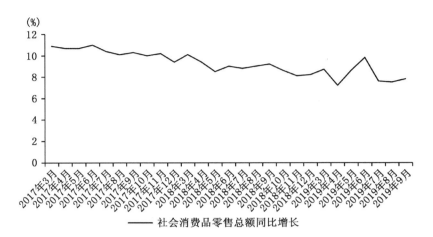

资料来源:根据国家统计局数据绘制。

图 1－19　社会消费品零售总额同比涨跌幅

2018 年第四季度至 2019 年第三季度,乡村社会消费品零售总额同比均高于城镇消费品同比,城乡差额缩小后又扩大。2018 年 10 月乡村零售额同比为 9.7％,城镇同比为 8.4％,差额为 1.3％。城乡社会消费品零售总额增速差距于 2019 年 6 月降于年度最低点 0.3％,后逐渐扩大至 8 月的 1.7％,9 月的 1.5％(见图 1－20)。

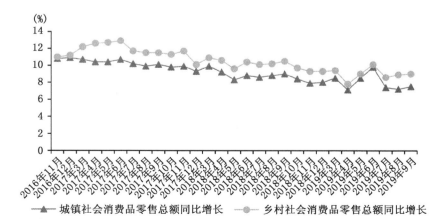

资料来源:根据国家统计局数据绘制。

图 1－20　城乡社会消费品零售总额同比涨跌幅

商品零售与餐饮收入同比增速于本年度内差额幅度扩大,餐饮增速波动较商品零售更大。2018年10月餐饮收入同比增速为8.8%,商品零售为8.5%,两者差额持续增长至2019年4月的1.5%,餐饮同比为8.5%,商品同比为7%。随后差额于2019年6月下降至-0.4%,餐饮同比为9.5%,商品同比为9.9%。同比差额在2019年第三季度扩大,保持在2%左右(见图1-21)。

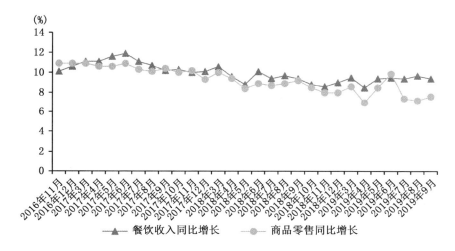

资料来源:根据国家统计局数据绘制。

图1-21　餐饮与零售行业收入同比涨跌幅

(2)固定资产投资增速低位平稳,改建类增速下降,低于新建类

2018年第四季度与2019年第一季度改建类固定资产投资额累计增长在三大固定资产投资类别中最高,2018年10月改建类为11.6%,至2019年2月均稳定在11%以上,3月下降至8.4%。改建类固定资产投资额累计增速于4月跌落至3.8%,为1年多来首次位于新建类固定资产投资额累计增速以下,其后改建类保持在4%左右波动。本年度新建类固定资产投资额累计增速在三大类中最为稳定,2018年10月为4.5%,于2019年2月下降至2.8%以后回升稳定在5%以上水平。扩建类固定资产投资额累计增速在本年度全面位于零点以下,除了2019年2月的1.8%,其累计同比一路向下于2019年9月低达-7.2%(见图1-22)。

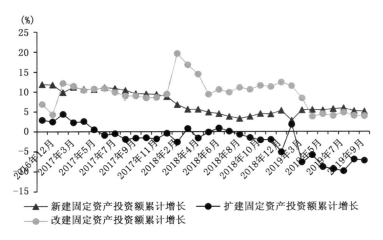

资料来源：根据国家统计局数据绘制。

图 1—22　新建、扩建与改建固定资产投资额累计增长

2018 年 10 月起私营与外商独资企业固定资产投资额累计增长均下降，其中私营企业从 2018 年 10 月的 14.7% 下降至 2019 年 9 月的 3.9%，降幅达 10.8%。外商独资企业则从 12.6% 的高增长一路破零降至 2019 年 9 月的 —8.4%，全年同比增速的最大差额幅度为 27.7%。国有独资公司固定资产投资额累计增长则逆势上涨，2018 年第四季度在 10% 左右波动；2019 年起一路上涨，增速于 9 月高达 21.6%（见图 1—23）。

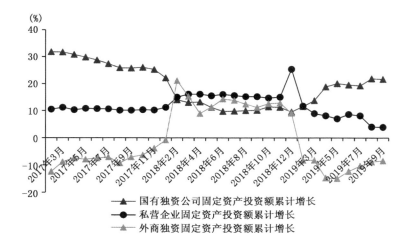

资料来源：根据国家统计局数据绘制。

图 1—23　国有独资、私营以及外商独资企业固定资产投资额累计增长

（3）进口总值下降，进出口增速总体下滑，外商直投合同增速骤降

本年度进口总值较去年有所下降，但降幅基本稳定。2018 年 10 月当期值为 1 832.67 亿美元，随后上升至 2018 年 12 月的 1 641.94 亿美元，2019 年 1 月返升，但 2 月滑落至全年最低点 1 311.195 亿美元，2 月在历年的季节性波动中也均为全年谷底。2019 年 3 月起进口总值回升至 1 659.84 亿美元，之后波动较为平稳，2019 年 9 月达 1 784.74 亿美元。进口总值同比增速在全年度的三四月份均破零为负，2018 年 10 月同比增长为 21.4%，11 月下降至 3%，12 月起跌破零点降为 −7.6%。2019 年第一季度同比均保持在零点以下，直至 4 月回升至 4%，5 月至 9 月的同比增速在 −5.3% 与 −8.5% 之间波动（见图 1−24）。

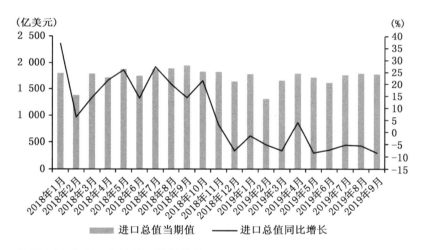

资料来源：根据国家统计局数据绘制。

图 1−24　进口总值当期值与同比涨跌幅

本年度进口与出口总值的同比增长较去年整体下了一个台阶，上一年度的同比增长尚在正位，本年度同比则接近零点甚至在零点以下。2018 年 10 月进出口总值同比增长、出口总值同比增长与进口总值同比增长分别为 18.2%、15.6% 和 21.4%，11 月下降为 4.3%、5.4% 和 3%，12 月即破零为 −5.8%、−4.4% 和 −7.6%，其后 2019 年的三个季度均在零点以下徘徊。出口数据受贸易摩擦影响更大，因此出口总值同比增速的波幅在 2019 年前三季度达 35%，大于进口的波幅 12.5%（见图 1−25）。

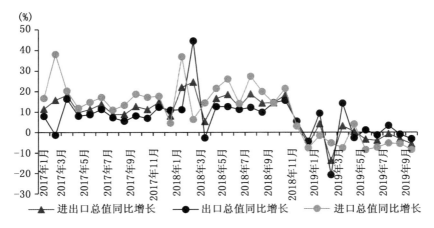

资料来源:根据国家统计局数据绘制。

图 1-25   进出口总值同比增长

本年度净出口差额在 10 个月份内高于去年同期,仅有 2018 年 10 月、2019 年 2 月和 4 月小于上一年度同期。2018 年 10 月进出口差额当期值为 340.16 亿美元,随后遵循季节性变化于 12 月上升至 570.56 亿美元。2019 年 1 月进出口差额为 397.94 亿美元,2 月为 40.81 亿美元,6 月达 509.76 亿美元,随后于 9 月下落至 396.51 亿美元(见图 1-26)。

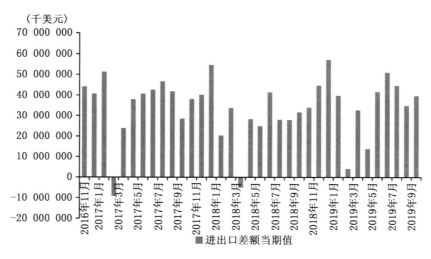

资料来源:根据国家统计局数据绘制。

图 1-26   净出口差额当期值

2019 年 1 月以来,受投资环境不确定性上升影响,外商直接投资合同项目数累计增长骤减,实际利用外商直接投资金额累计增长略有下降但仍保持稳定。其中外商直接投资合同项目数累计增长在 2018 年 10 月为 89.3%,随后略有下降于 12 月达 69.8%,进入 2019 年 1 月则跌破零点降为 -10.6%,2 月为 -26.4%,之后 7 个月累计增长均小于 -30%。实际利用外商直接投资金额累计增长对国际局势的变化具有一定的延时性,因此仍较为稳定。2018 年 10 月延续 2018 年第三季度的较高增长为 6.5%,11 月下降为 1.1%,12 月回升至 3%,随后 2019 年的第一、第二与第三季度累计增长均在 3% 左右徘徊(见图 1-27)。

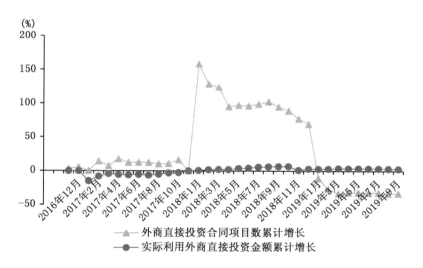

资料来源:根据国家统计局数据绘制。

图 1-27　外商直接投资合同项目数与实际利用金额

(4)出口总值较去年下降,同比增速于零点波动

2018 年第四季度至 2019 年前三季度出口总值当期值基本稳定,同比增速位于零点波动。2018 年 10 月出口总值当期值为 2 172.83 亿美元,随后保持平稳直至 2019 年 2 月下降至 1 352 亿美元;2019 年第二、第三季度当期值均保持在略高于 2 000 亿美元水平。出口总值同比增长在 2018 年 10 月为 15.6%,之后于 2018 年 12 月下降至 -4.4%,2019 年 2 月同比增速降至谷底 -20.8%,随后同比略有回升但于零点波动(见图 1-28)。

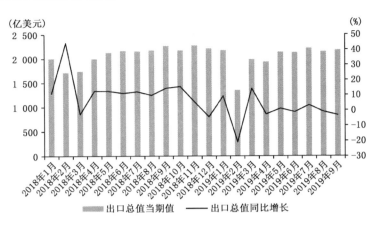

资料来源:根据国家统计局数据绘制。

图 1—28　出口总值当期值与同比涨跌幅

出口总值占比 GDP 基本平稳,较往年下降,2018 年第四季度出口总值占比 GDP 为 5.95%,其后在 5.86% 至 6% 之间波动,相比上一年度下降约 0.5 个百分点。进出口总值占比 GDP 与出口占比趋势相同,本年度保持在略低于 11% 水平,较上一年度下降约 1 个百分点(见图 1—29)。其中中国对美国出口总值占比中国出口总值下降,2018 年 10 月为19.66%,其后于 2019 年 1 月下降至 16.80%,截至 9 月对美国出口占比在 16% 至 18.5% 之间波动(见图 1—30)。

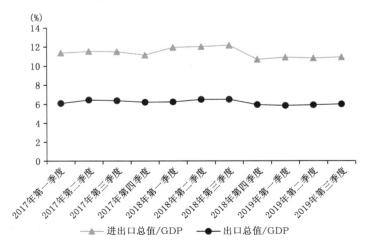

资料来源:根据国家统计局数据绘制。

图 1—29　出口、进出口总值占 GDP 比重

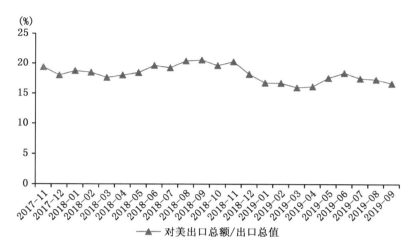

资料来源：根据国家统计局数据绘制。

图 1—30　对美出口总额占出口总值比例

1.1.3　运行效率

本年度我国宏观经济的运作效率面临挑战，居民畜肉类消费品价格上涨，生产资料价格指数下跌，税收收入同比下降。

1. 畜肉类价格指数飙升带动食品类价格上涨，生产资料价格指数下跌

本年度居民消费价格指数有如下变化：食品烟酒和其他用品服务类价格指数飙升；交通通信类降幅明显；生活用品和居住类略有下降；衣着、教育文化和娱乐、医疗保健类价格指数均有所波动。2018 年 9 月食品烟酒类价格指数为 3，随后于 2019 年 3 月上涨至 3.5，于 9 月高达 8.4。其他用品及服务类亦有相同趋势，从 2018 年 9 月的 0.7 一路上涨至 2019 年 9 月的 5.8。交通通信类价格指数则降幅明显，从 2018 年 9 月的 2.8 降至 2019 年 9 月的—2.9。生活用品和居住类价格指数稍有减少，2018 年 9 月分别为 1.6 和 2.6；2019 年 9 月则为 0.6 和 0.7。衣着、教育文化和娱乐、医疗保健类价格指数分别在 1.2 至 2 区间、1.7 至 2.4 区间、2.2 至 2.7 区间波动（见图 1—31）。

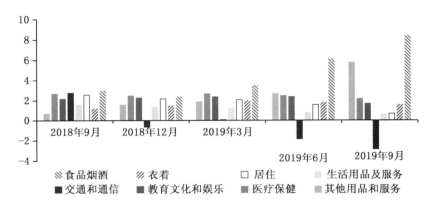

资料来源：根据国家统计局数据绘制。

图 1—31　各类商品及服务价格同比涨跌幅

　　食品类居民消费价格指数上涨带动了一系列衍生消费产品价格上涨，而其上涨主因来自畜肉类产品价格飙升。畜肉类居民消费价格指数与粮食类居民消费价格指数曲线于 2019 年 3 月开始出现分离，此时粮食类价格指数为 100.4，而畜肉类为 104.7；随后粮食类依旧维持以往走势保持平稳，而畜肉类一路飙升于 2019 年 9 月达 146.9（见图 1—32）。

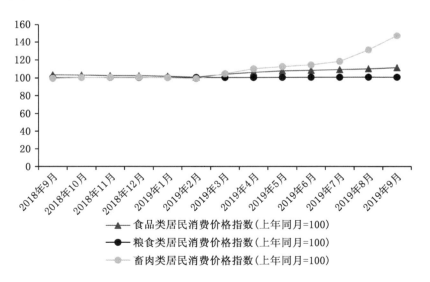

资料来源：根据国家统计局数据绘制。

图 1—32　食品类居民消费价格指数

生产资料工业生产者出厂价格指数主导了工业生产者价格指数 PPI 的下行,生产资料于 2018 年 10 月为 104.2,其后一路向下,于 2019 年 1 月达 99.9,9 月达 98。相比之下,生活资料工业生产者出厂价格指数一直保持在略高于 100 个百分点左右波动,显示居民生活资料原产品价格平稳(见图 1—33)。

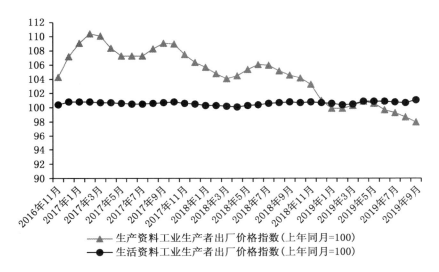

资料来源:根据国家统计局数据绘制。

图 1—33　生产与生活资料工业生产者出厂价格指数同比涨跌幅

工业生产者出厂价格指数中采掘业、原料业和加工业三类生产资料价格指数均有所下降,2018 年 9 月分别为 11.7、7.3 和 2.9;2019 年 9 月则均降为 0.6、−4.8 和−1.2。而生活资料价格指数中,食品类从 2018 年 9 月的 0.9 上涨至 2019 年 9 月的 3.3;衣着类和一般日用品类有所波动,耐用消费品类价格指数则略有下降,从 0.2 降至−1.8(见图 1—34)。

2. 税收收入及同比下降,个人所得税占比上升

税收收入、个人所得税当月值季节性波动,比往年有所下降,同比低位平稳。2018 年 10 月税收收入当月同比为−5.13%,于 12 月下降至−10.71%,随后有所波动于 2019 年 9 月达−4.22%(见图 1—35)。个人所得税同比较上一年度亦整体下降,2018 年 10 月为 6.96%;2019 年 3 月骤降至−48.38%,随后于 9 月返升至−25.35%(见图 1—36)。2018 年度个人所得税占比全国税收收入为 8.87%,比 2017 年度上升 0.58 个百

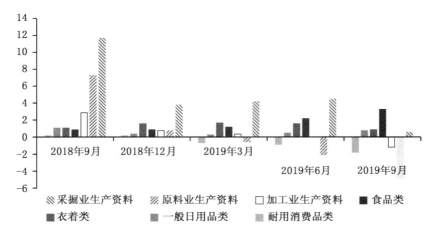

资料来源：根据国家统计局数据绘制。

图 1—34   各类生产资料价格指数涨跌幅

分点（见图 1—37）。

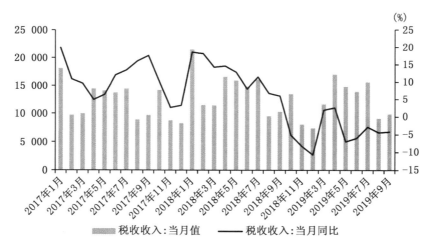

资料来源：根据国家统计局数据绘制。

图 1—35   税收收入当月值与同比涨跌幅

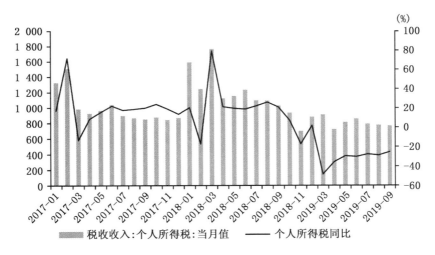

资料来源：根据国家统计局数据绘制。

图 1—36　个人所得税当月值与同比涨跌幅

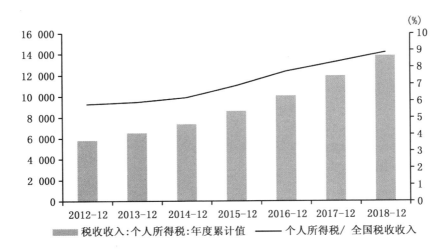

资料来源：根据国家统计局数据绘制。

图 1—37　个人所得税收入占比

1.1.4　就业收入

本年度我国居民就业与收入纷纷面临压力，城镇调查失业率上升，居民人均可支配收入累计增长回落，贫富差距扩大。

1. 城镇调查失业率呈上升趋势

2018 年底至 2019 年第三季度末期,城镇调查失业率整体呈上升趋势。2018 年 10 月全国城镇调查失业率为 4.9%,增加至 2019 年 2 月的 5.3%,随后有所回落,但于 2019 年 9 月回到同一水平线。其中 31 个大城市城镇调查失业率基本低于全国水平大致 0.2 个百分点,但于 2019 年 4 月、5 月和 8 月、9 月与全国平均合并(见图 1—38)。

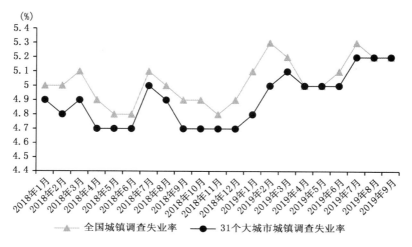

资料来源:根据国家统计局数据绘制。

图 1—38　2018 年度城镇调查失业率

2. 居民收入增速回落,贫富差距扩大

2018 年第四季度居民人均可支配收入累计增长 6.5%,2019 年第一季度上升至 6.8%,第二、第三季度回落至 6.5%、6.1%。2019 年度,居民人均可支配收入高于国内生产总值指数 0.1 至 0.4 个百分点。居民人均可支配收入中位数累计增长则逆势上涨,表明居民贫富差距持续扩大,高收入居民收入提高更快。可支配收入中位数累计增长从 2018 年第四季度的 8.6% 上升至 2019 年第一季度的 8.8%,后升至第三季度的 9%(见图 1—39)。

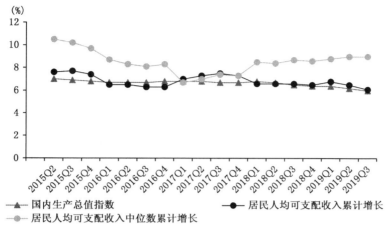

资料来源：根据国家统计局数据绘制。

图 1—39　居民人均可支配收入中位数与算术平均累计增长

2019 年度城乡居民人均可支配收入累计增长差距稳定，农村人均增长均高于城镇约 1 个百分点。2018 年第四季度，农村人均收入增长为 6.6%，随后上升至 6.9%，2019 年第二季度回落至 6.6%，第三季度达 6.4%（见图 1—40）。

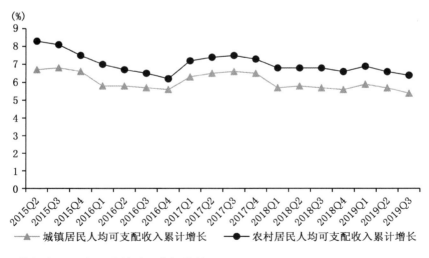

资料来源：根据国家统计局数据绘制。

图 1—40　城乡居民人均可支配收入累计增长

1.1.5 小结

1. 经济增速放缓,市场情绪低迷,PPI 与 CPI 敞口扩大

本年度中国宏观经济持续面临各方压力,经济总量增速下滑,国内生产总值同比与固定资产投资额累计增长双双放缓,并且市场情绪持续低迷,但采购经理指数显示对经济发展预期仍较为稳定。受畜肉价格指数飙升影响,食品类价格指数上扬,消费者价格指数上涨,但生产者价格指数持续下行显示生产端动力不足,并且上游工业生产者价格指数传导至下游消费者价格指数将给未来 CPI 带来下行压力,经济存在滞胀风险。

2. 总产出额承压,消费疲软,贫富差距扩大

观察 2018 年第四季度至 2019 年前三季度宏观经济的运行状况,可以看出我国本年度经济总供给承压,第一产业与第二产业增加值同比增速均有所下滑。固定资产投资额累计增速于年度内较为平稳,但民间固定资产投资增速下滑,国有及国有控股固定资产投资额累计增速则逆势上涨。需求端显示 2019 年度社会消费品零售总额同比增速较高,但较往年度则有所下降。工业出口交货值同比增速持续下滑,进出口总值同比增速较去年度整体下降约 20 个百分点,外商直接投资合同项目数累计增长降幅较大。此外,总体税收收入及个人所得税的当月值与同比均有所下降,但城镇调查失业率呈上升趋势,贫富差距持续扩大。

1.2 年度产业发展分析

本节主要分析我国 2018 年第四季度至 2019 年前三季度产业发展的总体状况与问题。

1.2.1 产业增长

本年度第一产业增加值同比增长略有波动,四个季度分别为 3.5%、2.7%、3.3% 和 2.7%。第二产业增加值增速在 2019 年度降幅略大,从年初的高点 6.1%,降至第三季度的 5.2%。第三产业增加值同比则依旧维持其一贯的稳定趋势:2018 年第四季度为 7.4%,随后有所下降,于 2019 年第一季度达 7%,第三季度回升至 7.2%(见图 1—41)。

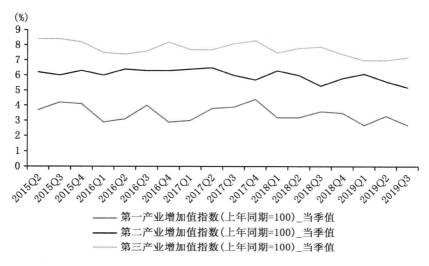

资料来源:根据国家统计局数据绘制。

图 1-41　三次产业增加值同比涨跌幅

在分行业的本年度固定资产投资额累计增长中,占据 12 个月平均增速最高的五大头部行业分别为:生态保护和环境治理业 42.17%,石油和天然气开采业 36.77%,黑色金属冶炼和压延加工业 28.1%,金属制品、机械和设备修理业 27.51%和非金属矿采选业 26.51%。可以看出环保行业在本年度占据了全国投资额的头部资源,上游原材料相关产业固定投资额依旧高速增长,机械设备修理业的投资增速排名第四(见图 1-42)。

本年度的民间固定资产投资额累计增长 12 个月平均最高的头部产业与全国口径有所不同,排名第一的是铁路运输业,累计增速高达 91.64%,第二位的是文化、体育和娱乐业 34.75%,第三、第四位的是非金属矿采选业 24.88%和黑色金属冶炼和压延加工业 19.52%,排名第五的是教育产业 19.49%。可见私人部门在本年度对铁路运输业的投资额几乎为上一年度的两倍,同时第三产业中的文化娱乐业和教育业颇受重视(见图 1-43)。

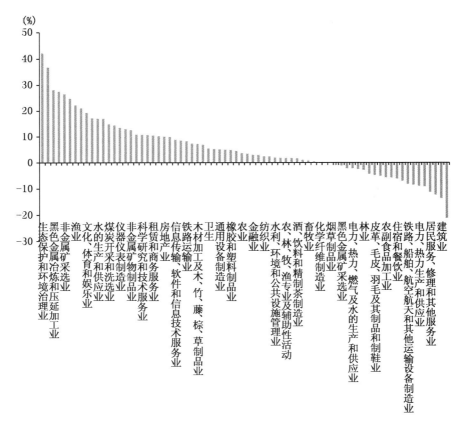

资料来源：根据国家统计局数据绘制。

图 1－42　固定资产投资额累计增长 2018.10－2019.9 月平均

1.2.2　结构变化

本年度第一产业增加值增量与 GDP 增量之比存在季节性波动，较上一年度并无明显增减；第二产业增加值增量的占比略有上升；第三产业增加值增量的占比亦基本保持稳定。

除了三次产业各自的贡献率变化外，三次产业的固定资产投资额累计增长亦能代表其结构的变化。农、林、牧、渔业固定资产投资额累计增长在本年度整体下降了 14.2 个百分点，从 2018 年 10 月的 12.1%，降至 2019 年 4 月的 0.1%，再到 9 月的－2.1%（见图 1－44）。制造业固定资产投资额累计增长亦下降了 6.6 个百分点，2018 年 10 月为 9.1%，随后

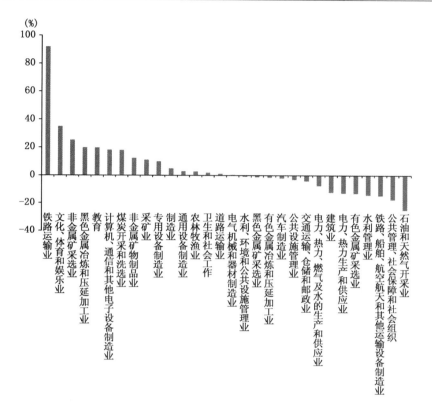

资料来源:根据国家统计局数据绘制。

图 1—43　民间固定资产投资累计增长 2018. 10—2019. 9 月平均

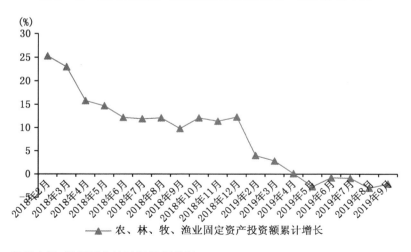

资料来源:根据国家统计局数据绘制。

图 1—44　农业固定资产投资额累计增长

两个月略有上升,11 月、12 月均为 9.5%;2019 年起则一路下跌,4 月降至 2.5%,第二、第三季度制造业固定资产投资额累计增长在 2.5% 至 3.3% 区间内波动(见图 1—45)。

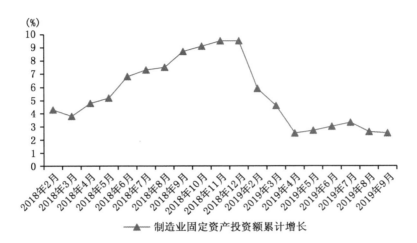

资料来源:根据国家统计局数据绘制。

图 1—45　制造业固定资产投资额累计增长

服务业为固定资产投资中的热门行业,投资额累计增长较高。其中文化、体育和娱乐业以及教育行业平均增速最高。2018 年 10 月文娱和教育行业累计增速分别为 19.2% 和 8.2%,到 2019 年 9 月则为 15.5% 和 18.5%。而科学研究和技术服务业及租赁和商务服务业投资增速在本年度亦略有增长,分别从 10.6%、11.7% 增长至 15.8%、12.9%(见图 1—46)。除了上述产业以外,计算机、通信和其他电子设备制造业为民间资本所偏爱,其民间固定资产投资额累计增长于 2018 年 10 月为 19.4%,2019 年 9 月为 23.6%(见图 1—47)。

1.2.3　产出效率

本节从大类产品总量、产业增加值指数、进出口价值指数以及科技活动效率四个方面阐述我国本年度的产出效率。

1. 工业主要产品产量

工业主要产品产量代表了产出效率当中产出规模的增加与减少,本年度原盐与成品糖产量当月值均存在季节性波动。2018 年 10 月原盐与成品

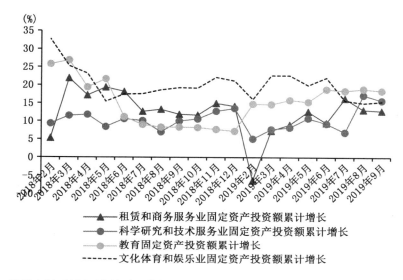

资料来源:根据国家统计局数据绘制。

图1-46　服务业各子行业固定资产投资额累计增长

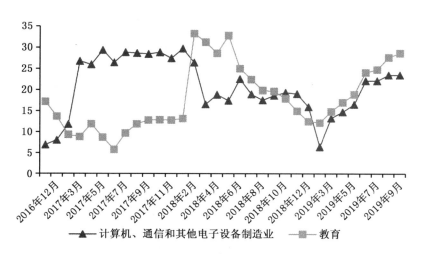

资料来源:根据国家统计局数据绘制。

图1-47　服务业各子行业民间固定资产投资额累计增长

糖产量为748万吨和14.6万吨,2019年10月则分别为716.1万吨和41.6万吨。铁矿石原矿、塑料制品、钢材和10种有色金属的产量在本年度均经历了一个产量波动增长的过程,在2018年10月其产量分别为6 692.7万

吨、541.3 万吨、9 675 万吨和 456.3 万吨,到了 2019 年 6 月产量上涨为
7 313.4 万吨、633.1 万吨、10 709.9 万吨和 489.7 万吨,2019 年 9 月则为
7 737.1 万吨、679.7 万吨、10 437.1 万吨和 496.7 万吨(见图 1—48)。

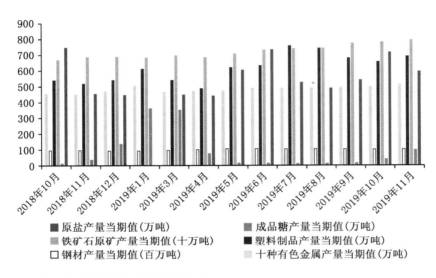

图例:
- 原盐产量当期值(万吨)
- 成品糖产量当期值(万吨)
- 铁矿石原矿产量当期值(十万吨)
- 塑料制品产量当期值(万吨)
- 钢材产量当期值(百万吨)
- 十种有色金属产量当期值(万吨)

资料来源:根据国家统计局数据绘制。

图 1—48　工业主要产品产量

除了汽车当月产量在本年度有所波动之外,其他 5 项主要制造业产
品产量均有所上升。2018 年 10 月发动机、电子计算机整机、移动通信手
持机(手机)、集成电路和电工仪器仪表的产量分别为 207.667 百万千瓦、
3 094.1 万台、154.485 百万台、130.1 亿块和 1 811.1 万台;到了 2019 年
10 月则纷纷上涨为 238.43 百万千瓦、3 316.7 万台、160.964 百万台、
179.5 亿块和 2 863.9 万台。汽车的产量在本年度经历了波动,2018 年
10 月为 237 万辆;2019 年 3 月达到本年度高点 258.7 万辆,随后于 5 月
降至 185.1 万辆,并于 2019 年 10 月再度上涨为 227.9 万辆,但仍小于
2018 年同期水平(见图 1—49)。

2. 三次产业产出增加值指数

产业增加值指数代表产出效率中产业附加值的增加与减少。本年度
农林牧渔业增加值指数有所放缓,其中 2018 年第四季度为 3.7%;2019
年前三季度则在 2.9% 至 3.4% 之间波动(见图 1—50)。

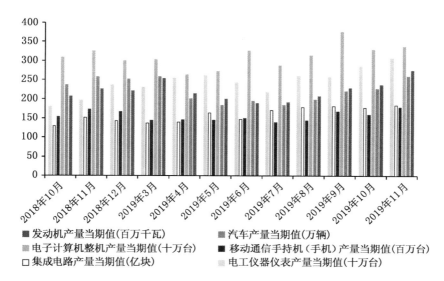

资料来源:根据国家统计局数据绘制。

图 1—49　制造业主要产品产量

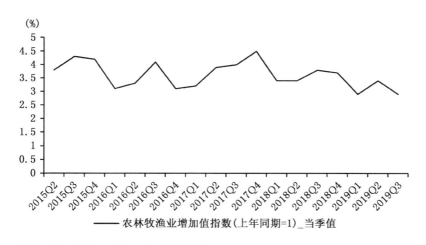

资料来源:根据国家统计局数据绘制。

图 1—50　农业增加值指数

第二产业工业与制造业增加值同比于本年度亦有所下降。工业增加值指数同比下降 0.7 个百分点,从 5.7% 下滑至 5%;制造业下降 0.9 个百分点,从 5.7% 滑落至 4.8%。此外,本年度起始一个季度建筑业增加值指数的趋势同房地产业有所背离。2018 年第四季度,建筑业增加值指数比 2018 年第三季度上涨了 3.6 个百分点,房地产业则下降了 2.1 个百分点。2019 年度开始,建筑业同房地产业增加值指数趋势一致,2019 年前三季度建筑业增加值为 6.2%、5.1%、6.2%;房地产业为 2.5%、2.4%、4.2%;建筑业增速高于房地产业(见图 1—51)。

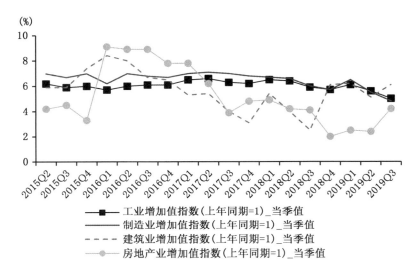

资料来源:根据国家统计局数据绘制。

图 1—51　工业增加值指数

　　总体来说,服务业各子行业依旧维持较高速增长。其中信息传输、软件和信息技术服务业于 2018 年第四季度增速高达 29.1%,随后增长指数略微下滑,于 2019 年第一季度达 21.2%;第二季度为 20.1%;第三季度为 18%,可见此行业依旧增速可观。其他服务产业,如批发和零售业、交通运输仓储和邮政业、住宿和餐饮业、金融业、租赁和商务服务业全年增加值基本维持在 5.5% 至 8.7% 水平(见图 1—52)。

　　3. 第二产业分行业增加值指数

　　本年度有 7 个工业制造业产业的月度平均增加值同比增速大于 10%,依次为开采专业及辅助性活动 26.12%、燃气生产和供应业 15.42%、黑色金属冶炼和压延加工业 10.5%、有色金属冶炼和压延加工业 10.35%、计算机通信和其他电子设备制造业 10.32%、铁路船舶航空航天和其他运输设备制造业 10.19% 以及金属制品机械和设备修理业 10.09%。其中属于新兴制造业的计算机通信业、铁路航空业以及机械设

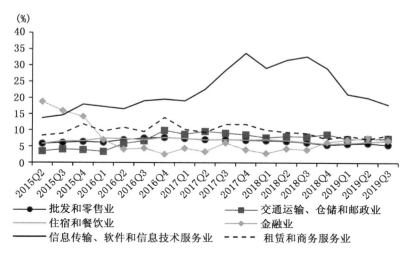

资料来源:根据国家统计局数据绘制。

图 1—52 服务业增加值指数

备业增加值同比增长虽未入前三,但增速高企。在 12 月月平均增加值同比增速排名尾部的五大产业中值得注意的是汽车制造业位列倒数第二,同比增速为—1.33%。除此以外,纺织业倒数第五(1.42%)、烟草制品业倒数第四(0.76%)、非金属矿采选业倒数第三(0.3%),均属于传统工业制造业(见图 1—53)。

新兴制造业中的各子行业增加值同比于本年度依旧维持高速增长,计算机、通信和其他电子设备制造业的月平均增加值同比增速为 10.32%,2018 年 10 月为 14.6%,随后波动下降至 2019 年 8 月达 4.5%,但于 9 月反弹至 11.4%。电气机械和器材制造业的月平均增加值同比增速为 9.8%,其增速于年度内有所上升,2018 年 10 月为 6.8%,2019 年 9 月为 12.1%。专用设备制造业和医药制造业的月平均增加值同比增速分别为 7.59% 和 7.29%,其增速于年内均有所下滑(见图 1—54)。

4. 分行业进出口价值指数

进口是海外产业对我国产业的补充,也是我国产业产能不足或生产效率、产品价值相对较低的体现;同理,出口则是我国产业产能高效、产量富余、劳动生产率以及产品价值相对较高的体现。产品价值则来自产品数量与产品价格的综合考量。最新数据表明,文化艺术业与文化、体育和

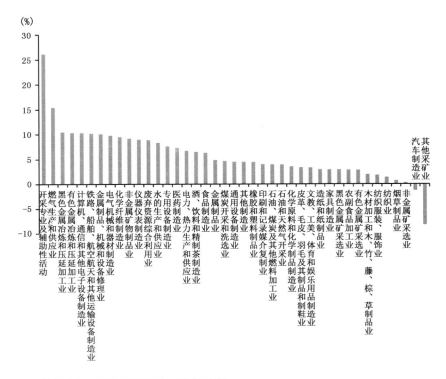

资料来源：根据国家统计局数据绘制。

图 1－53　工业增加值同比增长 2018.10－2019.9 月平均

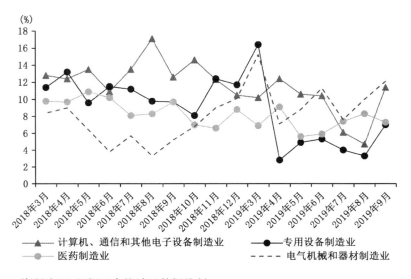

资料来源：根据国家统计局数据绘制。

图 1－54　新兴制造业各子行业增加值同比涨跌幅

娱乐业的进口价值指数最高,分别为 281 和 216.7。两者进口价格指数
分别为 67.1 和 89.1,进口数量指数分别为 419 和 243.1。石油和天然气
开采业、有色金属冶炼和压延加工业、采矿业的进口价值指数排名第三至
第五,分别为 166.3、146.5、141.2(见图 1—55)。

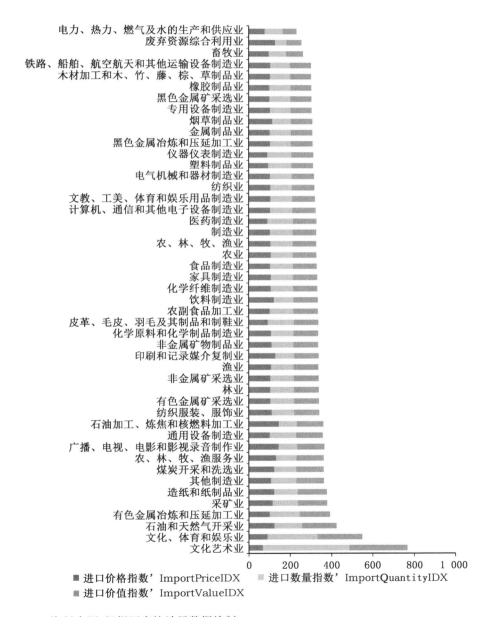

进口价格指数'ImportPriceIDX　　进口数量指数'ImportQuantityIDX

进口价值指数'ImportValueIDX

资料来源:根据国家统计局数据绘制。

图 1—55　进口价值指数

出口价值指数最高的则为煤炭开采和洗选业、广播电视电影和影视录音制作业、石油加工炼焦和核燃料加工业,价值指数分别为 658.5、185.1、155,其中煤炭开采和洗选业的出口价格指数仅为 103,而数量指数为 639.2。广播、电视、电影和影视录音制作业的出口价格指数为 93,数量指数为 199。石油加工、炼焦和核燃料加工业的出口价格与数量指数分别为 127.8 和 121.3(见图 1—56)。

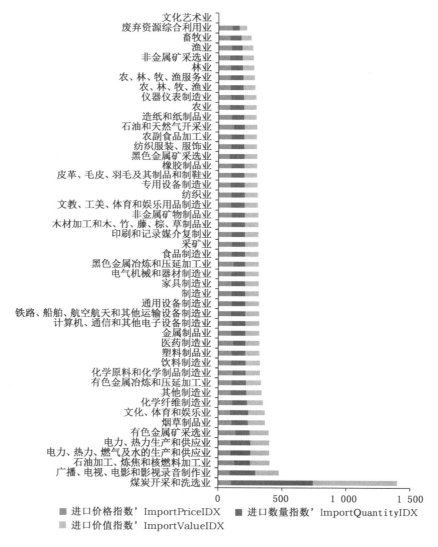

资料来源:根据国家统计局数据绘制。

图 1—56　出口价值指数

5. 科技活动效率

专利申请授权数与专利申请受理数连年增长,但专利申请授权数占比专利申请受理数则有所波动。2018 年度占比数据较 2017 年度上升约 7 个百分点,达 56.6%(见图 1—57)。

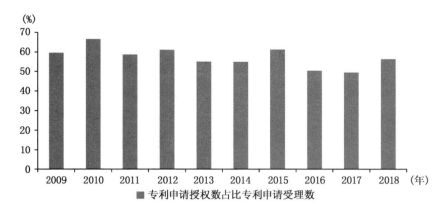

资料来源:根据国家统计局数据绘制。

图 1—57　专利申请授权数占比专利申请受理数

2018 年度科技成果登记数达 65 720,处于增长趋势中,但其中得国家技术发明奖与国家科学技术进步奖的数量却并未等比上涨,国家级科技奖项占比总科技成果登记数下降。2018 年度国家技术发明奖占比科技成果登记数为 0.10%,国家科学技术进步奖占比科技成果登记数为 0.26%,较上一年度分别下降了 0.008 与 0.02 个百分点(见图 1—58)。

1.2.4　空间分布

本节用 2018 年第四季度至 2019 年前三季度的月平均各省市主要工业产品产量来阐述我国本年度的受关注产业分布。

1. 发电量的空间分布

电力既是重要的生产资料,也是主要的工业产品,由图 1—59 可见 2018 年第四季度至 2019 年第一、第二、第三季度的月平均各省市发电量。其中山东省的年度月平均发电量最高,达 462.29 亿千瓦小时;其次分别为内蒙古自治区 438.33 亿千瓦小时、江苏省 409.54 亿千瓦小时、广东省 392.6 亿千瓦小时、四川省 316.26 亿千瓦小时(见图 1—59)。

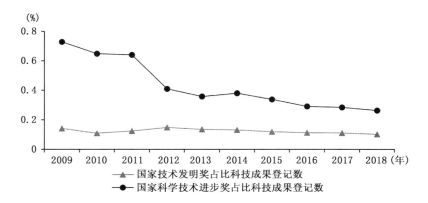

资料来源:根据国家统计局数据绘制。

图 1－58　国家级科技奖项占比总科技成果登记数

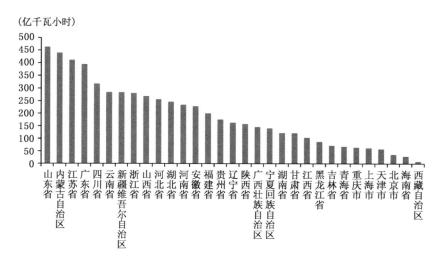

资料来源:根据国家统计局数据绘制。

图 1－59　各省市发电量 2018.10－2019.9 月平均

2. 传统产业主要工业产品的空间分布

本节选取的传统产业主要工业产品为铁矿石原矿量、化学农药原药、成品糖、布和化学纤维。在各省市铁矿石原矿量产量的年度月平均数据中,排名首位的是河北省 2 471.854 万吨,第二位的是辽宁省 1 071.943 万吨,随后分别是四川省 906.198 万吨、山西省 472.102 万吨和内蒙古自治区 288.635 万吨(见图 1－60)。

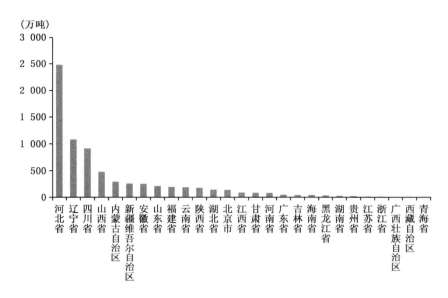

图 1－60　各省市铁矿石原矿量产量 2018. 10－2019. 9 月平均

化学农药原药产量的年度月平均前五位分别是江苏省 6.086 万吨、四川省 2.121 万吨、浙江省 1.739 万吨、湖北省 1.687 万吨和山东省 1.575 万吨(见图 1－61)。

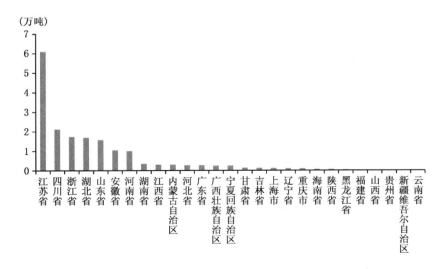

图 1－61　各省市化学农药原药产量 2018. 10－2019. 9 月平均

广西壮族自治区的 69.008 万吨成品糖产量居于本年度我国各省市月平均的首位,且高于第二位云南省 14.292 万吨将近 5 倍之多。成品糖月平均产量排名第三的新疆维吾尔自治区 5.041 万吨,仅为第二位云南省的约 1/3;第四为广东省 4.768 万吨;第五为河北省 3.441 万吨(见图 1—62)。

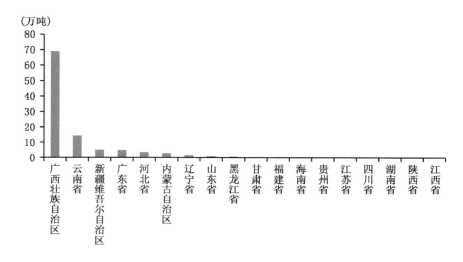

资料来源:根据国家统计局数据绘制。

图 1—62   各省市成品糖产量 2018.10—2019.9 月平均

福建省是本年度我国的布产量第一大省,其年度月平均布产量 10.493 亿米,随后是浙江省 7.066 亿米、江苏省 6.505 亿米、湖北省 5.301 亿米和山东省 5.104 亿米(见图 1—63)。

布产量位居第二的浙江省是化学纤维年度月平均产量位居第一的生产大省,达 227.612 万吨,约为第二位江苏省 123.427 万吨两倍产量。化纤年度月平均产量排名第三至第五的分别为福建省 67.26 万吨、河北省 8.217 万吨和河南省 8.031 万吨(见图 1—64)。

3. 新兴产业主要工业产品的空间分布

本节选取的新兴产业主要工业产品为发动机、大气污染防治设备、汽车、民用钢质船舶、移动通信基站设备、微型计算机设备、集成电路和彩色电视机。其中在各省市发动机产量的 2018 年 10 月至 2019 年 9 月的年度月平均数据中,吉林省以 2 828.349 万千瓦位居第一,上海市则以微弱

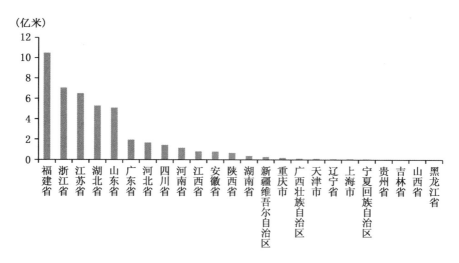

资料来源:根据国家统计局数据绘制。

图 1－63　各省市布产量 2018.10－2019.9 月平均

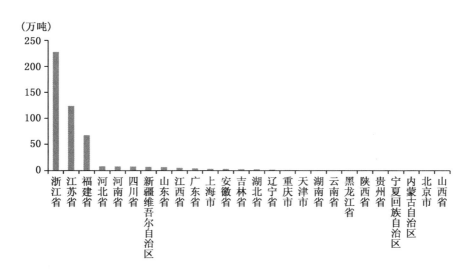

资料来源:根据国家统计局数据绘制。

图 1－64　各省市化学纤维产量 2018.10－2019.9 月平均

差距 2 764.274 万千瓦屈居第二,山东省 2 381.029 万千瓦排名第三,重庆市 1 898.806 万千瓦排名第四,广东省第五为 1 897.915 万千瓦(见图 1－65)。

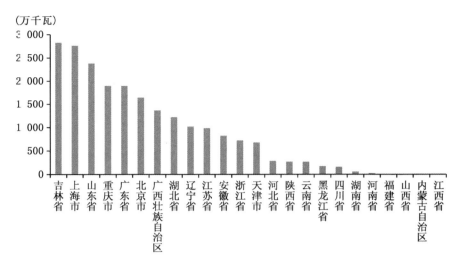

资料来源:根据国家统计局数据绘制。

图 1—65 各省市发动机产量 2018. 10—2019. 9 月平均

大气污染防治设备年度月平均产量最高的是广东省 5 336.4 台,随后分别为江苏省 5 102.6 台、山东省 4 015.1 台、湖北省 3 804.3 台和浙江省 2 493.3 台(见图 1—66)。

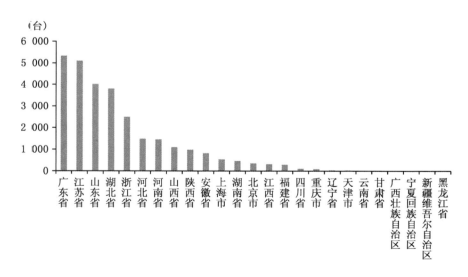

资料来源:根据国家统计局数据绘制。

图 1—66 各省市大气污染防治设备产量 2018. 10—2019. 9 月平均

广东省在各省市年度月平均汽车产量中排名第一,达26.626万辆;上海市排名第二为23.287万辆;吉林省则与上海市产量非常接近为23.231万辆,湖北省和广西壮族自治区分别为19.43万辆和14.596万辆(见图1—67)。

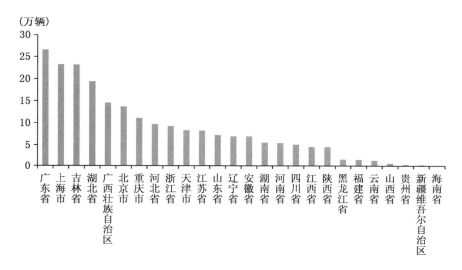

资料来源:根据国家统计局数据绘制。

图1—67 各省市汽车产量2018.10—2019.9月平均

江苏省以129.884万载重吨的月平均民用钢质船舶产量在本年度稳居全国第一;第二位的广西壮族自治区42.389万载重吨仅为江苏省的1/3不到;浙江省25.413万载重吨位居第三;随后是山东省15.944万载重吨和辽宁省11.072万载重吨(见图1—68)。

广东省承担了我国大部分移动通信基站设备的生产,其在本年度的月平均产量为3 643.093万信道,占比全国产能的97.24%;第二位的上海市仅提供了72.69万信道;江西省以16.695万信道位居第三;山东省9.01万信道位居第四;浙江省3.37万信道位居第五(见图1—69)。

本年度微型计算机设备生产产量占据全国前四的省市分别为重庆市665.199万台、江苏省542.08万台、四川省522.125万台和广东省493.153万台,各省市月平均差距较小。安徽省以200.018万台位居第五(见图1—70)。

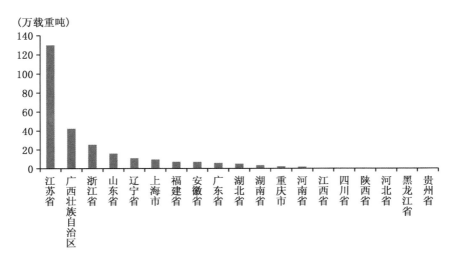

资料来源:根据国家统计局数据绘制。

图 1—68　各省市民用钢质船舶产量 2018.10—2019.9 月平均

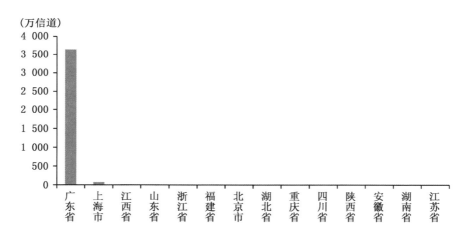

资料来源:根据国家统计局数据绘制。

图 1—69　各省市移动通信基站设备产量 2018.10—2019.9 月平均

　　江苏省还是集成电路的生产大省,月平均产量在本年度位于全国第一,达 409 984.93 万块;甘肃省的产量排名第二为 323 752.2 万块;紧随其后的为广东省 283 491.03 万块、上海市 176 060.74 万块和北京市 137 388.58 万块(见图 1—71)。

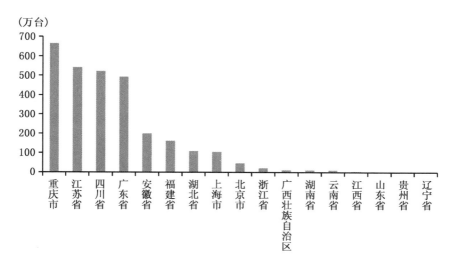

资料来源:根据国家统计局数据绘制。

图1—70　各省市微型计算机设备产量2018.10—2019.9月平均

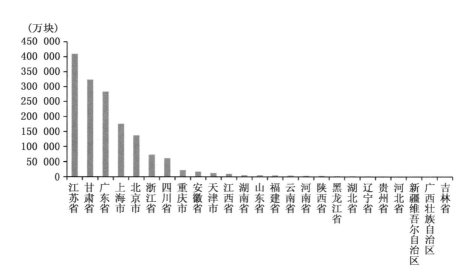

资料来源:根据国家统计局数据绘制。

图1—71　各省市集成电路产量2018.10—2019.9月平均

　　除了移动通信基站设备之外,在彩色电视机生产产能上,广东省又一次占据了全国产量的半壁江山,本年度月平均产量911.915万台,为全国总额的51.82%。第二位安徽省年度月平均产量为185.104万台,随后是山东省 163.995 万台、江苏省 126.606 万台和北京市 83.047 万台(见图 1—72)。

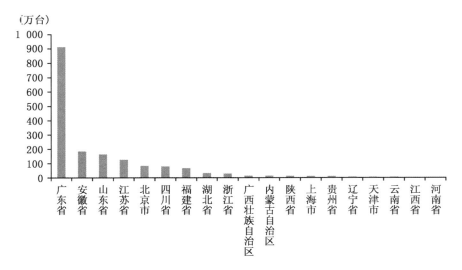

资料来源:根据国家统计局数据绘制。

图 1—72　各省市彩色电视机产量 2018.10—2019.9 月平均

1.2.5　小结

1. 第一产业、第二产业增速放缓,第三产业高速增长

2018 年第四季度至 2019 年第三季度,我国产业结构面临转型升级的挑战,在产出结构方面,第一产业、第二产业增加值指数均有所下滑;第三产业增加值指数则维持其一贯高位稳定态势。在分行业的本年度固定资产投资额累计增长中,占据年度月平均增速最高的为环保行业,上游原材料相关产业的固定资产投资额累计增速高企。在产业结构的变化上,第一产业增加值增量与 GDP 增量之比基本稳定,第二产业的占比略有上升,第三产业的占比亦基本平稳。除此以外,从投入结构看,第一、第二产业的固定资产投资额累计增长有所下行,而第三产业各子行业的固定资产投资额均保持较高累计增长。

2. 服务业增速较高,文娱业进口价值指数高

通过观察本年度的产出效率数据可知,工业制造业主要产品产量除汽车外均有所增长。第一产业增加值指数有所放缓。第二产业增加值同

比亦有所下降。第三产业各子行业的增加值指数依旧维持较高速增长，其中信息传输、软件和信息技术服务业增速最高，服务业已经成为我国经济发展贡献主要力量。另外，在分行业的进出口价值数据中，文娱产业的进口数量与进口价值指数最高，而煤炭开采和洗选业的出口数量与价值指数最高。

1.3　新型区域产业发展观察

本章节主要分析观察本年度我国具有代表性的长三角地区、粤港澳大湾区、雄安新区以及自贸区扩区产业发展的总体状况。

1.3.1　长三角地区的产业发展

1. 长三角地区产业体系的总体状况

长三角地区即指长江三角洲地区，所属中国的华东，位于长江下游地区。据国务院 2010 年批准的《长江三角洲地区区域规划》，长江三角洲包括上海市、江苏省和浙江省一市两省，总区域面积达 21.07 万平方公里，占国土面积的 2.19%，其中陆地面积约 18.68 万平方公里，水面面积2.39 万平方公里。2016 年 5 月，国家发改委、住建部发布《长江三角洲城市群发展规划》，将安徽省八市纳入其中，未来欲将长三角地区建设成为具有全球影响力的世界级城市群。2018 年 6 月，三省一市印发《长三角地区一体化发展三年行动计划（2018—2020 年）》明确 2020 年的一体化任务。由此，安徽省被正式纳入长三角地区，三省一市总区域面积达35.8 万平方公里，占国土面积的 3.65%。2018 年 11 月 5 日，习近平总书记在首届中国国际进口博览会上宣布，支持长江三角洲区域一体化发展并上升为国家战略，着力落实新发展理念，构建现代化经济体系，推进更高起点的深化改革和更高层次的对外开放，同"一带一路"建设、京津冀协同发展、长江经济带发展、粤港澳大湾区建设相互配合，完善中国改革开放空间布局，由此《长江三角洲区域一体化发展规划纲要》编制启动。

2019 年 12 月 1 日中共中央、国务院印发了《长江三角洲区域一体化发展规划纲要》，并发出通知，要求各地区各部门结合实际认真贯彻落实，"一体化"与"高质量"成了长三角地区下一阶段发展的关键词。规划范围包括上海市、江苏省、浙江省、安徽省全域(面积 35.8 万平方公里)。以上海市,江苏省南京、无锡、常州、苏州、南通、扬州、镇江、盐城、泰州,浙江省杭州、宁波、温州、湖州、嘉兴、绍兴、金华、舟山、台州,安徽省合肥、芜湖、马鞍山、铜陵、安庆、滁州、池州、宣城 27 个城市为中心区(面积 22.5 万平方公里),辐射带动长三角地区高质量发展。以上海青浦、江苏吴江、浙江嘉善为长三角生态绿色一体化发展示范区(面积约 2 300 平方公里),示范引领长三角地区更高质量一体化发展。以上海临港等地区为中国(上海)自由贸易试验区新片区,打造与国际通行规则相衔接、更具国际市场影响力和竞争力的特殊经济功能区。该规划纲要是指导长三角地区当前和今后一个时期一体化发展的纲领性文件,是制定相关规划和政策的依据。规划期至 2025 年,展望到 2035 年。

2018 年第四季度至 2019 年前三季度,长三角地区,三省一市的地区生产总值达 223 897.71 亿元,占同期中国经济总量的 23.15%。其中,2018 年度长三角地区第一产业增加值为 8 851.11 亿元,占全国的比重为 13.67%,第二产业增加值为 88 329.03 亿元,占全国的比重为 23.47%,第三产业增加值为 114 299.1 亿元,占全国的比重为 24.13%(见图 1—73)。从三次产业结构来看,长三角 2018 年三次产业结构约为 4∶42∶54。

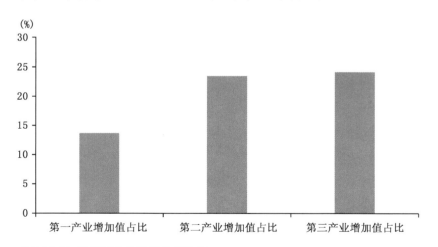

资料来源:根据国家统计局数据绘制。

图 1—73　2018 年度长三角地区三次产业增加值占比全国

从第一产业增加值的区域分布情况来看,上海市第一产业增加值为
104.37 亿元,占长三角第一产业增加值的比重为 1.18%;江苏省为
4 141.72 亿元,占比 46.79%;浙江省 1 967.01 亿元,占比 22.22%;安徽
省 2 638.01 亿元,占比 29.8%(见图 1—74)。第二产业增加值的区域分
布如下:上海市 9 732.54 亿元,占比长三角整体 11.02%;江苏省
41 248.52 亿元,占比 46.69%;浙江省 23 505.88 亿元,占比 26.61%;安
徽省 13 842.09 亿元,占比 15.67%(见图 1—75)。上海市在长三角区域
的增加值占比中,第三产业最高,达 19.99%,增加值为 22 842.96 亿元;
江苏省为 41.30%,47 205.16 亿元;浙江省 26.88%,30 724.26 亿元;安
徽省 11.83%,13 526.72 亿元(见图 1—76)。

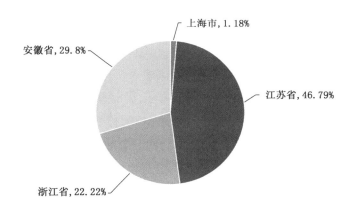

资料来源:根据国家统计局数据绘制。

图 1—74　2018 年度长三角各省市第一产业占比

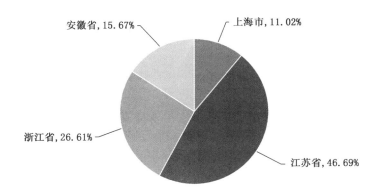

资料来源:根据国家统计局数据绘制。

图 1—75　2018 年度长三角各省市第二产业占比

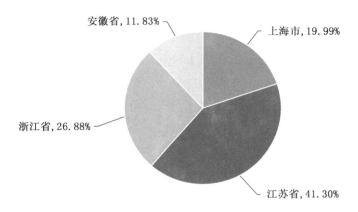

资料来源:根据国家统计局数据绘制。

图 1—76   2018 年度长三角各省市第三产业占比

(1)长三角地区的自然资源

长三角地区的自然资源丰富,覆盖地下矿产资源、地上土地资源以及水资源,为本地的传统产业发展奠定了扎实的基础。丰富的自然资源使得长三角地区自古以来便享有"鱼米之乡"的称号。

长三角地区的矿产资源主要分布于江苏省、浙江省和安徽省,上海的矿产资源相当贫瘠。其中,江苏的矿产资源相对丰富,有煤炭、石油、天然气等能源矿产和大量的非金属矿产,另外还有一定数量的金属矿产。浙江的矿产资源则以非金属矿产为主,多数用于生产建筑材料等。而安徽省的矿产种类较为全面,截至 2011 年,全省已发现的矿种为 158 种(含亚矿种)。查明资源储量的矿种 126 种(含普通建筑石料矿种),其中能源矿种 5 种,金属矿种 22 种,非金属矿种 96 种,水气矿产 2 种。其中煤、铁、铜、硫、磷、明矾、石灰岩等 38 种矿产储量居全国前 10 位,另外煤炭现已探明储量为 250 亿吨,铁矿储量为 29.9 亿吨,铜矿储量为 384.9 万吨,硫铁矿储量为 5.64 亿吨,分别居全国第 7 位、第 5 位、第 5 位和第 2 位。上海基本没有一次常规能源,所需的能源皆要靠其他省市支援。但上海生产一定数量和较高质量的二次能源,例如电力、石油油品、焦煤和煤气(包括液化石油气)等产品,除此以外还有沼气、风能、潮汐及太阳能等清洁能源可供开发。

长三角地区的土地资源地表覆盖多样,生态系统类型复杂。江苏省耕地面积为 6 870 万亩,截至 2018 年 4 月,人均占有耕地为 0.86 亩。全省海域面积 3.75 万平方公里,共 26 个海岛,沿海未围滩涂面积 5 001.67平方公里,约占全国滩涂总面积的 1/4,居全国首位。此外江苏省湿地资源丰富,湿地面积为 282.19 万公顷,其中自然湿地 195.32 万公顷,人工湿地 86.87 万公顷。湿地的分布,沿海以近海与海岸湿地为主;苏南以湖泊、河流、沼泽类型为主;里下河地区以河流湖泊为主;苏北以人工输水河与运河为主。浙江省的耕地面积为 2 980.03 万亩,占全省面积的18.83%;园地 943.52 万亩,占 5.96%;林地 8 530.94 万亩,占 53.91%;草地 155.76 万亩,占 0.97%;城镇村及工矿用地 1 333.49 万亩,占8.43%;交通运输用地 319.07 万亩,占 2.02%;水域及水利设施用地1 289.53 万亩,占 8.15%;其他土地 273.53 万亩,占 1.73%。浙江省的土壤以黄壤和红壤为主,占浙江省面积 70% 以上,多分布在丘陵山地,平原和河谷多为水稻土,沿海有盐土和脱盐土分布。安徽省平原、台地(岗地)、丘陵、山地等类型齐全,可将全省分成淮河平原区、江淮台地丘陵区、皖西丘陵山地区、沿江平原区、皖南丘陵山地区五个地貌区,分别占全省面积的 30.48%、17.56%、9.99%、24.91% 和 16.70%。安徽有天目—白际、黄山和九华山。三大山脉之间为新安江、水阳江、青弋江谷地。地势由山地核心向谷地渐次下降,分别由中山、低山、丘陵、台地和平原组成层状地貌格局。山地多呈北东向和近东西向展布,其中最高峰为黄山莲花峰海拔 1 873 米。山间大小盆地镶嵌其间,其中以休歙盆地为最大。上海市是长江三角洲冲积平原的一部分,平均高度为海拔 2.19 米左右。海拔最高点是位于金山区杭州湾的大金山岛,海拔为 103.70 米。西部有天马山、薛山、凤凰山等残丘,天马山为上海陆上最高点,海拔高度 99.8 米,立有石碑"佘山之巅"。海域上有大金山、小金山、浮山(乌龟山)、佘山岛、小洋山岛等岩岛。在上海北面的长江入海处,有崇明岛、长兴岛、横沙岛3 个岛屿。崇明岛为中国第三大岛,由长江挟带下来的泥沙冲积而成,面积为 1 041.21 平方公里,海拔 3.5 米～4.5 米。长兴岛面积 88.54 平方公里,横沙岛面积 55.74 平方公里。

长三角地区的水资源丰富,天然的水环境良好,长江干流多年平均过境水量 9 730 亿立方米。长江总体水质尚好,主泓水质多为 Ⅱ 类,沿岸部分具有 Ⅲ 类水。太湖是上海、苏州、无锡的主要饮用水源,但水质一直在下降,总体为Ⅲ类水,占 70 ％;Ⅱ类水仅占 15％;其他河道、小湖泊均为Ⅳ类和Ⅴ类水。钱塘江水系以Ⅱ类、Ⅲ类水为主。京杭运河则为Ⅴ类、劣Ⅴ类水。

(2)长三角地区的传统产业

长三角地区传统产业的改造升级以及传统产业外移有条不紊地进行。上海传统产业向外转移的情况呈现出两种方式。从转移类型上看,一类是集中在具备空间布局能力、自主创新实力、价值链延伸要求的资本密集、技术密集型行业或企业,以汽车、精品钢材等行业为代表;而另一类则集中在劳动密集型、资源密集型、环境损耗型产业,以电子信息制造业、纺织业、小钢铁、小化工、铅蓄电池等行业为代表。上海对外产业转移的行业有:电子信息、汽车和钢铁,以及政府推动"三高一低"(高投入、高消耗、高污染、低效益)产业项目淘汰或转移,例如金属加工制品和四大工艺、传统机械、纺织印染和服装、化工和危化。

在传统制造业升级改造方面,浙江省印发了《浙江省加快传统制造业改造提升行动计划(2018—2022 年)》(以下简称《行动计划》)试图对优势产业全面升级、落后产能全面出清。《行动计划》明确,突出消费品制造、原材料制造、机械装备及零部件制造三大领域,聚焦优势产业全面升级、融合拓展全面深化、落后产能全面出清"三个全面"的总体目标,大力推进数字化、绿色化、品质化、资本化、集群化"五大转型",加快传统制造业优化升级、高质量发展。《行动计划》指出,在产业重点方面,要突出三大领域:①消费品制造领域。以提高消费品有效供给能力和水平、更好满足人民群众消费升级需求为导向,重点推进纺织、金属制品、服装、农副食品加工、造纸、家具及竹木制品、家用电器、文体用品、皮革九大产业(行业)的改造提升,加快发展中高端消费品制造,不断提高品种丰富度、品质满意度、品牌认可度。②原材料制造领域。合理控增量、优存量,以化工、橡胶塑料、有色金属加工、化纤、非金属制品五大产业(行业)为重点,大力推进产业链上下游整合,淘汰落后产能,化解过剩产能,增强高端通用合成材料、高分子复合新材料等研发制造能力,提高先进产能比例、产业集中度和绿色制造水平。③机械装备及零部件制造领域。坚持强化基础与发展高端并重,以汽车零部件、低压电气、泵阀轴承三大产业(行业)为重点,着力突破核心基础零部件、先进基础工艺、关键基础材料,大力发展高精度、高性能、安全、长寿命的智能化新产品,提升产品质量、可靠性和使用寿命,加快进口替代。《行动计划》强调,重点任务为推进五大转型:①数字化转型工程。包括大力推进智能化技术改造、加快企业上云发展、培育"互联网＋"新模式、新业态和加强数字化基础支撑。②绿色化转型工程。包括大力发展绿色制造、深化"脏乱差"企业(作坊)整治提升和提升园区集聚发展水平。③品质化转型工程。包括推进"标准化＋"、深化"品牌＋"和拓展国内外市场。④资本化转型工程。包括加快股份制改造、推动多渠道多层次上市、推动兼并重组和国际合作。⑤集群化转型工程。包括培育优质企业、提升集群创新能力和培育世界级先进制造业集群。

江苏省代号为"263"的行动计划,则意在优化升级占工业总产值超过十分之一的化工产业。"263"为"两减六治三提升"的简称,"两减"即为"减煤"和"减化";"六治"为六大治理重点,分别为太湖水环境、生活垃圾和危险废物、黑臭水体、畜禽养殖污染、挥发性有机物污染和环境隐患;"三提升"为提升生态保护水平、提升环境经济政策调控水平、提升环境执法监管水平。自2016年该行动计划开展以来,苏州全市已关停淘汰化工企业百余家;南通海门关停11家化工企业;南京有61家企业关停;扬州关闭企业12家;常州已关停企业88家;无锡30家企业关停。江苏省"263"行动开展以来,各级环保部门明察暗访,紧盯问题、发现问题,形成了高压态势。目前阳光下环境违法行为有所收敛,但夜幕下违法企业排污现象依旧突出,为此环保执法部门针对该现象采取突击夜查,夜查活动有常态化趋势,检查组还将综合运用错时执法、联合执法、举报执法、杀回马枪、蹲守战术等方式,严厉打击环境违法行为。

2018年6月,在推动传统产业转型升级方面,安徽省合肥市出台了《培育新动能促进产业转型升级推动经济高质量发展若干政策》(简称《高质量发展30条》)的30条新政力推产业优化改革。新政围绕建设综合性国家科学中心、"中国制造2025"试点示范城市、实施乡村振兴战略、培育集聚高层次人才等重点任务,对先进制造业、自主创新、现代农业、服务业和文化产业等给予政策支持与资金保障。

(3)长三角地区的新兴产业

本年度,长三角地区的新兴产业发展优化仍在持续。上海市通过特斯拉布局新能源汽车产业链。2019年1月特斯拉上海工厂破土动工,并于 10 个月内竣工开始投产。随着对外正式销售的日期临近,特斯拉已逐步提高上海工厂的"Model 3"产量,目前其已获得上海电动车工厂正式的汽车生产许可证,但仍在等待中国国产的"Model 3"车型的正式销售批准。2019 年 12 月 6 日,特斯拉中国分公司宣布,"Model 3"被列入中国工业和信息化部发布的新电动汽车补贴名单中,间接表明特斯拉制造商获得了向客户交付"Model 3"的许可。中国制造的特斯拉"Model 3"售价35.58 万元起,而两款车型的补贴可能会为买家节省最多 2.47 万元。特斯拉上海工厂目前已向中国国内的配送中心发出上海生产的"Model 3"汽车。特斯拉正计划将其中国快速充电站数量增加到 362 个,增幅为39％。该公司还计划将其服务中心从 29 个增加到 63 个。虽然与美国国内生产销售的"Model 3"电动车相比,中国国产的"Model 3"并没有体现出显著的价格竞争优势,不过业内普遍认为当上海工厂的产能走上台阶、成本逐步降低,特斯拉极有可能对"Model 3"进行大幅降价,争抢中国电动车市场,这也将给中国本土的新能源汽车产业带来巨大压力。

　　除此以外,2017 年底中共上海市委、上海市人民政府印发的《关于加快本市文化创意产业创新发展的若干意见》(简称"上海文创 50 条")为上海文化创意产业制定了发展目标。目标指出要发挥市场在文化资源配置中的积极作用,推动影视、演艺、动漫游戏、网络文化、创意设计等重点领域保持全国领先水平,实现出版、艺术品、文化装备制造等骨干领域跨越式发展;加快文化旅游、文化体育等延伸领域融合发展,形成一批主业突出、具有核心竞争力的骨干文化创意企业;推进一批创新示范、辐射带动能力强的文化创意重大项目;建成一批业态集聚、功能提升的文化创意园区;集聚一批创新引领、创意丰富的文化创意人才,构建要素集聚、竞争有序的现代文化市场体系,夯实国际文化大都市的产业基础,使文化创意产业成为本市构建新型产业体系的新的增长点、提升城市竞争力的重要增长极。并且在未来五年(即至 2022 年),本市文化创意产业增加值占全市生产总值比重达到 15％左右,基本建成现代文化创意产业重镇;到 2030年,本市文化创意产业增加值占全市生产总值比重达到 18％左右,基本建成具有国际影响力的文化创意产业中心;到 2035 年,全面建成具有国际影响力的文化创意产业中心。

　　根据 2015 年 5 月 27 日发布的《上海推进科创中心建设 22 条意见》,

上海科创中心提出了"两步走"规划：2020年前形成科创中心基本框架体系，到2030年形成科创中心城市的核心功能。目前，上海在加快建设全球科创中心的目标下，已达成了以下进展：上海累计牵头承担国家科技重大专项项目854项，大飞机C919飞上蓝天；集成电路先进封装刻蚀机等战略产品销往海外；高端医疗影像设备填补国内空白。此外，上海还稳步推进长三角区域协同创新，向苏浙皖输出技术超过3300项，成交金额达173亿元。下一步上海要强化顶层设计和制度供给，形成集成电路、人工智能、生物医药发展的"上海方案"；要全力推进张江国家科学中心建设，争取张江国家实验室早日获批；要完善"科创板"为引领的科技金融体系，推进科技成果转移转化。

浙江省党代会报告在2017年首次提到全面振兴实体经济时指出，要做大、做强信息、环保、健康、旅游、时尚、金融、高端装备制造、文化八大万亿产业，建成一批具有国际竞争力的大产业基地。

2018年6月26日浙江省政府启动的《之江文化产业带建设规划》项目，将一个以钱塘江杭州段为轴线，以杭州市的上城、江干、西湖、滨江、萧山、富阳6个沿江分布的主城区为核心，并向上游和下游区域延伸拓展的之江文化产业带打造成"一带四基地"。其以之江文化产业带为空间形态，集成数字文化产业基地、影视产业基地、艺术创作产业基地、动漫游戏产业基地等产业功能，打造成为浙江省文化产业发展的重要增长带和参与省际乃至国际文化产业竞争的重大平台。目标是通过实施规模化、集群化、高端化、融合化、国际化"五化"战略，促进内容创新、业态创新、模式创新、机制创新"四创"融合，实现区域文化产业的高位增长、空间集聚、价值提升、产业融合、国际接轨。之江文化产业带建设规划期限为2018年至2035年，制定近期、中期、远景展望三段式发展目标，按照"五年基本建成、八年提升能级、远景繁荣可持续"的建设要求，优化文化产业布局、全面提升产业能级，把之江文化产业带打造成为浙江省文化产业发展的主引擎地带、全国文化产业发展的重要增长带，树立文化产业强势崛起和文化驱动产业转型的国际典范。

2018年江苏省印发《江苏省智能制造示范工厂建设三年行动计划（2018—2020年）》，据江苏省工业和信息化厅介绍，江苏已累计创建536个省级示范智能车间，通过示范引领有效带动全省相关企业推进智能制造,不断增强江苏工业经济竞争力。"智能工厂"是指基于全面互联、智能控制、安全可靠的工业互联网,广泛采用新一代信息技术和先进制造技术,综合运用设计生产、检验检测、仓储物流等智能装备、软件和控制系统,覆盖研发设计、生产制造、经营管理、运维服务等生产全流程、管理全方位和产品全生命周期,泛在连接、弹性供给、动态优化和高效配置制造资源,实现响应时间缩短、资源消耗减少、质量效益提升、运营成本降低、环境生态友好的现代工厂。2018 年底,江苏省科技厅立项建设两个重大科技公共服务平台——江苏省智能制造与机器人应用技术公共服务平台、江苏省人工智能产业公共技术服务平台。这是江苏省重点瞄准新兴产业、未来产业创新和中小企业发展需求,在智能制造、人工智能领域布局建设的重大科技公共服务平台。以后者为例,将建立高性能计算机服务平台,打造公共数据服务平台等,开展技术成果转移转化,为企业提供技术开发、产品开发、工艺开发、技术咨询等服务。到 2020 年,目标以机械、汽车、电子、医药、纺织、轻工等领域为重点,创建 50 家左右省级智能制造示范工厂,培育 100 家左右智能制造领军企业,形成一批智能制造标准。

截至 2018 年,安徽省汽车整车出口量已连续 12 年居全国第一。安徽省经信委的数据显示,本省汽车产量从 2012 年的 108.5 万辆增加到 2017 年的 133.5 万辆;汽车行业主营业务收入从 2012 年的 1 564.3 亿元增加到 2017 年的 2 822.1 亿元。在新能源汽车推广应用方面,2017 年安徽省新能源汽车生产和销售推广量分别为 6.76 万辆和 6.51 万辆,同比分别增长 51.3％和 46.9％,新能源汽车技术与产业化及示范运营推广已走在全国前列。与此同时,安徽汽车产业结构不断优化,从自主迈上"自主＋合资"。2015 年奇瑞捷豹路虎合资品牌汽车批量投放市场。2017 年江淮与德国大众开始合资合作新能源汽车,安徽汽车品质和品牌影响力得到不断提升。除此以外,2017 年度安徽省全省实现跨境电商进出口 4.2 亿美元,增长 35.5％,出口包裹 800 多万件,进口包裹 8 万余件。安徽省大力发展服务贸易,其中 15 家企业、4 个项目入选国家文化出口重点企业和项目。

2018 年 5 月 28 日,安徽省发布《安徽省新一代人工智能产业发展规划(2018—2030 年)》,明确安徽省人工智能产业的发展方向。提出到

2020年,安徽省人工智能产业规模超过150亿元,带动相关产业规模达到1 000亿元。依托安徽省汽车、语音的代表性企业,安徽还将开展智能汽车试点示范工程,推动计算机视觉、大数据等智能技术在智能汽车及无人驾驶领域的应用。

2. 长三角地区产业结构的转型升级

(1)服务业规模赶超制造业

长三角地区三省一市的产业增加值逐年增长,制造业自动化、智能化趋势增强,但制造业生产总值于近年被服务业赶超,大量劳动力涌入生产服务业。据国家统计局数据显示,第二产业增加值总和在2013年被第三产业增加值赶超。2013年第二产业增加值65 431.45亿元,第三产业增加值65 503.74亿元,超过第二产业增加值72.29亿元。随后第三产业增加值与第二产业增加值的差距逐年加大,并于2018年第三产业增加值达114 299.1亿元,超出第二产业增加值25 970.07亿元(见图1—77)。

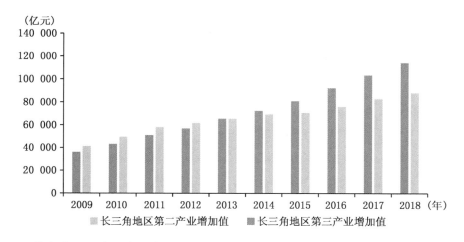

资料来源:根据国家统计局数据绘制。

图1—77 长三角地区产业增加值

长三角地区第三产业增加值占比从2015年度以来均高于50%。2015年为50.67%,随后稳步上升,并于2018年达到54.05%。第二产业增加值占比的趋势则与此相反,从2015年的44.19%下降至2018年的41.77%,共下降了3.38个百分点,降幅大于同期第三产业增加值占比的增幅(见图1—78)。

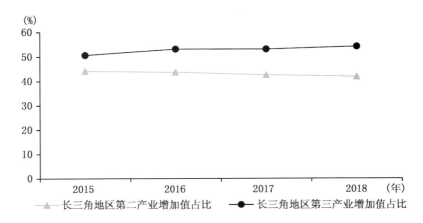

资料来源:根据国家统计局数据绘制。

图 1—78　长三角地区产业增加值占比

(2)制造业内部产业结构的变化

在 2009 年至 2017 年的年平均工业产品产量数据中可以看到长三角地区的传统工业制造业产品较有优势,新兴工业制造业产品也在发力,而资源类如原油、天然气以及化学品类则并未在长三角地区拥有有效数据统计。长三角九年平均的主要工业产品产量如下:水泥产量 40 509.48万吨、钢材产量 20 032.08 万吨、微型电子计算机产量 15 198.26 万台、发电量 9 673.40 亿千瓦小时(见图 1—79)。

从时间序列数据来看,国家统计局统计的工业产品中,长三角地区大部分工业产品产量在十年间有所上升,如机制纸及纸板、焦炭、硫酸(折100%)、烧碱(折 100%)、化学农药原药、初级形态的塑料、化学纤维、水泥、生铁、粗钢、钢材等。其中,移动通信手持机产量从 2009 年的5 150.19 万台到 2018 年的 15 041.25 万台翻了三番,集成电路产量也上涨了两倍多,于 2017 年达 8 382 900 万块。此外,汽车与轿车的产量均有上升,汽车产量十年涨幅为 331.14 万辆,于 2018 年达 621.3 万辆,轿车九年涨幅仅为 128.42 万辆,并且增速于近年趋零,显示其他车型产量上涨速度可观(见图 1—80)。

长三角地区家用电器的产量在十年间虽有波动,但总体上升。家用电冰箱产量从 2009 年的 3 183.83 万台上涨至 2018 年的 4 251.77 万台;房间空调器则从 1 974.81 万台上涨三倍,于 2017 年达 6 034.91 万台;家

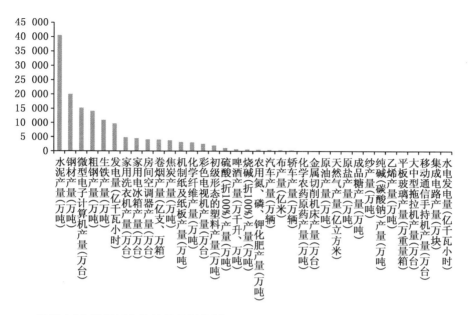

资料来源：根据国家统计局数据绘制。

图 1—79　长三角地区 2009—2017 年平均工业产品产量

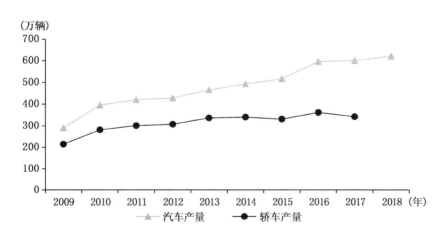

资料来源：根据国家统计局数据绘制。

图 1—80　长三角地区汽车、轿车产量

用洗衣机、彩色电视机产量亦纷纷增加，于 2017 年达 5 311.11 万台和 3 062.87 万台（见图 1—81）。

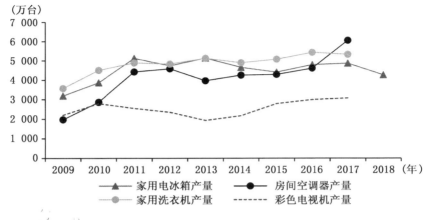

资料来源：根据国家统计局数据绘制。

图 1—81　长三角地区家电产量

　　除了上述产量增长的工业产业之外，长三角地区有四项工业产品产量萎缩，分别为啤酒、布、农用氮磷钾化肥和微型电子计算机。啤酒产量从 2009 年的 715.29 万吨下降至 2017 年的 586.31 万吨；布产量则从 2009 年的 324.19 亿米降至 2018 年的 297.26 亿米；农用氮、磷、钾化肥产量从 592.24 万吨降至 406.14 万吨（见图 1—82）。

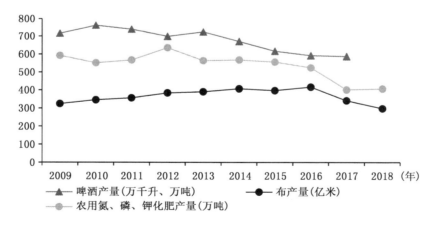

资料来源：根据国家统计局数据绘制。

图 1—82　长三角地区产量下降的工业产品

　　微型电子计算机在十年间的产量变化先升后降。2009 年长三角地区产能为 15 590.32 万台，随后于 2011 年上升至十年顶点 19 849.59 万台;之后产量一路下滑,于2016年降至10 211.7万台,2018年9 890.25万台。这是从长三角地区外迁的产业中唯一的新兴产业(见图1—83)。

资料来源:根据国家统计局数据绘制。

图1—83 长三角地区微型电子计算机产量

(3)服务业内部产业结构的变化

2018年长三角地区第三产业生产总值占比达54.05%,是服务业产值逐年上涨的结果,但距发达国家服务业总产值占比国民经济总产值70%左右的阈值仍有大幅上涨空间。其中,发达国家的生产性服务业总产值又占服务业总产值70%左右,国民生产总值50%左右。上海作为长三角地区三省一市中服务业发展的代表,2018年度上海市服务业增加值为22 842.96亿元,占比国民生产总值达69.9%,生产性服务业增加值达13 706.95亿元,是从2008年的4 188亿元起年均增速10%左右的增长结果,而生产性服务业占服务业比重亦已达到60.01%。与发达国家的"两个70%"指标相比,上海市的服务业增加值与生产服务业增加值已双双超过60%,在国内处于领先地位,但生产型服务业增加值与占比仍有较大上涨空间。

发达国家的大都市不仅经济服务化程度很高,而且服务的生活化水平也走在世界前列。当前,国际中心城市早已不再是生产中心,而成为了服务中心,包括生产性服务中心与消费性服务中心。长三角地区的生产服务业总产值仍有增长的空间,服务业内部的产业结构也有改进的余地。

3. 长三角地区产业转型过程中的瓶颈

产业转型升级的过程中往往会遇到许多困难与问题,其中较为突出的三大问题有资金、人才以及进口依赖。

(1)资金问题

产业转型中涉及旧产业淘汰出清、新产业建立发展,资金投入量大、回收周期长将是产业转型中会遇到的首个瓶颈。在多数被调查的中小企业中,约有 70.8％的企业认为当前开展的"智能制造"首要问题是成本太高,主要缘于两个方面原因:一是投入资金大,财务成本高。据对已经完成"智能制造"改造企业的调查,有超过 1/5 的企业投资额在 500 万元以上,这对中小企业来说是一笔不小的投资,加之近年来中小企业融资成本持续上升,增加了企业负担。二是资金投入回收周期长。调查显示,已经完成"智能制造"改造企业中,回收期在 4 年以上的企业比重高达42.3％。产业转型升级作为一项长期工作,需要较大的财政政策与金融制度的支撑。

(2)人才问题

高端人才短缺,企业培训压力大,甚至在数字化领域部分企业管理层尚处于"学习补课"阶段,更遑论培养发掘人才。中国机械工业联合会专家委员会名誉主任朱森第认为,"智能制造"目前还处于大企业"唱戏"、中小微企业"围观"的状态,而中小企业的智能转型恰恰是推进"智能制造"的重点和难点所在。据调研报告指出,公司实施"智能制造"后,需要一批懂生产管理的网络工程师,但很少有高校培养这样的复合型人才,因此只好派遣公司员工到第三方服务公司去学习物联网、智能制造等方面的知识。某些公司的数字工厂甚至需要派出员工去海外学习操作技术,但人员流失是这些公司遇到的另一问题。苏州市人社局局长朱正等人建议,相关部门应未雨绸缪,加强对人工智能等课题的研究,引导职业技工院校和企业加强校企合作,在专业体系、课程设置、技术研究、人才培养培训等方面主动适应变化,打造新的劳动者队伍。

(3)进口依赖问题

多年来我国制造业飞速发展,但仍有大批核心关键材料还须依赖进口,我国关键新材料自给率仅为 14％。例如芯片产业,中国企业在全球芯片产业格局中长期处于中低端领域。目前中国能自主制造类比、分离等低端芯片,但逻辑、存储等高端芯片目前都无法自给。此外,紫光展锐、华为海思等企业虽能够生产手机所用的射频芯片和基带芯片,但海思和展讯 2017 年第三季度所占据的市场份额仅分别为 8% 和 5%,其中海思的麒麟芯片仅用于华为自身产品,外部产品并未采用。在全球芯片的产业链上中国企业也较为弱势,在设计、制造、封测等众多环节中,中国企业仅在较为低端的封测领域处于第一梯队。除了外患还有内忧,在中国芯片企业的本土战场上,已有许多国际芯片巨头前来建厂,抢夺中国的市场份额。2019 年 3 月 28 日,韩国三星在陕西西安的半导体工厂二期宣布投建。该厂一期的累计投资金额达到 100 亿美元,目前已经有生产线全线运行,而二期生产线投资规模在 70 亿美元左右。

1.3.2 粤港澳大湾区的产业发展

1. 粤港澳大湾区概览

2019 年 2 月,中共中央、国务院印发实施《粤港澳大湾区发展规划纲要》,旨在进一步提升粤港澳大湾区在国家经济发展和对外开放中的支撑引领作用,支持香港、澳门融入国家发展大局,增进香港、澳门同胞福祉,保持香港、澳门长期繁荣稳定,让港澳同胞同祖国人民共担民族复兴的历史责任、共享祖国繁荣富强的伟大荣光。

粤港澳大湾区包括香港特别行政区、澳门特别行政区和广东省广州市、深圳市、珠海市、佛山市、惠州市、东莞市、中山市、江门市、肇庆市(以下称珠三角九市),总面积 5.6 万平方公里,2018 年末总人口约 7 115.98万人,比上年增加 158.82 万人,是我国开放程度最高、经济活力最强的区域之一,在国家发展大局中具有重要战略地位。

2. 粤港澳大湾区的产业体系

粤港澳大湾区致力于构建具有国际竞争力的产业体系,其中包括传统制造业的改造升级、先进制造业的发展壮大、现代服务业的培育孵化,佐以供给侧结构性改革的深化实施并瞄准国际先进标准,以此促进产业间的互补与协作,并目标培育若干世界级产业集群。

(1)粤港澳大湾区传统制造业的改造升级

制造业是粤港澳大湾区产业的核心竞争力,为使大湾区的传统制造业成功转型升级,需要优化制造业布局和调整制造业结构。首先,需要推动互联网、大数据、人工智能和实体经济深度融合;其次,要加强产业分工协作,再次,需要促进产业链上下游深度合作,以此建设具有国际竞争力的先进制造业基地。

在优化制造业布局方面,要提升国家新型工业化产业示范基地发展水平,以珠海、佛山为龙头建设珠江西岸先进装备制造产业带;以深圳、东莞为核心在珠江东岸打造具有全球影响力和竞争力的电子信息等世界级先进制造业产业集群。发挥香港地区、澳门地区、广州、深圳创新研发能力强、运营总部密集以及珠海、佛山、惠州、东莞、中山、江门、肇庆等地产业链齐全的优势,加强大湾区产业对接,提高协作发展水平。支持东莞等市推动传统产业转型升级;支持佛山深入开展制造业转型升级综合改革试点;支持香港在优势领域探索"再工业化"。

在加快制造业结构调整方面,要推动制造业智能化发展,以机器人及其关键零部件、高速高精加工装备和智能成套装备为重点,大力发展智能制造装备和产品,培育一批具有系统集成能力、智能装备开发能力和关键部件研发生产能力的智能制造骨干企业。支持装备制造、汽车、石化、家用电器、电子信息等优势产业做强、做精,推动制造业从加工生产环节向研发、设计、品牌、营销、再制造等环节延伸。加快制造业绿色改造升级,重点推进传统制造业绿色改造、开发绿色产品,打造绿色供应链。

(2)粤港澳大湾区新兴产业的发展壮大

在发展新兴产业上,粤港澳大湾区可以依托香港、澳门、广州、深圳等中心城市的科研资源优势和高新技术产业基础,充分发挥国家级新区、国家自主创新示范区、国家高新区等高端要素集聚平台作用,联合打造一批产业链条完善、辐射带动力强、具有国际竞争力的战略性新兴产业集群,增强经济发展新动能。推动新一代信息技术、生物技术、高端装备制造、新材料等发展壮大为新支柱产业。在新型显示、新一代通信技术、5G 和移动互联网、蛋白类等生物医药、高端医学诊疗设备、基因检测、现代中药、智能机器人、3D 打印、北斗卫星应用等重点领域培育一批重大产业项目。围绕信息消费、新型健康技术、海洋工程装备、高技术服务业、高性能集成电路等重点领域及其关键环节,实施一批战略性新兴产业重大工程。培育壮大新能源、节能环保、新能源汽车等产业,形成以节能环保技术研发和总部基地为核心的产业集聚带。发挥龙头企业带动作用,积极发展数字经济和共享经济,促进经济转型升级和社会发展。促进地区间动漫游戏、网络文化、数字文化装备、数字艺术展示等数字创意产业合作,推动数字创意在会展、电子商务、医疗卫生、教育服务、旅游休闲等领域应用。

2019 年 12 月 18 日,广州市工业和信息化局公布《广州市先进制造业强市三年行动计划(2019—2021 年)》(以下简称《行动计划》)已获市委常委会审议通过,即将正式印发。《行动计划》确定广州市先进制造业建设目标,建设两大世界级先进制造业集群及四大国家级先进制造业集群,推进创新平台建设,推动现代服务业与先进制造业深度融合发展,到 2021 年广州市先进制造业增加值达 3 000 亿元以上。

广州是国家先进制造业重要基地,华南地区工业门类最齐全的城市,制造业综合实力和配套能力居全国前列,在全国一线城市中率先获批试点示范城市、首批国家服务型制造示范城市,被联合国工业发展组织授予"全球定制之都"称号,入围全国数字经济"五大引领型城市"。2019 年 1 月至 2019 年 9 月,广州市先进制造业占规模以上制造业增加值的比重为 63.9%;高新技术产品产值占规模以上工业总产值比重达 48.8%。2019 年 1 月至 2019 年 10 月规模以上工业增加值增长 4.2%,完成工业投资额 803.96 亿元,增长 23.8%,工业投资额总量居广东省全省第一,增速全省第三;技术改造投资额增长 71.6%,增速全省第四。广州市在 2018 年全省制造业发展情况综合评估中被评为"优秀"等级。通过实施《行动计划》,到 2021 年,广州市将打造汽车、超高清视频及新型显示两大世界级先进制造业集群,集群规模分别达到 6 000 亿元、2 300 亿元;打造新材料、都市消费工业(智能家居、绿色食品、时尚服饰、灯光音响、化妆品)、高端装备制造(智能装备及机器人、轨道交通装备、船舶与海洋工程装备)、生物医药四大国家级先进制造业集群,集群规模分别达到 3 000 亿元、2 000 亿元、1 200 亿元、1 000 亿元。

2019 年 8 月 18 日,中共中央、国务院发布《关于支持深圳建设中国特色社会主义先行示范区的意见》(以下简称《意见》),其中明确提出,将支持深圳率先建设体现高质量发展要求的现代经济体系。在党中央国务院的大力推动下,深圳的 5G、人工智能、网络技术、生物医药、通信高端器件等行业将迎来重大利好。毫无疑问,深圳将更加开放,华为、腾讯等深圳高新技术企业将带来全面升维式的政策支持,而深圳也将成为新的科技创新中心。在先行探索的过程中,深圳科技创新方面的表现也颇为亮眼。根据深圳市政府 2019 年 1 月的《政府工作报告》,2018 年深圳市的全社会研发投入占 GDP 比重、PCT 国际专利申请量均全国领先,国家级高新技术企业数量居全国第二,数字经济发展也走在全国前列。深圳市市长陈如桂表示,深圳已经成为"中国最具创新力的城市",在全球创新体系中的地位不断提升。以被称为"中国硅谷"的深圳市南山区为例,据统计,目前注册地址在深圳南山区的 A 股上市公司有 114 家,且多为高新技术行业;与之对应的是北京海淀区有 116 家,上海浦东新区有 19 家。南山区这 114 家上市企业中,包含医药生物 6 家、信息设备 18 家、信息服务 19 家、电子 21 家。而位于南山区中心粤海街道,面积仅约 20 平方公里,在这片不大的地方,GDP 高达 2 509 亿元,占了南山区的半壁江山。在中美贸易摩擦中先后被美国政府针对的中兴、华为、大疆等企业,均发源于此。

在与 5G 相关的通信行业,根据深圳市通信管理局数据,2018 年,深圳基础电信企业完成电信业务总量 1 610 亿元,同比增长 116.5%;增值电信业务实现营业收入和电信业务收入达 3 487.9 亿元和 1 007.2 亿元,从业人员人数达 23.5 万人,上市公司数量超过 52 家。深圳已成为国内增值电信和互联网业务发展最为活跃、聚集效益最优的地区之一。根据德国专利数据公司 IPlytics 给出的最新报告,截至 2019 年 6 月 15 日,全球 5G SEP 标准必要专利申请中,华为位居榜首,5G SEP 专利数量高达 2 160 个,远高于其他厂商。中国另外一家入榜企业则是中兴通讯,申请 SEP 专利数量有 1 424 个,排名第三。两家公司的总部均位于深圳。

在人工智能方面,根据亿欧 2018 年发布的《中国人工智能产业发展城市排行榜》,从企业规模、政策基础、学术技术、产业基础、资本环境五个层面测评市场发展人工智能的实力和前景,深圳的各项指标表现优异,位居全国第三。深圳在人工智能领域不仅诞生了超过 200 家初创企业,还坐拥大疆科技、优必选、碳云智能等业界知名的人工智能企业。此外,腾讯、平安科技等十家开展人工智能颇具规模的成熟企业,也为人才集聚提供了可能性。

在网络空间科学与技术方面,深圳的实力也不容小觑。2018 年 6 月,深圳网络空间科学与技术广东省实验室正式落户深圳南山区。该实验室由深圳市政府主导,哈尔滨工业大学(深圳)为主要依托单位,协同多家高校、科研院所、大科学装置、企业等优势单位共建。根据规划,到2030 年,实验室将解决网络信息领域一大批共性关键技术问题,推动科技成果转化与产业化实验室迈入国家实验室行列。

在生命信息与生物医药技术领域,大健康产业研究咨询机构"火石创造"的报告显示,自 2005 年深圳被国家发改委认定为第一批国家生物产业基地以来,深圳的生物产业以年均 20％的增速快速发展,建成了坪山国家生物产业基地、国际生物谷两大生物医药产业集聚区,形成较为完整的生物医药产业链,在基因检测、生物信息、医学影像等细分领域具有领先优势,并培育了生物疫苗、干细胞等特色细分领域。深圳已经涌现出华大基因、迈瑞医疗、海王生物、海普瑞、翰宇药业、北科生物等一批国家级龙头企业和创新型企业。

(3)粤港澳大湾区现代服务业的培育优化

现代服务业在发达国家的国民生产总值中占比达 70％,而粤港澳大湾区可依托其现有资源,着力建设国际金融枢纽、发展特色金融产业、构建完善的现代服务业体系。

在建设国际金融枢纽方面,大湾区可发挥香港在金融领域的引领带动作用,巩固和提升香港国际金融中心地位,打造服务"一带一路"建设的投融资平台。支持广州完善现代金融服务体系,建设区域性私募股权交易市场,建设产权、大宗商品区域交易中心,提升国际化水平。支持深圳依规发展以深圳证券交易所为核心的资本市场,加快推进金融开放创新。支持澳门打造中国—葡语国家金融服务平台,建立出口信用保险制度,建设成为葡语国家人民币清算中心,发挥中葡基金总部落户澳门的优势,承接中国与葡语国家金融合作服务。研究探索建设澳门—珠海跨境金融合作示范区。

在发展特色金融产业方面,大湾区应支持中国香港打造大湾区绿色金融中心,建设国际认可的绿色债券认证机构。支持广州建设绿色金融改革创新试验区,研究设立以碳排放为首个品种的创新型期货交易所。支持澳门地区发展租赁等特色金融业务,探索与邻近地区错位发展,研究在澳门地区建立以人民币计价结算的证券市场、绿色金融平台、中葡金融服务平台。支持深圳建设保险创新发展试验区,推进深港金融市场互联互通和深澳特色金融合作,开展科技金融试点,加强金融科技载体建设。支持珠海等市发挥各自优势,发展特色金融服务业。在符合法律法规及监管要求的前提下,支持粤港澳保险机构合作开发创新型跨境机动车保险和跨境医疗保险产品,为跨境保险客户提供便利化承保、查勘、理赔等服务。在推进金融市场互联互通方面,要逐步扩大大湾区内人民币跨境使用的规模和范围。

在构建现代服务业体系方面,大湾区应聚焦服务业重点领域和发展短板,促进商务服务、流通服务等生产性服务业向专业化和价值链高端延伸发展;健康服务、家庭服务等生活性服务业向精细和高品质转变。以航运物流、旅游服务、文化创意、人力资源服务、会议展览及其他专业服务等为重点,构建错位发展、优势互补、协作配套的现代服务业体系。推进粤港澳物流合作发展,大力发展第三方物流和冷链物流,提高供应链管理水平,建设国际物流枢纽。支持澳门加快建设葡语国家食品集散中心。推动粤港澳深化工业设计合作,促进工业设计成果产业化。深化粤港澳文化创意产业合作,有序推进市场开放。充分发挥香港地区影视人才优势,推动粤港澳影视合作,加强电影投资合作和人才交流,支持香港地区成为电影电视博览枢纽,巩固提升香港地区作为国际高端会议展览及采购中心的地位,支持澳门地区培育一批具有国际影响力的会议展览品牌。深化落实内地与香港、澳门地区关于建立更紧密经贸关系的安排(CEPA)对港澳服务业开放措施,鼓励粤港澳共建专业服务机构,促进会计审计、法律及争议解决服务、管理咨询、检验检测认证、知识产权、建筑及相关工程等专业服务发展。支持大湾区企业使用香港的检验检测认证等服务。

根据 2018 年全球金融中心指数排行榜,中国香港力压新加坡、东京,成为全球第三大国际金融中心,与纽约、伦敦并称为“纽伦港”。Z/Yen 集团与中国综合开发研究院于 2019 年 3 月公布的全球金融中心指数(GFCI)中,中国香港排名第三,指数自 2007 年 3 月首次公布以来每半年更新一次,中国香港一直被评定为亚洲领先的国际金融中心之一。

2003 年,内地与香港地区签署了《内地与港澳关于建立更紧密经贸关系的安排》(简称“CEPA”),支持双方进一步加强在银行、证券和保险领域的合作。CEPA 为内地与香港地区的合作打开了政策上的“大门”,同时也加快了内地企业赴港上市的步伐。2004 年,中国互联网巨头之一腾讯在中国香港挂牌上市,以每股3.70港元的价格发售了4.202亿股。以发行价计算,腾讯市值为62亿港元左右,截至2019年12月24日收盘,腾讯总市值已达3.6万亿港元。除了腾讯,包括华为、大疆在内的一大批顶尖企业也陆续在中国香港上市。从21世纪初期的不足百家,到如今占据香港上市公司总数近五成,有人称之为"港股A股化"。如今中国香港已经成为全球最活跃及流动性最高的证券市场之一,对资金流动不设限制,也没有资本增值税或股息税。截至2019年6月底,以市值计算,中国香港是亚洲第三大及全球第六大证券市场。同期,共有2 382家公司在香港交易所上市,总市值约42 000亿美元。

从募集资金的规模来看,香港回归之前,内地企业募集资金在一两百亿港元水平。回归之后,内地企业赴港上市募集资金规模猛增。根据德勤统计,2018年全球集资额前五名的公司,分别是软银公司(1 652亿港元)、中国铁塔(588亿港元)、小米集团(426亿港元)、西门子医药(390亿港元)以及美团点评(331亿港元)。港交所独揽三家,且均来自内地。港交所在2018年集资总额达367亿美元,重夺全球交易所IPO集资额冠军,超过纽交所、纳斯达克和东京证券交易所,内地企业功不可没。香港地区还建立了在内地以外最大的人民币资金池。

此外,近年香港地区与内地还不断开发新的互联互通工具。2014年11月,上海、香港证券交易所鸣锣开市,沪港通完成"首秀",内地和香港两地的资本对接实现了历史性跨越;2016年12月,深港通正式启动;2019年2月,债券通一级市场信息平台上线。据国际著名创投调研机构CBInsights 2019年公布的数据,大湾区内广东省9市独角兽企业数量在过去5年里从2家增加至16家,约占全国独角兽企业的六分之一。独角兽企业总估值由120亿美元飙升到467.6亿美元,增幅达289.7%。在英国最新发布的"2019全球最有价值的十大交易所品牌"中,港交所力压纽交所,升至榜单第二,仅次于芝加哥商品交易所。

3. 粤港澳大湾区产业转型过程中的瓶颈

粤港澳大湾区发展也面临诸多挑战。当前,世界经济不确定不稳定因素增多,保护主义倾向抬头,大湾区经济运行仍存在产能过剩、供给与需求结构不平衡不匹配等突出矛盾和问题,经济增长内生动力有待增强。在"一国两制"下,粤港澳社会制度不同,法律制度不同,分属于不同关税区域,市场互联互通水平有待进一步提升,生产要素高效便捷流动的良好局面尚未形成。大湾区内部发展差距依然较大,协同性、包容性有待加强,部分地区和领域还存在同质化竞争和资源错配现象。香港地区经济增长缺乏持续稳固支撑;澳门地区经济结构相对单一、发展资源有限;珠三角九市市场经济体制有待完善。区域发展空间面临瓶颈制约,资源能源约束趋紧,生态环境压力日益增大,人口红利逐步减退。

1.3.3　雄安新区的产业发展

1. 雄安新区概览

雄安新区,别名雄安,由中共中央、国务院决定于 2017 年 4 月 1 日设立的国家级新区,位于中国河北省中部地区,地处北京、天津、保定腹地,下辖地区涵盖河北省保定市雄县、容城、安新 3 个小县及周边部分区域,总面积约为 2 000 平方公里,2017 年人口统计为 104.71 万人。

雄安新区的诞生可以追溯至 2014 年,京津冀协同发展被上升为国家战略。2014 年 2 月 26 日,习近平总书记在听取京津冀协同发展工作汇报时做了重要指示,京津冀协同发展逐渐上升为国家战略。随后在 2015 年 4 月 2 日和 4 月 30 日,中共中央政治局常委会会议和中央政治局会议召开,并在会上研究《京津冀协同发展规划纲要》。2016 年 5 月 27 日,中共中央政治局会议审议了《关于规划建设北京城市副中心和研究设立河北雄安新区的有关情况的汇报》。2017 年 2 月 23 日,国家主席习近平专程到河北省安新县进行实地考察,主持召开河北雄安新区规划建设工作座谈会。2017 年 4 月 1 日 ,中共中央、国务院印发通知,决定设立河北雄安新区。

雄安新区定位二类大城市。设立雄安新区,对于集中疏解北京非首都功能,探索人口经济密集地区优化开发新模式,调整优化京津冀城市布局和空间结构,培育创新驱动发展新引擎,具有重大现实意义和深远历史意义。党中央、国务院通知要求,各地区、各部门要认真落实国家主席习近平重要指示,按照党中央、国务院决策部署,统一思想、提高认识,切实增强"四个意识",共同推进河北雄安新区规划建设发展各项工作,用最先进的理念和国际一流的水准进行城市设计,建设标杆工程,打造城市建设的典范。雄安新区是"无废城市"建设特例区。2019 年 10 月,雄安新区入选国家数字经济创新发展试验区。

2. 雄安新区的产业体系

2018年12月,经党中央、国务院同意,国务院正式批复《河北雄安新区总体规划(2018—2035年)》。

批复指出,总体规划牢牢把握北京非首都功能疏解集中承载地这个初心,坚持世界眼光、国际标准、中国特色、高点定位,坚持生态优先、绿色发展;坚持以人民为中心、注重保障和改善民生;坚持保护弘扬中华优秀传统文化、延续历史文脉。对于高起点规划高标准建设雄安新区、创造"雄安质量"、建设"廉洁雄安"、打造推动高质量发展的全国样板、建设现代化经济体系的新引擎具有重要意义。

批复对紧扣雄安新区战略定位、有序承接北京非首都功能疏解、优化国土空间开发保护格局、打造优美自然生态环境、推进城乡融合发展、塑造新区风貌特色、打造宜居宜业环境、构建现代综合交通体系、建设绿色低碳之城、建设国际一流的创新型城市、创建数字智能之城、确保城市安全运行等提出指导性意见。

批复指出,在京津冀协同发展领导小组统筹指导下,河北省委和省政府要切实履行主体责任,加强组织领导,全力推进雄安新区规划建设各项工作;建立全域覆盖、分层管理、分类指导、多规合一的规划体系,把每一寸土地都规划得清清楚楚后再开工建设;逐步建立涵盖规划、建设、发展各领域和全过程的雄安标准体系,创造"雄安质量";总体规划实施中涉及的重大事项、重大政策和重大项目按规定程序报批。国家发展改革委、京津冀协同发展领导小组办公室要做好综合协调,加强对总体规划实施的指导、监督和检查,重大事项及时向党中央、国务院报告;各有关部门和单位以及北京市、天津市等各地区,要积极主动对接和支持雄安新区规划建设,形成推动雄安新区高质量发展的合力。

2019年1月24日,《中共中央国务院关于支持河北雄安新区全面深化改革和扩大开放的指导意见》发布。

意见中与产业发展相关的指导有以下几点。

一是推动高端高新产业发展。把提高供给体系质量作为主攻方向,激发雄安新区经济发展内生动力。支持雄安新区吸引北京创新型、高成长性科技企业疏解转移。创造有利于第一、第二、第三产业融合发展的新机制、新模式。严格产业准入标准,建立入区产业项目科学评估论证机制,制定雄安新区限制承接和布局的产业负面清单,对符合新区定位和发展方向的本地传统产业进行现代化改造提升,有力有序淘汰落后产能。

二是加强创新能力建设和科技成果转化。引导现有在京科研机构和创新平台有序向雄安新区疏解,新设立的国家实验室、国家技术创新中心等国家级科技创新平台优先在雄安新区布局,支持建设雄安新区中关村科技园。支持雄安新区企业联合金融机构、高校、科研院所和行业上下游共建产业协同创新共同体,建设产业创新中心,联合承担重大科研任务。建设服务于雄安新区创新发展的专业化高水平科技创新智库,鼓励社会力量创办新型研发机构。创新国际科技合作模式,鼓励科技创新领域国际组织落户雄安新区。支持雄安新区在前沿领域技术创新试验和应用方面先行先试。推进职务发明科技成果权属混合所有制改革,鼓励科技人员以职务发明科技成果投资入股,提高科技人员成果转化收益比例,放宽转制科研院所、高新技术企业科技人员在混合所有制员工持股改革中的持股比例。设立雄安科技成果转化基金,推动创新成果标准化、专利化并在雄安新区及相关地区转化利用。改革科技管理制度和科技政策决策咨询制度,将创新驱动发展能力作为重要指标纳入政府绩效考核体系。

三是构建现代产权保护体系。建立并不断完善平等保护各类市场主体的产权保护制度,充分发挥产权激励作用。支持在雄安新区建设知识产权保护中心,提供知识产权快速审查、确权和维权服务,构建快速反应的知识产权执法机制,落实侵权惩罚性赔偿制度,将故意侵权行为纳入全国信用信息共享平台、国家企业信用信息公示系统和国家金融信用信息基础数据库,加大惩戒力度,大幅提高知识产权侵权成本。鼓励开展知识产权证券化融资和知识产权质押融资,建立健全知识产权质押融资风险分担机制。放宽知识产权服务业准入,扩大代理领域开放,放宽对专利代理机构股东和合伙人的条件限制。

四是深入实施军民融合发展战略。统筹军民共用重大科研基地和基础设施布局建设,建立军民融合重大研发任务协同创新机制,推动双向开放、信息交互、资源共享。放宽国防科技领域市场准入。

2019 年 9 月,雄安新区已转入大规模实质性开工建设阶段,今年 69 项重点建设项目已开工 20 个,剩余项目正在全力推进。京雄城际铁路、千年秀林、白洋淀生态修复等项目建设稳步推进。

2019 年 10 月，无人驾驶汽车、人脸识别的无人超市和 5G 网络等前沿科技布局，已在这座承载千年大计的"创新之城"初露端倪。

雄安市民服务中心是雄安新区设立后首个大型城建工程，主要承担政务服务、规划展示、会议举办、企业办公等多项功能。在建设过程中综合运用 BIM、CIM 技术、被动式建筑、综合管廊等 30 多项新技术，探索形成了国内建筑的创新"试验田"和未来城市的"样板示范区"。雄安市民服务中心项目采用绿色装配式建造方式，大力发展装配式钢结构、模块化建筑，建筑垃圾比传统减少 80％以上，构件工厂化生产，大大减少了现场湿作业，减少了施工噪音，施工工期相比传统模式缩短 40％。在雄安市民服务中心，百度无人驾驶汽车、菜鸟无人物流车、无人售货车等各种功能的无人驾驶车辆在道路上来回穿行。由于禁止社会车辆和燃油车进入，工作人员的包裹收取也需要智慧绿色的解决方案，菜鸟驿站包裹服务正在造福这些雄安建设者。菜鸟雄安项目相关负责人表示，园区内设有两个快递柜和一个菜鸟驿站服务点。菜鸟无人物流车取代燃油车，它一次最多可以装载 200 多个小型包裹，自主行驶，完成从驿站到智能柜的包裹接驳运输。同时，通过人脸识别技术，菜鸟驿站和菜鸟智能柜均具备刷脸取件功能，可以数秒内完成刷脸取件，方便快捷。

5G 是雄安新区的另一项重要布局。中国移动 5G 与人工智能实验室、中国电信 5G 应用开放实验室、中国电信和中兴合作的雄安 5G 示范网联合实验室等已在此入驻。雄安新区设立以来，中国移动在新区积极推进 5G 网络、物联网、云计算、大数据等新技术、新业态研发落地。2017 年 9 月，中国移动在雄安新区部署河北省首个 5G 基站；2019 年 3 月完成雄安新区重点场景、石家庄部分区域的 5G 网络覆盖。2019 年 4 月 22 日，中国移动携手华为成功打通河北省内首个 5G 电话，实现石家庄与雄安新区跨地市间 5G 通话。目前，规模更大、覆盖更广、性能更强的 5G 预商用网络正在规划中。

2019 年 12 月，由 10 款不同汽车厂商组建的 Apollo 无人驾驶车队（百度无人车队）出现在雄安。雄安新区未来将实现以智能公共交通为主，无人驾驶私家车个性化出行为辅的出行方式，以此构成未来雄安新区的路网结构和空间分配模式。雄安新区规划建设的一个核心理念是把城市还给人,不再按照汽车尺度来设计城市和道路,而是按照人的尺度来设计。除此以外,雄安还致力于成为中国第一个没有红绿灯,没有拥堵,拥有先进的智能交通管理系统,不再需要大量人力上路管理的城市。未来,雄安新区不仅纳入京津冀一小时交通圈,还将和全国高铁网紧密衔接,将有五条高铁在雄安交汇。京雄铁路从雄安引出后,到阜阳分两支,分别到香港九龙和福建。雄安新区计划建设亚洲最大的火车站,雄安站将是高架站,位于雄安新区内部,占地68.37公顷,即68.37万平方米,相当于96个足球场,占地面积将超过北京南站。同时,在雄安新区还将设立雄安动车所,占地109.88公顷。除此以外,雄安新区还将推进北京至雄安城际铁路的建设,将加快北京新机场“五纵两横”综合交通网络建设,打造京津冀区域综合交通枢纽。计划将以首都机场和北京新机场为核心,加快推进首都机场至北京新机场城际铁路联络线、北京至雄安城际铁路、北京至唐山铁路等建设,研究建设北京新机场至雄安高速公路。在雄安新区的交通规划当中,还包括实施石家庄至雄安等城际铁路,以石家庄机场为核心,完善石家庄机场与京广高速铁路正定机场站之间的顺畅连接,有序实施石家庄至雄安、石家庄至邯郸等城际铁路。北京至雄安将建京安高速,不但可以实现雄安新区与北京的高速联系,承载未来交通,还可以一定程度缓解北京西南方向既有交通压力。连接北京与雄安新区的京雄铁路也将计划开工,沿线涉及北京市大兴区,河北省廊坊市的固安县、永清县、霸州市、雄安新区。全线设黄村站、新机场站、固安东站、霸州北站、雄安站5座车站。

2019年12月20日,雄安新区与百度在北京正式签署战略合作协议。百度在雄安新区组建成立了Apollo(阿波罗)理事会,并召开了第一届理事会会议。百度Apollo(阿波罗)自动驾驶车队已首次在雄安新区亮相。至此,雄安新区已与互联网三巨头BAT(百度、阿里巴巴、腾讯)分别签署了战略合作协议。日前,工、农、中、建四大行也已筹建雄安分行,河北银监局批复了中国工商银行、中国农业银行、中国银行、中国建设银行四家大型银行分别筹建河北雄安分行的申请,成为河北省在雄安新区批准筹建的首批分行级银行业机构。雄安新区管委会一直严控入区产业,经过管委会的审核,阿里巴巴、腾讯、百度、京东金融、中船重工、中国建筑等48家企业落户雄安。这48家企业中,中央企业有19家,民营企业有21家;来自北京的企业24家,来自深圳的企业13家。截至2019年12月10日,还有13家企业在雄安新区注册落户。

3. 雄安新区产业发展的瓶颈

(1)地理问题

雄安新区特殊的地理选址导致了它并不在过去规划建设的国家级的大型交通网络的节点上,因此高速公路、城际铁路以及与北京、天津、保定、石家庄之间的大运量交通联系都需要重新规划建设调整,甚至需要全新的选址、技术和工程建设。除了交通建设的前期投入,白洋淀水系与周边的治理也是一个浩大的工程。白洋淀周边地块非常低洼,常年低于洪水位8至9米,几乎每年被淹没,并且其占地面积达100平方公里,难以用简单的填补手段去操作,大量的工程处理和防洪措施难以避免。白洋淀的水系治理也是一个问题,由于白洋淀水系和海河水系相连,唯有工程浩大的水利项目才能长期解决白洋淀水质本身的补水不足、水质恶化以及洪涝下易发灾害的环境状况。雄安新区所处的河北省的行政区划是另一个问题,河北省的行政区划是全国所有行政区划中以乡为单位、以县为单位最小的。因此巨大的拆迁安置,少则涉及十几万人,多则涉及三十几万人的再安置问题,才能在该区域腾空出一块相对完整的土地来建设新城。不过这种安置除了能为新城提供相对较完整充足的土地资源外,还能保障并提升白洋淀整体的生态水平,这个地域曾经居民点行政区域的细小划分和"小、散、乱"的低端工业是相互伴生的。

(2)人才问题

雄安新区最重要的一项建设初衷就是首都北京功能的疏解,这也将是雄安新区未来建设成败的一个关键点。疏解分为行政命令型与市场引导型,行政命令型的疏解也叫疏散,在历史的检验中往往并不成功,一旦该区域重新开放以后,人员会自然地又回到原来的区域。因此在首都功能的疏解问题上,高校的疏解、医院的疏解、公司总部的搬迁仍有许多细节需要探讨,先进的国际模式需要研究,以此防止逆向选择的发生。

(3)土地问题

在雄安新区的规划当中,坚称其绝不会再走以地生财、土地财政的旧路,但除此之外该走何路,将是一个十分深度的关于中国土地制度改革的问题。国有土地的产权问题、集体土地的产权问题,如何实现中央政府、地方政府和实际使用者多方共赢的局面等等,将会涉及我国土地法的一些主要法规的调整与修改,并有机会化解过去三四十年改革开放当中积累下的一些非常深层次、尖锐的问题与矛盾。雄安新区将会给体制机制的改革提供一块良好的实验地,也是一个高标准的面向未来的千年之城。

1.3.4　自由贸易区的产业发展

1. 中国自由贸易区概览与背景

2002 年,新加坡发起了一组多边关系自由贸易协定"亚太自由贸易区",即跨太平洋伙伴关系协定(Trans-Pacific Partnership Agreement)的前身。跨太平洋伙伴关系协定(下文简称"TPP")是一组高水平贸易与投资协定,旨在①减免货物贸易的关税与非关税壁垒;②促使投资与金融服务准入以负面清单为基础;③推动服务贸易的便利化、透明化、规则化;④推进政府竞争中立,消除对国有企业、特殊垄断行业的保护和优惠政策,统一国民待遇;⑤为中小企业的行业准入、生产经营提供良好的市场环境;⑥着重强调数字经济和电子商务的准入、服务标准的统一化;⑦推进知识产权等商业法规的一致和执行的强化。2009 年 11 月 14 日,奥巴马宣布美国将参与 TPP 谈判,由此推动 TPP 势起。

而中国自由贸易区(下文简称"自贸区")的建设使命则是对标国际高水平开放的要求。为了适应 TPP、对标国际高水平开放要求,中国自贸区确立了四项基本制度:①以负面清单管理为核心的外商投资管理制度;②以政府职能转变为核心的事中事后监管制度;③以贸易便利化为重点的贸易监管制度;④以资本项目可兑换和金融服务业开放为目标的金融制度。

2013 年 9 月 27 日,国务院批复成立中国的首个自贸区——中国(上海)自由贸易试验区。

2015 年 4 月 20 日,国务院批复成立中国的第二批自贸区:中国(广东)自由贸易试验区、中国(天津)自由贸易试验区和中国(福建)自由贸易试验区 3 个自贸区。广东(横琴、南沙、前海、蛇口)自贸区的定位是学习香港地区、澳门地区,关注金融开放以及提升服务业。天津(天津港、东疆、天津机场)自贸区则定位于远洋航运,相关融资租赁以及高端工业制造。福建(福州、厦门、平潭)自贸区定位于台海经济一体化。

　　2017 年 3 月 31 日,国务院批复成立中国的第三批新兴自贸区:中国(湖北)自由贸易试验区、中国(辽宁)自由贸易试验区、中国(浙江)自由贸易试验区、中国(重庆)自由贸易试验区、中国(四川)自由贸易试验区、中国(河南)自由贸易试验区、中国(陕西)自由贸易试验区 7 个自贸区。其中,湖北自贸区定位于承接产业转移、建设一批战略性新兴产业和高技术产业基地,中部崛起战略和推进长江经济带建设。辽宁自贸区定位于加快市场取向体制机制改革,推动结构调整的要求。浙江自贸区定位于推动大宗商品贸易自由化。重庆、四川自贸区则定位于西部地区门户城市的开放以及建设内陆开放战略支撑带。河南、陕西自贸区则着力服务于"一带一路"建设。

　　2018 年 10 月 16 日,国务院批复同意设立中国的第四批自贸区:中国(海南)自由贸易试验区,实施范围为海南岛全岛。2018 年 4 月 13 日下午,习近平宣布支持海南全岛建设自由贸易试验区,逐步探索、稳步推进中国特色自由贸易港建设(2021 年)。海南自由贸易区(贸易港)的政策突破为:①离岛消费的逐渐铺开;②医疗服务业开放,设立博鳌超级医院、三亚 301 医院;③教育开放;④文体开放,旨在实现服务业现代化与自由化。

　　2019 年 8 月 6 日,国务院印发《中国(上海)自由贸易试验区临港新片区总体方案》,设立中国(上海)自由贸易试验区临港新片区。

　　2019 年 8 月 26 日,国务院正式印发《中国(山东)、(江苏)、(广西)、(河北)、(云南)、(黑龙江)自由贸易试验区总体方案》,明确在山东、江苏、广西、河北、云南、黑龙江 6 省区设立自贸区。其中,山东自贸区定位于培育贸易新业态、新模式,加快发展海洋特色产业以及探索发展中、日、韩三国地方经济合作。江苏自贸区则定位于提高境外投资合作水平,强化金融对实体经济的支持和支持制造业创新发展。广西自贸区定位于畅通国际大通道,打造对东盟合作先行先试示范区和打造西部陆海联通门户港。河北自贸区定位于支持开展国际大宗商品贸易,支持生物医药与生命健康产业开放发展。云南自贸区定位于创新沿边跨境经济合作模式和加大科技领域国际合作力度。黑龙江自贸区则定位于加快实体经济转型升级和建设面向俄罗斯及东北亚的交通物流枢纽。第五批自贸区成立之后,中国所有沿海省份,共 18 省,均进入自贸区。

2. 上海自由贸易区新片区对产业体系转型的影响

(1)上海自由贸易区新片区的规划概览

2019 年 8 月 6 日,国务院印发《中国(上海)自由贸易试验区临港新片区总体方案》(以下简称《方案》),设立中国(上海)自由贸易试验区临港新片区。《方案》提出,到 2025 年,新片区将建立比较成熟的投资贸易自由化、便利化制度体系,打造一批更高开放度的功能型平台,区域创造力和竞争力显著增强,经济实力和经济总量大幅跃升;到 2035 年,建成具有较强国际市场影响力和竞争力的特殊经济功能区,形成更加成熟定型的制度成果,打造全球高端资源要素配置的核心功能,成为我国深度融入经济全球化的重要载体。

《方案》明确,新片区参照经济特区管理。要建立以投资贸易自由化为核心的制度体系。在适用自由贸易试验区各项开放创新措施的基础上,支持新片区以投资自由、贸易自由、资金自由、运输自由、人员从业自由等为重点,推进投资贸易自由化、便利化。要建立全面风险管理制度。以风险防控为底线,以分类监管、协同监管、智能监管为基础,全面提升风险防范水平和安全监管水平。要建设具有国际市场竞争力的开放型产业体系。发挥开放型制度体系优势,推动统筹国际业务、跨境金融服务、前沿科技研发、跨境服务贸易等功能集聚,强化开放型经济集聚功能。加快存量企业转型升级,整体提升区域产业能级。

新片区规划范围为在上海大治河以南、金汇港以东以及小洋山岛、浦东国际机场南侧区域设置新片区,面积为 873 平方公里。按照"整体规划、分步实施"原则,先行启动区包括南汇新城、临港装备产业区、小洋山岛、浦东机场南侧等区域,面积为 119.5 平方公里。核心承载区主要指临港新片区管委会管辖范围,面积为 386 平方公里。战略协同区主要指新片区范围内的奉贤、浦东、闵行区域,面积约为 456 平方公里。

新片区的特点为:①参照经济特区管理,部分区域设立"物理围网"。②15％企业所得税,并研究实施境外人才个人所得税税负差额补贴政策。对新片区内符合条件的从事集成电路、人工智能、生物医药、民用航空等关键领域核心环节生产研发的企业,自设立之日起 5 年内减按 15％的税率征收企业所得税。③探索新片区内资本自由流入流出和自由兑换,研究开展自由贸易账户本外币一体化功能试点。④打造全球高端资源要素配置的核心功能,成为我国深度融入经济全球化的重要载体。到 2035 年,这个片区将建成具有较强国际市场影响力和竞争力的特殊经济功能区,形成更加成熟定型的制度成果。⑤推进投资贸易自由化、便利化,在适用自由贸易试验区各项开放创新措施的基础上,支持新片区以投资自由、贸易自由、资金自由、运输自由、人员从业自由等为重点。⑥在人员出入境、外籍人才永久居留等方面实施更加开放、便利的政策措施。建立外国人在新片区内工作许可制度和人才签证制度。⑦对境外进入物理围网区域内的货物、物理围网区域内企业之间的货物交易和服务实行特殊的税收政策。

(2)上海自由贸易区新片区的特点

上海自贸区临港新片区区别于中国其他自贸区的特点主要有三条。

一是对标。上海自贸区新片区对标国际最高开放标准,而非中国其他自贸区对标的国际一流开放标准。这也是自贸港与自贸区的区别所在,上海自贸区的临港新片区实际上是以自贸港的标准在规划建设。

二是使命。自贸区的使命是在国内省市中可复制、可推广。而自贸港的使命是获取国际流动性要素,临港新片区同世界著名自贸港,如新加坡、迪拜等竞争资源,争取成为跨国优秀企业的总部并发展配套服务业,以此给自贸港所在地的产业带来外延性建设红利。

三是重点。上海自贸区临港新片区应当聚焦于离岸经济管理模式的探索,而中国的其他自贸区则侧重于在岸经济管理模式改革。

上海自贸区临港新片区的规划与新加坡、迪拜等自由贸易港区的规划极为类似。①它们均以优质港口为先导。临港新片区拥有世界最繁忙的浦东机场南侧的海港空港和世界上集装箱吞吐量最大的洋山港所在区域之一的小洋山岛。②它们均以便利的保税物流园区为配套。临港新片区坐拥中国第一家“特殊综合保税区”——洋山特殊综合保税区。③它们均以强大的世界性产业园区为支撑。临港新片区拥有世界最先进电动汽车“特斯拉”在内的临港产业园和作为产城融合试点的南汇新城。

此外,上海自贸区临港新片区尤其强调其“自由化”的特点。我国现有的自贸区大多是以“便利化”为其主要改革诉求,实际上仅仅达到了改良的目的,开放创新并未呈现明显。然而临港新片区强调“自由化”,分别为“投资自由、贸易自由、资金自由、运输自由以及人员从业自由”,呈现了领导人极强的改革决心。"自由化"诉求凸显了临港新片区在对标新加坡、迪拜等世界最高开放水平自贸港区的雄心壮志。这与"可复制、可推广"的中国其他普通自贸区改革不同。

上海自贸区临港新片区的洋山特殊综合保税区的诞生源于中国深圳在 20 世纪 70 年代的第一次探索。1979 年在深圳蛇口建立了第一家出口加工区以来,我国的海关特殊监管区已经历了四个阶段,分别为:出口加工区、保税区、综合保税区,以及目前的洋山特殊综合保税区。洋山特殊综合保税区除了原有综合保税区的中间产品保税生产和货物保税仓储外,还可望增加离岸贸易、离岸金融等功能,以及首次在综合保税区(自由贸易区)出现的企业和个人税收的优惠措施。"离岸"业务的特殊功能有望在洋山特殊综合保税区的试点创新下不断强化。

上海自贸区临港新片区的另一项特点"产城融合"凸显了设计者建设现代产业园区的新思路。我国传统的产业园区通常只盯准所扶植的重点产业,而忽略了必要的产业链支撑,也没有充分的生产性服务业辅助,更不用说在生活性服务业上的配套措施。然而,现代产业园的规划思路则以人才聚集为根本,发展"产城融合"的现代产业园模式,并且希望进一步促进我国在医疗、教育、文化等现代服务业的开放探索,为现代产业园的国际化发展模式带来更大的正向溢出效应。

上海自贸区临港新片区的"经济特区"管理模式则显示了中央下放改革事权,实现开放突破的决心。时隔近 30 年,我国再次提出以"经济特区"模式管理某地区。对临港新片区的"经济特区"管理模式,无疑是期望其像以前的经济特区一样,通过中央改革事权的大幅度下放,实践习近平总书记关于自贸区"大胆试、大胆闯、自主改"的九字方针。"经济特区"业务的两大政策突破点分别为离岸业务展开与现代服务业开放,这两项特点为临港新片区的改革探索添砖加瓦。

(3)上海自由贸易区新片区的产业布局

上海自由贸易区临港新片区按照上海市"十一五"规划已被确定为重点建设的装备产业基地。目前,临港新片区致力于建设支撑我国能源、交通行业可持续发展的乘用车整车及零部件、大型船舶关键件、发电及输变电设备、海洋工程设备、民用航空产业配套五大装备产业基地以及支撑装备制造业发展的工程机械、物流机械、精密机床等制造基地。临港新片区重点发展的新兴制造产业,例如新能源乘用车整车制造产业、船舶关键件制造及配套服务产业、发电及输配电设备制造产业、海洋工程设备制造产业等的发展框架已经基本形成。

①新能源汽车产业集群。2019 年 9 月 26 日,在临港新片区举行的"推动智能网联新能源汽车产业发展和重点项目签约仪式"上,共有包括制造、应用、服务和功能平台四大类型在内的 24 个智能网联新能源汽车重点项目的签约,涉及总投资额近 80 亿元。在这 24 个智能网联新能源汽车重点项目中,既有特斯拉及其供应商的加入,也有其他相关科技公司的身影。作为"特斯拉 Model 3"的配套玻璃提供商,圣戈班安全玻璃(上海)有限公司在临港投资建设高端汽车玻璃总成装配基地项目,该公司预计达产后每年产值 1 亿元。在 2008 年就已落成投产的上汽集团临港工厂采用先进的设计、生产理念以及高新生产设备。其自动化程度之高使得在一个占地达 34 560 平方米的厂房里,仅需 446 名员工。现阶段,临港车身工厂的生产能力达到白车身 40 台每小时,若按每天 9 小时的开工时间计算,一天能够生产 300 至 400 台白车身。临港工厂主要生产自主知识产权的"KV4""KV6"系列发动机、自主品牌"荣威 550""MG3"这两款热销的整车产品。另外,高度柔化的生产线也会穿插生产旗舰车型"荣威 950"和"MG6",目前车身车间是三个平台、四个车型("MG3""MG6""ROEWE-550""ROEWE-960")共线生产。其中"MG6"还包括销往英国市场的右舵版本,临港工厂几乎囊括了全部在英国销售的"MG6",运输到英国后再进行简单的组装,"MG6"出口版本完全能够达到在欧洲销售的认证标准。2018 年,上汽大通的"EV31"项目整车下线,丰富了临港新片区新能源汽车的种类。近年,临港新片区在新能源汽车领域的深耕发力,使得其形成了以上汽自主品牌和特斯拉新能源汽车为引领、上下游配套支撑的全产业链产业集群,围绕整车制造,开展电驱、电池、电机及关键材料等核心技术攻关,基本形成国产自主品牌、外资顶级品牌与造车新势力同台共舞的产业格局。2018 年度,临港汽车整车及零部件产业实现工业总产值 380 亿元。

②船舶关键件制造及配套服务基地。《方案》明确临港新片区将建设国际航运补给服务体系、提升船舶和航空用品供应、维修、备件、燃料油等综合服务能力,加快发展飞机、船舶等融资租赁业务。位于临港新片区中

智能制造区—重装备产业区的上海外高桥造船海洋工程有限公司,负担着我国海洋工程高端装备制造产业转型升级的重要使命,符合新片区关于"建成集先进重大装备制造、现代科技研发、出口加工等功能为一体的国家新型工业化产业示范基地"的定位目标。该公司表示,将牢牢把握新片区设立这一历史新机遇,抓住国际海工市场新需求、新变化,加强海工产品的统筹协调,为上海在高端制造业方面取得全国领先的地位、为中船集团实现"全面建成世界领先的海洋科技工业集团"高质量发展愿景,为推动海工装备产业实现更大发展、实现海洋强国目标做出更大贡献。上海中船三井造船柴油机有限公司是位于临港的又一船舶关键件制造企业,其近年来在双燃料供气系统、第二期加工车间改造、焊接机器人和管件车间 MES、X92 的首台套等项目上得到了临港政府智能制造产业专项支持,同时在限价商品住房、人才公寓、人才租房补贴、领军型人才直接贡献奖励等方面也享受了临港地区的优惠政策。中国船舶(香港)航运租赁有限公司表示,目前,中船租赁在上海自贸区享受了税收优惠政策和金融人才个税补贴优惠政策,未来将发挥中船租赁船厂系上市租赁企业的专业能力,积极投身上海金融中心和航运中心建设,与上海自贸区共同成长。某船用发动机研发公司表示,临港政府对于企业的设备投资、首台套产品都有补贴政策。目前,该公司脱硫项目正在申请临港政府补贴。自贸区内某船舶服务企业表示,该公司享受了税收优惠政策以及转口贸易的便利化。低、中、高速全系列船用发动机制造基地和各类船用设备配套企业的集聚使得我国船舶制造"中国壳、外国心""船等机、机等轴"的旧局面不再重现。

③发电及输变电设备制造基地。生产百万千瓦等级核电主设备、生产百万千瓦等级核电主设备、重型燃气轮机、具有极端(特大、重型、超限)重型装备制造能力的电气重装联合厂房,以及具有 1 400 吨吊装能力、5 000 吨泊位条件的电气重件码头已建成投产,年产核岛常规岛主设备2.5 套。一机床公司核电内堆件项目,年产核电堆内构件和控制棒驱动机构 4.5 套,是全国唯一具有此生产能力的企业。核电起重运输项目年产核电成套起重运输、重型起重运输等设备 4.9 万吨。这些装备项目将为我国实现核电设备的基本国产化奠定基础。特高压交流重型输变电设备和直流输电设备项目均已纷纷上马。其中,上海电气早已将高端核电

装备、风电等生产基地布局于此,上海电气的临港基地已建成的园区面积达2万平方公里,投资总额达72亿元。上海电气是最早进驻临港的企业之一,目前其临港基地主要以核电产业为主,同时包括船用曲轴、风电辅机等企业。其中,上海电气的核电产业已形成全球唯一的核岛主设备成套供货能力,具备专业化的生产基地,创造了众多的国际、国内的第一。2019年7月15日,CAP1400湿绕组电机主泵样机在上海电气凯士比核电泵阀有限公司顺利完成全部鉴定试验项目。核主泵被誉为核电站的"心脏",该设备的成功研制化解了国内核电关键设备的"卡脖子"问题。2018年,上海电气集团的营业收入首次突破千亿元大关,实现了"三步走"战略目标的第一步。上海电气希望通过5到10年的时间,使整体装备能力在国际上达到先进水平,下一步的目标是三代核电以及四代核电,并从纯粹的核电装备制造走向装备研发和装备制造并举。未来临港产业区有望成为中国最大的高端发电及相关设备制造基地。

④海洋工程装备制造基地。中船集团已开工建设具有世界一流的大型海洋工程与船舶制造专业配套基地,其中专用产业码头两座,年产海洋工程平台4座,海洋工程生活模块或船用生活模块30个(最多可建造50个)。其中超深水半潜式平台属国际第六代海上深水钻井平台,配有双井架,属完全智能化钻井,最大作业水深为3 000米,最大钻井深度12 000米。是我国首座深水特大型装备,代表着钻井平台的世界先进水平。此外,在临港制造调试,又首次实现"一站式"临港报关、临港出口的石油钻井平台"能源显现者"(Energy Emerger)于2019年10月27日从临港出发,踏上远赴阿拉伯联合酋长国沙迦港的航程。自此,上海自贸试验区临港新片区搭建起一条完整的重型海洋工程装备出口交付流程。目前,上海海工装备企业正不断加强与中船集团、山东海洋集团等海工运营平台的合作,积极为海工装备寻找出口。自临港重装产业园区首座石油钻井平台"亚洲奋进者1号"交付国外用户后不久,中东石油巨头阿联酋阿布扎比国家石油公司便相中了海上钻井平台"能源显现者"。中东波斯湾是世界范围海上探明石油地质储量最多的地区,但这一海域降水稀少,日照强烈,常年海水盐度和水温较高,对于海上作业平台的综合性能要求较高。由于"能源显现者"可满足国际广泛海域的钻井工况,显示出独特的竞争力,故引起中东石油巨头的兴趣。

⑤工程机械等其他制造基地。港口和物流机械为主,中集集装箱制造及维修、卡尔玛港口机械、科尼(KONE)港口机械、振中桩机等项目已经建成投产并将扩建。随着田中激光机械、阿特拉斯空压机、开山空压机、蒂森克虏伯工程机械、希尔博装卸机械、希斯庄明机床、大型煤矿液压支架、履带挖掘机等项目的建成和落地,该基地涵盖的领域将更加丰富。

⑥物流配套方面。以实现"增强综合增值物流功能、对接洋山港和装备产业基地、实现保税物流基地、非保税物流基地、大型物流企业自营枢纽物流基地联动发展"为目标,加快建设保税和非保税物流仓库,已经引进马士基、中远、中海、中储、中特物流、上海交运、DHL、德国全球货运、川崎汽船、卡特彼勒物流、普洛斯、嘉里—塔克、世天威、叶水福、迅通(CWT)、怡亚通、马来西亚综合物流、飞利浦物流等国内外领先的物流运营商和配套供应商,切实增强了装备制造业基地整合国际国内供应链的能力,有效降低了装备制造业的运输和采购成本。

⑦产业服务配套方面。依托临港物流服务中心、保税港管理服务中心等功能性设施,大力吸引国内外优秀的专业服务商入驻,实现生产性服务业在空间的集聚,为制造业企业提供各类生产性服务和一体化解决方案。

1.3.5　小结

1. 长三角地区产业体系比较完整,产业结构正在不断优化

2019 年 12 月 1 日中共中央、国务院印发了《长江三角洲区域一体化发展规划纲要》,并发出通知,要求各地区各部门结合实际认真贯彻落实,"一体化"与"高质量"成了长三角地区下一阶段发展的关键词。从本年度经济与产业发展状况看:2018 年第四季度至 2019 年前三季度,长三角三省一市的地区生产总值达 223 897.71 亿元,占同期中国经济总量的23.15%。2018 年,长三角地区的三次产业结构之比约为 4∶42∶54,并且第三产业增加值与第二产业增加值差距还在持续扩大,第三产业增加值占比的增速亦十分平稳。长三角地区的传统工业制造业产品历来较有优势,该地区大部分工业产品在国内外有竞争优势。近年来先进制造业发展有力,战略新兴产业发展迅速,现代产业体系雏形已见,未来可期。

2. 粤港澳大湾区改造升级传统制造业,发展壮大新兴产业

粤港澳大湾区在 2019 年 2 月中共中央、国务院印发实施的《粤港澳

大湾区发展规划纲要》指导下继续改造升级传统制造业、发展壮大新兴产业并且培育优化现代服务业。2019 年末，广州市工业和信息化局公布的《广州市先进制造业强市三年行动计划（2019—2021 年）》确定到 2021 年广州市先进制造业增加值达 3 000 亿元以上。2019 年 8 月，中共中央、国务院发布的《关于支持深圳建设中国特色社会主义先行示范区的意见》中明确提出，将支持深圳率先建设体现高质量发展要求的现代经济体系，深圳的 5G、人工智能、网络技术、生物医药、通信高端器件等行业将迎来重大利好。在建设国际金融枢纽方面，中国香港有着无可否认的引领带动作用。根据 2018 年全球金融中心指数排行榜，中国香港力压新加坡、东京，成为全球第三大国际金融中心，与纽约、伦敦并称为"纽伦港"。

3. 雄安新区布局前沿科技，承载千年大计

2019 年 1 月，《中共中央国务院关于支持河北雄安新区全面深化改革和扩大开放的指导意见》发布，意见指出要推动高端高新产业发展，加强创新能力建设和科技成果转化，构建现代产权保护体系和深入实施军民融合发展战略。2019 年末，无人驾驶汽车、人脸识别的无人超市和 5G 网络等前沿科技的布局已在这座面向未来的千年之城初露端倪。目前，雄安新区已经开始进入规模化开发建设阶段。

4. 上海自贸区临港新片区对标国际最高开放标准

2019 年 8 月，国务院印发《中国（上海）自由贸易试验区临港新片区总体方案》，设立中国（上海）自由贸易试验区临港新片区。方案计划到 2035 年，将临港新片区建成具有较强国际市场影响力和竞争力的特殊经济功能区，形成更加成熟定型的制度成果，打造全球高端资源要素配置的核心功能，成为我国深度融入经济全球化的重要载体。临港新片区致力于对标国际最高开放标准，聚焦于离岸经济管理模式的探索，以此获取国际流动性要素，尝试全球资源配置，并争取在若干战略性新兴产业发展方面取得重大突破。

1.4 本章小结

1. 经济增速放缓，市场情绪低迷，失业率有所上升

2018 年第四季度至 2019 年第三季度我国宏观经济面临挑战，经济

增速和固定投资额累计增速双双放缓,市场情绪低迷,工业生产者价格指数与消费者价格指数敞口扩大,未来存在通货紧缩风险。此外,供给端总产出承压,民间固定资产投资增速下行,科研仍在发力且赋税同比下降。需求端则面临社会消费品零售总额同比增速下滑,进出口总值同比增速较上一年度整体下降约 20 个百分点,失业率呈上升趋势。

2. 第一、第二产业增速放缓,第三产业对经济贡献加大

本年度产业发展面临许多挑战但也有机遇,其中第一、第二产业增加值指数均有所下滑,但第三产业增加值指数则依旧高位平稳。其中环保行业和上游原材料相关产业的固定资产投资额累计增长较高,信息传输、软件和信息技术服务业的增加值指数增速最高,文娱产业的进口数量与进口价值指数最高,而煤炭开采和洗选业的出口数量与价值指数最高。总体来看,本年度第三产业已经成为经济增长的主要支持,贡献越来越大。

3. 四大区域成为产业发展新的增长极

四大新型区域中的长三角地区在 2018 年第四季度至 2019 年第三季度的地区生产总值占同期中国经济总量的 23.15%,其三次产业结构之比约为 4∶42∶54,且第三产业增加值增速平稳,其中战略性新兴产业及其集群正在快速发展与形成,示范区已经正式启动。粤港澳大湾区在中共中央印发实施的《粤港澳大湾区发展规划纲要》指导下继续改造升级传统制造业、发展壮大新兴产业并且培育优化现代服务业。2019 年底,雄安新区的前沿科技与产业布局已初露端倪,包括无人驾驶汽车、人脸识别的无人超市和 5G 网络的应用。上海自由贸易区临港新片区对标国际最高开放标准,探索离岸经济管理模式,发展关键科技产业,创建具有较强国际市场影响力和竞争力的特殊经济功能区。

第二章

产业发展中的投入产出分析

　　各个产业的不断发展和更替,在宏观上则表现为产业体系的不断演化和产业结构的不断变动与提升。从这个意义上来说,产业发展就是经济的发展,产业发展的成效决定了国家的整体竞争力,因此我们有必要通过剖析产业的发展现状来把握国家经济的状况。一个非常重要的研究角度就是从资源的配置效率出发,研究我国产业发展过程中的投入产出的效率,这不仅能够帮助我们更好地把握产业发展的质量问题,更顺应了经济的高质量发展要求。

　　基于这样的思路,本章将从以下 4 个小节展开,剖析我国产业发展中的质量和效率问题。在第 1 节中,本章将首先从历史的角度,回顾改革开放以来中国产业的发展及产业结构变迁过程,这一过程实为投入产出效率变化提升的过程。其次,本章的 2—4 节将立足于现状,具体分析近年来我国产业发展中的投入产出效率现状及问题,主要从生产要素、产业关联和产业政策这三个方面具体展开。其中,第 2 节为生产要素的投入产出效率角度,研究近年来土地、劳动、资本和能源等主要的生产要素在产业发展中的投入产出效率;第 3 节为产业关联的角度,分析不同类型的产业关联下,上下游产业间的投入产出效率问题;第 4 节为产业政策的角度,分析产业政策的干预对传统产业、高技术产业的发展效率的影响。最后是总结。

2.1　改革开放以来的产业结构变迁

改革开放以后,中国的产业结构实现了从第一产业逐渐向第二、三产业为主的转变,产业体系也逐步由简单向复杂演变。产业结构变迁背后的主要原因在于我国工业化的不断发展和深化。根据发达国家的经验,工业化是一国经济快速发展的重要途径,中国也不例外。从改革开放至今的 40 年间,中国工业经历了从轻工业为主到重化工业大发展,再到高技术产业发展为主的过程。可以说,中国经济的快速增长,就是国家产业体系不断丰富,工业化不断深化的过程。

但是,在这一经济增长的过程中,同样暴露出了不少增长效率的问题。这些效率问题清晰地反映在了产业结构及其变化之上。在工业化早期,出口导向的战略促进了中国轻工制造、传统服务行业的快速发展,经济效率也快速提高,GDP 连续多年高速增长。工业化中期,中国加入了 WTO 世贸组织,出口市场的扩大进一步促进了中国国内产业尤其是制造业技术提升与产品质量提高。中国经济发展的效率进一步提高,以至于在工业化中期末,中国已经发展成为世界上最大制造业国家,工业品贸易量超越美国、德国、日本,成为全球第一。在目前的工业化后期阶段,中国经济增长中的效率问题逐渐暴露出来,表现为 GDP 增长率开始降低,大量重化工业,特别是水泥、钢材、玻璃等领域开始出现产能过剩的问题。近年来,为了应对经济发展过程中效率较为低下的问题,国家开始调整发展战略,提出从"速度发展"向"质量发展"转变,着重提高投入产出的效率,中国的产业发展的质量也在逐步改善,高端制造业和高端服务业的发展速度快于以往。

由于改革开放以后产业结构的变迁和经济增长实际上就是中国工业化的历程,因此本书将以工业化阶段作为分析框架。对于工业化阶段的划分,国外有学者提出了不少著名的阶段划分理论,例如库兹涅茨的五阶段论①、罗斯托的经济成长阶段论②、钱纳里的工业化阶段划分论③以及丹尼尔·贝尔以"后工业社会"为核心的三阶段理论④等等。

　　在中国的工业化阶段划分问题上,很多国内学者也对此进行了研究,并根据不同的划分标准提出了不同的阶段划分(董志凯,2009;刘艳红、郭朝先,2018)。其中,中国社科院的陈佳贵、黄群慧等人在工业化蓝皮书《中国工业化进程报告(1995—2010)》中提出了一种较为客观的阶段划分标准。他们根据经典的工业化理论,选取人均 GDP,第一、第二、第三产业产值比,制造业增加值占总商品生产部门增加值的比重,人口城市化率和第一产业就业占比等指标,用加权合成法构造了工业化水平综合指数⑤,以此来反映一国或者地区工业化水平和进程,进而划分相应的工业化阶段,并在后续的工业化蓝皮书报告中一直沿用这一指标。经过斟酌比较⑥,我们借鉴中国社科院陈佳贵、黄群慧等人的研究成果,利用工业化综合指数将中国的工业化进程分为工业化初期(1978—2001 年)、工业化中期(2001—2009 年)和工业化后期(2010 年至今)。同时,根据工业化水平综合指数的划分标准,初期和后期阶段内可以进一步分为前半阶段和后半阶段。因此,更具体地来看,中国的工业化进程可分为以下三个阶段:工业化初期(1978—1992 年,1993—2001 年)、工业化中期⑦(2001—

---

　　① 美国经济学家库兹涅茨从产值结构和就业结构两个方面,将工业化分为五个阶段:工业化起点阶段、工业化初期、工业化中期、工业化后期。

　　② 美国经济学家罗斯托在《经济成长的阶段:非共产党宣言》中将经济发展划分为传统社会阶段、为起飞准备条件阶段、起飞阶段、成熟社会和高消费社会。

　　③ 钱纳里以人均 GDP 为标准,将工业化划分为 6 个阶段:准工业化、工业化初期、工业化中期、工业化后期、后工业化阶段以及现代化阶段。

　　④ 美国社会学家丹尼尔·贝尔在经济结构的基础上加入对社会结构和文化结构的分析,认为人类社会的发展由三个阶段构成:前工业社会、工业社会和后工业社会。

　　⑤ 工业化阶段可以划分为前工业化时期、工业化前期、工业化中期、工业化后期和后工业化时期,其中工业化前期、中期、后期又具体划分为前半阶段和后半阶段,工业化水平综合指数具体对应为 0 为前工业化时期,1—16 为工业化前期的前半阶段,17—33 为工业化前期的后半阶段,34—50 为工业化中期的前半阶段,51—66 为工业化中期的后半阶段,67—83 为工业化后期的前半阶段,84—99 为工业化后期的后半阶段,100 及以上为后工业化时期。按此标准,1995 年时,中国处于工业化初期后半阶段,2002 年中国进入工业化中期阶段,2010 年中国进入工业化后期阶段,目前中国处于工业化后期的后半阶段。

　　⑥ 以钱纳里的人均 GDP 指标为例,不同的机构测量的人均 GDP 有所不同,造成阶段划分的不一致。

　　⑦ 工业化中期也同样可以分为两个阶段:2002—2005 年,2006—2009 年,因为此阶段时间跨度较短,且前半阶段和后半阶段中产业体系的变化没有较为明显的区别,因此此处合并为工业化中期(2002—2009 年)。

2009 年)以及工业化后期(2010—2015 年,2016 年至今)。我们将通过三个不同的工业化阶段,来探究我国产业发展的状况。

2.1.1　工业化发展初期(1978—2001 年)

1. 阶段概况

改革开放以前,中国在计划经济条件下建立初步的工业化基础,经济一度有所发展。1978 年实行改革开放之后,国家对内开始重视市场经济的发展,对经济结构进行调整,加快农业和轻工业的发展,放慢重工业的增长。对外通过开放逐步加入国际产业体系,在全球第三次产业转移的背景下,积极吸收外资,开展加工贸易,推动"出口导向"的战略,从而在内外两方面拉开了中国工业化发展的序幕。

在这一时期,产业体系的重点发展部门实现了向轻纺工业和重化工业的转变,产业结构体系较为简单,但基本建立起了现代工业体系。市场经济发展、开放经济发展导致工业化的顺利推进,中国经济也实现了GDP 的高速增长(见图 2—1),GDP 年平均增速为 9.78%。这一阶段根据主导工业部门的变化又可以划分为前半阶段(1978—1992 年)和后半阶段(1993—2001 年);其中,前半阶段主要是轻工业的快速发展,而后半阶段,工业化的重心在于重化工业的发展。

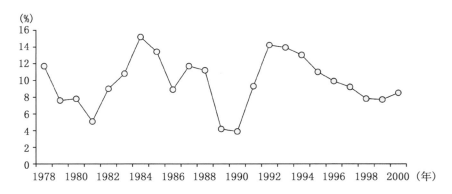

资料来源:国家统计局。

图 2—1　工业化初期中国经济 GDP 增速

2. 产业结构变化

产业体系是一个动态发展变化的系统,在每一个阶段中,随着工业化进程的推进,产业结构也出现相应的变化和调整:旧产业发展速度逐渐减缓,新的产业不断涌现并逐渐扩大规模,最终产业体系实现了简单到深化再到复杂的演变。具体来看,产业结构的变化包括两个方面的内容:部门构成变动趋势和部门比例变动趋势[①]。其中,第一,部门构成变动趋势又包括产业部门的增加和产业部门的重组。产业部门的增加是指随着工业化进程的推进,产业体系中第一、第二、第三产业逐渐丰富的过程。产业部门的重组则是指随着产业的变化和发展,"一二三"产业内部的产业构成发生变化的过程,这两者的变化往往是相互关联相互促进的。第二,部门比例的变化往往由部门产值比重次序、各部门劳动力就业比重次序等指标来衡量,反映了产业体系内部各产业地位的消长变化,例如发达国家的产业结构往往呈现服务业—制造业—农业的模式[②]。

(1)工业化初期前半阶段:轻纺工业逐渐成为主导产业

从三大产业来看(如图 2－2),工业化初期的前半阶段,第二产业在三大产业中占比最高,但比重从 1978 年的 47.71％下降到 1992 年的43.12％,有所下降并逐渐趋于合理;同时第一产业从 27.69％下降至21.33％,第三产业从 24.60％增长至 35.55％。总体来看,中国的产业体系从"二一三"的结构向"二三一"的结构转变。

根据以往的国际经验,第二、第三产业的劳动生产率往往高于第一产业;其中,第二产业的劳动生产率又高于第三产业,因此,经济的快速增长在于第二产业的扩张和发展。然而,在中国的工业化早期,第一产业就业人数却始终占据较大的比例。到 1992 年时,虽稍有下降,但是仍然占据全部就业人口的 60％左右(见图 2－3)。这也反映出工业化早期产业体系中劳动力的构成和产值构成之间不对称的问题。大量农村劳动力仍然滞留在第一产业,虽比改革开放前有所改善,但是产业结构的合理度不够,效率不高,仍旧有巨大的提升空间。

---

① 徐冬林.中国产业结构变迁与经济增长的实证分析[J].中南财经政法大学学报,2004(2):49—54.

② 其他的产业结构模式诸如农业—畜牧业—林业—矿业,工业—农业,初级产业—制造业—服务业等。

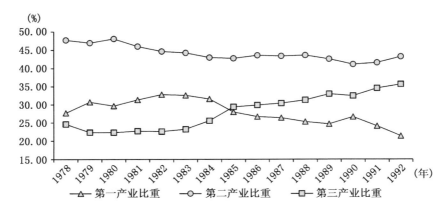

资料来源：国家统计局。

图 2—2　工业化初期的前半阶段三次产业产值比重

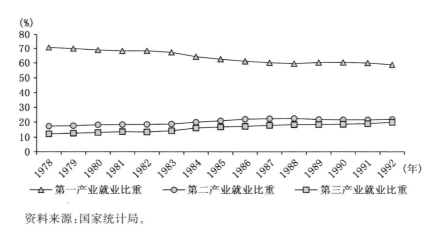

资料来源：国家统计局。

图 2—3　工业化初期的前半阶段三次产业就业人口比重

具体来看制造业和服务业内部的结构变化①。

从制造业来看，轻工业快速发展，成为此阶段内的主导产业。1978年以前，国内发展以重化工业为主，轻纺工业的产品大多按照国家计划来组织生产，产品低端且供应不足。1978 年后，在改革开放新形势下，国家

①　第一产业在四个阶段中的比重均不断下降，且从 2000 年开始第一产业的产值占比就已经不足 15％，因此本文不再就农业内部的结构具体展开分析，而着重分析第二产业（制造业）和第三产业（服务业）内部的产业结构变化。

开始调整轻重工业的发展,除了建设轻纺工业为主的发展战略[①],同时逐步取消计划手段,轻纺工业迅速发展,产品加工能力大幅增强。短短几年内,轻纺工业占第二产业的比重从 43% 上升至 1990 年前后的 50% 左右,与重工业形成"五五开"的局面。具体来看,1988 年化纤的产量比 1978 年增长了 3.6 倍。到 1991 年底,我国共有冰箱生产线 100 多条,洗衣机生产点 70 余个,西服生产线 100 多条,棉纺企业从 1985 年的 1 737 家增长到 1990 年的 2 683 家[②],国内产业转为以轻纺工业为主导的经济增长[③]。

从服务业来看,批发零售业和金融业发展快速。1978 年家庭联产承包责任制的改革释放了大量的农村剩余劳动力,大量的劳动力从农村流向城市,为早期经济社会的发展做出了较大的贡献。而此时的中国,第二产业大多为资本密集型,第三产业多为劳动密集型,因而大量的劳动力流入第三产业,带动了第三产业中个人消费需求相关的服务业的发展,其中发展最快速的为批发零售业和金融业(见图 2—4)。

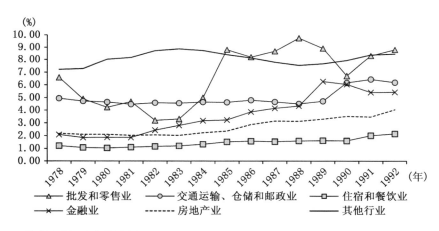

资料来源:国家统计局。

图 2—4　工业化初期的前半阶段服务业增加值占 GDP 比重

　　(2)工业化初期的后半阶段:制造业以重化工业为主,服务业开始发展

　　工业化初期后半阶段中,第一产业的比重进一步下降,到 2001 年时,第一产业的产值比重仅占整体的 13.98%(见图 2—5);第二产业产值比重停止了自 1978 年以来的下跌趋势,基本稳定在 45%左右;第三产业的比重增长较快,从 1993 年的 34.51%增长到 2001 年的 41.22%,这主要得益于当时服务业的开放政策。

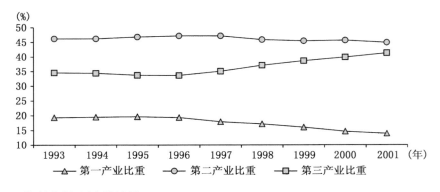

资料来源:国家统计局。

图 2—5　工业化初期的后半阶段三次产业产值比重

　　从就业比重来看,第一产业的就业比重持续下降,2001 年时已下降至 50%(见图 2—6);与此同时,第二产业和第三产业的就业比重持续上升。其中,第三产业的就业比重增长更快。1994 年起,第三产业吸纳就业的人数已经超过了第三产业。这一数据同样说明了第三产业虽然基础较弱,但是在这一期间内开始出现了持续较快的增长。

　　我们再具体来看制造业和服务业内部的结构变化。

　　从制造业来看,机电产业开始替代轻工业占据主导地位。得益于全球的产业转移和中国廉价的劳动力和原材料成本优势,中国吸引了大量的外国直接投资,发展了大量的现代化制造业。中国的机电产业也因此在这一时期得到了快速的发展,1992 年机电行业工业总产值 6 588.07 亿元;到 2001 年时,机电行业工业总产值已经高达 21 023.05 亿元(见图 2—7)。但同时,由于价格低廉、经营粗放、品种单一,尽管当时中国机电产品的产值快速增长,但是产品仍旧集中在低端制造品种。

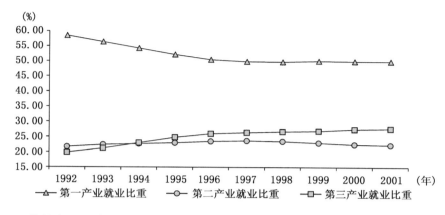

资料来源:国家统计局。

图 2—6　工业化初期的后半阶段三次产业就业人口比重

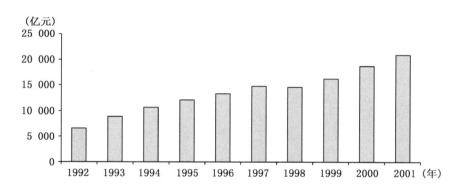

资料来源:根据中国机械工程统计年鉴的数据绘制。

图 2—7　1992—2001 年机电行业工业总产值

从服务业来看,服务业进一步开放,包含公用事业等其他服务业快速增长。1992 年市场化改革之后,服务业进一步开放,对于过去视为禁区的商业、外贸、金融、保险等服务领域,已经开始开展试点投资;过去限制投资的信息咨询等第三产业也开始尝试逐步开放,对一些高新技术产业还给予其他优惠的待遇,这些政策的变化都促进了这一时期服务业的快速发展。同时,国家开始重视交通、水利等基础设施的建设,使得资本大量流入到第三产业。国家统计局发布的数据显示(见图 2—8),1993 到 2001 年间,基本服务业领域增长幅度较为平稳,但是其他服务业占 GDP

的比重迅速上升。其中,其他服务业主要包括租赁、商务服务业,信息传输、计算机服务和软件业,以及公用事业服务业等。

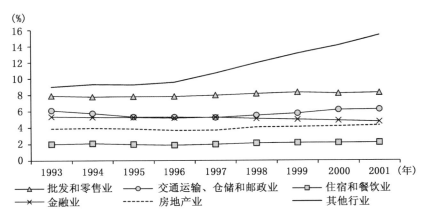

资料来源:国家统计局。

图 2—8　工业化初期的后半阶段服务业增加值占 GDP 比重

2.1.2　工业化中期(2002—2009 年)

1. 阶段概况

2001 年 12 月 11 日,中国正式成为世界贸易组织的成员,标志着中国对外开放进入了一个崭新的阶段。全球市场的开放使中国劳动力和原材料成本的比较优势逐渐显现出来。此时,中国的产业结构虽然较为简单,但是经过工业化早期阶段调整,已经初步具备了基本的工业体系,有能力承接发达国家转移过来的企业和制造流水线。因而,这一阶段大量外资、合资企业在中国投资设厂,中国的制造业特别是汽车、钢铁、电子器件制造行业均表现出强大的规模生产能力。到 2009 年时,中国已经成为世界的制造中心。与此同时,服务业成为开放的重点,中国政府进一步放宽外贸经营权,开放金融、保险、电信、法律、会计、建筑、旅游、教育、运输等服务贸易领域,并加大实施保护知识产权的力度,也直接促进了这一阶段中国服务业的快速发展。

在这一时期,国内的产业体系不断深化,制造业和服务业的大发展也开启了中国将近 10 年的经济高速增长期,2009 年时,中国的对外进出口贸易总额为 22 072.7 亿美元,出口的货物总额首次超过德国,位居世界第一。同时,中国工业体系的进一步深化促进了工业制造能力的提升,到2009年工业化中期阶段结束时,中国已经成为新的世界制造中心。产业结构的进一步深化促进了中国经济增长的效率的提高,表现为GDP增速的稳步提升(见图2—9)。

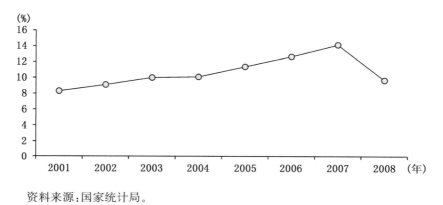

资料来源:国家统计局。

图2—9　工业化中期中国经济 GDP 增速

2. 产业结构变化

进入工业化中期后,在全球化和服务开放的背景下,中国的制造业和服务业的规模迅速扩大,产业门类不断深化。此阶段中,第一产业产值比重持续降低,从2002年的13.3%下降至2009年的9.64%,产值占比首次低于10%;与此同时,第二、第三产业的产值比重平稳增长,第二产业的产值比重稍高于第三产业(见图2—10)。

此阶段内三次产业就业人口占比的变化趋势和三次产业产值比重变化趋势大致相当(见图2—11),第一产业的就业人数占比持续降低,而第二、三产业的就业人数持续增高,其中,第三产业的就业比重每年均比第二产业高7%左右。这也反映出第二产业大部分行业为资本密集型,第三产业则大部分是劳动密集型,以至于第二产业的劳动生产率显著高于第三产业。

我们再具体来看制造业和服务业内部的结构变化。

从制造业来看,入世后国内制造业的产业结构向重化工业和高新技术行业转变。一方面,国内工业化大发展下,中国的工业表现出强大的生产规模。钢铁、煤炭、水泥、化肥、化纤、棉布、耐用消费品等产品产量居全

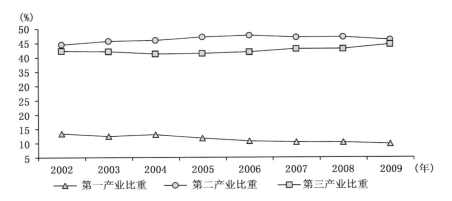

资料来源:国家统计局。

图 2—10　工业化中期三次产业产值比重

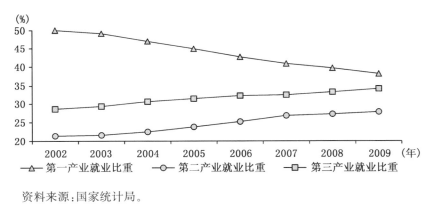

资料来源:国家统计局。

图 2—11　工业化中期三次产业就业人口比重

球第一,而发电量居全球第二,原油产量居全球第六,建材等原材料和技术装备的产量也迅速上升,重化工业获得前所未有的发展。2010 年前后,中国机床产量占全球比重 38%,汽车产量占全球 25%,电子电器产品占全球 25.3%,中国作为新的国际制造业中心的地位确立(见表 2—1)。另一方面,高新技术产业的制造能力也在这一阶段实现了快速成长,2009年时,电子、电器与光学设备在制造业分行业的比较优势上不断提升,明显高于其他行业(见图 2—12)。

表 2—1　　　　　　　　　中国主要机电产品产量占全球比重

产　品	产　量	占全球比重
机床	95.9 万辆	38%
工程机械	81.3 万台	20%
汽车	2 211.7 万辆	25%
电子电器产品	20 亿台	85.30%

资料来源：根据长江证券研究所报告中的数据制表。

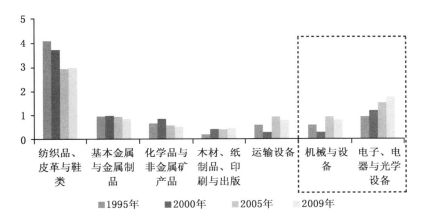

资料来源：长江证券研究所。

图 2—12　中国制造业（分行业）比较优势

从服务业来看，现代服务业开始出现并发展。这一时期我国现代服务业的进出口量都有了较大的增长，2002 年，现代服务业占比仅为 37.04%，此后现代服务业进口占比逐年上升。2007 年时，现代服务业进口比重已达到 43.48%（见图 2—13）。同样，服务贸易的出口也体现了这一趋势，中国的传统服务业出口逐步下降，由 2002 年的 68.16% 下降至 2007 年的 56.36%；现代服务业出口则逐步上升，从 2001 年的 31.84% 上升至 2007 年的 43.64%。

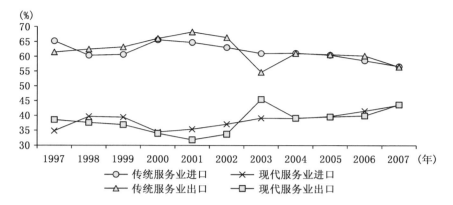

资料来源:根据张曙霄、蒋庚华(2009)①文献中的数据绘制。

图 2—13　2002—2007 年传统、现代服务业进口占比

2.1.3　工业化后期(2010 年至今)

1. 阶段概况

经过工业化中期的大发展,中国工业规模迅速扩大,制造能力迅速增强,到 2010 年前后,我国已经建立起独立、完整的工业体系,拥有联合国分类中的全部工业门类。然而 2008 年全球危机之后,全球化的趋势有所放缓,尽管完整的供应链和强大的制造体系使中国成为名副其实的"制造大国",但是,中国制造业内部经济增长的效率问题也逐渐暴露出来,主要表现为快速规模扩张背后的产能过剩问题(见下一小节中表 2—2)。

在此背景下,中国工业化进入后期阶段。2010 年开始,制造业的增速开始回落,产能过剩问题突出,因而产业逐渐开始向高端方向转型升级,力图在全球价值链上实现中国工业品的攀升,实现"制造大国"向"制造强国"的转变。同时,随着制造业的专业化和高附加值化,出现了制造业服务化的趋势,服务业在产业结构中的比重不断上升,特别是现代服务业实现了快速的发展。

这一时期,对工业品的需求放缓,对劳动密集型服务业的需求增长也在放缓,对富含更高技术含量的服务业需求则在快速增长,各产业之间的

---

①　张曙霄,蒋庚华. 中国服务贸易商品结构分析[J]. 东北师范大学学报(哲学社会科学版),2009(4):53—61.

交叉融合度上升,产业体系向更加复杂的方向演进。同时,随着服务经济的兴起,这一阶段同样可以划分为前半阶段(2010—2015 年)和后半阶段(2016 年至今)。其中,前半阶段工业产能仍旧处于扩张阶段;后半阶段,工业开始供给侧改革,去产能提效率,服务业在三次产业结构中开始占据主导地位。

　　2. 产业结构变化

　　(1)工业化后期的前半阶段:制造能力保持全球首位,但产能过剩问题严重

　　从三次产业的结构来看,这一时期,以服务业的快速发展为特征。其中,第一产业产值占比持续低于 10%(见图 2—14);第二产业的产值比例有所下降,这也和制造业从数量向质量转变的发展战略相关;第三产业快速发展,并在 2012 年首次超过第二产业,成为中国产业体系中产值占比最大的产业门类,这主要得益于现代服务业的快速增长。此阶段内,产业产值比重的结构从"二三一"演变至"三二一"的结构,服务业开始在产业结构中占主导地位。

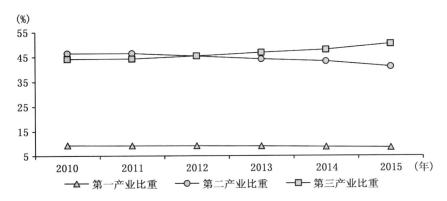

资料来源:国家统计局。

图 2—14　工业化后期前半阶段三次产业产值比重

　　从劳动力的就业比重来看,第一、第二、第三产业的主体地位正在发生变化,第三产业就业比重首次超过第一产业,成为劳动力就业人数中比重最大的产业,从 2011 年的 35.7%快速增长到 2015 年的 42.4%(见图 2—15);而第一产业的就业人数比重则从 35.7%快速下滑到 28.3%;第二产业的就业人数基本平稳,并在 2014 年首次超过第一产业的就业比

重,但是也已经初步显示出降低的趋势。此阶段内就业比重从"一三二"演变为"三一二"并最终演变为"三二一"的结构。

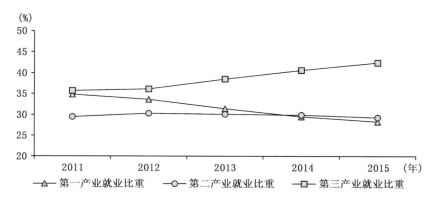

资料来源:国家统计局。

图 2—15　工业化后期的前半阶段三次产业就业人口比重

我们具体来看制造业和服务业内部的结构变化。

从制造业来看,制造业逐渐向高附加值攀升,产量增长速度减缓,但是规模仍在扩大,产能过剩问题严重。2010 年时,中国的商品贸易比例首次超过加工贸易,说明国内工业的附加值在逐步上升(见图 2—16)。同时,中国的制造能力达到全球第一。2014 年,中国主要工业品种如生铁、粗钢、煤炭、水泥等产量均已超过世界总产量的 50%(见表 2—2)。具体到产品层面上,中国高铁、发电设备、钢铁和水泥生产工业设备等已经发展至世界一流水平;在电子信息领域,一些本土品牌已经具有较强的国际竞争力。

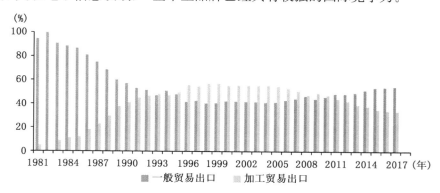

资料来源:根据国家统计局、商务部数据绘制。

图 2—16　不同贸易方式占出口总额比重

表 2—2 　　　　　2014 年中国主要工业品生产规模及占世界总量的比重

工业品种类	年总产量	占世界总产量比重
生铁	7.1 亿吨	59%
粗钢	8.2 亿吨	50%
煤炭	38.7 亿吨	接近 50%
造船	3 629 万载重吨	40%
水泥	24.8 亿吨	60% 以上
电解铝	2 438 万吨	65% 以上
化肥	6 933.7 万吨	35%
化纤	7 939 万吨	70%
平板玻璃	7.9 亿重量箱	>50%
工程机械	590 亿美元(销售额)	43%
汽车	2 372 万辆	25%
手机	16.3 亿部	71%
集成电路	9 155.3 亿元(销售额)	90.6%
制鞋	155 亿双	>60%

资料来源:根据国家信息中心提供的数据制表。

然而,制造规模不断扩大也伴随着产能过剩的问题。这一时期,几乎大部分主要工业品,例如钢铁、煤炭、水泥、平板玻璃、电解铝、造船以及多晶硅等都处于产能过剩的境地。以中国的钢铁行业为例,1996 年,我国粗钢产量突破 1 亿吨大关,首次成为全球第一产钢大国,此后粗钢产量持续增加,国际钢铁协会数据显示,至 2014 年我国粗钢产量高达 8.227 亿吨,占世界总产量的 50.0%。然而,从产能利用率来看,2015 年我国粗钢产能利用率仅为 67.0%,较 2010 年下降 15 个百分点,比全球平均水平低约 3 个百分点,处于严重产能过剩状态(见表 2—3)。

表 2—3 　　　　　　　中国及全球粗钢产能利用率变化趋势 　　　　　单位:%

年　份	中国粗钢产能利用率	全球粗钢产能利用率
2008	75.8	81.6
2009	81.1	70.8
2010	82	77.8

续表

年　份	中国粗钢产能利用率	全球粗钢产能利用率
2011	79.2	80.1
2012	72	77.3
2013	72	76.8
2014	70.7	73.6
2015	67	70

注:产能利用率数据来源于工信部,全球钢铁产能利用率数据来源于国际钢铁协会。
资料来源:根据工信部、国际钢铁协会数据制表。

从服务业来看,服务业中生产性服务业超过传统服务业,开启快速发展阶段。国内服务业占 GDP 比重从 44.2% 升至 2016 年的 51.6%,增长率超过制造业,服务业代替制造业成为国民经济中发展最快的主导产业。与此同时,服务业内部结构也经历调整和优化,金融、信息服务等高端生产性服务业[①]占 GDP 比重自 2011 年持续上升(见图 2—17)。

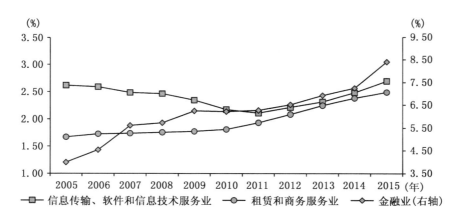

资料来源:根据 Wind 数据库数据绘制。

图 2—17　我国高端生产性服务业占 GDP 的比重

(2)工业化后期的后半阶段:制造业去产能,先进制造业和现代服务业快速发展

---

①　生产性服务业是指为保持工业生产过程的连续性、促进工业技术进步、产业升级和高生产效率提供保障服务的服务行业。高端性生产服务业则是指生产性服务业中高端性的服务业,本书中主要指金融业、信息传输、软件和信息服务业以及租赁和其他商务服务业。

2015 年以后,随着制造业的去产能去库存,第二产业的发展速度显著减慢,由此进一步拉大了第三产业和第二产业之间的发展差距,产业结构已经变为较为稳定的"三二一"模式。2018 年,第三产业的产值占比52.16%(见图 2—18),第二产业的产值占比 40.65%,第一产业的产值占比 7.19%。同时,从就业比重来看,2015 年以后,第二产业和第一产业的就业人数比重都进入了快速下滑的阶段(见图 2—19),只有第三产业的就业人数比重持续上升,且占据绝对的主导地位。此时,无论是从产业产值占比,还是劳动力占比来看,第三产业都已经替代第二产业成为主导部门,但即便如此,中国离发达国家的"服务经济[①]"的产业结构还有一段较大的距离,因此仍旧属于工业化后期的后半阶段。

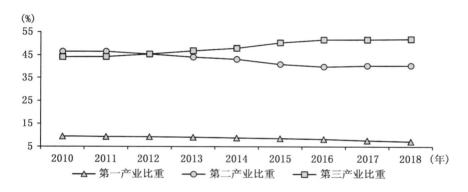

资料来源:国家统计局。

图 2—18　工业化后期的后半阶段三次产业产值比重

我们具体来看制造业和服务业内部的结构变化。

从制造业来看,去产能去库存阶段开启,强调发展由创新驱动。2015年末,国家对制造业开启了"三去一降一补"的供给侧改革,缩减大量低利润、高污染的过剩产能,降成本,提效率,平衡供需关系,主要的重化工业开始从规模发展向质量发展转变。同时,技术的发展也为制造业带来了新的增长动力,大数据、云计算与智能制造等技术开始逐步渗透到工业中,实现为传统工业的赋能。以中国的信息化趋势为例,近几年来中国中小企业的信息化渗透程度不断提高。2017 年,我国企业信息化市场规模

---

①　服务经济的判定为两个 70%标准,即在一个国家或社会的产业结构中,服务业的比重大于等于 70%,且生产性服务业占整体服务业比重大于等于 70%。

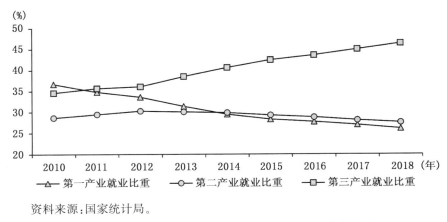

资料来源：国家统计局。

图 2—19　工业化后期的后半阶段三次产业就业人口比重

已达到 6 352.6 亿元。根据前瞻产业研究院预测，未来 5 年我国企业信息化将保持 13% 左右的年均复合增速，预计到 2024 年行业市场规模将超过 1.5 万亿元。

　　从服务业来看，高端服务业快速发展，大量新的服务业业态开始出现。技术的快速变革直接促进了高端服务业的发展，特别是信息传输、软件和信息技术服务业。据国家统计局数据显示，2018 年，全国软件和信息技术服务业规模以上企业 3.78 万家，比上年增加 2 881 家；累计完成软件业务收入 63 061 亿元，同比增长 14.2%。同时，2018 年信息传输、软件和信息技术服务业增加值比上年同期增长 30.7%，增速居国民经济各行业之首，占 GDP 比重达 3.6%，已成为经济平稳较快增长的重要推动力量。

　　同时，服务业新产业、新业态和新商业模式不断涌现。为此，2017 年国家统计局开展了国民经济行业分类的修订工作，以便更全面、深入、准确地反映我国新兴产业的发展（见表 2—4），可以看到，服务业中产业门类增加的数量最多，也体现出服务业中涌现出了大量的新兴业态。

表 2—4　　　　　　　　　　2017 年国民经济行业新增类别

大门类	新增子类
农、林、牧、渔业	种子种苗培育活动、畜牧良种繁殖活动、畜禽粪污处理活动
采矿业	海洋石油开采

大门类	新增子类
制造业	生物质液体燃料生产、生物质致密成型燃料加工、基因工程药物和疫苗制造、特种玻璃制造、工业机器人制造、特殊作业机器人制造、增材制造装备制造、新能源车整车制造、高铁车组制造、可穿戴智能设备制造、智能车载设备制造、智能无人飞行器制造、服务消费机器人制造
电力、热力、燃气及水的生产和供应业	生物质能发电、海水淡化处理
建筑业	节能环保工程施工、核电工程施工、风能发电工程施工、太阳能发电工程施工
批发和零售业	互联网批发
交通运输、仓储和邮政业	公共自行车服务、多式联运
住宿和餐饮业	民宿服务、露营地服务、外卖送餐服务
信息传输、软件和信息技术服务业	互联网生产服务平台、互联网生活服务平台、互联网科技创新平台、互联网公共服务平台、其他互联网平台、互联网数据服务、物联网技术服务、地理遥感信息服务
金融业	小额贷款公司服务、消费金融公司服务、网络借贷服务、创业投资基金、天使投资
租赁和商务服务业	园区管理服务、商业综合体管理服务、供应链管理服务
科学研究和技术服务业	工业设计服务、新能源技术推广服务、环保技术推广服务、三维(3D)打印技术推广服务、创业空间服务
水利、环境和公共设施管理业	土地管理业

资料来源：根据公开资料整理。

2.1.4　小结

1. 工业化的不断推进促进了改革开放后经济的不断增长

1978 年农村的改革不仅激发了农村的活力,也开启了中国工业化的进程。从前面的分析我们可以看到,中国工业化的不断推进促进了我国经济的不断增长。在工业化早期,工业的增长改善了我国严重失衡的产业结构,释放出结构红利,带动了就业和中国经济的发展。在工业化中期,全球化的开启进一步深化了我国工业化的进程,中国进入全球分工体系,并凭借其要素成本的优势和国内市场的巨大潜力吸引了大量的外资进入国内投资设厂,促使中国制造能力快速增长。中国的工业品因其物美价廉迅速占领全球市场,成为新的世界制造中心,并开启了中国经济高速增长的黄金十年。工业化后期,中国的工业增速虽然下滑,但是在数字化趋势的影响下开始互联网和传统制造业的融合,产业体系变得更加高级与复杂,同时制造业的目标也从追求数量向追求质量转变,经济增速虽然放缓,经济增长的效率却逐步开始提高。

2. 三次产业的结构变迁符合国际产业发展的变化规律

改革开放以来三次产业的结构,经历了"二一三"到"二三一"再到"三二一"的演变。其中,工业化初期第一产业持续回落,第二、第三产业开始发展,工业化中期第二产业进入高速发展阶段,工业化后期第二产业的发展速度减缓,第三产业逐渐替代第二产业成为支柱产业,三次产业的变迁基本符合国际产业结构的变化规律,也显示出改革开放以来中国的产业结构合理性逐渐增加,依照国际经验,下一步的发展方向将会是以技术和知识密集型为主的高端制造业和现代服务业的发展。

3. 经济增长和产业结构变迁过程中暴露出不少增长效率的问题

我国的工业化虽然取得了巨大成就,但长期积累的结构性矛盾尚未根本解决,经济粗放型增长的格局尚未根本改变。一方面,工业化早期和工业化中期主要依靠低价格要素投入带动增长,经济增速非常高,但是发展方式粗放,容易造成严重的产能过剩问题。

另一方面,过去产业发展中,国内大量的工业技术来源过多依赖国外,研发投入不足,自主创新能力薄弱;同时,大量补贴和产业保护政策导致大量企业不是主要依靠竞争来获得发展,导致企业自主创新的意愿微弱,缺乏国际竞争力。

随着中国经济的进一步发展,传统自然禀赋表现的比较优势逐渐减弱,而劳动生产效率相对偏低和低端产能过剩、高端产能不足的问题越发凸显,已经成为未来经济与产业发展的重要约束。

4. 未来仍将坚持走新型的工业化道路

走中国特色新型工业化道路,就是要从数量发展为主的方式转化为高质量发展的方式。具体来看,就是由要素驱动向创新驱动转变,由低成本竞争优势向质量效益竞争优势转变,由高消耗、高污染的粗放制造向绿色制造转变,由生产型制造向服务型制造转变(郭朝先等,2015),通过加强智能化和信息化建设,构建一个创新能力强、品质服务优、协作紧密、环境友好的现代产业新体系,显著提升中国产业在全球产业分工和价值链中的地位。

2.2　要素使用效率与投入产出分析

在工业化初期,要素成本是中国的一个显著的比较优势,在全球化过程中中国凭借低成本要素的投入实现了快速的增长,但是这种增长是粗放式的。近年来,随着中国工业化进程的推进和经济的发展,要素成本也在不断升高,要素的使用效率成为中国产业发展中亟须关注的问题。本节将以主要的生产要素为研究对象,考察近年来土地、劳动力、资本以及能源的投入总量、结构以及效率问题。

2.2.1　土地使用效率

1. 土地总量:面积大,但是可利用的少

中国国土面积较大,但是土地资源中难利用地多、宜农地少。2016年末全国共有农用地 64 512.66 万公顷(见图 2—20),其中可用耕地面积仅占 20.9%,建设用地 3 909.51 万公顷[①]。本节主要从农用耕地和产业用地(工业和商业用地)两块来考察中国土地资源的使用效率。

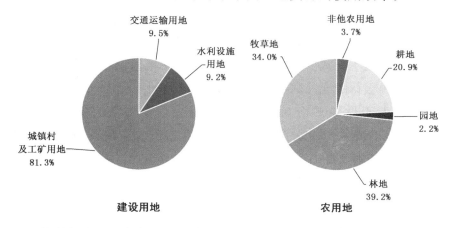

资料来源:2017 年中国土地矿产海洋资源统计公报。

图 2—20　2016 年末中国农用地和建设用地使用比例

---

① 数据来源:全国国土规划纲要:http://landchina.mnr.gov.cn/tdgh1/201702/t20170205_6818302.htm。

2. 农用耕地:使用效率逐步提升,但是土地资源约束不断加剧

从耕地面积的使用效率来看,单位面积的粮食产量从 2001 年至今不断上升。2001 年时,我国粮食单位面积产量为每公顷 4 261.15 公斤(见图 2—21)。到 2018 年时,我国粮食单位面积产量为每公顷 5 607.36 公斤,增长了 31.6%。

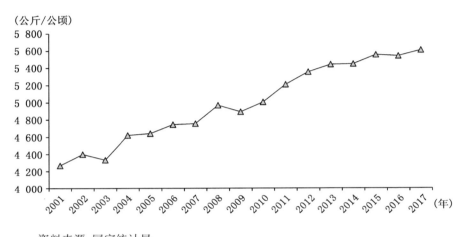

资料来源:国家统计局。

图 2—21   粮食单位面积产量

但是从资源禀赋的约束来看,我国的土地资源情况不容乐观,主要面临以下两个方面的问题:第一,我国人均可耕地面积低于世界平均,且全国的耕地面积在不断减少;第二,我国目前的可耕地面积质量普遍偏低。

根据世界银行的统计数据,我国人均可耕地面积仅为 0.09 公顷(见图 2—22),低于世界平均 0.19 公顷,在世界主要国家中仅高于日本(0.03 公顷)和韩国(0.03 公顷)。为了保证正常的农业活动和充足的粮食生产,2009 年国家提出 18 亿亩的耕地红线。2016 年,国土资源部印发《全国土地利用总体规划纲要(2006—2020 年)调整方案》,方案提出到 2020 年,全国耕地保有量为 18.65 亿亩以上,基本农田保护面积为 15.46 亿亩以上。目前中国的可耕地面积虽然超过 18.65 亩,但是近几年来,由于建设占用、灾毁、生态退耕、农业结构调整等原因,可耕地面积不断减少(见图 2—23)。

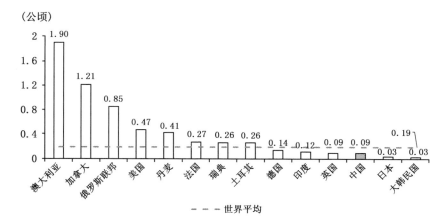

资料来源:世界银行。

图 2—22　世界主要国家人均耕地面积

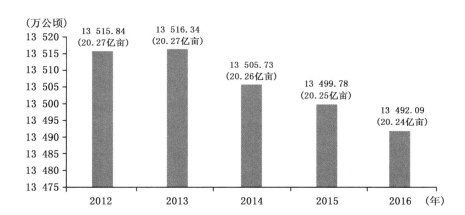

资料来源:2017 年中国土地矿产海洋资源统计公报。

图 2—23　2012—2016 年全国耕地面积变化情况

另一方面,中国的可耕地质量也普遍偏低。2016 年年末,全国耕地平均质量等别为 9.96 等①。其中,优等地面积为 389.91 万公顷(5 848.58 万亩),占全国耕地评定总面积的 2.90%(见图 2—24);高等地面积为 3 579.57 万公顷(53 693.58 万亩),占 26.59%;中等地面积为

① 全国耕地评定为 15 个等别,1 等耕地质量最好,15 等耕地质量最差。1～4 等、5～8 等、9～12 等、13～15 等耕地分别划为优等地、高等地、中等地、低等地。

7 097.49 万公顷(106 462.40 万亩),占 52.72%;低等地面积为 2 395.41 万公顷(35 931.40 万亩),占 17.79%。

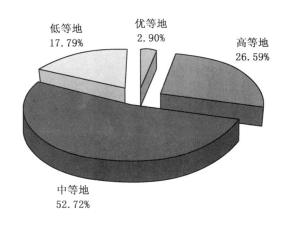

资料来源:《2017 年中国土地矿产海洋资源统计公报》。

图 2—24　2016 年全国耕地质量等别结构

3. 产业用地[①]:工业用地需求不断上升,工业园区用地效益逐步提高

2014 到 2018 年间,产业用地的供应量呈现 U 型趋势,其中 2016 年为近几年来的供应低点(见图 2—25),土地供应总面积为 61 466.07 万平方米。近两年来,产业用地的供应迅速上升,2018 年时,产业用地的总供应量上升到 79 732.51 万平方米,年均增长率 13.8%。

从土地供应的类别来看,2014—2016 年土地供应量的下降主要是工业用地和商服用地的下降。工业用地的供应面积从 2014 年的 35 593.77 万平方米下降到 2016 年的 28 718.31 万平方米;商服用地从 2014 年的 11 613.48 万平方米下降到 2016 年的 7 880.18 万平方米。而 2016 年到 2018 年的上升则主要是住宅用地和工业用地的上升,其中住宅用地供应面积从 2016 年的 22 296.56 万平方米上升到 2018 年的 31 790.75 万平方米;工业用地供应面积则从 2016 年的 28 718.31 万平方米又重新上升至 2018 年的 35 772.84 万平方米。随着新型工业化、信息化、城镇化、农业现代化同步发展,资源需求仍将保持强劲势头,产业用地的整体需求预

① 包括工业用地和商业用地,其中工业用地是指工业开发区用地,商业用地则是指制造业以外的所有用地。

计将居高不下。

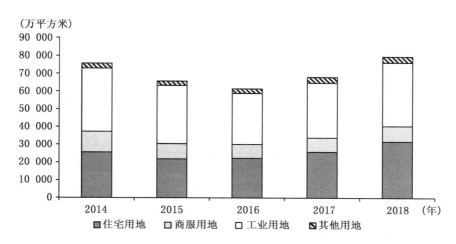

资料来源：Wind 数据库。

图 2—25　2014—2018 年全国土地产业用地供应面积

根据 2018 年自然资源部发布的国家级开发区土地集约利用评价情况的通报数据，可以看到，2017 年度，国家级开发区的土地利用强度稳步上升，参评国家级开发区工业用地综合容积率 0.90，二者均比 2015、2016年底分别提高了 0.03、0.02，利用强度比前两轮次均有提高，建设用地利用方式更趋集约。同时，从土地产出效益来看，参评国家级开发区工业用地地均税收 686.95 万元/公顷（见图 2—26），比 2015、2016 年底分别提高了 14%、3.51%，投入产出效益逐年提高，土地利用经济效益进一步显化。

2.2.2　资本使用效率

1. 资本总量：全社会投资总量增加

近几年来，全社会的投资总量在不断攀升，特别是 2008 年金融危机以后，全社会的投资增速明显加快。从货币供应量来看，2008 年后 M2一直处于快速增长时期（见图 2—27），即便是前几年的金融去杠杆时期，M2 增速也未有放缓。2008 年时，货币供应量 475 166.6 亿元，到 2018 年时，全社会的 M2 总量已经达到 1 826 744.22 亿元，增长了 4.5 倍。

与此同时，全社会（不含农户）的固定资产投资总额也在不断攀升。

（万元/公顷）

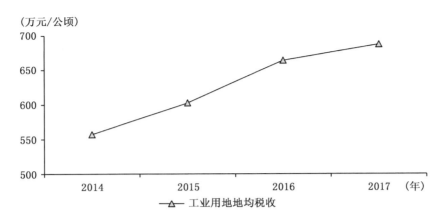

资料来源：自然资源部。

图 2—26　国家级开发区工业用地地均税收

（亿元）

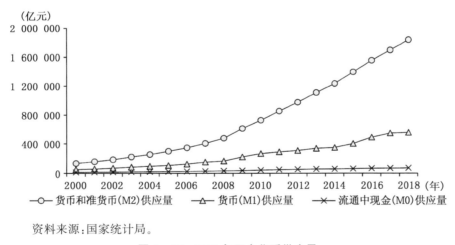

资料来源：国家统计局。

图 2—27　2000 年至今货币供应量

2008 年时，全社会固定资产投资总额为 148 738.3 亿元（见图 2—28）；2018 年时，全社会固定资产总额已经达到 635 636 亿元，同样增长了 4.5 倍。可见，中国经济中投资驱动仍旧是一个非常主要的因素。值得注意的是，从 2017 年开始，固定资产投资的增速开始放缓，这和国家从"投资驱动"向"创新驱动"的战略转变相关。

2. 投资结构：制造、地产和基建行业投资速度快于其他服务类行业投资

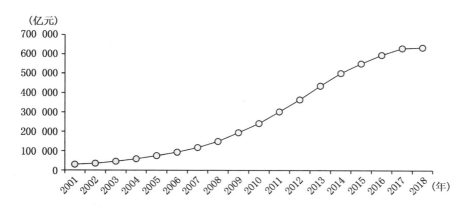

资料来源：国家统计局。

图 2－28　2001 年至今固定资产投资总数（不含农户）

　　从各行业固定资产的投资总额来看，制造业和房地产业的投资数量增速最快，2017 年，制造业固定资产投资 193 615.67 亿元，占全部固定资产投资比重 30.65％（见图 2－29），随后是房地产投资 139 733.52 亿元，占比 22.12％。制造业和房地产行业的固定资产投资占全社会固定资产总投资的 50％。随后是公共基础设施类的投资，2017 年水利、环境和公共设施管理行业投资 82 105.3 亿元，占比 13％；交通运输、仓储和邮政业投资 61 185.82 亿元，占比 9.69％。而公共管理行业和科教文卫行业的投资数量增速较慢，2017 年科教文卫行业固定资产投资共占比 5.24％，租赁和商务服务业固定资产投资占比 2.11％，信息传输、计算机和软件服务业固定资产投资占比 1.10％。

　　对行业进一步细分，考察 2008 年以后各行业固定资产投资占比的变化，可以发现，有形公共基础设施的固定资产投资比重增长最快，而无形的服务等投资增长较慢（见图 2－30）。仔细来看，固定资产投资占总量比重增速最快的是公共设施管理业（4.74％）；其次是农林牧渔业（2.39％）和租赁商务服务业（1.26％）；另外，科学研究、技术服务和地质勘查业（0.46％），卫生、社会保障和社会福利业（0.44％），文化、体育和娱乐（0.42％）以及居民服务和其他服务业（0.22％）都有小幅增长。与此同时，采矿业的固定资产投资比重下降最快（－3.15％），其次是电力、燃气、水的生产供应业（－2.34％）、房地产业（－2.03％），另外信息传输、计算机服务和软件业(-0.33％)也存在小幅下降。

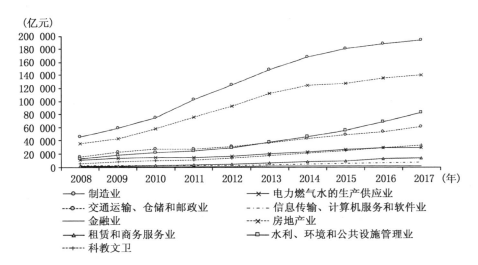

资料来源：国家统计局。

图 2—29　细分行业固定资产投资额

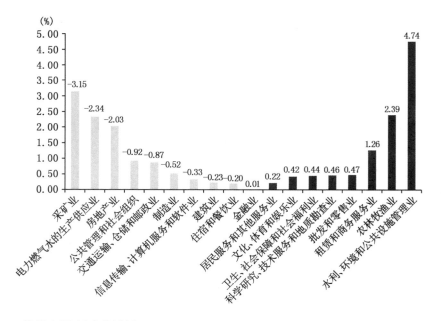

资料来源：国家统计局。

图 2—30　2008—2017 年各行业固定资产投资比重变化

3. 投资效率：资本产出比不断降低

从投资效率来看，近几年投资效率不断降低。表2—5展示了2010至2017年各个细分行业的资本产出系数表，即每单位固定资产投入的产出值，我们对每一行分别进行颜色标注，即相对于某一单行，数值越高则色块颜色越深（相邻两行之间的色块深浅没有任何关系，色块深浅的关系仅在单行成立）。从中我们可以看出，从全行业来看，近几年资本产出系数不断走低，2010年时，1单位固定资产投资可以产出1.69单位GDP，但是到2017年时1单位固定资产投资仅产出1.3单位GDP。

表2—5 　　　　　　　　　2010—2017年各行业资本产出系数图

	2010	2011	2012	2013	2014	2015	2016	2017
全行业	1.69	1.61	1.48	1.36	1.28	1.24	1.24	1.30
农林牧渔业	10.09	6.76	5.77	4.80	3.94	3.14	2.74	2.62
采矿业	2.15	2.24	1.89	1.74	1.61	1.47	1.77	2.28
制造业	1.75	1.53	1.36	1.23	1.17	1.12	1.14	1.24
电力燃气水的生产供应业	0.77	0.85	0.84	0.76	0.65	0.56	0.52	0.56
建筑业	12.16	10.16	10.01	11.58	11.13	9.52	10.86	15.16
交通运输、仓储和邮政业	0.67	0.79	0.77	0.72	0.66	0.62	0.62	0.61
信息传输、计算机服务和软件业	3.74	4.41	4.43	4.45	3.78	3.36	3.43	3.78
批发和零售业	6.86	5.93	5.10	4.47	4.01	3.54	3.97	4.69
住宿和餐饮业	2.59	2.19	1.87	1.70	1.80	1.87	2.25	2.41
金融业	53.76	48.03	38.09	33.17	34.24	42.33	46.65	58.31
房地产业	0.41	0.37	0.34	0.32	0.31	0.33	0.36	0.39
租赁和商务服务业	3.01	2.80	2.40	2.27	1.92	1.81	1.58	1.65
科学研究、技术服务和地质勘查业	4.48	4.73	3.82	3.51	2.90	2.84	2.62	2.73
水利、环境和公共设施管理业	0.08	0.09	0.09	0.08	0.08	0.07	0.06	0.06
居民服务和其他服务业	8.47	6.17	4.44	4.32	4.27	4.13	4.78	5.47
教育	3.23	3.80	3.61	3.51	3.16	3.14	2.87	2.70
卫生、社会保障和社会福利业	2.99	3.19	3.44	3.52	3.19	2.89	2.72	2.60
文化、体育和娱乐业	1.03	0.99	0.83	0.74	0.69	0.73	0.70	0.76
公共管理和社会组织	3.42	3.20	3.32	3.69	3.27	3.39	3.74	4.29

资料来源：根据国家统计局的数据计算。

而每个行业的时间趋势来看，大量行业的资本产出系数在不断降低。从上表中我们可以看出，农林牧渔业，制造业，电力燃气水的生产供应业，交通运输、仓储和邮政业，租赁和商务服务业，科学研究、技术服务和地质勘查业，水利、环境和公共设施管理业，教育，卫生、社会保障和社会福利业等10个行业的资本产出系数都在不断降低；采矿业，建筑业，批发零售业，信息传输、计算机服务和软件业，金融业，房地产业，居民服务和其他服务业以及公共管理和社会组织等8个行业在近几年有所回升，但回升的幅度并不大，这也表明资本对产出的拉动在大量行业中都处于不断降低的趋势。

从同一时间点上各行业的比较来看，不同行业的资本产出系数差别巨大。2017年金融行业的资本产出系数比最高（见图2—31），高达

58.31;其次是建筑业 15.16;剩余行业都小于 6。这和行业的特点密切相关,对于制造业等资本密集型的行业,资本的产出系数自然是会更低一点。

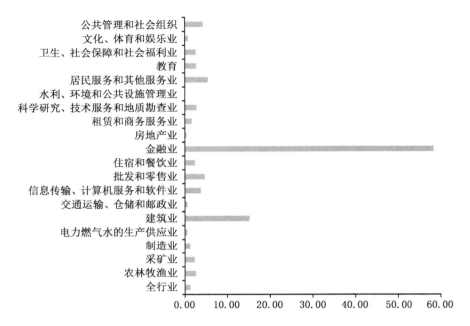

资料来源:国家统计局。

图 2—31　2017 年各行业资本产出系数

2.2.3　劳动力使用效率

1. 劳动力总量:就业人口开始减少

劳动力一直以来都是推动经济增长的重要因素,在中国经济快速发展的 40 年间,人口红利起到了较为重要的推动作用,但是近几年来,人口红利逐渐消失。从目前的就业人口总量来看,近几年来就业总数放缓(见图 2—32),并在 2016 年达到最高点后出现下降的趋势。从未来劳动力的供给来看,人口的自然增长率在不断走低(见图 2—33),这意味着 20 年后中国的就业人口将进一步衰减。

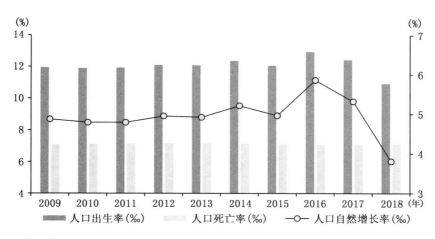

资料来源：国家统计局。

图 2—32 全国人口出生率、死亡率和自然增长率

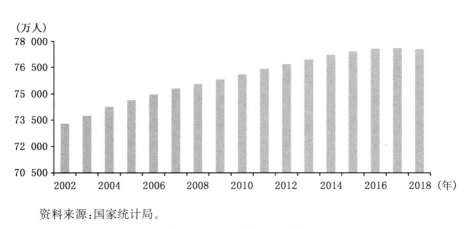

资料来源：国家统计局。

图 2—33 全国就业人口数

2. 劳动力的结构：第三产业就业比重最大，但整体劳动力素质较低

从劳动力投入的结构来看，第一产业的就业人数持续减少（见图 2—34），从 2001 年的 36 398.5 万人减少到 2018 年的 20 257.7 万人。第二产业就业人数出现了先增加后减少的趋势，从 2001 年的 16 233.7 万人增长到 2012 年的最高点 23 241 万人，随后第二产业劳动人口开始下降，2018 年时第二产业劳动人口为 21 390.5 万人。第三产业在过去 20 年间呈现不断扩大的趋势，从 2001 年的 20 164 万人增长到 2018 年的 35 937.8

万人。

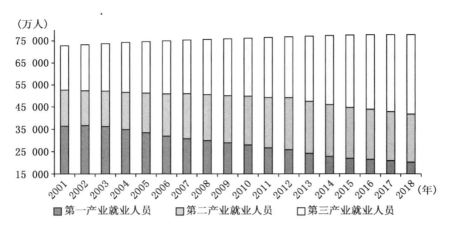

资料来源:国家统计局。

图 2—34　三次产业就业人数

从三次产业的就业比重来看,可以看到 2001 年时,我国劳动力就业结构为一三二;随后第一产业劳动力持续向二三产业流入(见图 2—35),到 2011 年时劳动力就业结构变化为三一二;然而,2013 年以后第二产业劳动人口开始迅速降低,第三产业的就业人口快速增加,到 2014 年以后,我国的就业结构已经转变为三一二,第二产业的就业人口已经低于第一产业就业人数。

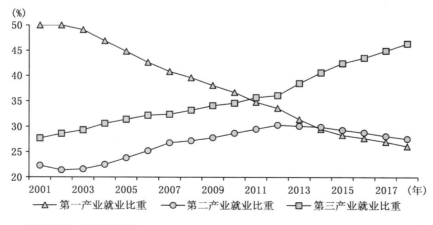

资料来源:国家统计局。

图 2—35　三次产业就业比重

从就业劳动力的学历水平分布来看,我国整体劳动力素质水平较低。在我国的就业比重中,有将近一半的劳动力仅初中学历水平(见图2—36);其次是小学学历水平,占20%;本科以上的劳动力近几年来稍有提升,从2010年的4.09%上升到2017年的8.8%,但仍旧只是全部就业人口中非常小的一部分。如果仅考虑城镇的就业人口,我们发现劳动人口的学历水平稍有上升(见图2—37),占比最多的仍旧是初中学历,约40%;其次就是高中学历和大专,分别占比15%;小学学历的占比显著降低,本科以上的学历占比显著上升;2017年本科和研究生的学历就业人数占比15.5%。城镇就业人口的学历水平和全国相比显著上升,但是初中占比仍旧多达40%,本科以上的占比相对较少,还需要进一步提升劳动力的专业素质。

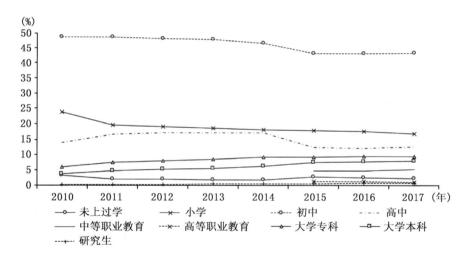

资料来源:《中国人口和劳动统计年鉴》。

图2—36　我国就业人口的学历分布

3. 劳动力的产出效率:劳动生产率在不断提高,但须警惕第二产业比较劳动生产率降低

从劳动的产出来看,三次产业的劳动生产率都在稳步增长,其中由于第二产业是资本密集型产业,因此劳动生产率最高,第三产业劳动生产率其次,第一产业最低(见图2—38)。原因一方面是因为第一产业劳动密集型行业的特征,另一方面也是因为我国的土地流转不通畅,土地集约化

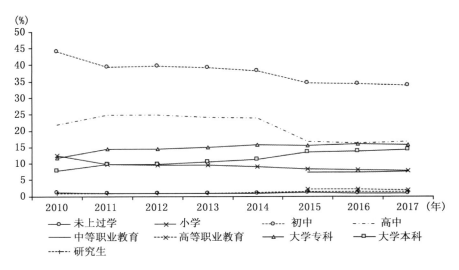

资料来源:《中国人口和劳动统计年鉴》。

图 2—37　我国城镇就业人口的学历分布

程度较低,多以小农生产为主所致。

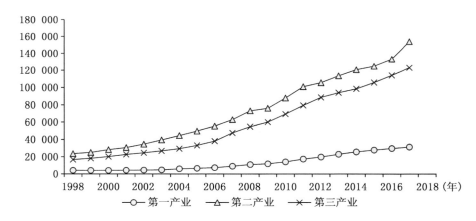

资料来源:国家统计局。

图 2—38　三次产业劳动生产率

　　尽管三次产业的劳动生产率都在逐年升高,但是从三次产业的比较劳动生产率来看,第二产业的比较劳动生产率在 2003 年达到最高点之后出现持续的下降,最近几年间第二产业和第三产业之间的比较劳动生产率差距逐渐缩小(见图 2—39),说明制造业的劳动力正在逐渐向第三产业转移。我国目前尚处于工业化后期阶段,制造业还需要进一步发展以实现高端转型,此时二三产业的比较劳动生产率差距持续缩小,则提醒我们可能会出现过早去工业化的问题。

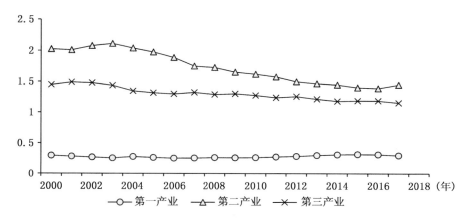

资料来源:国家统计局。

图2—39　三次产业比较劳动生产率

2.2.4　能源使用效率

1. 能源消耗总量:能源投入总量不断增加,进口依赖较高

我国是能源消费大国,近几年来随着工业化的不断深入,对能源的需求不断加大。2000年时,我国能源消费总量为146 964万吨标准煤(见图2—40)。2018年,我国能源消费总量达到464 000万吨标准煤,已经翻了两番,并在可预期的未来仍将呈现逐步上升的趋势。

然而,由于我国国内的能源储量有限,大量能源消耗需要依赖进口。近两年来,我国各项主要能源品种的进口需求不断上升,石油、天然气、煤炭等能源品种的进口依赖度也在不断上升(见图2—41)。2018年,中国再次成为世界最大原油进口国之后,又超过日本成为世界最大的天然气进口国。全年石油净进口量4.4亿吨,同比增长11%,石油对外依存度升至69.8%[①];天然气进口量1 254亿立方米,同比增长31.7%,对外依存度升至45.3%。预计2019年,中国油气对外依存度还将继续上升,构

----

① 数据来源于中国石油集团经济技术研究院发布的《2018年国内外油气行业发展报告》。

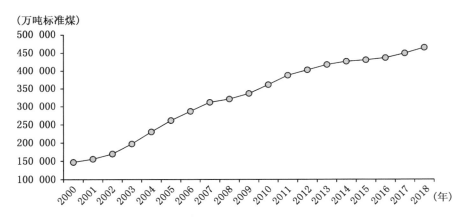

（万吨标准煤）

资料来源：国家统计局。

图 2—40　能源消费总量

建全面开放条件下的油气安全保障体系，提升国际油气市场话语权，成为当务之急。

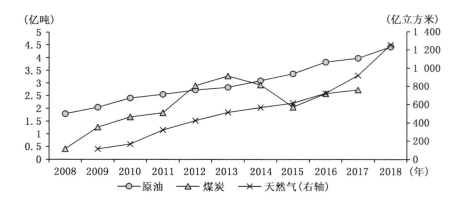

资料来源：Wind。

图 2—41　国内主要能源进口需求

2. 能源使用结构：以传统能源为主，清洁能源快速增长

从能源消耗的结构来看，国内能源消耗仍旧以煤炭、石油等传统能源为主。2018 年，煤炭消耗量占全部能源消耗量的 59%（见图 2—42），石油消耗量占全部能源消耗量的 18.9%，两大传统能源占比总计 78%。近几年来，清洁能源的比重已经开始快速上升。2000 年，清洁能源占全部

能源消耗量仅 9.5%。到 2018 年时,清洁能源已经占据全部能源消耗量的 22%。与此同时,传统的煤炭和石油能源的增长率则呈现不断降低的趋势(见图 2—43)。随着目前新能源汽车的不断发展,未来传统能源的比重有望进一步降低。

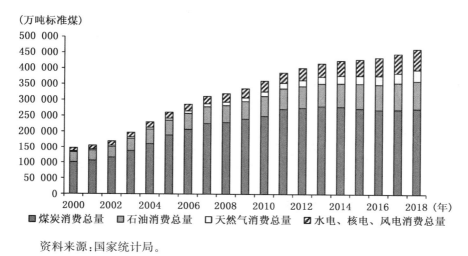

资料来源:国家统计局。

图 2—42　各类能源消耗总量

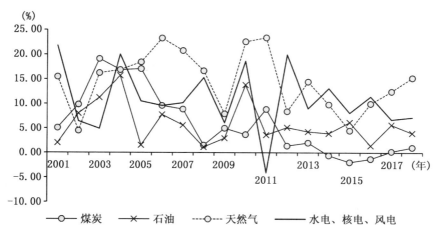

资料来源:国家统计局。

图 2—43　各类主要能源消耗增长率

3. 能源使用效率:利用方式较为粗放,能源要素配置存在较大扭曲

从能源的利用效率来看,能源利用方式较为粗放。我国目前单位国内生产总值用水量和能耗分别是世界平均水平的 3.3 倍和 2.5 倍[1],矿产资源利用水平总体不高。根据世界银行关于 GDP 单位能源消耗[2]的统计数据(见图 2-44),我们可以看到 2017 年中国的能源利用效率为 5.69 美元/千克石油当量,远远落后于大部分发达国家,且显著低于 7.91 美元/千克石油当量世界平均水平。这也说明我国的能源利用效率低下,能源浪费较为严重。

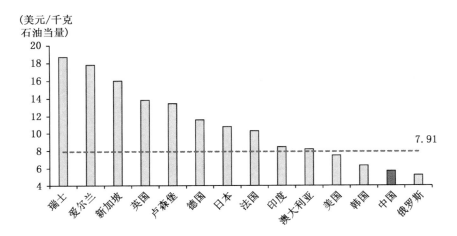

资料来源:世界银行。

图 2-44　GDP 单位能源消耗

2.2.5　小结

1. 经济增长中要素的投入量不断增长

在传统的经济增长理论中,要素投入的不断增长是一个非常重要的增长机制,同样,中国经济 40 年的快速增长离不开土地、资本、劳动力和能源要素的不断投入。

---

① 数据来自中华人民共和国自然资源部《全国国土规划纲要(2016—2030 年)》。

② GDP 单位能源消耗是指平均每千克石油当量的能源消耗所产生的按购买力平价计算的 GDP。按 PPP 计算的 GDP 是指采用购买力平价汇率将国内生产总值换算为 2011 年不变价国际元。国际元对 GDP 的购买力相当于美元在美国的购买力。

在土地要素方面,近几年来对产业用地需求的增长体现了中国工业化和城市化进一步建设的需求。在资本要素方面,制造业和房地产占主要比重,信息传输、计算机服务和软件业、科教文卫业以及租赁商服等行业的资本要素投入虽然占比不高,但近几年来也在不断增长。在劳动力要素方面,改革开放以后的人口红利给中国经济带来了快速的增长,但近几年人口红利逐渐消失,劳动力总量投入有所放慢,对于本科及以上的劳动力需求在近几年快速增长,有可能向知识红利转变。从能源来看,工业化的进一步发展也要求能源要素的投入不断增长,而由于我国储量不足,导致能源部分的进口需求不断攀升。总体来看,未来中国经济的进一步发展仍旧需要生产要素的不断投入。

2. 要素的投入受到的约束愈发严峻

实际上,近几年来,我国部分要素投入受到的约束愈发严峻,在一定程度上对经济的增长造成了限制,这种约束主要体现在土地和劳动力方面。

从土地来看,我国国土面积虽然大,但是质量优良的可耕地面积非常少,人均耕地面积更是低于世界平均。为了保证国家 18 亿亩的耕地红线,保证全国人民的粮食安全,产业用地的扩张和发展一直受到严格的限制。从劳动力来看,近几年就业人口总量已经出现拐点并有不断减少的趋势,随着人民生活水平的提高叠加晚生晚育、优生优育的观念深入,中国的生育率历年来不断走低,导致未来的劳动人口供给可能会出现较大的降低,原有的人口红利已经无法再支撑经济的继续发展。这些要素投入的约束趋紧都在限制着中国经济增长的速度。

3. 要素投入产出效率整体不高

在要素约束问题不断严重的情况下,一个合适的解决方法就是提高要素的使用效率,但目前为止,我国要素的使用方式仍旧较为粗放,整体要素使用效率不高,问题较为明显的就是资本、劳动力和能源要素的使用效率。

从资本使用效率来看,多数行业的资本产出系数在近几年中出现了不同程度的下滑,说明以往通过投资拉动经济增长的效率在不断降低,国家亟须转变经济发展方式,促进高质量增长。从劳动力的产出效率来看,虽然三次产业的劳动生产率都在不断增长,但是第二产业的比较劳动生产率在近几年不断走低,鉴于中国目前尚未完成工业化这一现状,说明第二产业亟须转型和发展,防止出现第二产业的低端锁定问题。同时,从劳动力的学历分布来看,本科和研究生等高质量的人才占比非常少,需要进一步加大对教育的投入,提高知识和技术型人才的比例。从能源使用效率来看,我国的 1 单位能源消耗只能产出 5.69 美元产值,远远低于世界 7.91 美元的平均产值,说明我国能源使用效率还需要进一步提升。

目前中国正处于产业结构的转型期,要素的使用效率问题正是高质量发展的一大重点问题,如何提高各类要素的使用效率,改变要素粗放投入的使用现状,是实现经济高质量增长的关键。

2.3 产业关联与投入产出分析

2.3.1 产业关联的总体概述

1. 产业关联的内涵

产业关联是指在经济活动中,各产业之间存在的广泛的、复杂的和密切的技术经济联系。这些复杂而又紧密互动的联系构成了整个产业体系,不仅对产业本身的发展很重要,对产业体系和经济体系的发展和演化也很重要。随着社会的变迁和国民经济的增长,产业之间的联系也在不断地深化和发展。从表现形式来看,产业关联往往表现为物品、劳务、信息、资金、劳动力等要素沿着产品生产的链条进行传递,因此,产业链可以作为产业关联的主要研究对象。本节将从产业链的视角出发,采用投入产出的方法[①]进行分析,以此来考察和把握整体产业发展的效率。

一般而言,产业联系的方式有三种。

第一种,从产业联系的对象之间互动方式来看,产业联系可以分为单向联系和双向联系。单项联系是指无论是产业部门的上游(或下游)为其提供产品作为生产性消耗,该产业部门生产的产品不会再返还给其上游(或下游)。而双向联系则是两个产业部门相互消耗、相互提供对方产品

---

① 通常的文献都会使用投入产出表的数据进行产业关联的分析,但是投入产出表每五年统计一次,时效性不高,因此本文直接使用投入和产出的数据,探究产业之间的关联及其效率。

的联系,最典型的例子就是煤炭部门和电力部门的产品互为消耗。

第二种,按照产业联系的方向来看,可以分为顺向联系和逆向联系。这里主要是从产业链的上下游来看产品、劳务等流动的方向。

最后一种,按照产业之间是否直接关系,将产业联系分为直接联系和间接联系。现实中,两个产业部门之间除了直接联系之外,还可能会通过第三个产业作为中介部门进而发生一些产品、技术上的关联,这就是间接联系,比如汽车工业就是通过汽油与石油开采业进而和石油采油设备制造业发生间接联系。

2. 产业关联的类型

产业间联系的类型主要是指产业间的联系以什么为依据或依托,依托或依据的不同就成为产业间联系的不同类型。具体来看,可以分为产品、劳务联系,生产技术联系,价格联系,劳动就业联系以及投资联系。下面将从这五个角度,对产业链上下游之间的关联进行分析(见表2—6)。

表2—6　　　　　　　　　　　产业关联的类型

联系类型	依托依据
产品、劳务联系	以产业间相互提供的产品和劳务为依托,是产业间联系的最基本的形式,为产业间的其他联系奠定了基础
生产技术联系	以产品和劳务中所包含的生产工艺、技术质量等为依托,反映了知识流在产业间的传递
价格联系	以产品和劳务间的价格联系为依托,通常供给方的价格及费用总结将会构成需求方产品成本的组成部分
劳动就业联系	以产业间的就业带动效应为依托,往往某一产业的就业增长将会增加其所相关产业的劳动力增长
投资联系	以产业间的投资带动效应为依托,往往表现为产业链上投资的连锁反应

资料来源:芮明杰主编.《产业经济学》(第三版),上海财经大学出版社,2016。

3. 产业关联的影响因素及其变化

随着社会化大生产和国民经济的不断深化和发展,产业之间的联系也将不断演化发展。在这一过程中,主要的影响因素为信息化的进程。

(1)信息化进程:产品劳务等实体联系逐步让位于虚拟的信息联系

传统的产业关联方式中,产业之间的结构关联性主要表现为以中间产品和资本货物的交易方式,而信息只是在这中间起到辅助传递的作用,因而产业链上的信息传递往往呈现单向的特征,有较为明显的"上游—中游—下游"的链条,从而形成较为明显的价值链。此外,由于产业链以产品流动为主,因此,产业链上的企业容易形成物理上的产业集聚,以达到产业链上效率的最大化。

随着互联网技术、信息技术的快速发展、数字化进程快速推进,信息流在产业关联中的作用逐渐凸显出来。一方面,信息化的发展推动大量统一的信息平台的出现,知识变得更加可编码化,因而也更便于传输。另一方面,全球化的发展促进了产品市场规模的急剧扩张,带动生产规模的扩大,产品品种增加,专业化分工深化,产业链上的产业关联愈加复杂。此时,信息在全球产业链的整合中发挥了更加重要的作用,而产业间的产品和物理联系则逐渐淡化。同时,虚拟网络超越时间与空间的特性,大大削弱了产业关联中的距离障碍,使产业间的联系更加紧密、更具有动态易变性,能通过快速重组,及时响应市场需求的变化。

(2)模块化的生产方式变化:产业链内的单向联系向多向循环联系演变

在传统的商品生产中,商品流生产方式呈链条状,下游产品必须要在上游的中间品基础上进一步加工,模块化思想的兴起则推动了网络化生产方式的兴起。产业链之间的联系由单边向多边发展,产业关联更加复杂。

模块化的生产方式使得各个生产环节之间可以达到相互独立,最终通过统一的连接规则连接在一起。一方面,生产由传统的上下游变为网络状,提高了产品的生产效率,提高产业链的响应速度和柔性。在这一过程中,产业间的联系从简单的单向或者双向联系演变为多边联系,大大增加了产业关联的复杂性。同时,明确的连接规则给每一个环节的生产设定了一个边界。在这个边界内,各生产环节可以各自进行创新活动,知识流在产业链上的地位显著增强。特别是在软件行业,大量软件产品都是通过模块化的方式进行生产,软件中间件可以通过一定的界面规则进行模块化组装,最终生产出适合某一类客户需求的软件产品。在此过程中,生产效率大大提高,应用场景的创新能力也得到大幅度的提升。

(3)产业融合的趋势:产业链间的联系程度逐渐网络化

传统的产业链以产业链内的联系为主,主要存在于某一个产业链上。随着产业融合趋势的出现,大量产业之间实现了融合或者跨界的发展,例如互联网和传统行业的融合,制造业和服务业的融合等,产业链之间的联系更加密切,价值链逐渐向价值网络演变。在此趋势下,产业联系的复杂程度也同样升高。

在新一代信息技术领域,随着5G技术的成熟和物联网技术的成熟,工业互联网正在成为新一轮工业革命和产业变革的焦点,支撑制造业、农业、金融、能源、物流等传统产业优化升级,为传统产业"赋智赋能"。据国家统计局的统计,2018年中国工业软件收入增长14.2%,正在和经济社会各领域融合,开展广泛应用和模式创新,助推智慧城市、智慧交通、智慧社区、智慧医疗等建设。

2.3.2　产品劳务联系的投入产出分析

以物质(或劳务)流为基础的产业关联,从其形态来看,是以中间产品的产业依次传递的轨迹进行排列的。中间产品的投入产出,具有相对固定的"上游—中游—下游"产业链。物品生产在此过程中是依次传递的,由此而形成产品价值链(Value Chain)。

从供给的角度看,产业链是资源功能传递功能集中和功能累加的手段,资源在产业链的各个环节上进行传递,并伴随着功能的传递和累加,使效用或使用价值在原来的基础上不断增加。从需求的角度看,产业链又是满足需求程度的表达,产业链始于自然资源,止于消费市场,但起点和终点并非固定不变。产业链的每个环节和结点都对其上游环节和结点提出需求,而又都对其下游环节或结点进行供给,从而,不仅出现了相向的以产业链为平台的供给与需求传递,而且以此为基础产生了使用价值与价值的相向传递。

1. 各行业投入产出视角:中间投入率高,附加值率低

附加值是经济主体新创造出来的产品价值。具体指在产品的产值中扣去原材料、税金、设备和厂房的折旧费后,剩余部分的价值。这部分价值是指当产品从原材料开始经加工到产品的过程中实际增加的价值,它包括工人劳动、动力消耗、技术开发和利润等费用,所以称为附加值。从计算来看,附加值率等于100减去中间投入率,也就是该产业总产出减去所有上游中间投入品后的价值增值率。

表2—7的数据显示,2017年,中国各大类部门的增加值率大于50%

的仅有农林牧渔业部门(59%),采矿业部门(52%),批发零售贸易、住宿和餐饮业部门(59%),房地产业、租赁和商务服务业部门(55%),金融部门(57%)以及其他服务业部门(52%),制造业部门的附加值均低于30%。这也表明了中国虽然很多行业规模很大,但是大部分行业效率低下,增加值率较大程度落后于发达国家,这一点在下面的细分行业增加值率分析中可以很清楚地看到。

表 2—7　　　　2010—2015 年各部门生产一单位总产出的增加值率

中国各大类部门	2017 年	2015 年	2012 年	2010 年
农、林、牧、渔业部门	0.59	0.59	0.59	0.58
采矿业部门	0.52	0.34	0.49	0.45
食品、饮料制造及烟草制品业部门	0.24	0.23	0.24	0.21
纺织、服装及皮革产品制造业部门	0.18	0.21	0.2	0.2
其他制造业部门	0.28	0.21	0.27	0.27
电力、热力及水的生产和供应业部门	0.32	0.23	0.26	0.26
炼焦、燃气及石油加工业部门	0.25	0.21	0.19	0.2
化学工业部门	0.23	0.18	0.19	0.19
非金属矿物制品业部门	0.29	0.2	0.25	0.22
金属产品制造业部门	0.23	0.15	0.18	0.18
机械设备制造业部门	0.20	0.2	0.19	0.18
建筑业部门	0.24	0.23	0.27	0.26
运输仓储邮政、信息传输、计算机服务和软件业部门	0.48	0.41	0.4	0.43
批发零售贸易、住宿和餐饮业部门	0.59	0.58	0.62	0.6
房地产业、租赁和商务服务业部门	0.55	0.5	0.56	0.59
金融业部门	0.57	0.66	0.6	0.65
其他服务业部门	0.52	0.54	0.53	0.55

注:增加值大于 0.5 的部分和年份用底纹高亮标注。

资料来源:投入产出表数据,国家统计局。其中 2017 年的数据根据各细分类别归类参考国民经济行业分类与代码(GB/T 4754-2017)计算得到,并保持和 2015 年前分类可比。

七年以来,各部门的附加值率变化很小,基本稳定。2017 年 10 月 1

日,国家颁布国民经济行业分类(GB/T 4754-2017),新版行业分类共有20个门类、97个大类、473个中类、1 380个小类。与2011年版比较,门类没有变化,大类增加了1个,中类增加了41个,小类增加了286个。农林牧渔业和服务业按照门类进行划分,制造业和采矿业由于门类划分相对复杂,因而选用大类进行划分,最终本书划分了56个类别来观察各个细分类别的增加值(见表2—8)。

表 2—8　　　　　　　　2017 年细分类别下各行业增加值率

序号	细分产业部门	增加值率
1	农林牧渔业	59.44%
2	煤炭开采和洗选业	51.22%
3	石油和天然气开采业	66.56%
4	金属矿采选业	45.82%
5	非金属矿采选业	45.67%
6	开采辅助活动和其他采矿产品	39.66%
7	农副食品加工业	17.66%
8	食品制造业	21.36%
9	酒、饮料和精制茶制造业	29.84%
10	烟草制品业	63.18%
11	纺织业	17.56%
12	纺织服装、服饰业	18.14%
13	皮革、毛皮、羽毛及其制品和制鞋业	20.72%
14	木材加工和木、竹、藤、棕、草制品业	20.63%
15	家具制造业	22.44%
16	造纸和纸制品业	21.83%
17	印刷和记录媒介复制业	28.80%
18	文教、工美、体育和娱乐用品制造业	22.06%
19	石油、煤炭及其他燃料加工业	25.28%
20	化学原料和化学制品制造业	22.57%
21	医药制造业	28.10%
22	化学纤维制造业	19.57%

续表

序号	细分产业部门	增加值率
23	橡胶和塑料制品业	21.48%
24	非金属矿物制品业	28.66%
25	黑色金属冶炼和压延加工业	23.59%
26	有色金属冶炼和压延加工业	21.11%
27	金属制品业	24.28%
28	通用设备制造业	22.92%
29	专用设备制造业	23.44%
30	汽车制造业	22.27%
31	铁路、船舶、航空航天和其他运输设备制造业	21.16%
32	电气机械和器材制造业	19.16%
33	计算机、通信和其他电子设备制造业	16.35%
34	仪器仪表制造业	25.33%
35	其他制造业	23.45%
36	废弃资源综合利用业	83.68%
37	金属制品、机械和设备修理业	22.40%
38	电力、热力、燃气及水生产和供应业	32.11%
39	建筑业	24.17%
40	批发和零售业	66.49%
41	交通运输、仓储和邮政业	45.30%
42	住宿和餐饮业	36.15%
43	电信、广播电视和卫星传输服务	55.66%
44	互联网和相关服务	47.80%
45	软件和信息技术服务业	51.51%
46	金融业	57.27%
47	房地产业	74.55%
48	租赁业	46.15%
49	商务服务业	31.72%
50	科学研究和技术服务业	40.08%

序号	细分产业部门	增加值率
51	水利、环境和公共设施管理业	42.57%
52	居民服务、修理和其他服务业	52.26%
53	教育	71.27%
54	卫生和社会工作	40.78%
55	文化、体育和娱乐业	51.76%
56	公共管理、社会保障和社会组织	60.54%

资料来源:根据国家统计局 2017 年投入产出流量表测算。

可以看到(见表 2—8),2017 年产业增加值率在 50% 以上的主要集中在农林牧渔业、采矿业和服务业中。其中,农林牧渔业增加值率达到 59.44%,采矿业增加值率普遍在 50% 左右,其中以石油和天然气开采业(66.56%)最高,而制造业中增加值率大于 50% 的行业仅有烟草制品业(63.18%),其余增加值率均小于 30%,特别是一些较为高端的制造行业如通用设备(22.92%)、专用设备(23.44%)、电气机械和器材以及通信设备(19.16%)、计算机和其他电子设备行业(16.35%)的增加值率均在 20% 左右。

从国际比较来看,中国的制造业增加值率远远低于美国制造业水平。张帅奇、张继良、陈炳华(2014)文献中测算了中、美两国 2010 年的制造业增加值率对比,可以看到(见表 2—9),中、美两国之间制造业的增加值率存在较大的差异,特别是在高端领域,例如机械设备制造业(美国 45.5%,中国 24%)、计算机和电子产品制造业(美国 70.2%,中国 19%)、电气机械及器材制造业(美国 38.9%,中国 21.7%)、化学制品业(美国 35.7%,中国 25%)。同时,相比于 2010 年,中国 2017 年的制造业增加值仍旧增长非常缓慢,仅在塑料和橡胶制品行业实现了增加值率较快的增长,一些行业甚至根本没有任何增加值率的提升。

表 2—9　　　　　　　　　　中、美主要制造业增加值率对比　　　　　　　　　单位:%

	美国 2010 年	中国 2010 年	中国 2017 年
木材制品	40.60	25.50	20.63
非金属矿制品业	39	26.80	28.66

续表

	美国 2010 年	中国 2010 年	中国 2017 年
初级金属	19.80	23.70	22.50
金属制品业	43.60	23.60	24.28
机械设备制造业	45.50	24	23.14
计算机和电子产品制造业	70.20	19	16.35
电气机械及器材制造业	38.90	21.70	19.16
交通运输设备制造业	21.50	21.40	22.08
家具制造业	50.10	22.70	22.44
文体用品及娱乐制品业	57.90	25.20	22.06
化学制品业	35.70	25.00	22.57
塑料和橡胶制品	37.40	24.10	41.48

　　资料来源:2010 年中美对比来自文献(张帅奇、张继良、陈炳华)[①],2017 年中国数据由笔者自行计算而得。

　　而从服务业来看,增加值率高于 50% 的行业有批发和零售(66.49%),电信、广播电视和卫星传输服务(55.66%),软件和信息技术服务业(51.51%),金融(57.27%),房地产(74.55%),居民服务、修理和其他服务(52.26%),教育(71.64%),文化、体育和娱乐(51.76%)以及公共管理、社会保障和社会组织(60.54%)共 9 个行业,但是有一些高端的生产性服务业虽然在过去几年得到了快速的发展,但目前增加值率仍旧相对稍低:互联网和相关服务(47.8%)、商务服务(31.72%)、科学研究和技术服务业(40.08%),这也说明我国的生产性服务业仍旧需要进一步的发展。

　　2. 制造业视角:高质量高附加值的中间产品供应商较少

　　在中间产品的投入上,国内供应商主要提供一些价值较低的零部件产品,高质量的关键零部件供应商较少。由于汽车产业链是产业体系中影响最广泛的产业链之一,也是经济体系中最为重要的产业之一,因此本节以汽车行业为例,来观察制造业产业链中的产品投入产出联系。

---

　　① 张帅奇,张继良,陈炳华. 中美制造业主要行业增加值率的差异分析[J]. 中国统计,2014(2):45—47.

（1）总量巨大，说明整车制造能力强大

汽车工业蓝皮书《中国汽车工业发展报告（2019）》数据统计显示，2018 年，中国汽车销售 2 808 万辆，虽然同比小幅下降 2.8%，但占全球市场份额仍达到 30.6%，从规模和总量意义上来看，中国整车制造能力非常强大（见图 2—45、图 2—46）。

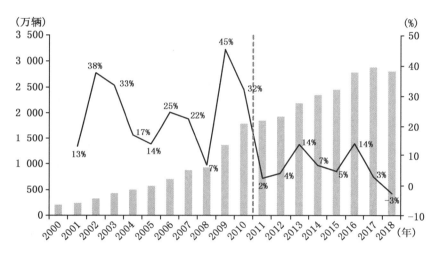

资料来源：中国汽车工业协会、国信证券。

图 2—45　2000—2018 年中国汽车销量及增速

从乘用车市场来看，2018 年，中国乘用车销售 2 371 万辆，同比下降 4.1%，乘用车自 2009 年超越日本后，已连续 10 年位居全球榜首。在豪华车方面，2018 年共销售（内需口径）304 万辆，同比增长 11.6%，增速远高于乘用车行业总体（—3.8%）；其中，国产豪华车销售 214 万辆，同比增长 20%，进口 90 万辆，同比下降 4.5%。

从商用车市场来看，2018 年，中国商用车销售 437 万辆，同比增长 5.1%。其中，中重型载货车 132.5 万辆，同比下降 1.6%；轻型载货车 189.5 万辆，同比增长 10.2%；微型载货车 66.6 万辆，同比增长 17.1%；客车 48.5 万辆，同比下降 8.0%，客车销量仍居世界首位。

从新能源汽车市场来看，2018 年，我国新能源汽车销售 125.6 万辆，同比增长 61.7%，占全球新能源汽车总量的 60%，我国成为世界第一大新能源汽车市场。

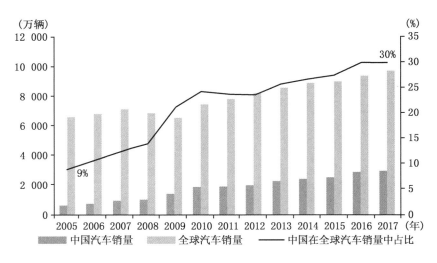

资料来源：中国汽车工业协会、国信证券。

图 2—46　2005—2017 年中国汽车全球销量占比

（2）关键上游零部件制造能力较弱

然而，中国企业在关键零部件上制造能力较弱。一般而言，整车厂商是整个产业链的链主，但是一些关键零部件的核心技术强、价值高、利润大，在汽车制造中也占据重要地位，而中国多汽车整车制造商，很少有较强的零部件供应商。根据《美国汽车新闻》（*Automotive News*）发布的2019 年全球汽车零部件配套供应商百强榜①数据，作为全球第一的整车制造商，中国仅上榜 7 家企业，其中延锋以 997.32 亿元人民币（约合145.06 亿美元）的 2018 年营收总额以绝对优势继续领跑中国企业，排名15 名。其他六家企业则实力较弱，分别为北京海纳川（61 位）、中信戴卡（65 位）、德昌电机（80 位）、敏实集团（86 位）、五菱工业（89 位）以及 2018年新上榜的安徽中鼎密封件股份有限公司（92 位）。

相比之下，在其他国家的零部件供应商企业中，德国企业的实力最为强大（见图 2—47）。在今年榜单当中，德国罗伯特·博世集团博世仍位列第一，连续第 9 个年头蝉联，配套收入高达 495.25 亿美元。博世的汽

----

①　榜单主要根据供应商提供的上一年在汽车行业配套市场业务中的营业收入进行排名（对于汽车行业来说规模是一个非常重要的因素）。该榜单主要关注汽车零部件配套业务的营业收入，有部分较大规模的企业并未提交相关数据，因此没有出现在榜单中，但该榜单的可参考性和权威性依旧很大。

车零部件配套业务横跨柴油汽油动力系统、电子电气、车载多媒体以及电池技术等,且不断进入新技术领域扩张。

值得注意的是,2018 年汽车零部件前十名的榜单企业和 2017 年并没有变化,所有企业的销售额均较上一年实现了增长,仅第九和第十的佛吉亚和法雷奥的名次出现了互换。这不仅说明了汽车关键零部件制造商的前端企业不仅实力强大,且长期占据绝对优势地位,后面的企业较难实现赶超。同时,德勤的报告[1]也指出,汽车产业前 1/3 的企业贡献了 99% 的价值创造(见图 2—47)。

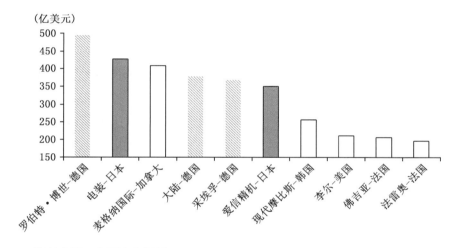

资料来源:《美国汽车新闻》。

图 2—47 2019 年汽车零部件供应商全球前十

(3)技术和需求变革将导致全球汽车市场巨变,国内企业难以争夺产业链治理权

2018 年,中国汽车销量出现了 20 多年来的首次下滑,意味着汽车产业的高速增长期逐渐结束,微增长可能成为新态势。在这种背景下,中国汽车产业需要转型升级,需要高质量发展。与此同时,随着技术、消费和竞争环境的变化,全球汽车产业正面临着巨大变革。电动化、智能化、网联化、共享化等正成为趋势,将带来汽车产业形态、商业模式和企业组织

---

① 德勤 2019 汽车行业报告 Caution ahead:Transformation and disruption for automotive suppliers。

形态等的重大变化,加速优胜劣汰。

许多国外的车企已经开始提前布局,有些传统的汽车零部件巨头为此将自身拆分出两个部分的公司,分别专注汽车领域的新方向,以及传统的业务。据 Berylls 报告[①],博世集团已经计划将在下一个五年内将自己的所有产品和人工智能相融合。与此同时,博世和他的竞争者相比已经具备了相当高的智能性和移动性,其产品从自行车到重型汽车都已经配备了电力传动系统。同时,排名第二的电装公司也开始进军智能移动领域,收购了英飞凌半导体公司,希望能够在自动驾驶和电动汽车领域加深合作。

与此同时,中国汽车零部件供应商产品较为机械化。虽然目前有很多国内企业正处于追赶的过程中,但是和国外主要汽车零部件的技术之间仍有较大的差距。以自动驾驶为例,自动驾驶的产业链中,关键的核心零部件为车载摄像头、毫米波雷达和激光雷达。其中,车载摄像头又分为摄像头镜头组、COMS 传感器和视觉识别系统。而中国的零部件供应商只在摄像头镜头组有部分技术优势,其他领域中高端车型几乎全部依赖进口(见表 2—10)。

表 2—10　　　　自动驾驶领域核心零部件中外供应商技术力量对比

零部件	技术难度	国际主要供应商状况	中国供应商现状
摄像头镜头组	对防震、稳定性、持续聚焦特性、热补偿性、杂技术壁垒较高	国内企业舜宇光学占据第一的市场份额,2017 年达到 39%,跟随其后的主要产商包括日本世光、日本康达智、富士胶片等	国内企业具备较多优势的领域,国内市场中,舜宇光学、欧菲科技、光宝科技等国内公司市场份额居前
摄像头 COMS 传感器	COMS 是一种固体成像传感器,为摄像头的核心部件。COMS 的生产制造技术含量高,从全球市场来看,目前主要被外资企业所占据	2017 年车载摄像头 COMS 全球市场的前五大供应商分别为安森美半导体、豪威科技、索尼、派视尔和东芝,市场份额合计达到 88%,市场高度集中;此外,三星和意法半导体紧随其后	国内企业在车载摄像头 CMOS 领域话语权较小,且主要集中在中低端领域

---

① THE WORLD'S 100 BIGGEST AUTOMOTIVE SUPPLIERS IN 2018, Berylls Strategy Advisors, date: May 3, 2019.

续表

零部件	技术难度	国际主要供应商状况	中国供应商现状
摄像头视觉识别	自动驾驶中车载摄像头的使用还需要视觉算法的支持	以色列公司 Mobileye 是领先者,其市场份额在 70% 以上,同时具备视觉处理芯片 EyeQ 系列的研发能力	国内企业在摄像头视觉识别领域几乎没有优势
毫米波雷达	是车辆辅助驾驶/自动驾驶不可或缺的传感器,其核心部件——传感器芯片一直掌握在国外半导体巨头手中	目前市场份额主要由国外零部件巨头所占据。2018 年全球毫米波雷达市场前五大供应商分别为博世、大陆、海拉、富士通天、电装(Denso),合计占有了 68% 的市场份额。此外,TRW、德尔福、Autoliv、法雷奥等公司也是重要的毫米波雷达供应商	国内企业尚无市场份额领先,大部分国内企业进入此领域时间不长,下游客户主要为国内整车制造商。国内中高端整车制造商则基本依赖进口
激光雷达	自动驾驶领域技术最前沿的硬件设备之一。距离和精度较高,但是易受到光热的干扰,同时造价成本高,对工艺水平要求也比较高	Velodyne、Quanergy、Ibeo 技术较为领先,此外,以色列公司 Innoviz、加拿大公司 LeddarTech 和 Phantom Intelligence 以及美国公司 TriLumina 等都是目前国际上重要的激光雷达制造商。此外,大量传统汽车零部件巨头博世、大陆、德尔福和采埃孚等也在全面布局激光雷达领域	国内企业尚无市场份额领先,国内供应商主要为创业公司,技术研发还需要进一步加强

资料来源:根据东方证券资料整理。

3. 服务业视角:高附加值、嵌入式生产性服务业中间投入比例不高

服务业按照其服务的对象可分为消费性服务业、生产性服务业和公共服务。其中,生产性服务业[①]是与制造业直接相关的配套服务业,是从制造业内部生产服务部门而独立发展起来的新兴产业,本身并不向消费者提供直接的、独立的服务效用。它依附于制造业企业而存在,贯穿于企业生产的上游、中游和下游诸环节中,主要为制造业提供日益专业化的人力资本和知识资本。

---

① 生产性服务业是指为保持工业生产过程的连续性、促进工业技术进步、产业升级和提高生产效率提供保障服务的服务行业。我国生产性服务业统计分类涉及《国民经济行业分类》(GB/T4754-2002)中交通运输、仓储和邮政业,信息传输、计算机服务和软件业,批发与零售业,金融业,租赁和商务服务业,科学研究、技术服务和地质勘查业等 6 个行业门类、22 个行业大类,共包括 148 个行业小类。

　　因此,服务业在产业链中的供应关系,主要是通过生产性服务业表现出来的。近 10 年来,工业生产性服务业是世界经济中增长幅度最快的行业,它已经成为外国投资的重点(见图 2—48)。以 OECD 国家为例,外国直接投资中服务业投资的总额明显高于制造业投资的总额,且主要集中在金融、商务服务、工业信息服务业中。美国吸收的外国直接投资中有 1/3 投向了金融保险领域;欧盟吸收的外国直接投资业主要在公共服务、媒体、金融等领域;日本跨国公司在英国的投资 50% 以上集中在金融保险部门。

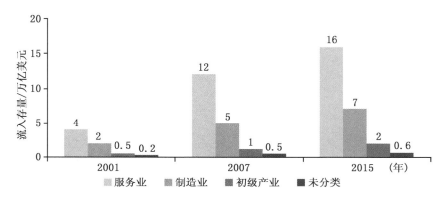

资料来源:2017 世界服务业重点行业发展动态报告,上海市经济和信息委员会。

图 2—48　2001、2007、2015 年按部门分的全球外国直接投资流入存量

　　流入服务业 FDI 最多的行业有金融、商务活动、贸易和电信,而化工产品、食品和饮料、电子、汽车和石油产品 5 个行业则占所有制造业 FDI 的 70% 以上(见图 2—49)。在过去几十年里,这些行业一直受到国际迁移和生产外包等重大浪潮的影响,以及受跨国公司寻求市场和效率的驱动。

　　①从总量来看,生产性服务业增长快速

　　迈入工业化后期以后,中国的服务业就开始进入了快速发展的阶段。2010 年,服务业增加值为 182 058.6 亿元,到 2018 年时,已经增长为 469 574.6 亿元,是 8 年前的 2.5 倍,年均增速达到 12.1%。其中,生产服务业为服务业的快速发展做出了较大比例的贡献。从利润贡献比例来看,据国家统计局的数据统计,2016—2018 年,规模以上的生产性服务业企业营业收入年均增长 13.3%,高于规模以上服务业企业的年均增速

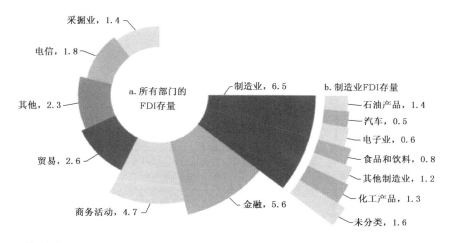

资料来源:《2017 世界服务业重点行业发展动态报告》,上海市经济和信息委员会。

图 2－49　2015 年全球主要产业 FDI 存量估计(单位:10 亿美元)

0.5 个百分点。

从服务业的细分门类来看,典型的生产性服务业的增长速率也明显高于生活服务业(见图 2－50)。从 2004 年到 2018 年,金融行业增长最多从 4.1%增长到 7.7%;其次是房地产行业,从 2004 年的 4.4%增长到 2018 年的 6.6%;其他生产性服务业增速也相对较快,批发和零售业从 7.7%增长到 9.4%;信息传输、计算机服务和软件服务业在 2011 年达到低点 1.93%,其后快速增长至 2018 年的 3.6%;租赁和商务服务业从 2004 年的 1.6%增长到 2018 年的 2.7%;近交通运输、仓储和邮政业在这一段时间内下降较快,从 2004 年的 5.8%降低至 2018 年的 4.5%,这里下降的原因主要在于交通运输、仓储和邮政业属于传统生产性服务业,而近几年现代生产性服务业的逐渐兴起和丰富导致了传统生产性服务业比重的逐渐降低。然而,仓储和物流也是现代工业企业中非常重要的一环,随着工业互联网的逐渐普及,传统的交通运输和仓储将会逐步提高运输和仓储环节的技术含量,向智慧物流方向发展。

②生产性服务业发展分化较大:高端领域发展不足,竞争力较弱

实际上,从图 2－50 的细分行业我们已经能够看出,即使是生产性服务业总体增长较多,但是细分行业后分化仍旧较大,生产性服务业高端环节发展不足,竞争力较弱,功能无法充分得到发挥。从图 2－50 数据中我

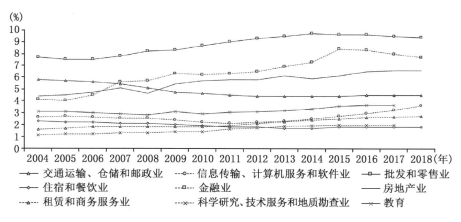

资料来源：Wind 数据库。

图 2—50　2004—2018 年中国细分服务业占 GDP 比重

们可以看到，十年来增速较快的主要集中在金融、房地产、批发零售行业，同时这些行业本身占 GDP 的比重也相对较大。而信息传输、计算机和软件业，租赁和商务服务业等不仅占 GDP 总量非常低，同时增速也较慢，交通运输、仓储和邮政业甚至出现了增速的下降。2018 年时，信息传输、计算机和软件业，租赁和商务服务业占 GDP 的比重分别为 4.5％和 3.6％，而美国 2018 年信息传输、计算机和软件业占 GDP 比重 5.49％，租赁和商务服务业占 GDP 比重 13.79％，美国的高端生产性服务业占 GDP 比重远远高于中国（见表 2—11）。

表 2—11　　　　　2018 年中美两国部分服务业占 GDP 比重对比

	中　国	美　国
交通运输、仓储和邮政业	4.50	3.20
信息传输、计算机服务和软件业	3.60	5.50
批发和零售业	9.40	11.50
金融业	7.70	7.40
房地产业	6.60	12.20
租赁和商务服务业	2.70	13.70

资料来源：美国商务部经济分析局、中国国家统计局。

　　在企业层面,中国的服务提供商在国际竞争中竞争力不强。2017 年 7 月,美国服务研究机构 HFS Research 发布了 2017 年信息技术服务提供商 25 强企业(见表 2—12)和高价值信息技术服务 25 强企业(见表 2—13)两张榜单。其中,市场份额前十位均是发达国家的服务供应商。

表 2—12　　　　　2015、2016 年前十信息技术服务提供商排名

2016 年排名	2015 年排名	服务提供商	2016 年预估收入(10 亿美元)	市场份额(%)
1	1	IBM	46.1	6.9
2	2	Accenture	29.2	4.4
3	3	Fujitsu	24.6	3.7
4	—	DXC	23.7	3.5
5	6	Oracle	16.9	2.5
6	5	SAP	15.7	2.3
7	9	NTT Data	15.2	2.3
8	7	TCS	14.0	2.1
9	8	Capgemini	13.2	2.0
10	10	Cognizant	13.0	1.9

资料来源:上海科学技术情报研究所(ISTS)根据 HFS Research 数据分析整理。

表 2—13　　　2015、2016 年前十高价值信息专业服务和管理服务提供商排名

2016 年排名	2015 年排名	服务提供商	2016 年预估收入(10 亿美元)	市场份额(%)
1	1	IBM	38.9	7.1
2	2	Accenture	29.2	5.4
3	3	Fujistsu	24.6	4.5
4	—	DXC	21.2	3.9
5	5	TCS	14.0	2.6
6	7	NTT Data	13.3	2.4
7	6	Capgemini	13.2	2.4
8	8	Cognizant	13.0	2.4
9	9	Atos	11.6	2.1
10	12	AWS	10.4	1.9

资料来源:上海科学技术情报研究所(ISTS)根据 HFS Research 数据分析整理。

　　不过,由于近两年来中国信息行业的快速发展,使得阿里巴巴一批互联网服务企业能够快速成长,并有一定的实力和大型跨国企业在国际上同台竞争,但由于互联网行业网络效应较为强大,阿里巴巴等企业虽然进入了国际竞争,市场份额仍然不高。以云服务提供为例,Canalys 最新报告显示(见表 2—14),2018 年第四季度全球云服务市场规模为 227 亿美元,而全年则高达 800 亿美元,依旧保持高速增长态势,同比增长 46%。从市场营收规模来看,亚马逊 AWS 全年营收为 254 亿美元称霸全球,遥遥领先其他竞争者,其次是微软 135 亿美元,排在第三的是谷歌云,营收规模 68 亿美元,全球三大云服务商占全球 57% 市场份额。排名第四和第五的阿里云和 IBM 营收仅 32 亿美元和 31 亿美元,和三巨头相比还有较大的差距。

表 2—14　　　　　　　　世界云服务提供商市场份额排名

运营商	2018 年市场份额(%)	2018 年营业收入(百万美元)	2017 年市场份额(%)	2017 年营业收入(百万美元)	年增长率(%)
亚马逊 AWS	31.70	25.4	31.50	17.3	47.10
微软 Azure	16.80	13.5	13.50	7.4	82.40
谷歌云	8.50	6.8	6.40	3.5	93.90
阿里巴巴云	4.00	3.2	3.00	1.7	91.80
IBM 云	3.80	3.1	4.70	2.6	17.60
其他云	35.20	28.3	40.80	22.4	26.10

资料来源:Canalys Cloud Channels Aanlysis,2009 年 2 月报告。

　　③生产性服务业对制造业行业的配套辅助作用还需进一步加强

　　正如上文提到的,制造业企业内部的生产过程实际上可以分为两个部分,生产制造的部分和为生产制造提供服务的部分。由于技术的进步和分工的深化,制造业企业的生产服务部分逐渐开始外部化,形成制造业企业制造环节和服务环节的分离。因此,从制造业价值链的角度来看,生产性服务业可以分为嵌入式和非嵌入式①。

　　嵌入式生产性服务业是指那些在功能上嵌入生产过程但又具有独立

―――――――――

　　①　芮明杰,赵小芸等. 产业发展与结构转型研究——基于价值链重构:上海生产性服务业与先进制造业动态匹配研究[M]. 上海财经大学出版社,2012.

市场化运营的服务模块,是最终产品得以完成必不缺少的环节,例如,信息服务、科研技术服务、物流服务(仓储、配送)、非银行金融服务、检测、采购(包括标件和定制件)等。在与产品生产直接相关的各个环节中,缺少上述服务的任何一个环节,产品生产都将难以完成。而非嵌入式生产性服务业则是指那些与商品形成全过程有一定的外部相关性,且独立市场化运行的服务模块,但是这个相关性不是直接嵌入到产品形成过程。对商品形成全过程来说,这些服务仅仅起到辅助、润滑和降低交易成本的作用,如教育服务、商务服务、批发零售、节能与环保服务、维修维护服务等。因此,嵌入式生产性服务业相对于制造业企业而言更为重要,同制造业的互动也更为密切。

然而目前来看,中国的嵌入式生产性服务业基础薄弱,无法很好地支持制造业的发展。具体来看,中国制造业和生产者服务业之间存在两个循环,即跨国公司内部的先进制造业和与之配套的生产性服务业高端循环,以及本土制造业和生产性服务业的低端循环。在前一个循环中,跨国公司配套服务的生产性服务业处于国际先进水平,且基本为嵌入式生产性服务业,嵌入到制造业企业的价值链环节,为制造业企业提供专业性的服务。而中国本土企业基本位于第二个循环,且本土的生产性服务业大多处于一般性生产性服务业向嵌入式生产性服务业过渡的阶段①,因为中国本土的生产性服务业还有较大的增长空间,仍需要进一步发展,以更好地支撑制造业的发展。

解季非(2018)②的研究也验证了这个观点。通过研究中国生产性服务业和装备制造业的互动效率得出结论,中国生产性服务业与装备制造业互动综合效率较高的部门仍主要集中于劳动相对密集的基础性部门,而知识和技术密集型部门间的互动综合效率仍然较低。从两大产业细分行业互动效率来看,生产性服务业部门中对装备制造业作用的互动效率最高的是交通运输、仓储和邮政业(0.630);其次为金融业(0.561),租赁和商务服务业(0.548)以及科学研究和技术服务业(0.521);信息传输、软

---

① 芮明杰,赵小芸等. 产业发展与结构转型研究——基于价值链重构:上海生产性服务业与先进制造业动态匹配研究[M]. 上海财经大学出版社,2012.

② 解季非. 中国生产性服务业与装备制造业的互动效率分析[J]. 统计与决策,2018,34(3):125—129.

件和信息技术服务业(0.484)以及房地产业(0.466)的作用综合效率较低。这也说明了中国的制造业和服务化处于低端循环中,生产性服务业仍旧处于非嵌入式向嵌入式过度的阶段,只能为制造业提供外围的技术支持,而发达国家则往往处在高端生产性服务业和高端制造业的高端循环中,真正做到了生产性服务业嵌入到制造业企业价值链中(胡昭玲,2016)。

2.3.3 生产技术联系的投入产出分析

1. 国内视角:研发投入不足,产业带动能力不强

(1)研发投入不足,领头企业较少

在上海市经济和信息委员会发布的 2017 年世界服务业重点行业发展动态报告中,制造业的发展水平用制造业劳动生产率、制造业研发投入强度、单位制造业增加值的全球发明专利授权量、高技术产品贸易竞争优势指数和制造业单位能源利用效率这 5 项指标来衡量。可以看出(表 2—15),2017 年中国制造业与全球制造业高质量发展标杆之间仍存在较大的差距。这五个指标中,中国几乎完全落后于世界发达国家,特别是制造业的劳动生产率,仅为美国的 1/7,为德国的 1/5,而美国、日本、德国和韩国的高技术制造品的贸易优势指数,则达到了中国的 8～10 倍。

表 2—15　2017 年中国与美国、日本、德国和韩国的制造业发展主要指标比较

制造业发展主要指标	中国	美国	日本	德国	韩国
制造业劳动生产率(美元/人)	24 711.56	141 676.53	78 895.00	90 796.81	83 847.76
制造业研发投入强度	1.98	2.58	3.36	3.05	3.67
单位制造业增加值的全球发明专利授权量(项/亿美元)	6.67	15.08	12.96	6.02	5.99
高技术产品贸易竞争优势指数	0.07	0.67	0.82	0.88	0.59
制造业单位能源利用效率(美元/千克石油当量)	5.99	8.83	11.97	12.56	7.89

资料来源:2017 世界服务业重点行业发展动态报告,上海市经济和信息委员会,世界银行数据库、联合国工业发展组织数据库、WTO 数据库。

同时,麦肯锡的研究报告显示,尽管中国很多科技厂商已经在关键子领域获得了可观的市场份额,但是仍有较大一部分的百分比依赖全球价

值链提供输入品。目前,我国国内领先企业采用75%以上本土以及供应商的行业仅仅为光伏面板、高铁和数字支付领域。其他领域(风力涡轮机、电动汽车、货船、农用机械、智能手机、云服务、机器人)的关键零部件仍有将近一半比例需要依赖国外一级供应商,而在半导体和飞机领域,中国几乎没有核心的一级供应商,完全处于薄弱状态(见图2—51)。这也反映了我国制造业虽然规模大,但是核心技术不强的尴尬局面,

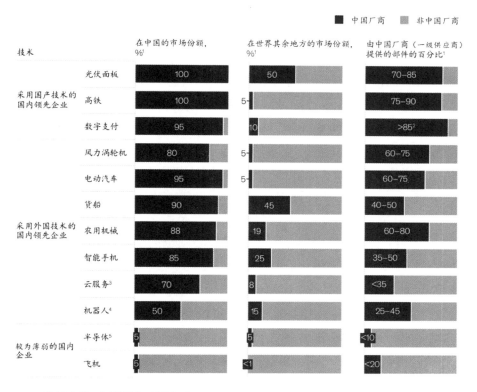

资料来源:麦肯锡全球研究院。

图2—51　部分科技领域中国企业市场份额及供应商本土比例

(2)在一些核心技术领域,中国的优势偏应用,而底层基础技术发展落后

作为发展中国家,中国通过低端的加工制造业逐步进入国际分工体系,并在此过程中实现本国的工业化的不断发展,但是,这样的一条工业化道路势必也留下了很多潜在的问题,并随着中国工业触及增量发展的天花板而逐渐暴露出来:由于过去中国工业长期集中在加工制造环节,导

致国内工业技术基础不扎实,技术积累速度慢,在一些关键技术环节仍然缺位,进而难以发展具有高附加值和高带动作用的产业,例如信息技术,高端装备制造业,汽车、飞机等核心零部件制造行业。

以目前中国发展快速的人工智能行业为例,2019 年 8 月自然杂志的官网上刊登了一篇对比中国、美国和欧盟国家 AI 发展现状的文章。[①] 文章列举了中国在 AI 行业目前取得的成就和优势,同时也指出中国的诸多劣势。作者 Sarah O'Meara 通过调研分析,发现中国的 AI 行业应用场景落地速度快,到 2018 年,中国是世界上成功将 AI 纳入公司业务流程百分比最高的国家。这一成就也得益于中国巨大的人口规模优势带来的海量数据,促使 AI 不断地通过数据训练进行迭代更新。但同时文章也指出了中国的一个主要弊端,那就是底层技术基础薄弱和核心人才不足。

从 AI 的整体产业链上看,最底层先有硬件,然后是软件中的算法研究以及关键工具,最上层才是软件的应用。而中国的 AI 行业目前在最上层的软件应用发展快速,但是在硬件、算法研究和 AI 技术支持工具开发中占据弱势地位。从硬件上看,目前最先进的人工智能微处理器芯片也大多是由美国公司开发的,比如英伟达、英特尔、苹果、谷歌和 AMD 等。从算法研究来看,中国在人工智能核心领域的文章引用数量稍高于世界平均水平,但和美国仍有差距。从 AI 技术支持工具开发来看,美国有 TensorFlow 和 Caffe 这类开源平台,而中国在这方面仍没有可比的公司。如果在这三个领域中国无法实现突破,那么目前的 AI 发展态势虽快,但是容易碰到天花板。

Sarah O'Meara(2018)文章中所提到的中国 AI 行业基层基础薄弱的现状,和中国核心人才的不足有较大的关系。在 AI 领域,中国的 AI 研究人员总量虽然在世界上排名靠前,但是这些研究人员中,中国仅有 5% 是核心人才(见图 2—52);与此同时,美国、英国、德国、法国和西班牙等核心人才占比均在 10% 以上。核心技术人才的不足显然制约了中国企业核心技术的发展乃至整个行业的增长。

---

① Will China lead the world in AI by 2030? https://www.nature.com/articles/d41586-019-02360-7.

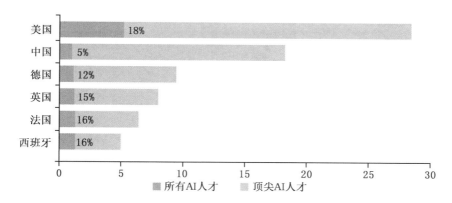

资料来源：nature 官网，Sarah O'Meara，Will China lead the world in AI by 2030。

图 2—52　各国 AI 人才比例（千人研究员中 AI 人才占比）

（3）在一些发展尚可的领域，产业上下游间技术联系不畅，带动效应不明显

对于我国核心技术仍不足的行业，自然难以通过技术联系来推动上下游产业的发展，但是，即便是对于一些发展稍不错的行业，也存在技术传递不畅的问题，产业链带动效应不明显。根据张文会（2018）的研究，可以对我国各工业产业构建质量指数，结果发现，具有关联性的上下游行业的质量指数发展差别巨大（见图 2—53）。从装备制造行业来看，运输设备、电气机械等行业质量指数均值都高于 50，处于较高水平，但其对通用设备、专用设备、金属制品等上游基础设备行业发展的带动作用不强，尤其是金属制品业，由于低端产能过剩、技术水平不高等问题长期存在，其"技术创新"和"速度效益"发展均不充分，质量指数均值仅为 35.2，远低于制造业平均水平。上下游之间技术传导的不通畅也导致了国内产业链升级的进程缓慢。

2. 全球视角：技术溢出效应减弱，价值链攀升难度增强

（1）全球产业链上技术溢出效应的作用逐渐减弱

改革开放后，中国为了加速国内工业技术的发展，采取了一条"以市场换技术"的发展路径，通过引入外资，设立合资企业，来促进本国工业的快速发展。合资模式对早期中国工业的发展产生了巨大的影响。许多工业品在合资企业的发展下实现了快速生产，技术溢出的效应也直接提高了中国的加工制造能力。但随着中国工业的逐渐成熟，合资企业的弊端

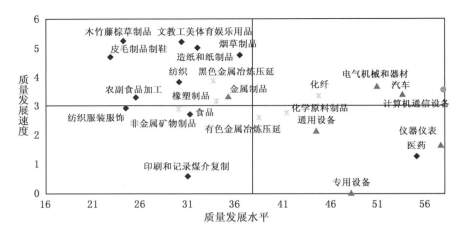

注:酒饮料和精制茶制造业、家具制造业、石油加工炼焦和核燃料加工业三大行业,由于处于图界限值范围以外,未在图中显示。

资料来源:张文会. 三大维度研究我国制造业质量发展问题[J]. 工业经济论坛,2018,v.05;No.27(03):5—10.

图 2—53　28 个制造行业质量发展水平(横轴)和发展速度(纵轴)象限图

也在不断出现,最直接的一点就是技术溢出的效应逐渐减弱。

在早期合资企业之所以能成功的原因在于当时中国工业技术和发达国家之间的差距巨大。跨国企业通过投资设厂,将一些流水线及加工制造技术也引入国内,从而快速扩大了中国工业品的生产规模。但是跨国企业仅仅只是将一部分成熟或者即将被淘汰的技术溢出给中国,而一些高创新率、高附加值和高进入壁垒的核心部件的生产,以及一些与生产直接相关的战略性资源仍旧保留在发达国家内部。而这部分核心技术能力很难通过技术溢出的方式传导到产业链上国内制造加工企业。

随着中国工业的成熟,中国企业为了继续发展甚至实现赶超的目标就必须要实现价值链的攀升,而实现价值链攀升所必需的核心技术能力,也唯有通过加强内资企业的创新研发能力,通过自主创新来实现。

(2)自主创新能力较弱,难以实现在全球产业链上的攀升

加入国际分工体系后的中国,在工业的加工制造技术上实现了突飞猛进的发展,但是长期以来依靠市场换技术的习惯和模仿性创新的发展模式让很多制造工厂并没有注重核心技术能力的提升,因此国内制造业的自主创新能力普遍不高。

2018 年《福布斯》杂志发布了全球最具创新力企业百强榜单，美国共有 51 家公司上榜，占据了榜单的一半以上。我国仅有 7 家公司上榜，占比 7%（排名见表 2—16）。此外，韩国有 4 家公司上榜，日本有 7 家公司上榜，印度 5 家，泰国和印尼各 1 家。但是在前 20 的排名中，16 家为美国企业，另有印度 1 家，韩国 3 家，印尼 1 家，中国的企业没有一家上榜前 20。

表 2—16　　　　2018 年福布斯杂志全球创新企业百强中国上榜者

排　名	公司名称	行　业	创新溢价
25	腾讯控股	互联网软件和服务	56.77
28	携程	互联网和直接营销零售	53.55
43	洛阳钼业	多种金属和矿业	45.27
45	百度	互联网软件和服务	45.15
64	恒瑞医药	制药	41.12
90	海康威视	电子设备和仪器	36.16
91	中国重工	船舶制造等	36.09

资料来源：《福布斯》杂志。

而同年，美国《财富》杂志发布了世界 500 强的榜单，其中美国企业上榜数量 126 家，占 25.2%，仍旧占据第一；中国企业共 120 家入围，占总体榜单的 24%。对比中美企业可以发现，美国企业虽然在世界 500 强中仅 25.2%，但是创新能力在百强榜中占据了一半，在中国世界 500 强中占比 24%，在创新百强榜上仅占 7%。由此显然可以看出，中国虽然有很多企业入围世界 500 强，但更多的是靠数量而不是技术。大量企业并不具备很强的自主创新能力。同时，从世界 500 强的分布行业可以看到（见图 2—54），美国的企业主要分布在半导体、电子元件、IT、生物制药等高科技公司，而中国的 500 强企业主要分布的还是诸如银行、保险、房地产、能源矿产等传统行业的公司，双方实力对比高下立现。

2.3.4　其他产业联系的投入产出分析

1. 价格联系：上游垄断行业对下游的价格波及容易导致下游企业利润被侵蚀

价格联系就是以产品和劳务间的价格联系为依托的产业关联。通常

世界500强企业数量 （分行业）	中国（111家）	美国（126家）
半导体、电子元件	0	1
IT	11	18
食品与生产加工	0	10
生命健康	0	12
制药	2	5
汽车制造	7	2
舰船制造	3	0
航空、国防	6	6
金属制品	9	0
银行业	10	8
保险	7	15
房地产	5	0
工程建筑	7	0
商业、贸易	13	15
能源矿业	17	12
其他	14	22

资料来源：《财富》杂志，恒大研究院整理。

图 2－54　中美全球 500 强企业行业分布

供给方的价格及费用总结将会构成需求方产品成本的组成部分。产业之间的价格联系往往会导致价格波及效应。由于某一些产业产品的价格会发生变化，与之相关的下游企业产品的成本结构也将随之发生变化，这种价格在产业链之间传导的效应就是价格的波及效应。

正常的价格波及效应往往有利于市场信息快速传递，但是一旦上游原材料企业出现垄断的局面，则很容易出现非正常市场波动下的价格波及效应，这样反而会导致下游的企业利润受到侵蚀。

钢铁产业就是价格波及效应较大的行业，在整个钢铁产业链上，上游的市场结构主要是垄断竞争结构，代表性企业例如宝钢、鞍钢和首钢。此时上游行业一旦进行产能缩减，下游制造业立即会面临成本上升的问题，而下游企业竞争格局较为分散，为了保持市场份额，下游企业不得不减少利润来抵消成本的增长。2016 年正值钢铁去产能时期，与此同时，同年 11 月份，钢材价格连续 6 周上涨，累计涨幅 6.1%。成本的压力自然很快传导到制造业企业，冰箱、洗衣机和空调三大家电耗钢量约占整个家电行业耗钢量的 80%，空调的原材料成本总体上升幅度约为 8%～10%。而青岛海尔、格力等主流厂商的空调毛利率不到 30%[①]。鉴于钢铁行业在整个经济系统中的基础地位,影响的下游行业及其广泛,因此,关注并改善上游钢铁的价格波动至关重要。

黄桂田和徐昊[②](2018)对钢铁的价格波及效应进行了全面的测算。结果发现,受到钢材价格波动影响较大的行业主要是重工业和建筑业,同时 PPI 指数也受到钢材价格波动的较大影响(见表 2—17)。

表 2—17 钢铁价格波及效应

影响领域	钢铁价格变化 10%后的波及效应
制造业部门	主要影响在于重工业和建筑业,例如金属制品业、部分交通工具和机械设备制造部门价格变化在 1.90% 以上,建筑业价格变化接近 1.90%,远高于其他行业。而对于轻工业部门、农业部门和服务业部门的整体影响不大
物价指数	对 PPI 的影响大于对 CPI 的影响,CPI 变动 0.3%左右,PPI 变动 1%以上
最终需求	由于金属制品、机械设备制造、建筑等行业产品构成了中国出口贸易的主要产品种类,因此钢铁价格对投资和出口有较大影响,固定资产投资价格指数平均变化 1.5%以上,出口产品的国内价格水平至少变化 0.7%

资料来源:根据黄桂田和徐昊(2018)文献整理。

2. 投资和劳动就业联系:技术的发展有助于增强产业间投资就业带动作用

由于产业之间最基础的联系就是以产品和劳务的相互需求为基础,那么产业之间就有了发展方面的联系,而发展势必需要新增投资,进而新增就业,因此产业之间必然存在投资的联系和劳动就业的联系。假如某一产业需要一定的投资来维持其发展,那么必须增加其他的投资来保证相关产业的发展;同样,某一产业对劳动就业的需求增加也会带动相关行业对劳动力的需求,这就是产业关联中的投资和劳动就业联系。最典型的例子就是 5G 行业的投资带动了工业互联网、智能网联汽车等相关行业的投资和就业,图 2—55 展示了未来 5G 的十大应用场景,可以看到,

---

① 工控行业网 2016 年 11 月 30 日报道,https://gongkong.ofweek.com/2016-11/ART-310005-8500-30073011.html。

② 黄桂田,徐昊.钢铁价格的波及效应——基于投入产出分析[J].经济问题,2018,No.467(7):7—14.

5G 的技术已经涉及我们日常生活的方方面面。当然,中国的 5G 在全球的发展处于相对领先的地位,因此拉动的投资和就业相对较多,而其他行业也亟须发展核心技术,通过技术来加强投资拉动和劳动就业的拉动作用。

资料来源:中国信通院。

图 2—55　5G 产业的十大应用场景

根据中国信通院研究数据,按照 2020 年 5G 正式商用算起,预计当年将带动约 4 840 亿元的直接产出。2025 年、2030 年将分别增长到 3.3万亿元、6.3 万亿元(见图 2—56),10 年间的年均复合增长率为 29%。在间接产出方面,2020 年、2025 年和 2030 年 5G 将分别带动 1.2 万亿、6.3万亿和 10.6 万亿元的间接经济产出,年均复合增长率达到 24%。此外,预计 2030 年 5G 将带动超过 800 万人就业,主要来自电信运营和互联网服务企业创造的就业机会。

2.3.5　小结

1. 产品关联视角:多数产业中间投入率高,增加值较低

通过对各行业中间投入率的测算,可以发现多数行业普遍中间投入率较高,也就是说,多数行业在投入中间品生产的过程中效率不高,导致该环节的增加值较低。从制造业来看,虽然中国的制造能力发展较快,但是产业仍旧是粗放型生产,缺乏关键的零部件供应商,而从服务业来看,

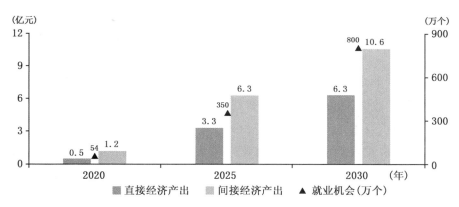

资料来源：中国信通院。

图 2—56　2020—2030 年 5G 的经济产出和就业拉动预测

虽然现代服务业在最近几年出现了较大的增长，但是服务技术仍旧不高，以及制造业融合的程度不够，难以真正发挥出生产性服务业对制造业的辅助作用。

2. 技术关联视角：关键核心技术不强，难以带动相关产业的发展

技术往往具有溢出效应，从而能够在上下游之间实现技术的联系，但是经过四十年的高速发展，外资企业对中国本土企业的技术溢出效应逐渐减弱，中国工业化的进一步发展更需要依靠国内本土企业的自主创新，而中国企业的自主创新能力还须进一步加强。

同时，正因为中国国内企业大多以市场规模占领为导向，较多忽略了技术研发和创新的作用，因此，国内企业在全球产业链上占据领导位置的除了华为以外所剩无几，价值链上的低端位置更难以带动国内本土供应商的技术发展。

3. 价格关联视角：价格波及效应导致大量下游企业利润受侵蚀

当产品和劳务在产业上下游之间流动的同时，作为下游成本构成的一部分，上游产品的价格波动势必会影响到下游企业的成本、定价甚至利润。在此情况下，假使上游企业的市场格局是寡头市场，则下游企业的生产和发展势必会受到极大的限制。国内钢铁产业链就是典型，上游大型钢铁集团对钢材的涨价会给下游的制造企业带来极大的生存压力。原油产业链也是如此，中国原油的定价权首先掌握在世界石油巨头的手中，然后再是中石油和中石化企业，最后再波及各种工业制造业以及人们的需

求。

4. 投资和就业视角:技术的广泛应用有助于上下游间投资和就业的带动作用

由于产业之间广泛而又复杂的经济联系,某一个产业的发展必然会带动相关产业的发展,拉动投资和就业,因此,这些产业一般都是该区域的主导产业,或者是产业链较为复杂的新兴战略性产业。对于中国企业来说,目前来看就业和投资拉动效应较大的就是 5G 产业。未来,新材料、生物医药、文化创意产业同样也会有助于广泛的投资和就业拉动。

2.4　产业政策的投入产出分析

2.4.1　产业政策的总体概述

1. 产业政策的内涵

产业政策[①]是国家制定的,引导国家产业发展方向、推动产业结构升级、协调国家产业结构、使国民经济健康可持续发展的政策。产业政策主要通过制定国民经济计划(包括指令性计划和指导性计划)、产业结构调整计划、产业扶持计划、财政投融资、货币手段、项目审批来实现。很显然,政府可以通过产业政策来主导产业结构的强制性变迁,但是政府在其中的作用以及相关产业政策的效率一直都是学术界争论的问题,因此对中国产业政策进行研究并评估其效率是一个非常必要的问题,关系到我国后续产业发展的效率和手段。

由于产业政策涉及产业活动的各个方面,因此产业政策的类型也多种多样。最常见的一种分类方法就是按照产业政策[②]的内容进行分类,因此本文将其分为三个大类,分别是产业发展政策、产业结构政策以及产

---

① 实际上产业政策的定义也一直是学术界争论的问题,综合来看,可以分为广义和狭义两派,广义的产业政策主要用于解决市场失灵问题,对所有的经济体均生效,包括政府的规制、市场准入政策等,而狭义的产业政策则是为了实现赶超等特定的政府目标而实施的一系列产业政策,仅针对一些特定的产业(万军,2015)。前者强调市场的作用,又被称为功能性产业政策,后者强调政策在资源配置中的作用,因此又被称为选择行产业政策,本文主要采用狭义的概念。

② 此处为了分类的全面,将规制政策等广义上的产业政策概念也包含进来,但是后文所分析的产业政策范围仍旧是狭义范围,主要是此处分类中的产业发展政策以及产业结构政策。

业组织政策。当然,每个政策类别内部又分别包括多个小类(如图2—57)。

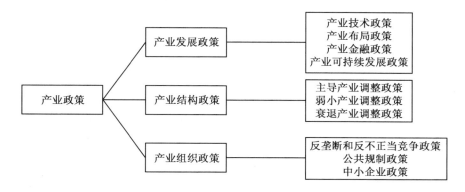

资料来源:芮明杰主编:《产业经济学》(第二版),上海财经大学出版社 2016 年版。

图 2—57 产业政策内容的分类

除此以外,还有一种较为常见的分类方式,根据产业政策的目标不同,可以将产业政策分为功能性产业政策和选择性产业政策。功能性产业政策主要是为了应对市场中由于外部性、信息不对称问题带来的"市场失灵"问题。政策内容主要有:政府通过加强各种基础设施建设(广义的基础设施包括物质性基础设施、社会性基础设施和制度性基础设施),推动和促进技术创新和人力资本投资,维护公平竞争,降低社会交易成本,创造有效率的市场环境,使市场功能得到发挥的产业政策。而选择性产业政策的理论基础是"赶超论",主要是指日本式的产业政策,其政策功能是主动扶持战略产业和新兴产业,缩短产业结构的演进过程,以实现经济赶超目标。

在实施具体产业政策时存在多种实施手段。一般而言,产业政策实施手段主要包括间接干预和直接干预手段两种类型。具体来看,间接干预手段一方面是指政府通过财政、金融等经济杠杆对企业活动的引导作用,来对有关经济环节乃至整个经济活动进行干预;另一方面,政府以可以通过制定的计划或者对未来经济发展和产业结构演变的趋势分析,或者控制信息传递来对有关产业的发展和企业活动提供指导。而直接干预手段是指依照有关产业发展的法律或者具有各种法律效应的规章制度,直接对产业进行行政性的干预,包括政府的行政管制和各类政府的行政协调。

2. 产业政策的兴起

产业政策的逻辑起点主要在于后发国家幼稚产业的赶超过程中,市场机制无法完全发挥资源配置的作用,需要政府的积极干预来实现幼稚产业的发展。一方面,对于后发工业国家的幼稚产业来讲,行业中企业的总体能力较为弱小,而发达国家同行业的大型企业能力强、成本低,无形中会对发展中国家的企业形成一些进入壁垒。在完全市场配置资源的条件下,发展中国家的幼稚工业的起步将会异常艰难,因而需要政府通过补贴、关税等产业政策来扶持该产业的发展。第二,许多新兴战略性行业往往附加值较高,具有技术密集性和资金密集性的特点,需要大量的研发和创新才能不断发展,而民间资本在信息不对称的情况下往往很难承受过高风险的投资。同时,这些产业往往产业链较长,产业关联较为广泛,在发展的早期仅仅依靠某几个产业环节,企业的投资无法拉动产业链的协同和整合。因此,对于这样一些对经济具有较大影响的高技术行业,例如半导体产业、民航客机产业、汽车产业,政府往往会出台一些主导发展的产业政策,以保证这些新兴产业的顺利发展。

20 世纪 70 年代以后,产业政策兴起并受到广泛的讨论,主要原因在于日本在 20 世纪 50—60 年代实现了经济的高速增长,这一现象被誉为"日本奇迹",并受到世界各国的重视,而日本通产省通过产业政策来促进日本经济和外贸的发展,被认为是这一奇迹产生的主要原因。随后日本的经验受到经济合作与发展组织、世界银行等世界性组织的研究与推广。1970 年,日本通产省的代表在经济合作与发展组织的大会上,正式提出"产业政策"一词,代表了产业政策正式开始了理论和实践的研究。

但是,产业政策的出现远远早于"日本奇迹"时期。18、19 世纪的美国和德国在发展工业的时候都通过政府的产业政策实现了工业的赶超。18 世纪末美国刚实现独立,面临国内弱小的工业,第一任财政部长亚历山大·汉密尔顿向国会提交了《关于制造业的报告》,并在其中提出用关税保护国内"幼稚产业"的主张。客观上推进了美国第二次工业革命并实现了对英国的赶超。19 世纪时,德国经济学家李斯特在汉密尔顿的学说基础上,形成了一套系统的幼稚产业保护理论,认为自由贸易是对发达国家利益的保护,而后起国家只有通过产业政策保护并培育新产业,并利用这种优势参与国际分工,才能打破旧有的国际分工实现发展。李斯特的经济理论对德国工业的发展影响深远,德国因此而抓住了第二次工业革命的机会,重工业得到极大的发展,为日后德国制造业在世界的领先地位奠定了基础。

3. 产业政策的局限性

尽管产业政策帮助美国、德国以及日本等多个国家实现了工业的快速发展,但这并不代表产业政策是万能的,随着早期产业政策的后遗症逐渐暴露出来,经济学家们对于产业政策效率的争论也越来越激烈。从文献来看,学术界认为产业政策主要有以下几种局限性。

(1)"政府失灵"问题可能会导致产业政策的失败

正如市场存在"市场失灵"问题,政府干预也存在"政府失灵"的问题。政府失灵的问题几乎是必然存在的,因为政府内部也存在典型的代理人问题,例如政府的有限信息,公共决策的局限性、对私人市场反应的控制有限,以及政府的官僚主义。这些问题的存在会对产业政策的效果产生较大的削弱,甚至有时会出现反作用。

(2)产业政策导致生产要素和激励制度的扭曲

产业政策有效实施的前提是人为扭曲产品和要素价格,也许在早期对产业发展具有较好的效果,但是随着公共规则、竞争限制等商业习惯的养成,反而会使产业在发展成熟之后生产要素难以自由流动,无法从低效率的部门转移到高效率的部门,从而拖累长期经济(新庄浩二,2003)。另一方面,霍尔库姆[1](2013)认为,企业的发展应归功于企业家精神而非产业政策,产业政策的补贴会使企业产生对政府的依赖性,扭曲对企业家精神的激励机制,使企业家失去创新的精神,最终导致企业自我发展能力的弱化。

(3)产业政策并非对各行业都是灵丹妙药

李泊溪(1990)的研究表明,产业政策只对那些需求的收入弹性比较高,生产效率好,在国际贸易商有发展前途的产业有明显的效果,而对其他行业并没有明显的效果[2]。在其研究中,甚至发现,对于日本来讲,日

---

[1]　Holcombe R G. South Korea's economic future: Industrial policy, or economic democracy?[J]. Journal of Economic Behavior & Organization, 2013, 88(C): 3—13.

[2]　李泊溪. 产业政策与各国经济[M]. 上海科学技术文献出版社, 1990.

本奇迹中最大的成功产业是汽车和家用电器产业,而这两个产业反而并没有得到政府太多的优惠,日本享誉全球的机器人产业也同样如此。

从大量的研究中可以发现,产业政策的有效性并不是一概而论的,而要根据具体的行业具体的情境进行分析。本文接下来就将针对战略性新兴产业的产业政策有效性进行研究。但即便争论激烈,有一点是受到学者们公认的,即在产业政策的应用中,政府要时刻注意不要过分干预市场,并注意在经济的不同发展阶段适时动态的调整产业政策,随着一个产业的逐渐成熟,主要的资源配置作用应该逐渐由产业政策向市场主导转变。

2.4.2　我国的产业政策实施现状

1. 我国产业政策实施概况

(1)改革开放以来,我国的产业政策主要分为四个阶段

改革开放 40 年以来,中国出台了大量产业政策来促进产业的发展,概括来说,中国的产业政策特点主要为:点多、面广、影响强、成就大[1]。改革开放以来,国家的产业政策目标和手段也在不断变化,具体来看主要分为四个阶段[2]。

第一阶段为 1978—1991 年,体制转轨时期的产业政策,以直接干预手段为主,间接干预手段为辅。在此阶段内,产业政策的重点是产业结构合理化,纠正产业结构重大比例关系的失调,促进短线产业加快发展,抑制长线产业发展,努力使各方面失调的比例调整过来。由于当时市场经济体制还没有完全建立起来,因此,政府的直接干预就成为强有力的手段。直接干预的产业政策措施主要有政府投资、银行信贷、税收以及一系列的经济发展计划。

第二阶段为 1992—2001 年,为市场经济体制初步确立时期。此阶段直接干预的产业政策逐步减少。1992 年邓小平南方谈话和党的十四大会议以后,改革开放的步伐明显加快,市场经济体制也在这一时期逐步建立起来。因此,这一时期,直接干预的产业政策大量减少,政府开始综合

---

①　魏际刚. 中国产业政策风雨兼程 40 年[J]. 企业家信息,2018(11):4—6.

②　四个阶段的分类参考魏际刚的文章:中国产业政策风雨兼程 40 年。

运用经济、法律、行政等多种手段,加强导向性的间接干预产业政策。在此阶段,政府工作报告中频繁提出对大量产业的指导性意见。例如1992年3月,政府工作报告指出"对那些生产能力过剩、产成品积压、技术落后、长期亏损的企业,逐步实行关停并转","固定资产投资,主要用于能源、交通、通信、原材料和农业、水利等基础产业,支持高新技术产业的发展,加快居民住宅的建设"等。

第三阶段为2002—2008年,这一时期为21世纪以来至金融危机发生前的阶段。这一阶段中国经济的发展和改革开放进行到了新的阶段,经济增长已经有了较好的基础,产业发展的目标从快速发展逐渐向调整结构和优化升级转变,因而产业政策的目标也转变为推进产业结构的升级和自主创新,促进产业结构的优化。此时,市场经济体制初步建立,产业政策更注重市场机制和利益导向机制的作用,更加注重对市场主体行为的引导,措施上综合运用经济、法律、环保、必要的行政手段等。

第四阶段则是2008年至今,国际金融危机以后的阶段。这一阶段内,国际金融危机使得国内外形势发生了较大的变化。外部来看,发达国家的贸易保护主义纷纷抬头,国际局势紧张;内部来看,中国的经济发展也遭到了巨大的挑战,传统行业产能过剩,资源消耗多,环境污染问题严重,而新兴产业则发展滞后,自主创新能力不强。针对内外环境局势,这一阶段中国的产业政策主要以促进转型升级为主,强调科技创新,大力培育战略性新兴产业,加强节能减排和生态环保,推进区域经济协调发展。产业政策的推进也更加尊重市场和企业主体的能动作用。

(2)我国产业政策的特点总结

通过这四个阶段的研究,可以发现中国的产业政策主要有以下几个特点。

第一,产业政策点多、面广。我国的产业政策非常细化、全面和系统。从顶层建设来看,国家修订了《当前国家重点鼓励的产业、产品和技术目录》(2000年修订)、《当前优先发展的高技术产业化重点领域指南》《国家产业技术政策》《促进产业结构调整的暂行规定》《产业结构调整指导目录》等产业政策纲要性文件。从具体行业来看,国家又相继制定了钢铁、电石、水泥、煤炭、铝、电力、纺织等行业的结构调整政策,例如《汽车产业发展政策》《钢铁产业发展政策》《水泥工业产业发展政策》与《船舶工业中长期发展规划》。2009 年以后,对于重点产业,国家又陆续颁布实施十大重点产业调整与振兴规划,与之配套的实施细则多达 160 余项,涉及产业活动的各个方面[①]。

第二,产业政策影响大,成就大。40 年来,中国的产业得到了较快的发展,产业结构调整也取得了重大的进展。在产业结构方面,三次产业结构严重失调的状况基本得以纠正。产业结构合理化程度有所提高,产业结构高度化不断推进。在具体行业上,基础产业的瓶颈有很大缓解,制造业总规模位居世界第一;钢铁、电解铝、水泥、煤炭、电冰箱、洗衣机、空调器、化纤、纱、布、服装等产量稳居世界第一;汽车、房地产等支柱产业快速成长,高新技术产业发展迅速。在产业竞争力上,我国的轻工、纺织等传统优势产业在国际市场上有很强竞争力;钢铁、有色、石油化工、电子信息、造船等有较强竞争力;交通、物流、电子商务等竞争力快速提升。

第三,主要以选择性产业为主。尽管中国的产业政策促进了产业的快速发展,但同时在其制定和实施过程中暴露出很多问题。虽然进入 21 世纪以来,中国的产业政策强调利用市场机制,开始重视市场友好型"功能性产业政策"的运用,试图加强政府在产业发展中的服务功能,但在很大程度上延续了过往产业政策中计划经济色彩浓厚的传统。市场准入、项目审批、供地审批、贷款的行政核准、目录指导、强制性淘汰落后产能等行政性直接干预措施进一步被强化,"选择性产业政策"依然是产业政策的重点。

(3)我国产业政策未来的发展方向

随着市场的逐渐完善,未来中国的产业政策从选择性产业政策转向功能性产业政策是必然。改革开放初期,我国主要以选择性产业政策为主。原因是作为后发追赶国家,我国一度处于短缺经济阶段,很多产业才起步,只要对标发达国家的产业结构,选择相似的产业给予倾斜性政策支持推动,获得成功的概率就比较大,可以加快追赶进程。这种政策模式确实取得成效,使我国短期内摆脱交通运输、电信、能源等基础设施领域瓶颈制约,在不同时期培育了不同的主导产业,推动了产业结构升级,但是

---

　　① 　江飞涛、李晓萍. 直接干预市场与限制竞争:中国产业政策的取向与根本缺陷[J]. 中国工业经济,2010(9):26—36.

也付出了一定代价。

随着我国经济从高速增长阶段转向高质量发展阶段,产业迈向中高端水平,选择产业和技术路径的难度加大,只有通过企业家在市场上反复试错,才能确定哪些产业和技术是有前景的,此时大量使用选择性产业政策反而会对市场机制和企业的积极性造成极大的伤害。因此,要减少选择性产业政策的应用,更多转向功能性产业政策,聚焦于"市场失灵"领域,为企业提供更加公平、便利的营商环境,而将让产业选择、技术路径和商业模式探索的任务交给企业家自己判断,充分激发经济的活力。

2. 与传统产业相关的产业政策分析

传统产业主要是指在工业化的初级阶段和重化工业阶段发展起来的一批产业门类,在统计分类上多属于第二产业中的原材料工业以及加工工业中的轻加工工业,在工业化的不同阶段对国民经济发展起过重大支持作用[①]。简单来说,就是指应用传统技术进行生产和服务的产业,在一个国家的工业化过程中起到基础和支柱作用。具体来看,传统工业主要和新兴产业相对,包括纺织、机械、轻工、煤炭、钢铁、农林牧业、食品加工、石油化工等。

对于工业化后期的经济体而言,传统产业往往具有以下三个特征:第一,技术成熟度高。生产方式主要是外延式的扩大再生产,产品需求弹性往往较小,附加值比较低,盈利能力也处于一般水平。第二,成长逐渐趋缓。虽然这些产业已经占据国内生产总值的较大比例,但从长期来看,传统行业增加值占比、对经济的贡献率均将逐步下降。第三,动态性。传统并非就是落后产业,传统产业的技术也并非都是低技术,相反,传统产业的发展实际上是不断动态演进的,通过不断吸收新技术,实现产业的转型与升级。

自从中国加入世贸组织以后,中国的工业制造业快速发展,特别是传统行业,由于大量工业品例如钢铁、玻璃、水泥等标准化程度较高,规模效应大,中国很快在这些领域成为世界上最主要的出口国。2010 年前后,中国在诸如钢铁、水泥、玻璃这些传统工业品领域的出口量均已达到世界

---

① 刘勇. 新时代传统产业转型升级:动力、路径与政策[J]. 学习与探索,2018,280(11):108—115.

总量的一半。但与此同时,由于前期产能扩张太快,同时金融危机以后世界主要国家工业品需求逐步回落,这些行业的产能出现了严重的过剩问题,导致整体经济出现了高端产能不足,低端产能过剩的问题。这些问题都迫使国家思考传统产业的进一步发展问题,因此,2015 年以后,国家陆续推出对传统产业进行结构调整的产业政策,最具有代表性的就是针对传统产业的供给侧改革,其中,又以去产能政策最为密集。因为本文接下来将以传统产业的去产能政策为例,分析传统行业的产业政策效率。

(1)相关政策梳理

2012 年起,伴随经济增速中枢的趋势性下滑,传统重化工业的产能过剩问题开始凸显,并对行业盈利形成明显压制。截至 2012 年底,我国钢铁、电解铝、水泥、平板玻璃等行业,产能利用率分别为 72％、71.9％、73.7％、73.1％[①],明显低于国际通常水平(见图 2—58);亏损面分别为28.2％、34.9％、27.8％、35.7％,显著高于工业企业平均水平。2015 年底,中央经济工作会议将"去产能"作为供给侧改革重点任务之一,开启过剩产能行业"出清"之路。

2016 年的政府工作报告中,煤炭和钢铁等行业的产能过剩问题再一次被提上了议程,会议提出,要重点抓好钢铁、煤炭等困难行业去产能,坚持市场倒逼、企业主体、地方组织、中央支持、运用经济、法律、技术、环保、质量、安全等手段,严格控制新增产能,坚决淘汰落后产能,有序退出过剩产能。采取兼并重组、债务重组或破产清算等措施,积极稳妥处置"僵尸企业"。随后,在 2016 年 12 月份的中央经济工作会议中,政府进一步表示,在去产能方面,要继续推动钢铁、煤炭行业化解过剩产能。要抓住处置"僵尸企业"这个牛鼻子,严格执行环保、能耗、质量、安全等相关法律法规和标准,创造条件推动企业兼并重组,妥善处置企业债务,做好人员安置工作。要防止已经化解的过剩产能死灰复燃,同时用市场、法制的办法做好其他产能严重过剩行业去产能工作[②]。

其中,钢铁和煤炭是政府去产能的重点领域。在政策出台方面,2016

---

① 产能利用率数据来源为《国务院关于化解产能严重过剩矛盾的指导意见》(2013 年);按照欧美等发达国家的标准,一般认为产能利用率的正常值在 79％～83％之间。亏损面数据来源为《中国工业节能进展报告 2013》。

② 政策资料来源:中国政府网、商务部、新华网、人民网、长江证券研究所。

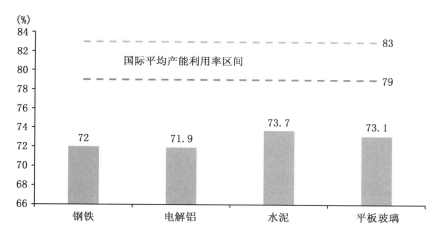

资料来源：《国务院关于化解产能严重过剩矛盾的指导意见》，长江证券研究所。

图 2—58　2012 年底我国部分重化工业产能利用率状况

年以后，国家各部委陆续发布多条政策，重点抓钢铁和煤炭领域的去产能工作。表 2—18 总结了 2016 至 2018 年钢铁、煤炭和煤电领域的指导政策，为了保证"十三五"期间去产能政策的顺利实施，中央在明确钢铁、煤炭压减淘汰过剩产能的同时，出台专项奖补资金、财税、职工安置、环保等八个配套文件，确保去产能顺利推进。

表 2—18　　　　　2016 年以来钢铁、煤炭、煤电行业去产能的顶层设计文件

行　业	时　　间	政　　策
钢　铁	2016 年 2 月	国务院《关于钢铁行业化解过剩产能实现脱困发展的意见》
	2017 年 4 月	质检总局《关于加强生产许可证管理淘汰"地条钢"落后产能加快推动钢铁行业化解过剩产能工作的通知》
	2018 年 1 月	工信部《钢铁行业产能置换实施办法》
	2019 年 4 月	生态环境部、发改委等五部委《关于推进实施钢铁行业超低排放的意见》
煤　炭	2016 年 2 月	国务院《关于煤炭行业化解过剩产能实现脱困发展的意见》
	2016 年 12 月	能源局、发改委《煤炭工业发展"十三五"规划的通知》
	2018 年 2 月	能源局等四部委《关于进一步完善煤炭产能置换政策加快优质产能释放促进落后产能有序退出》
煤　电	2017 年 8 月	十六部委《关于推进供给侧结构性改革防范化解煤电产能过剩风险的意见》

资料来源：中国政府网、商务部、新华网、人民网、长江证券研究所。

除此以外,在水泥、玻璃等建材行业,政府也出台了一系列的政策控产量、去产能(见表 2—19)。不过相比于钢铁和煤炭部门,水泥、玻璃、有色金属、建材等行业的去产能进度相对缓和,更多的是通过一些错峰生产、产能置换等方式进行,例如 2016 年 10 月,工信部、环保部《关于进一步做好水泥错峰生产的通知》,2017 年 11 月,中国水泥协会《水泥行业去产能行动计划(2018—2020)》,2018 年 1 月,工信部《关于印发钢铁水泥玻璃行业产能置换实施办法的通知》等。

表 2—19　　　　　　2016—2018 年建材、有色等行业去产能政策

时　　间	主要政策
2016 年 5 月	国务院办公厅《关于促进建材工业稳增长调结构增效益的指导意见》
2016 年 5 月	国务院办公厅《关于营造良好市场环境促进有色金属工业调结构促转型增效益的指导意见》
2016 年 10 月	工信部、环保部《关于进一步做好水泥错峰生产的通知》
2017 年 3 月	十六部门《关于利用综合标准已发依规推动落后产能退出的指导意见》
2017 年 8 月	环保部《关于水泥玻璃行业淘汰落后产能与督查情况的通报》
2017 年 11 月	《2017—2018 年秋冬开展错峰生产的通知》
2017 年 12 月	中国水泥协会《水泥行业去产能行动计划(2018—2020)》
2018 年 1 月	工信部《关于印发钢铁水泥玻璃行业产能置换实施办法的通知》
2018 年 6 月	国务院《打赢蓝天保卫战三年行动计划》
2018 年 7 月	工信部《坚决打好工业和通信业污染防治攻坚战三年行动计划》

资料来源:中国政府网、新华网、人民网、长江证券研究所。

(2)政策特点总结:行政直接干预与市场化出清并重

2016 年以来,传统行业推行去产能政策的主要有煤炭、钢铁、水泥、玻璃、有色金属等行业,这些行业都是在中国融入全球市场后,因快速扩张而导致产能严重过剩的行业。从上文的梳理中可以发现,尽管这些行业都在推行去产能政策,但是不同行业推行的方式仍有差异。总体来看,在这些传统行业,国家主要通过两种不同的方式推进去产能的任务,不同方式的对比见表 2—20。

一种是钢铁、煤炭和煤电行业的行政化去产能手段。在钢铁、煤炭和煤电领域,国家将去产能的任务写进"十三五"规划,利用行政命令的方式,

对钢铁、煤炭、煤电领域分别规定了"十三五"期间的去产能具体指标数。例如对于钢铁领域,国务院《关于钢铁行业化解过剩产能实现脱困发展的意见》中明确表示,从 2016 年开始,用 5 年时间再压减粗钢产能 1 亿~1.5 亿吨。主要任务包括严禁新增产能和过剩产能,其中后者主要通过依法依规退出、引导主动退出和拆除相应设备这 3 种途径实现。同时,规定"十三五"期间,压减粗钢产能 1 亿~1.5 亿吨。对于煤炭领域,能源局、发改委《煤炭工业发展"十三五"规划的通知》明确表示,化解淘汰过剩落后产能 8 亿吨/年左右,通过减量置换和优化布局增加先进产能 5 亿吨/年左右,到 2020 年,煤炭产量 39 亿吨。煤炭生产结构优化,煤矿数量控制在 6 000 处左右,120 万吨/年及以上大型煤矿产量占 80% 以上,30 万吨/年及以下小型煤矿产量占 10% 以下。而在煤电领域,十六部委《关于推进供给侧结构性改革防范化解煤电产能过剩风险的意见》中也明确提出了去产能的具体指标,要求"十三五"期间,全国停建和缓建煤电产能 1.5 亿千瓦,淘汰落后产能 0.2 亿千瓦以上,实施煤电超低排放改造 4.2 亿千瓦,节能改造 3.4 亿千瓦。到 2020 年,煤电装机规模控制在 11 亿千瓦以内。

　　另一种则是水泥、玻璃和有色行业的市场化去产能手段。与钢铁、煤炭和煤电不同,水泥、玻璃和有色行业的去产能政策相对缓和,没有明确的政策数量目标,更多的是在行业协会的要求下,通过环保"控产量",引导"去产能",能耗排放标准提高倒逼落后产能退出,并且由行业内企业自律执行,因而这些去产能的政策更接近市场化。例如 2016 年国务院办公厅《关于促进建材工业稳增长调结构增效益的指导意见》中提到,发挥市场机制配置的决定性作用,利用市场倒逼机制压减过剩产能,优化供给结构,促进优胜劣汰。到 2020 年,再压减一批水泥熟料、平板玻璃产能,产能利用率回到合理区间;同时水泥熟料、平板玻璃前十家企业的集中度要达到 60% 左右。随后,中国水泥协会《水泥行业去产能行动计划(2018—2020)》中提到,三年压减熟料产能 39 270 万吨,关闭水泥粉磨站 540 家,使全国熟料产能平均利用率达到 80%,水泥产能平均利用率达到 70%。建筑玻璃与工业玻璃协会也发布去产能目标,提出 2020 年前至少需淘汰和压减平板玻璃产能 2 亿重量箱。但由于约束机制不强,以市场化手段为主的水泥、玻璃等建材行业的去产能效果并不佳,这一点我们将在后面进一步分析。

表 2－20　　　　　2016 年以来代表性过剩行业去产能的不同手段及政策

方　式	行　业	具体政策
行政去产能为主	钢铁	"十三五"期间,压减粗钢产能 1 亿～1.5 亿吨(2016 年 2 月公布)
	煤炭	从 2016 年开始,用 3 至 5 年的时间,再退出产能 5 亿吨左右,减量重组 5 亿吨左右,较大幅度压缩煤炭产能(2016 年 2 月公布)
	煤电	"十三五"期间,全国停建和缓建煤电产能 1.5 亿千瓦,淘汰落后产能 0.2 亿千瓦以上(2017 年 8 月公布)
以环保手段和市场化机制为主	水泥	2018—2020 年间,压减熟料产能 39 270 万吨,使全国熟料产能平均利用率达到 80%,水泥产能平均利用率达到 70%(2017 年 12 月公布)
	平板玻璃	2020 年前至少需淘汰和压减平板玻璃产能 2 亿重量箱
	电解铝	—

资料来源:中国政府网、商务部、新华网、人民网、长江证券研究所。

3. 关于战略性新兴产业的产业政策分析

新兴产业是相对于传统产业而言的,代表了市场对经济系统的新要求。而在此领域,产业政策主要着力于战略性新兴产业,因此本文主要选择战略性新兴产业作为新兴产业部分的分析重点。战略性新兴产业是在创新技术的突破和社会需求变革的背景下应运而生的,通过技术的创新来满足人们日益增长的社会需求,代表了新一轮科技革命和产业变革的方向,更是获取国家竞争优势的关键领域。由于其固有的技术和知识密集的特点,战略性新兴产业往往在全球价值链上处于高端位置,因而关系着国家的竞争力和发展战略。然而,这些产业都是资本密集型产业,需要大量的资本、人力、知识的投入,创新固有的高风险性又限制了自由市场下民营资本对这些产业的投资,因此国家往往需要通过制定扶持发展的产业政策,引导政府资本、民间资本积极投资这些领域,促进战略性新兴产业的快速成长。

(1)相关政策梳理

2008 年金融危机的爆发让世界各国都认识到虚拟经济和实体经济脱钩而导致的巨大后果。在此背景下,美国、欧盟、日本等发达国家和地区纷纷出台规划,加大科技创新力度,重点发展高端制造业,希望重塑制造新优势。美国先后提出《先进制造伙伴关系计划》《先进制造业国家战略计划》等来发展先进制造业及技术,德国推出工业4.0,致力于以CPS(cyber-physical systems,信息物理系统)为核心,智慧工厂为载体,构建新一轮工业革命的技术平台。日本提出了产业结构蓝图的规划,并划定了10个尖端技术领域重点发展,以此强化国内制造业的发展。

中国同样认识到了战略性新兴产业发展的重要性。2010年9月,国务院印发了《国务院关于加快培育和发展战略性新兴产业的决定》,中国开始重点发展战略性新兴产业。2015年,中国确立了制造强国路上的"三步走"目标,第一步:到2020年,基本实现工业化,制造业大国地位进一步巩固,制造业信息化水平大幅提升。到2025年,制造业整体素质大幅提升,创新能力显著增强,全员劳动生产率明显提高,两化(工业化和信息化)融合迈上新台阶。第二步:到2035年,我国制造业整体达到世界制造强国阵营中等水平。第三步:新中国成立一百年时,制造业大国地位更加巩固,综合实力进入世界制造强国前列。

2016年国家颁布"十三五"发展规划,将战略性新兴产业作为重点产业进行发展,并据此编制《"十三五"国家战略性新兴产业发展规划》,对"十三五"期间我国战略性新兴产业发展目标、重点任务、政策措施等做出全面部署安排。此后,各部门也纷纷跟进,提出一系列战略性新兴产业发展总政策,以及各细分行业的配套相关支持政策。其中,在分行业的政策中,主要集中在新一代信息技术产业、高端装备制造业、节能环保以及新能源领域。表2—21简单整理了一些重要的战略性新兴产业总体政策。

表2—21　　　　"十三五"期间部分重要的战略性新兴产业总体政策

时　间	政　策	简要描述
2016年2月	中华人民共和国促进科技成果转化法	为促进科技成果转化为现实生产力,规范科技成果转化活动,加速科学技术进步,推动经济建设和社会发展制定
2016年5月	国务院关于深化制造业和互联网融合发展的指导意见	推动制造业与互联网融合,形成叠加效应、聚合效应、倍增效应,加快新旧发展动能和生产体系转换
2016年5月	国家创新驱动发展战略纲要	指出目前关键技术领域的发展制约,并提出发展科技创新强国的总纲领

续表

时　间	政　策	简要描述
2016 年 7 月	"十三五"国家科技创新规划	从创新主体、创新基地、创新空间、创新网络、创新治理、创新生态六个方面提出建设国家创新体系的要求,并从构筑国家先发优势、增强原始创新能力、拓展创新发展空间、推进大众创业万众创新、全面深化科技体制改革、加强科普和创新文化建设六个方面进行了系统部署
2016 年 11 月	"十三五"国家战略性新兴产业发展规划	根据"十三五"规划纲要编制,正式确定我国战略性新兴产业发展目标,即到 2020 年,战略性新兴产业将成为经济社会发展的新动力,到 2030 年将成为推动我国经济持续健康发展的主导力量
2017 年 1 月	战略性新兴产业重点产品和服务指导目录(2016 版)	明确战略性新兴产业 5 大领域 8 个产业(相关服务业单列),分别为:新一代信息技术、高端装备制造业、新材料产业、生物产业、新能源汽车产业、新能源产业、节能环保产业、数字创意产业、相关服务业
2017 年 11 月	增强制造业核心竞争力三年行动计划(2018—2020 年)	部署加快推进制造业智能化、绿色化、服务化,切实增强制造业科技含量和核心竞争力,推动我国制造业加快迈向全球价值链中高端
2018 年 6 月	关于共同发起设立战略性新兴产业发展基金的战略合作备忘录	国家发改委和中国建设银行将共同发起设立国家级战略性新兴产业发展基金,将投向新一代信息技术、高端装备新材料、生物、新能源汽车、新能源等战略性新兴产业领域
2018 年 9 月	关于提高研究开发费用税前加计扣除比例的通知	财政部、税务总局、科技部联合发布,提出企业研发费用加计扣除的政策,鼓励企业重视研发、重视创新
2018 年 11 月	战略性新兴产业分类(2018)	对原先的分类进一步细分,以此来更准确地衡量战略性新兴产业的发展状况,促进后续细分行业的发展

资料来源:根据公开资料整理。

(2)政策特征总结:以环境型政策工具为主

按照政策着力点的不同,政策工具可以分为三大类[1]:第一大类是供给性政策工具,即以政府的政策推动创新,通过人才培养、资金支持、技术支持和公共服务等直接扩大技术的供给,推动科技的创新和新产品的开

---

[1] 中国工程科技发展研究院,2019 年中国战略性新兴产业发展报告。

发(见表2-22)。第二大类是环境型的政策工具,表现为政府对科技活动的影响力,指政府通过目标规划、金融支持、法规规范、产权保护、税收优惠等政策来影响科技发展的环境因素,从而间接影响并促进科技创新和新产品的开发。第三大类就是需求型工具,主要从市场角度考虑,只通过政府采购、贸易政策、用户补贴、应用示范、价格指导等措施,减少市场的不确定性,积极开拓并稳定新技术应用的市场,进而拉动技术的创新和新产品的开发。

表2-22　　　　　　　　　　**战略性新兴产业政策工具一览表**

政策工具	措　施	主要方式
供给型	人才培养	政府有关职能部门根据产业发展的需求,建立长期的、战略性的人才发展规划,并积极完善各级教育体系及各种培训体系
	资金支持	直接对企业的技术创新行为提供财力上的支援,如提供研发经费和基础设施建设经费
	技术支持	政府通过技术辅导与咨询来引导产业的技术创新并加强技术基础设施建设,如出资建立研发实验室、建立学习机制促进技术成果扩散、鼓励企业引进国外先进技术
	公共服务	政府为了保障技术创新的顺利进行,提供相应的信息、交通、通信、咨询等配套服务设施
环境型	目标规划	通过制定战略性的发展目标和规划,对产业发展进行宏观性、方向性、指导性的统筹布局
	金融支持	政府通过融资、补助、风险投资、特许、财务分配安排、设备提供和服务、贷款保证、出口信用贷款等政策鼓励企业的创新
	法规规范	政府通过制定公平交易法、加强市场监管、反对垄断、制定环境和健康标准等措施,规范市场秩序,为创新提供有利的条件
	产权保护	政府通过颁布专利、著作权、软件著作权等方面的管理条例和细则,加强知识产权的保护,提高企业开展创新活动的积极性
	税收优惠	政府对满足特定条件的企业和个人给予赋税上的减免,如投资抵减、加速折旧、免税和租税抵扣

续表

政策工具	措　施	主要方式
需求型	政府采购	对特定产品的大宗采购提供相对稳定的市场预期,降低市场的不确定性,来激发企业创新的决心
	贸易政策	政府有关进出口的各项管理措施,如贸易协定、关税、货币调节等
	用户补贴	政府通过对产品需求端给予补贴,从而提升消费者购买能力和意愿,促进产品推广和市场拓展
	应用示范	政府对特定技术、产品的项目,在现实环境中以圈规模或接近圈规模进行市场检测和展示,从而提升产品的社会可接受度,促进社会创新
	价格指导	政府通过颁布某类产品的最高或最低限价或建议价格来对产品售价进行干预,引导市场需求

资料来源:中国工程科技发展战略研究院。

　　根据 2019 年中国战略性新兴产业发展报告的数据显示,"十三五"上半阶段中,环境型政策占比最高,紧接着就是供给型政策,需求型政策占比较低,仅 12%(见图 2—59)。

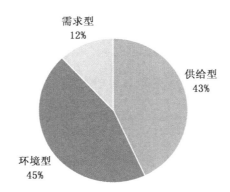

资料来源:中国工程科技发展战略研究院。

图 2—59　战略性新兴产业三大类政策工具分布图

　　从细分类别的占比来看,环境型政策中的目标规划类型占比最多,其次是供给类型中的公共服务、技术支持和人才培养,其余类型的政策工具均较少。值得关注的是,环境型政策中仅目标规划类别较多,其余的金融支持、法律规范、产权保护以及税收优惠同样较为重要,但是出台的相关政策相对较少(见图 2—60)。

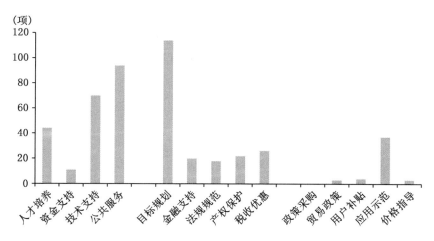

资料来源：中国工程科技发展战略研究院。

图 2—60　三大类政策工具分布图

③政策集中领域

从政策颁布的领域来看，"十三五"上半期，新一代信息技术领域颁布的产业政策数量最多，共计 67 项，且以环境型和供给型的政策为主。从细分项来看又以环境型的目标规划类型最多，例如《"十三五"国家信息化规划》《"互联网＋"人工智能三年行动实施方案》《国家信息化发展战略纲要》《大数据产业发展规划（2016—2020 年）》《国务院关于印发新一代人工智能发展规划的通知》等。另外，公共服务类、技术支持类以及应用示范类政策也相对较多，其他类型的政策相对较少。

节能环保领域颁布的政策数量在八大领域中排名第二，共计 42 项，同样以环境型的政策工具为主。从细分项来看，同样以环境型的目标规划类型最多，例如《全国生态保护"十三五"规划纲要》《国家环境保护"十三五"科技发展规划纲要》《循环发展引领行动》《工业和信息化部关于加快推进环保装备制造业发展的指导意见》等。另外，和 ICT 行业不同的是，除了目标规划以外，剩余的政策工具主要在技术支持、公共服务两块，在法律规范、产权保护、人才培养等领域的政策工具几乎没有。

除了这两大领域以外，其余领域的政策工具相对较少，高端装备领域共出台 31 项政策，新能源领域共出台 25 项政策，数字创意领域共出台 17 项政策，生物和新能源汽车领域各出台 13 项政策，新材料领域的政策最少,仅 6 项。剩余的这些领域中,大部分是以目标规划类型的政策为主。这也说明了我国的政策体系主要以颁布目标规划为主,其余各项配套支持以及法规规范方面政策工具运用的能力有待加强(见图 2-61)。

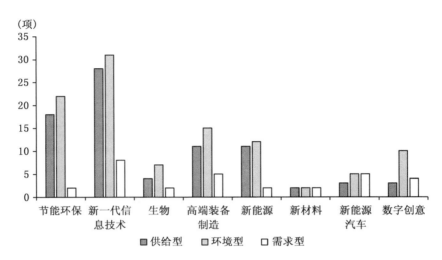

资料来源:中国工程科技发展战略研究院。

图 2-61 "十三五"上半期战略性新兴产业三大类政策工具分布图

2.4.3 我国传统行业产业政策效率评估

1. 近年来成效显著

(1)钢铁煤炭领域行政化去产能效果显著

在国家对淘汰过剩产能的强调下,去产能的政策取得了不错的政策成效,特别是在钢铁和煤炭领域。钢铁、煤炭行业的产能过剩问题在2015 年极为突出,自 2016 年逐步缓解。截至 2016 年 11 月,大中型钢铁企业的亏损面已从 2015 年的 50.5% 降至 22.2%;大中型煤炭企业的亏损面在 2015 年超过 90%,在 2016 年 5 月超过 70%,但自 8 月份开始已经实现了全行业扭亏。根据统计局数据:2016 年 1—11 月,黑色金属冶炼及压延加工业利润总额累计同比增速为 274.7%,煤炭开采和洗选业为 156.9%。

到 2018 年时,钢铁和煤炭已经提前两年完成"十三五"去产能目标任务。中央和各个地方政府通过出台专项奖补资金、财税、职工安置、环保等八个配套文件,确保去产能顺利推进。据中国政府网数据显示,2016—2018年间,钢铁和煤炭分别压减淘汰落后产能1.5亿吨和8.1亿吨(见图2—62、图2—63),煤电淘汰关停落后机组2 000万千瓦以上,均提前完成"十三五"的去产能目标。

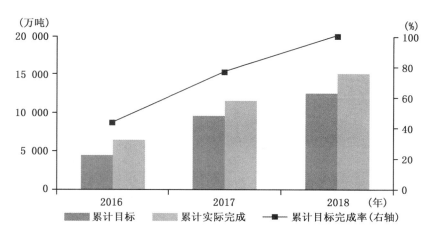

资料来源:中国政府网,长江证券研究所。

图2—62　2016—2018年钢铁行业"十三五"去产能目标完成情况

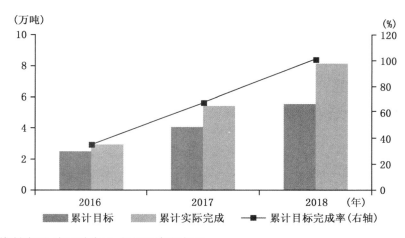

资料来源:中国政府网,长江证券研究所。

图2—63　2016—2018年煤炭行业"十三五"去产能目标完成情况

(2)水泥、玻璃等行业市场化去产能效果尚可

同样,在水泥、平板玻璃等行业,处于行业协会的去产能目标要求和

企业的自律行为,行业内的过剩和落后产能的扩张得到了明显的控制,近几年来水泥和玻璃的产量明显放缓,产能利用率的降低趋势得到了有效的遏制(见图 2—64、图 2—65)。

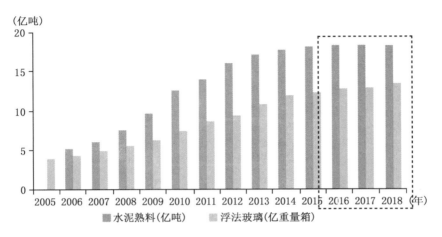

资料来源:Wind,长江证券研究所。

图 2—64　近年来水泥和玻璃产能数据

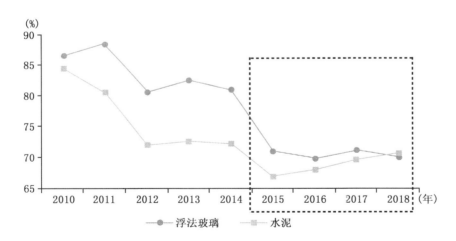

资料来源:Wind,长江证券研究所。

图 2—65　近年来水泥和玻璃产能利用率

　　然而,相较于钢铁煤炭行业的直接行政控制,水泥、玻璃等建材行业,更多的是自发"出清",去产能虽有效果,但是见效较缓,产能更多是"休眠"而非"去化"。在这些领域,去产能的手段通常有以下几种:第一,通过环保"控产量"引导"去产能";第二,能耗排放标准提高倒逼落后产能退出。其规则的制定和压减过剩产能的目标主要由行业协会牵头,由行业内企业自律执行,因此对企业而言,缺乏有力约束机制。

通过环保限产、错峰生产常态化等手段,虽可通过"控产量"倒逼落后产能去化,但总体见效较慢。产能更多是"休眠"而非"去化"。2016年以来,水泥产能不再增长、但总产能保持在较高水平,玻璃产能甚至继续增加;产能利用率也一直处于较低水平。因此这些行业的产能过剩问题取得了阶段性的成果,但还需进一步思考更加合适的对策。

2. 行业发展仍存在问题

(1)行政化的手段难以解决市场体系的长期问题

当前,我国钢铁、煤炭行业"去产能"主要依靠行政手段,与反复强调的以市场化、法治化为主的基本原则存在矛盾。落后产能仍有生存空间,低效产能的市场化退出难以实现。政府缺少市场化调控的抓手,只能依靠行政手段平抑波动,虽然通过直接调控企业有效调整了市场供大于求的状况,但又形成了供应短缺下的价格快速、大幅回调。作为一项长期工作部署,"去产能"不能一直依靠行政手段。

长期来看,钢铁煤炭行业产能过剩的问题主要在于市场供需之间的矛盾。矛盾的产生有客观因素。一是市场供需结构发生了变化。供应趋紧形势下完全依靠市场化手段"去产能"难以完成任务指标。二是"去产能"的难度逐步加大,需要采取必要的行政手段。三是我国的市场体系需要进一步完善,法治体系需要进一步健全。大数据治理缺位,钢铁、煤炭交易模式处于传统向现代的转型过程中,政府干预微观主体生产经营影响了市场发现价格的基本功能,监管的法治化、自动化、智能化水平有待提升,一些违规、违法行为没有得到应有处罚。

行政手段虽然见效快,有效约束了国内产量,市场的供需结构趋于稳定,但是没有解决市场环境的建设、供需之间的结构性错配问题,钢铁煤炭的供需关系并没有根本性好转。长此以往,就会陷入放开管制产能回升的问题中。因此,应当尽快处理好市场化、法治化"去产能"的原则与行政手段发挥主要作用的现实之间的矛盾。

（2）钢铁、煤炭等行业结构性产能过剩的问题没有解决

所谓结构性过剩，主要表现在煤炭钢铁行业低效供给过剩，高效供给不足的状况。目前，我国钢铁、煤炭行业的供给侧结构性改革存在目标与效果的矛盾。作为供给侧结构性改革的首要任务，钢铁、煤炭"去产能"的一个重要目标是减少无效供给、增加有效供给，虽然在总量控制上取得了明显成效，但两大行业仍有落后产能和大量低效产能，同时高效产能难以优先发展。具体来看，主要有以下几个表现：

第一，落后产能仍然存在。最典型的例子就是"地条钢"。"地条钢"属于统计外产能，也即我国 2015 年底统计的 12 亿吨钢铁产能中不包括"地条钢"产能。但"地条钢"产品却对正规产能的钢材形成消费替代。

第二，低效退出工作并没有实质性展开。很多大中型国有和民营钢铁、煤炭产业集团都存在需要退出的低效产能。有的低效产能亏损是由于产品缺乏竞争力，有的则是由于冗员多、负债高、年限长、机制僵化等痼疾导致的生产经营成本高。目前来看，低效产能的实质性退出工作还没有全面推开。接下来，稳步推进的"去产能"计划必然会触及这一复杂、敏感问题，包括长期亏损企业的整体退出。

第三，"去产能"工作并没有对低效产能和高效产能出台差异化政策，两类产能的发展其实是站在相同的政策红线之上，虽然保障了总量控制，但也形成了低效难去、高效难进的局面。钢铁、煤炭行业"去产能"工作明确规定要淘汰落后产能，因此对落后产能有判断标准，但缺失低效产能判断标准。国家发改委的调研结果显示，不同地区落实"去产能"计划存在差异化的执行方法。有的地区，较长期停产企业先行"去产能"；有的地区，"去产能"计划分配至当地企业，有能力的企业可以向其他企业购买产能指标；有的地区，政府相关部门给企业打分，分数低的企业执行"去产能"计划。不同的执行方法都可以保证"去产能"计划的顺利完成，一些方法也可以保证低效产能退出，例如已停产企业先行"去产能"的方法，但也确实存在退出的产能中有高效、留下的产能中有低效的情况，还存在企业想向中高端升级也由于"一刀切"式的控产能政策而不能实施技改项目的问题。除了执行方法需要改善外，国家缺乏低效产能的判断标准和高效产能的支持导向也是重要因素。建议"去产能"政策改变对低效产能和高效产能"一视同仁"的态度，让金融、财政、土地等资源在低效和高效之间

优化配置,改变目前以钢铁、煤炭为代表的产能过剩行业"低效难退、高效难进"的被动局面。

3. 政策改进及启示

去产能政策的主要目标在于淘汰落后过剩产能,促进传统企业的转型升级。从上文的分析中我们可以看出,目前去产能政策已经显现出初步的成效,大量落后过剩产能已经退出,钢铁、煤炭等企业的产能利用率也在稳步回升。

但是在这一过程中,也暴露出两大主要的政策效率问题:第一,不同的去产能政策导致的结果各有差异,相比而言,行政化的去产能见效更快,而依靠市场化的主动去产能方式则较为缓慢。但是行政化的去产能手段并没有从根本上改善行业的供需结构和企业的生命力,长期依赖行政化手段反而会对市场有效性造成损害。第二,钢铁煤炭行业的结构性问题没有解决,低端产能得到了有效的控制,但是高端产能供给严重不足。

针对这些问题,本文提出以下几点建议。

第一,将去产能的总量任务转为产能结构优化任务。目前,钢铁、煤炭行业总量过剩矛盾不再突出,企业经营困难的问题不再迫切,"去产能"的工作重点也应适时调整。今后的政策,应坚持供给侧改革的大方向,从化解过剩产能为主,向总量控制、结构优化转变。先行去掉不符合标准且不具备升级条件的落后产能和长期亏损、缺乏竞争力的低效产能。"去产能"计划的执行手段也应随之优化,应该更加突出市场竞争淘汰落后的机制。

第二,从行政化的手段逐步向市场配置资源为主。传统行业的转型升级是一个较为漫长的过程,行政化的政策虽见效快,但不具备持续性,长期而言,还是应当让市场发挥资源配置的主要作用。可以从市场竞争、污染排放、用工、税收等不同的角度入手,利用市场化的手段来去落后产能。除此以外,还可以从需求侧入手,通过消费升级引导供给侧结构升级,引导企业主动发展高效、先进产能。

2.4.4 我国战略性新兴产业政策效率评估

1. 近年政策成效显著

(1)战略性新兴产业总体增速较快

根据国家统计局发布的《2018年国民经济和社会发展统计公报》显

示,2018 年规模以上的工业整体生产增长放缓,规模以上工业增加值同
比增长 6.3%,较上年放缓 0.2 个百分点(见图 2—66)。其中,传统产业
增速放缓明显,纺织、造纸、化学原料和化学制品制造业增速分别为
1.0%、1.0% 和 3.6%,较上年放缓 3.0、3.2 和 0.2 个百分点。

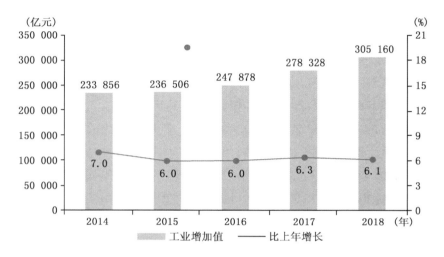

资料来源:国家统计局。

图 2—66　2014—2018 年全部工业增加值及其增长速度

尽管旧动能增长动力减弱,新产业、新业态却快速崛起,全年规模以
上工业中,战略性新兴产业[①]增加值比上年增长 8.9%。高技术制造业[②]
增加值增长 11.7%,占规模以上工业增加值的比重为 13.9%。装备制造
业[③]增加值增长 8.1%,占规模以上工业增加值的比重为 32.9%,增速分
别比规模以上工业快 2.7、5.5 和 1.9 个百分点。全年规模以上服务业
中,战略性新兴服务业[④]营业收入比上年增长 14.6%。全年高技术产业

①　工业战略性新兴产业包括节能环保产业,新一代信息技术产业,生物产业,高端装备制造产
业,新能源产业,新材料产业,新能源汽车产业七大产业中的工业相关行业。
②　高技术制造业包括医药制造业,航空、航天器及设备制造业,电子及通信设备制造业,计算
机及办公设备制造业,医疗仪器设备及仪器仪表制造业,信息化学品制造业。
③　装备制造业包括金属制品业、通用设备制造业、专用设备制造业、汽车制造业、铁路、船舶、
航空航天和其他运输设备制造业、电气机械和器材制造业、计算机、通信和其他电子设备制造业、仪
器仪表制造业。
④　战略性新兴服务业包括节能环保产业,新一代信息技术产业,生物产业,高端装备制造产
业,新能源产业,新材料产业,新能源汽车产业七大产业中的服务业相关行业。

投资①比上年增长 14.9%，工业技术改造投资②增长 12.8%。

（2）分行业来看，新一代信息技术行业发展最为迅速

从分行业的增加值增长来看，2018 年信息、软件和信息技术服务业一枝独秀，实现了 30.7% 的增速（见图 2－67），全年软件和信息技术服务业完成软件业务收入 63 061 亿元，按可比口径计算，比上年增长 14.2%。其盈利能力也稳步提升，经初步统计，2018 年软件和信息技术服务业实现利润总额 8 079 亿元，同比增长 9.7%；行业人均创造业务收入 98.06 万元，同比增长 9.6%，高质量发展成效初显。技术的快速发展使信息技术越来越深入的渗透到社会经济生活中，数字经济、平台经济和共享经济等各种商业形态不断涌现，中国的移动支付、网络购物以及共享单车的应用已经处于全球领先的地位，新一代信息技术逐渐成为创新最活跃、增长最迅速、同时辐射最广泛的经济领域之一。

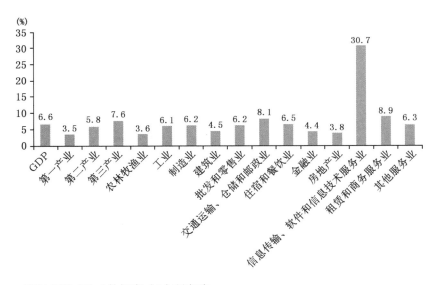

资料来源：Wind 数据库，恒大研究院。

图 2－67　2018 年各行业 GDP 增速

---

① 高技术产业投资包括医药制造、航空航天器及设备制造等六大类高技术制造业投资和信息服务、电子商务服务等九大类高技术服务业投资。

② 工业技术改造投资是指工业企业利用新技术、新工艺、新设备、新材料对现有设施、工艺条件及生产服务等进行改造提升，实现内涵式发展的投资活动。

从信息行业的子行业来看,移动游戏、网络购物约车平台、旅游平台、大数据、云计算等众多子行业增速达 30%～50%。每个子行业都诞生了一批独角兽企业,使得中国企业在全球创新创业领域的话语权迅速提升。截至 2018 年底,中美独角兽分别占全球比重为 28% 和 48%。未来信息服务业与人工智能、AR、VR 技术结合仍将释放巨大的增长潜力,为中国经济发展提供重要动能。

(3)从区域来看,东部地区处于领先位置,中部开始追赶

东部地区战略性新兴产业体量占总营收规模的八成左右,是绝对的主体(见图 2—68)。但从增速来看,中部地区开始异军突起,2016—2017年中部地区战略性新兴产业上市公司营收年均增速达到 27.5%,比同期上市公司总体营收年均增速高出一倍(见图 2—69)。

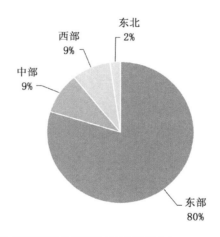

资料来源:《2019 中国战略性新兴产业发展报告》。

图 2—68   2017 年战略性新兴产业上市公司四大区域营收规模占比

2. 行业发展尚存问题

(1)新兴工业品中高端工业品较少,企业家信心降低

尽管从总量上来看,2018 年战略性新兴产业的工业增加值实现了较好的增长,但是我国核心技术掌握不强,部分关键设备、高端产品仍旧依赖进口。

我国高端工业品较少。在新兴产业的工业品中(见表 2—23),2018年新能源汽车产量 115 万辆,比上年增长 66.2%,然而我国新能源汽车领域的锂离子动力电池、燃料电池、深度混合动力等核心技术,整体还处

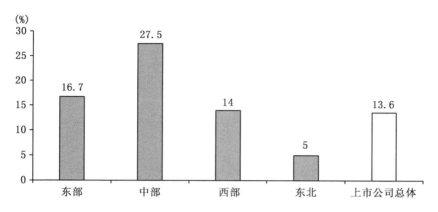

资料来源:《2019 中国战略性新兴产业发展报告》。

图 2—69　2016—2017 年战略性新兴产业上市公司营收年均增速

于追赶时期。我国已经能够自主研发"北斗"卫星导航系统,然而我国定位卫星关键芯片市场 95% 被美国占领。表 2—23 统计了 2018 年主要工业品的产出,从中可以看出大部分工业品仍旧是传统类别(彩色电视机、空气调节器、粗钢、有色金属等),有少部分新兴产业工业品实现了较好的增长,如新能源:核电(18.7%),集成电路(17.2%),程控交换机(7.3%),工业机器人(6.4%),但是还有一些核心领域增长缓慢甚至较上年下降,如发电机组(−10.3%),微型计算机设备(0.1%)。

即便是对于增长较为快速的集成电路领域,中国仍旧没能在芯片关键组件上实现突破。由于人工智能算法训练环节需要较高的计算能力,因而目前 CPU＋GPU 架构已成为大多数人工智能企业的主流选择,一些公司开始使用 FPGA[①] 搭建智能系统。这几类芯片基本需要从国外进口,其中,CPU 主要由英特尔和 AMD 两家供货,GPU 由英伟达基本垄断,FPGA 主要由 Xilinx、Altera、Lattice 等供货。中国大多数硬件层面的智能芯片公司处于终端推理环节,如寒武纪 1A 处理器、地平线 BPU 芯片、华为麒麟芯片等。可以看出,人工智能发展中,高性能芯片仍是核

---

① 属于 AI 芯片的类别,与传统模式的芯片设计相比,FPGA 芯片针对较多领域产品都能借助特定芯片模型予以优化设计。从芯片器件的角度讲,FPGA 本身构成了半定制电路中的典型集成电路,其中含有数字管理模块、内嵌式单元、输出单元以及输入单元等。在此基础上,FPGA 芯片再全面着眼于综合性的芯片进行优化设计,实现了芯片整体构造的简化与性能提升。

心短板,特别是在云上训练环节①。因此在高端领域,中国的技术创新与
应用基础研究能力亟待加强。

表 2—23   2018 年主要工业品生产量

产品名称	单位	产量	比上年增长(%)
纱	万吨	2 958.9	−7.3
布	亿米	657.3	−4.9
化学纤维	万吨	5 011.1	2.7
成品糖	万吨	1 524.1	3.5
卷烟	亿支	23 358.7	−0.4
彩色电视机	万台	18 834.8	18.2
其中:液晶电视机	万台	18 825.2	19.5
家用电冰箱	万台	7 993.2	−3.9
房间空气调节器	万台	20 486	14.7
一次能源生产总量	亿吨标准煤	37.7	5
原煤	亿吨	36.8	4.5
原油	万吨	18 910.6	−1.3
天然气	亿立方米	1 602.7	8.3
发电量	亿千瓦小时	71 117.7	7.7
其中:火电	亿千瓦小时	50 738.6	6.7
水电	亿千瓦小时	12 342.3	3
核电	亿千瓦小时	2 943.6	18.7
粗钢	万吨	92 800.9	6.6
钢材	万吨	110 551.7	5.6
十种有色金属	万吨	5 702.7	3.7
其中:精炼铜(电解铜)	万吨	902.9	0.7
原铝(电解铝)	万吨	3 580.2	7.5
水泥	亿吨	22.1	−5.3
硫酸(折 100%)	万吨	9 129.8	−0.9

---

①　赛迪研究.我国战略性新兴产业发展需要关注的几个问题.

续表

产品名称	单位	产量	比上年增长（%）
烧碱(折100%)	万吨	3 420.2	2.7
乙烯	万吨	1 841	1.1
化肥(折100%)	万吨	5 424.4	−7.9
发电机组(发电设备)	万千瓦	10 600.5	−10.3
汽车	万辆	2 781.9	−4.1
其中:基本型乘用车(轿车)	万辆	1 160.1	−2.9
运动型多用途乘用车(SUV)	万辆	927.4	−7.7
大中型拖拉机	万台	24.3	−29.3
集成电路	亿块	1 739.5	11.2
程控交换机	万线	1 006.6	7.3
移动通信手持机	万台	179 846.4	−4.8
微型计算机设备	万台	30 700.2	0.1
工业机器人	万台(套)	14.8	6.4

资料来源:国家统计局。

同时,企业家对于高端行业整体信心和预期不足。根据中采咨询和科技部中国科学技术发展战略研究室联合发布的中国战略性新兴产业采购经理指数(Emerging Industries PMI)数据显示(见图 2—70),从 2016 年以来,EPMI 一直在持续下跌,2019 年 7 月份 EPMI 跌破荣枯线,为 49.4 ,比上月回落 0.8 个百分点。同时,各行业预期状况各不相同,其中节能环保、生物、新材料三个产业微弱下降;高端装备微弱提升,新能源、新一代信息技术下降幅度较大,但是仍然处于荣枯分水线之上。新能源汽车产业已经跌到 40.2%,是近 12 个月以来的第二低点。

(2)产业的关键核心环节仍掌握在发达国家手中

自"十三五"开始,国家全力支持战略性新兴产业的发展,陆续出台诸多产业政策,在一定程度上对这些产业进行政策性的资源倾斜并俨然形成一个政策体系。政策工具丰富,涵盖面广,力争到 2020 年,战略性新兴行业将实现产业规模的持续壮大,创新能力和竞争能力明显提高,产业结构进一步优化并形成产业新体系。同时,到 2030 年时,战略性新兴产业发展成为推动我国经济持续健康发展的主导力量,我国成为世界战略性

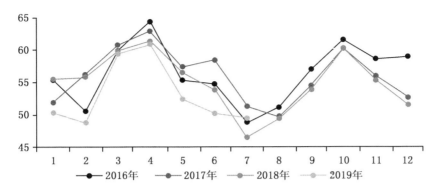

资料来源：中采咨询和科技部中国科学技术发展战略研究室联合发布。

图 2—70　战略新兴产业 EPMI 年度对比图

新兴产业重要的制造中心和创新中心,形成一批具有全球影响力和主导地位的创新型领军企业。

　　然而自主创新能力的提升并非一日之功,中国战略性新兴产业虽有较快的增长,但是在一些关键领域,高端技术仍旧掌握在发达国家手中。麦肯锡的全球研究院的分析报告显示,中国供应商能够优于全球领导者或者拥有与之媲美的能力并不多,仅在消费电子和互联网这一行业中国有 70% 的供应商能够达到全球领导者的服务能力,而在生物制药、基因技术和电子元件领域,这一比例则低于 20%。表 2—24 整理了我国战略性新兴产业的部分重点行业中,中国在核心环节的一些发展状况,可以看出,中国在这些战略性新兴产业的创新能力在全球产业链上的位置仍处于偏低端的位置。

表 2—24　　　　　2018 年我国部分战略性新兴产业核心环节发展情况

部分细分重点行业	中国企业情况
新一代网络通信设备(5G)	中国的代表性企业有华为、中兴,其中华为的 5G 技术在全球具有一定的领先地位,目前已经成为全球最大的通信设备厂商,全球其他的竞争对手包括爱立信和诺基亚
新型电子元器件及集成电路	在光纤光缆领域,中国已攻克大部分技术,全球份额也最高,但在海底光缆方案等高端领域还有欠缺。在被动元件领域,主要研发技术在日本,制造技术在中国台湾

续表

部分细分重点行业	中国企业情况
集成电路	在半导体领域,国际巨头主要有高通和英特尔等企业,国内企业仅华为海思能够和国际企业进行竞争,其他企业诸如中芯国际的芯片技术仍处于早期
云计算	全球前五大云技术企业分别为亚马逊云服务、微软 azure、谷歌云平台、阿里云以及 IBM。但是前三大巨头基本垄断全球市场,合计市场份额占全球市场 57%,阿里云仅占全球市场的 4%
工业机器人	日本的发那科和安川电机,德国的库卡,以及瑞士的 ABB"四大巨头"垄断高端领域,尽管中国的诸如新松机器人、南京埃斯顿也开始发展,但在伺服电动机和减速器等核心技术领域差距巨大,进口依赖度大
航空装备产业	全球民航客机市场由美国的波音和欧洲的空中客车垄断,2019 年中国商飞实现了大飞机 C919 的首次试飞,但是从零部件供应商来看,中国商飞的 21 家一级供应商中,仅 4 家是本土企业,航空领域要实现赶超将会是一个持久的任务
高端机床产业	主要被德国和日本企业垄断,全球主要的巨头有德马吉森精机、山崎马扎克、发那科、捷太格特、三菱电机等
高性能纤维及复合材料	在碳纤维领域,目前全球的主导者是日本、美国和中国,其中日本的东丽碳纤维占据了绝对优势地位。中国在 2017 年实现了巨大的产量增量发展,2017 年中国碳纤维国产化率达到 30%,但是高端领域例如航天航空领域国产化率仅 2%
生物医药研发	2018 年全球制药企业 top5 仍旧为辉瑞、诺华、罗氏、默沙东和赛诺菲,同去年相比没有改变。东亚国家中规模最大的武田制药也仅排名 19 位,中国企业与欧美企业的差距更大,国内最大的恒瑞和迈瑞目前发展仍旧处于相对初始阶段
新能源汽车	中国的主要能力在制造和组装环节,但是新能源汽车的利润主要在核心零部件,这一领域长期被德国、日本以及美国的供应商垄断。2018 年汽车供应商全球前五分别为博世、电装、麦格纳、大陆和采埃孚,在全球百强榜上,中国企业仅 7 家
锂离子动力电池	动力电视是新能源汽车的心脏,全球动力电池三巨头为松下、LG 化学和三星 SDI,在这一领域,中国企业宁德时代在飞速发展,但是电池容量和续航能力上仍存在不小的差距

资料来源:根据公开资料整理。

(3)缺乏核心领域的高素质人才

我国严重缺乏具备基本技能和跨学科作用的高素质人才,并且在短期内难以缓解人才结构性供需矛盾,部分高技术新兴产业行业表现尤为突出。

以人工智能行业为例,随着新一代信息技术的不断发展,人工智能领域以其技术的高端性和产业关联的广泛性而受到世界各国的关注。发达国家纷纷出台一系列的政策扶持并培育本国人工智能行业的发展。例如美国的"国防部人工智能战略"、法国的"人工智能发展战略"、英国的"英国人工智能规划"等。

尽管中国也紧跟发达国家的步伐,推出"十三五"期间人工智能的发展纲要,并投入大量资源促进发展,但是在核心技术人才上始终无法和发达国家相比。根据 2018 年腾讯研究院和 BOSS 直聘联合发布的《全球人工智能人才白皮书》数据显示(见图 2—71),中国人工智能高端人才结构远不够理想,应用层有人才很多,但高级算法工程师和具有实践能力的顶尖研究人员极为匮乏。相反,美国人工智能人才大多集中在基础和技术层面。在人工智能基础层,中国只有 1 300 名从业人员,而美国的人工智能从业人员为 17 900 人,是中国的 13.98 倍。在技术层,中国从业者人数为 12 000 人,美国从业者人数为 29 400 人,是中国的 2.26 倍。在应用层上,中国从业者人数为 24 300 人,美国从业者人数为 31 400 人,是中国的 1.29 倍。可以看出,美国基础和技术层面的人工智能人才数量远远高于中国。

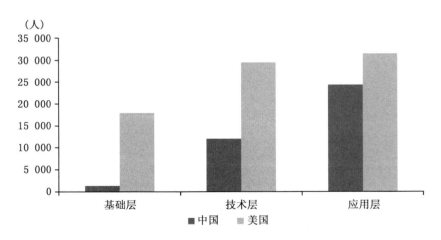

资料来源:腾讯研究院。

图 2—71　中美人工智能人才结构对比

（4）统筹协调和产业布局优化还不够

虽然政府出台了大量政策支持战略性新兴产业的发展，但是政策之间的协同与统筹优化仍有待提高。一方面，扶持政策的出台容易导致某些领域出现重复建设的问题，即所谓的"潮涌"现象，造成部分产业出现大量的产能过剩。最典型的为光伏、风能等新能源行业，"十三五"期间国家支持光伏和风能发电的补贴导致大量厂商投资一拥而上，到目前为止，我国风电装机容量已经位居世界首位，相对并网发电容量已经呈现产能过剩的现象。2018 年 6 月 1 日，国家宣布取消光伏产业的补贴，是为"531新政"。另一方面，各个细分行业之间的连接性没有彻底打通，例如新一代信息技术产业涉及材料、能源、交通、信息等多个产业的交叉领域，但是各政府主管部门往往只是围绕各自的领域来部署发展方向和支持重点，导致新一代信息技术产业缺乏顶层设计和整体布局，造成投入分散、规划协调性不强、交叉领域投入不足。

此外，和政策机制相关的产业发展环境需持续完善。例如在节能环保领域，我国的节能环保法规和标准体系不健全，相关立法空缺，必须要先完善相关标准体系后才能引导节能环保产业的进一步发展。再例如我国卫星通信领域的标准制定也还存在不足。国内具有卫星通信资质的企业只有中国卫通、中国电信、中国联通三家，但中国卫通只有空间段运营资质，中国联通缺乏空间段运营资质，牌照齐全的中国电信对卫星通信的定位主要在应急通信和新业务方面，属于边缘化产业，因此，固定的通信业务领域阻碍了卫星通信的进一步发展。我国在商业遥感卫星产业规范管理、卫星数据政策等方面存在一定的空缺，我国已有的应用卫星存在标准、软件、平台接口不一致、难以集成的问题，北斗导航亦在标准法规、发展规划、市场主内等政策方面存在滞后现象。

3. 政策改进及启示

根据上面的分析，尽管中国的战略性新兴产业在产业政策的扶持和培育下取得了较为快速的增长，但各个细分行业的发展分化较大，同时在产业的自主创新能力上也需要进一步提高，关键人才培育以及政策统筹问题都需要进一步完善。事实上，中国和发达国家之间的技术差距是很难单纯通过政府的产业政策来缩小的，因为即便同样借助产业政策，中国和美国的政策特点和实施方式也有巨大的差别，这也对最终政策的成效产生了较大的影响。

从体制的角度来看,中国的权力更加集中在政府,政策的制定和执行往往是自上而下的,先有顶层设计,然后分区规划,一步步执行下去。虽然这种模式下资源利用更集中,执行更有效率,但是同时也削弱了企业作为市场的主体进行自主创新的能力,使中国的企业或多或少都有依赖政府的惰性。同时,中国的产业政策在专利制度、预算分配、项目管理评估、产学研合作等方面都仍有较大改善空间,没有充分将政策的推动作用发挥出来。

相比而言,发达国家的权利更多集中在企业手中。以美国为例,美国的产业政策不是单纯靠政府来拉动的,而是已经形成了一套不断动态演变的科技产业一体化体系。这是一套行政与立法部门共同承担科技政策制定责任、联邦部门以使命为导向进行分散的项目资助、多元化的科研主体通过竞争申请项目、产学研一体化生态的科技产业体系,其中尤其注重培养鼓励创业创新、科研项目转化等方面的法律和制度环境。典型的例子就是加州的硅谷模式,依靠着斯坦福和加州伯克利,硅谷地区的创新和高效的科研紧密地联合在一起,加之政府的扶持和推动,最终形成了如今强大的产业创新能力。

未来中国产业政策仍将作为促进战略性新兴产业发展的重要工具,但除此之外,还须完善以下几点:①厘清政府与市场的边界,梳理政府职能,压缩事权和支出责任,更多地让企业作为主体进行自主创新;②降低制度性交易成本,发展良好的营商环境,在鼓励民间投资和发展民营经济方面,关键是要给企业家提供安全、公平的创新创业环境,依法治国,保护企业家精神和财产权,稳定预期;③加快科教体制改革,建立市场化、多层次的产学研协作体系。重视关键领域核心人才的培养,改革教育管理制度,夯实基础教育,提高高等教育投入,给予大学教职人员在创业、兼职、咨询方面更大的自主权。

2.4.5　小结

1. 中国广泛使用产业政策来推动产业的发展

对于市场失灵领域或者是高风险的领域,政府往往会通过颁布产业政策来支持和培育初创企业的发展,例如补贴政策、税收减免政策、人才引进政策,甚至包括一些贸易保护政策。发达国家往往指责中国使用了大量的产业政策,过分保护本国的产业,实际上,产业政策在过去发达国家中使用同样广泛,而当时一些国家的贸易保护程度反而比今天还要高。因而产业政策的使用在某种程度上是和行业的高风险性和幼稚性高度相关的,我们应当正视产业政策的积极作用,关键不在于批评产业政策的无用性,而在于如何合理有效地运用产业政策,同时尽量发挥市场配置资源的主导力量。

2. 在传统产业领域,去产能具有显著效果,但还需进一步提高效率

近年来,中国的煤炭、钢铁、水泥、玻璃等领域的去产能政策取得了明显的成效,产能利用率显著提高,供需关系趋于平衡,但是这些成效基本是靠行政化的方式执行的。从长久来看,并没有根本改善传统产业的结构性问题,即低端产业产能过剩,高技术产业产能不足。为了提高政策的效率,应该将目前的去产能总量调控的政策,逐步向优化产能结构的政策转变,配合需求侧改革,利用市场化的手段,切实引导企业向高技术、高附加值的方向转型发展。

3. 在战略性新兴产业领域,应该逐步减少产业政策支持,走向市场竞争。

在战略性新兴产业领域,在产业政策的支持下的确取得了较为快速的增长,但同样我们也看到了政策效率不高的地方,产业政策仅仅是帮助了新兴产业的初始发展,但是很难培育出企业的自主创新能力。随着这些新兴产业的成长,应该逐步减少或终止产业政策的支持,而应该放手让这些产业到国际市场上去参与竞争,提高竞争力,提高自我发展的能力。

4. 改进产业政策的设计,更多考虑运用功能性产业政策。

要从主要设计运行选择性产业政策逐步让渡为设计功能性产业政策为主的阶段,让产业发展的选择更多交给市场与企业家,而不是政府大包大揽。设计与运用功能性产业政策,这其中包括如何维持市场公平竞争,如何规制产业发展,如何提供良好的营商环境,如何给企业提供良好的人才,知识产权如何保护等这些方面的政策。这些政策可以维持好的产业发展环境和合适的激励机制,企业自然能够扎根、集聚,形成竞争力,进一步形成世界级优势产业。

2.5　本章总结

本章利用投入产出的分析思路,重点剖析了产业发展过程中的质量和效率问题,主要得出以下几个结论。

1. 改革开放后我国产业结构变迁的同时,经济发展的效率也逐步提高

从中国改革开放以来产业发展变迁的历史中,可以看到工业化推动着中国的产业不断发展,产业体系也逐渐从简单向复杂再向深化演变,其间产业结构不断趋向于合理,投入产出效率不断提高,产业发展逐渐向价值链的高端位置攀升。但是,目前中国仍处于工业化的后期,部分行业的技术含量仍旧不足,还需要进一步深化发展。随着技术变革的不断推进,未来中国将在现有的发展基础之上继续推进工业化,走新型工业化道路,利用创新驱动发展,一方面大力发展战略性新兴产业;另一方面加快传统产业的转型升级,大力推进工业互联网、智慧物联网、智能制造、区块链、人工智能、大数据等新兴技术在产业各领域的应用,促进产业效率的不断提升。

2. 产业发展过程中的要素投入较为粗放,使用效率更需提高

中国经济的快速发展离不开土地、资本、劳动力和能源这些重要的生产要素的投入,但过去至今我国对资源的利用方式较为粗放,资源利用效率不高,资本产出系数在不断降低,单位能耗的 GDP 产出也都低于世界平均。如果未来经济增长的方式不变,对这些生产要素的需求也将会继续大规模增长。然而,这些传统要素的供给已经到了极限,约束已经开始。例如,中国可用土地资源在日渐减少,劳动力人口数量不断走低,原料、能源对外依存度不断增加等等。这样的粗放式发展方式越来越不利于我国后续的可持续发展,中国亟须改变以往的粗放型发展方式,提高生产要素的使用效率,以促进中国经济的高质量持续增长。

3. 我国产业链上下游之间存在低效率问题,产业关联度有待改善

具体来看,从产品关联视角,多数产业的中间产品投入率较高,产业增加值较低,特别是我国的高端制造业,增加值普遍低于发达国家的同类产业。从技术关联视角来看,我国企业自主创新能力还需提升,关键核心

技术不强,难以带动相关产业的发展。从价格关联视角来看,由于我国上游多为具有垄断势力的国有大企业,其价格变化会通过产业链上下游之间的价格波及效应损害下游中小企业的利润。从投资关联和劳动关联的视角来看,技术行业的发展对投资和劳动力质量提高拉动作用较大。

4. 产业政策促进了我国产业的快速发展,未来将更注重政策效率的增强

最后,本书从投入产出视角来考察产业政策对产业发展的有效性问题。通过研究,本书发现,中国在传统产业和战略性新兴产业均大量使用了产业政策来推动产业的发展。这些政策取得了相当显著的效果,在传统行业,落后过剩产能迅速被清理,传统产业正在探索转型之路。在战略性新兴产业,许多高风险、高难度的领域迅速成长出一批优秀的公司,新兴产业增长明显高于传统产业。但产业政策不是万能的,在传统产业领域,现行政策的执行以行政化政府干预为主,很难做到优胜劣汰。在战略性新兴产业,过度依赖政府补贴,导致这些产业的自主创新能力薄弱,竞争力不强。因此,政府设计合理的产业政策,有效运用这些政策非常重要。要从主要设计和运行选择性产业政策,逐步让渡为设计功能性产业政策为主。设计与有效运用功能性产业政策,这其中包括维持市场公平竞争,规制产业发展,提供良好的营商环境,给企业提供良好的人才,知识产权保护等这些方面的政策。

第三章

基于投入产出的大类产业发展动态分析

本章在分析传统产业和新兴产业发展概况的基础上,通过近些年来的投入与产出数据分析投入产出条件下传统产业与新兴产业发展情况,进而对我国经济与产业转型升级过程中的投入产出问题进行探讨。

3.1 传统产业发展动态分析

3.1.1 传统产业概念界定

传统产业是指在工业化进程中,相对于新兴主导产业来说,前一个阶段主导产业高速增长后保留下来的一系列产业①。从生产要素密集度来看,传统产业大多是劳动密集型产业或资本密集型产业,其以传统生产技

---

① 孔祥敏.中国传统产业在知识经济时代的前途[J].长白学刊,2001(6):42-45.

术为主导,进行传统产品的生产[①]。本文中将传统产业的概念拓展到三次产业中,即传统农业、传统制造业和传统服务业。

其中,传统农业主要是指在自然经济条件下,采用人力、畜力、手工工具、铁器等为主的手工劳动方式,靠世代积累下来的传统经验发展,以自给自足的自然经济居主导地位的农业,包括传统种植业、林业、牧业、渔业等。传统制造业主要是指在中国工业化发展进程中发挥重要作用的能源产业(煤炭、原油开采、电力等)和原材料工业(如钢铁、有色金属、建材、化工原料或材料等)等传统基础性产业,以及食品、饮料、纺织、服装等加工制造型产业。传统服务业,一是指需求是"传统"的(其需求在工业化以前就广泛存在),二是指生产方式是"传统"的("前资本主义生产方式",如家仆服务和传统商业等),典型行业如批发零售、住宿餐饮。

3.1.2　传统农业投入产出动态分析

1. 传统农业整体投入动态分析

(1)要素投入持续下滑

土地是最重要的农业投入要素之一。近年来农业土地有效利用面积有下降趋势。根据国家统计局的数据,近年来,我国农业有效灌溉面积增速在 2% 左右,最近两年增速降至 1%,增速总体下降(见图 3—1);我国农作物播种面积增速近年来逐渐走低,近两年还出现了负增长(见图 3—2)。2018 年,我国农业有效灌溉面积 68 271.64 千公顷,比上年增长 1%;农作物播种面积 165 902.38 千公顷,比上年下降 0.258%。

传统农业的劳动力投入出现下滑。根据国家统计局的数据,我国第一产业的劳动力已经连续多年负增长,并且负增长的速度较大,2018 年增速低于 −3%(见图 3—3)。截至 2018 年,大约有 9 000 多万农业转移人口在城镇落户。劳动力受教育程度方面,近年来,我国传统农业劳动力受教育程度以小学、初中为主,高中以上人数明显较少,整体素质偏低,并且有普遍下降的趋势。根据最新数据,2016 至 2017 年,我国从事农、林、牧、渔业的就业人员中,小学及未上过学的人数上升,中学以上的劳动力人数下降(见图 3—4)。

---

① 赵强,胡荣涛.加快传统产业改造和升级的步伐[J].经济经纬,2002(1):28—31.

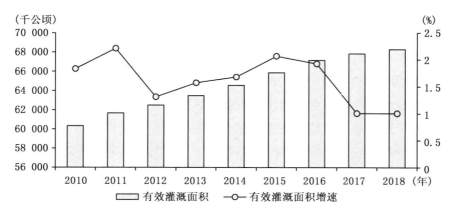

资料来源：根据国家统计局数据绘制。

图 3—1　有效灌溉面积及其增速

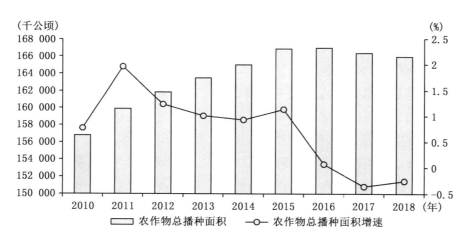

资料来源：根据国家统计局数据绘制。

图 3—2　农作物播种面积及其增速

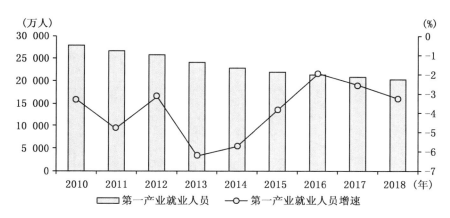

资料来源:根据国家统计局数据绘制。

图 3—3　第一产业就业人员

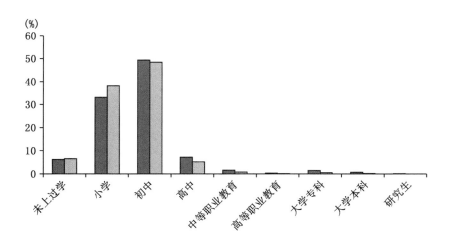

资料来源:根据《中国人口和就业统计年鉴》数据绘制。

图 3—4　农业就业人员受教育程度构成

(2)产出整体提升,增速有所下降

国家统计局最新数据显示,2018 年我国农业生产大幅增长,谷物、肉类等主要农产品产量居世界前列。根据国家统计局发布的报告,1978 年到 2017 年,我国谷物、花生、茶叶产品产量由世界第 2 位上升至世界第 1位;肉类由第 3 位提高到第 1 位;甘蔗产量由第 10 位提高到第 3 位。同时,我国农业产值和增加值增长速度出现放缓,增速总体呈现下降趋势

（见图 3—5 和图 3—6）。2018 年，我国农林牧副渔业增加值 67 538 亿元，比上年增长 3.6%，略低于 2017 年的 4.1%，与 2016 年的 3.5% 基本持平；总产值 113 579.53 亿元，比上年增长 3.5%，略低于 2017 年的 4%，与 2016 年的增速持平。

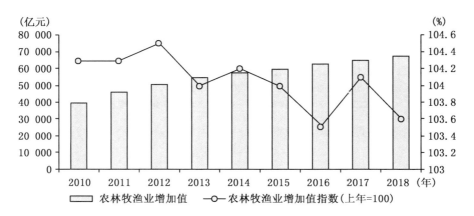

资料来源：根据国家统计局数据绘制。

图 3—5　我国农林牧渔业增加值

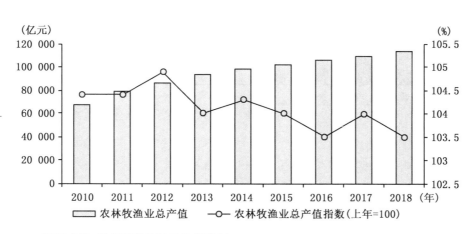

资料来源：根据国家统计局数据绘制。

图 3—6　我国农林牧渔业总产值

分行业看，种植业的总产值明显高于其他行业，牧业总产值有所下降，其余细分行业总产值总体平稳（见图 3—7）。2018 年，我国种植业总产值 61 452.60 亿元，比 2017 年上涨 5.8%；牧业总产值 28 697.40 亿元，

比 2017 年略有下降,同比增速为－2.26%;林业 2018 年总产值 5 432.61
亿元,比 2017 年上涨 9%,增幅明显;渔业 2018 年总产值 12 131.51 亿
元,比上年上涨 4.79%。

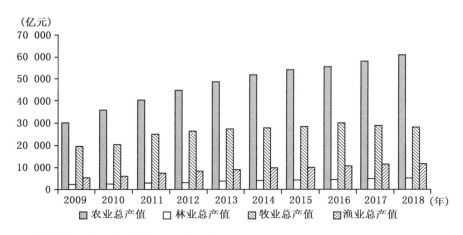

资料来源:根据国家统计局数据绘制。

图 3－7　我国农林牧渔业分行业总产值

(3)新技术和新业态对传统农业的渗透增强

根据最新的投入产出表,在 2017 年农林牧副渔业单位最终产品完全
消耗系数前十位行业中,除了农林牧渔业本身外,化学工业位居第二位;
食品、饮料制造及烟草制品业位居第三位;运输仓储邮政、信息传输、计算
机服务和软件业位居第五位;机械设备制造业位居第六位(见图 3－8)。
对比 2012 年和 2015 年的投入产出表,除了化学工业、食品等的制造业、
机械设备制造业常年处在靠前位置外,运输仓储邮政、信息传输、计算机
服务和软件业以及服务相关行业的位次上升十分明显(见图 3－9)。这
表明,在我国农业生产中,不仅技术投入的比重增加,技术在农业生产中
的作用得到较大的提升,化学、机械等在农业生产中得到较大的推广,而
且对于农产品销售和运输方面的投入需求上升明显,新型农业商贸和运
输业态也正在不断加深渗透。

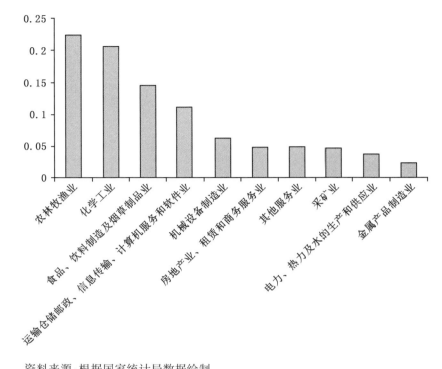

资料来源:根据国家统计局数据绘制。

图 3—8 2017 年投入产出表农林牧渔业完全消耗系数前十的行业

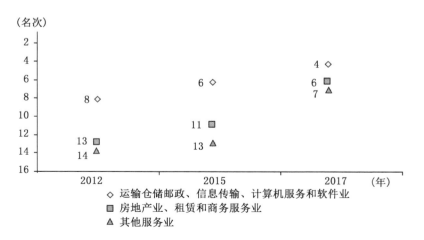

资料来源:根据国家统计局数据绘制。

图 3—9 农林牧渔业部分投入的完全消耗系数排名

(按统计局公布的行业分类进行数值大小排序后得到)

2. 种植业和林业投入产出动态分析

(1)种植业面积增速下滑,设备朝着规模化发展,产量增速波动大

从土地要素投入看,传统农业播种面积总量平稳,增速有所下降(见图 3—10)。其中粮食作物增速近年来下降明显,连续两年出现负增长。2018 年,我国粮食作物播种面积 117 038.21 千公顷,增速为—0.806%,虽然增速与 2017 年相比有所回升,但仍处在负增长状态。

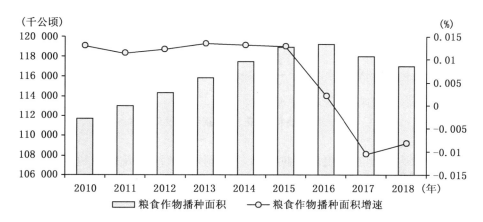

资料来源:根据国家统计局数据绘制。

图 3—10 粮食作物播种面积及增速

此外,我国油料作物、棉花、糖料作物播种面积总体上也存在增速放缓趋势,但棉花播种面积和糖料播种面积在 2018 年增速有明显回升(见图 3—11)。2018 年,我国油料作物播种面积 12 872.43 千公顷,增速比上年放缓;棉花播种面积 3 354.41 千公顷,糖料作物播种面积 1630 千公顷,增速均回升至 5%左右。其中,棉花种植面积自 2016 年增速触底后,于 2017 年开始反弹,到 2018 年持续保持了上年的增速上涨趋势,部分退出棉花种植改种其他经济作物的农民并未收到预期的效益以及国家棉花种植政策的鼓励作用是其中的重要原因。

传统农业中,与我国农业小型、分散生产相适应,小型拖拉机和配套农具数量明显多于大型拖拉机和配套农具,但大型拖拉机和配套农具 2012—2017 年有上升趋势,表明传统农业正在向着大型化、规模化方向发展。但 2018 年,这一趋势发生了变化,农用大型拖拉机数量出现明显下降,小型拖拉机数量上升(见图 3—12)。这与 2018 年出现的粮食价格

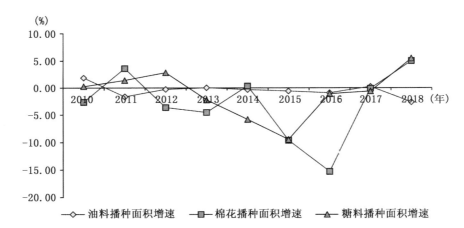

资料来源:根据国家统计局数据绘制。

图 3—11   油料、棉花、糖料播种面积及增速

变动导致大中型农机更新周期延长、更新频次放缓以及拖拉机跨区作业导致的行业竞争加剧、大中型拖拉机经营收益下降等因素有关。

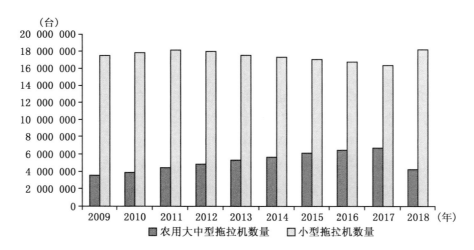

资料来源:根据国家统计局数据绘制。

图 3—12   农用拖拉机数量

近年来,我国传统农产品粮食类产量有下滑趋势(见图 3—13)。2018 年,我国粮食产量 65 789.22 万吨,增速为−0.56%。根据国家统计局发布的报告,2019 年整体气候条件有利于粮食生产,夏粮和早稻合计增产 12 亿斤,秋粮生产形势良好。其中,全国夏粮总产量 2 835 亿斤,比 2018 年增加 58.6 亿斤,增长 2.1%,与 2017 年持平,预计全年粮食将再获丰收。油料、糖料和棉花产量增速持续保持较大的变化幅度(见图 3—14 至图 3—16)。2018 年,我国油料产量达到 3 433 万吨,糖料产量 11 937 万吨,棉花产量为 610 万吨,糖料、棉花增幅较大,油料出现负增长。

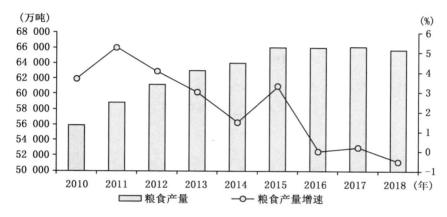

资料来源:根据国家统计局数据绘制。

图 3—13 我国粮食产量

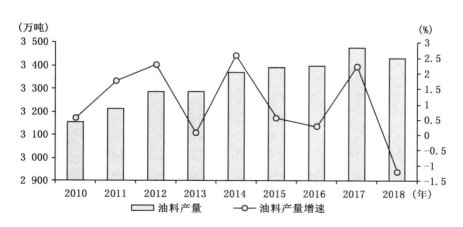

资料来源:根据国家统计局数据绘制。

图 3—14 我国油料产量

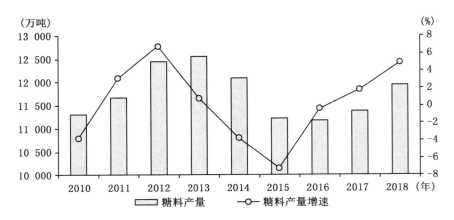

资料来源:根据国家统计局数据绘制。

图 3－15　我国糖料产量

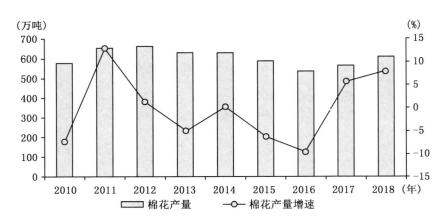

资料来源:根据国家统计局数据绘制。

图 3－16　我国棉花产量

单位产出方面,粮食、豆类近年来有出现负增长的情况,投入产出效率增速低。我国粮食作物的单位产出总体而言不断提升,但增速存在波动。根据国家统计局公布的最新数据,2018 年我国粮食单位面积产量5 621.17 公斤/公顷,增速接近 0.25％。粮食单位面积产量近年来整体上呈现上升趋势,增速有所波动(见图 3－17)。油料、糖料、棉花单位面积产量增速总体平稳(见图 3－18 至图 3－20)。

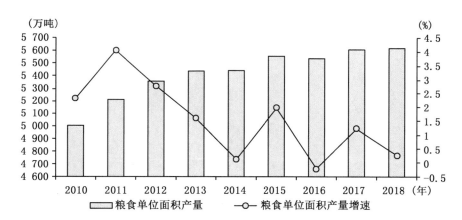

资料来源:根据国家统计局数据绘制。

图 3—17　我国粮食单位面积产量

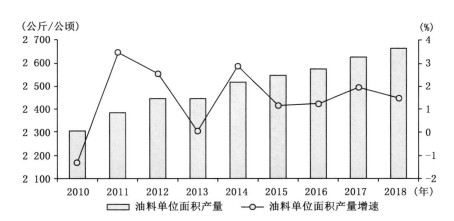

资料来源:根据国家统计局数据绘制。

图 3—18　我国油料单位面积产量

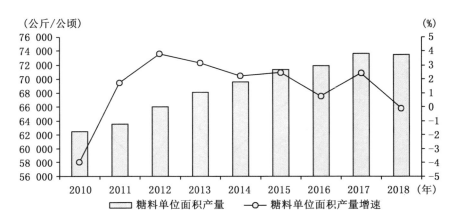

资料来源:根据国家统计局数据绘制。

图 3—19　我国糖料单位面积产量

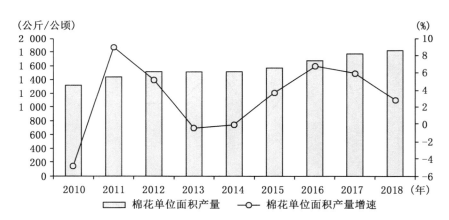

资料来源:根据国家统计局数据绘制。

图 3—20　我国棉花单位面积产量

　　大豆生产近年来备受关注。整体上看,我国大豆种植面积不低,产量较高,但与美国相比存在较大差距。投入方面,近年来我国大豆播种面积呈现上升趋势,近两年增速有所下降。2018 年,我国大豆播种面积8 412.77 千公顷,比上年增长 2%,增速有所放缓(见图 3—21)。产出方面,我国豆类产量在经历了一定时期的缓慢下降后,自 2016 年开始重新回升,大豆单位面积产量整体上也呈现波动上升趋势,但 2018 年产出总量和单位产出都有所放缓,较上年分别上涨 4.48% 和 3.39(见图 3—22

和图 3—23)。尽管我国的大豆种植不断上涨,但种植面积长期明显低于美国(见图 3—24),这与我国的农业结构和农业生产方式相关。全球比较来看,根据 USDA 的数据,我国大豆单位产出与美国相比差距明显,相差达到 4 倍以上,与全球平均水平相比也存在差距(见图 3—25),生产效率仍然有待提升。

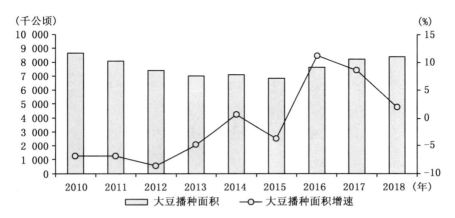

资料来源:根据国家统计局数据绘制。

图 3—21 我国大豆播种面积

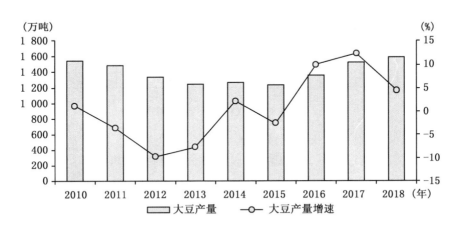

资料来源:根据国家统计局数据绘制。

图 3—22 我国大豆产量

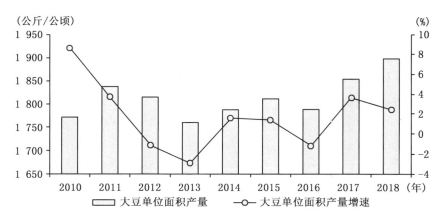

资料来源:根据国家统计局数据绘制。

图 3—23 我国豆类单位面积产量

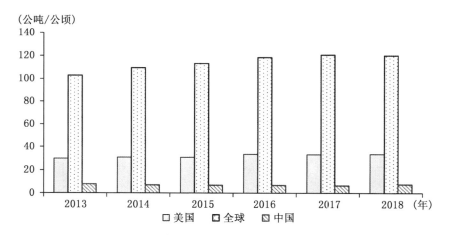

资料来源:根据国家统计局数据绘制。

图 3—24 我国与美国和全球的大豆种植面积

（2）林产品产量快速增长,稳居世界前列

根据国家统计局的数据,我国林业用地面积连续多年保持 31 259 万公顷,土地投入保持平稳。林业产品方面,改革开放以来,随着国有林场和集体林权制度改革的全面深化,林业产业发展迅速,林产品产量快速增长。2018 年,我国木材产量 8 811 万立方米,增速在 5% 左右（见图 3—26）。除了一般的木材产品外,我国的经济林产品、松香等主要林产品产量稳居世界第一,其中,油茶籽、松脂、橡胶产量在我国林产品中产量靠前(见图 3—27 至 3—29)。

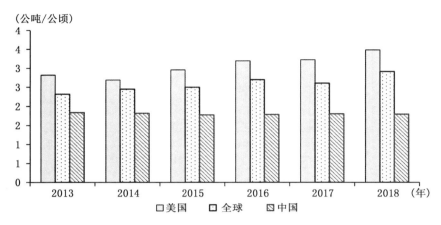

资料来源:根据 USDA、Wind 数据绘制。

图 3—25 我国大豆单位面积产量与美国和全球对比

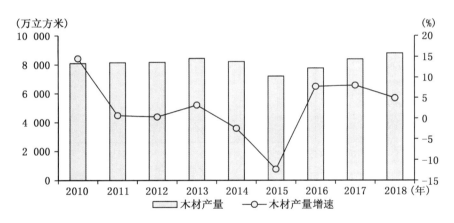

资料来源:根据国家统计局数据绘制。

图 3—26 木材产量

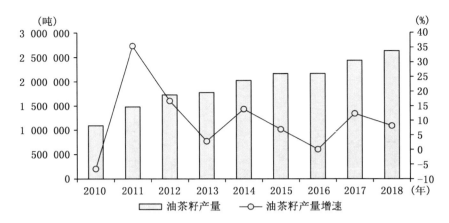

资料来源：根据国家统计局数据绘制。

图 3—27　油茶籽产量

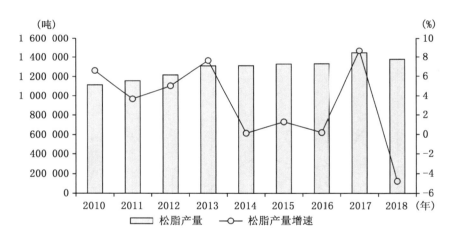

资料来源：根据国家统计局数据绘制。

图 3—28　松脂产量

3. 畜牧业和渔业投入产出动态分析

(1)猪产品投入产出增速下降,大型企业显现优势,国际差距仍大

受非洲猪瘟影响,生猪存栏量和能繁母猪存栏数量大幅降低(见图3—30)。2019 年前三季度全国生猪出栏 40 978 万头,比上年同期减少8 601 万头,下降 17.3％;9 月底全国生猪存栏 30 675 万头,同比减少12 212 万头,下降 28.5％。根据华泰证券研究所的分析,生猪存栏同比

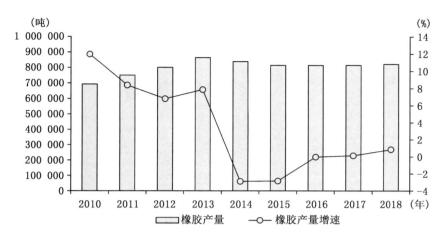

资料来源:根据国家统计局数据绘制。

图 3—29　橡胶产量

数据来看,上轮周期同比下降最高幅度在 2015 年 3 月的 10.7％,目前的供应下滑幅度远超上轮周期;能繁母猪同比数据来看,上轮同比下降最高幅度也在 2015 年 3 月的 15.7％,当前下滑幅度也已远超上轮周期;能繁母猪存栏断崖式下滑是从 2018 年 11 月开始,根据正常情况下能繁母猪存栏影响 10 个月以后生猪的供应的标准,未来一段时期内,行业会呈现生猪价格高企和母猪数量严重不足并存的情况。产出方面,我国畜产品产量整体保持平稳,增速总体回落(见图 3—31),这主要受猪肉产量下降的影响,并且猪肉产量下降带动了其他肉类产量上升(见图 3—32)。根据国家统计局发布的数据,2019 年前三季度,我国猪牛羊禽肉产量 5 508 万吨,同比下降 8.3％;其中禽肉、牛肉和羊肉产量分别为 1 539 万吨、458 万吨和 330 万吨,分别增长 10.2％、3.2％和 2.3％,猪肉产量 3 181 万吨,下降 17.2％,成为我国肉类产出下降的主因。

　　由于非洲猪瘟疫情和猪周期的冲击,2019 年国内生猪出栏及存栏均持续减少,农户补栏的热情不高,导致投入的增长速度整体慢于产出。同时,由于应对非洲猪瘟需要长期保持高度细致的防控措施,这会对企业的相关设备和各种现代化技术提出挑战,规模化尤其是大型的养殖集团更能适应这类技术门槛,大型企业在产能和疫病防控方面的优势,受本轮非洲猪瘟疫情和猪周期的影响相对较小。因此,与全国生猪出栏量总体持

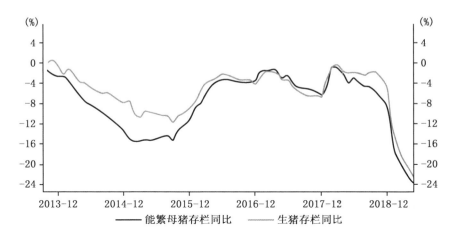

资料来源：根据 Wind 数据绘制。

图 3—30　能繁母猪存栏量和生猪存栏量同比增速

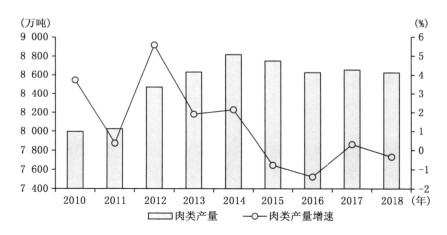

资料来源：根据国家统计局数据绘制。

图 3—31　我国肉类产量

续下降不同，国内大型上市公司的生猪出栏量却普遍处于快速增长之中，呈现逆势上涨状态（见图 3—33 和图 3—34）。

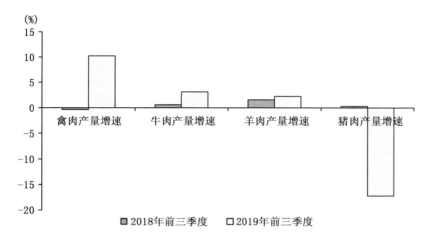

资料来源：根据国家统计局数据绘制。

图 3—32　我国部分肉类产量增速

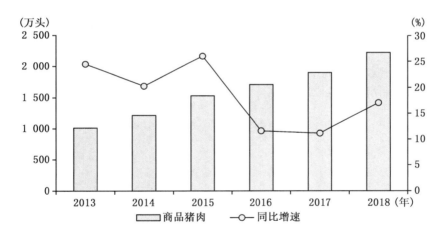

资料来源：根据公司公告数据绘制。

图 3—33　某畜牧业龙头上市公司商品猪肉情况

　　根据中国饲料行业信息网的数据，2010—2018 年，全国每头母猪每年出栏肥猪数从 13.69 大幅提升至 19.1（见图 3—35）。从上市公司的年报中生产性生物资产及每年出栏规模推测，目前生猪养殖上市公司，其每头母猪每年断奶仔猪数普遍在 24～26 之间，部分养殖场甚至可以达到 28。养殖成功率的提升，是规模化养殖场相对于传统养殖模式的最大成本优势来源。根据猪友之家网站的报道，美国目前存栏母猪约 600 万头，

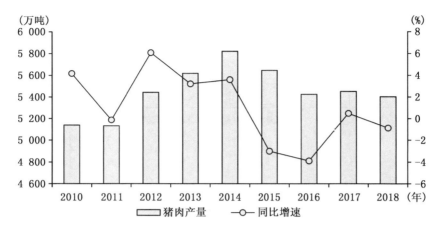

资料来源:根据国家统计局数据绘制。

图 3—34　全国猪肉产量情况

平均每头母猪每年断奶仔猪数为 24,多数为规模化猪场、大体重(130～135 千克)出栏,而某些大型农场的每头母猪每年断奶仔猪数在 2015 年就可以达到 36,采用优化的养殖方式和先进的养殖技术进行猪的饲养是其投入产出效率较高的重要原因。因此,从产出效率看,我国的生猪养殖行业与美国仍然存在一定差距。

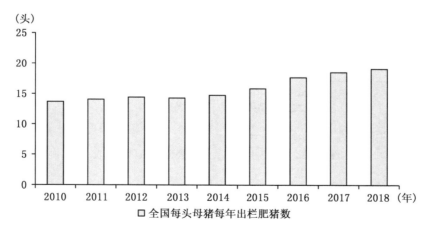

资料来源:中国饲料行业信息网。

图 3—35　全国每头母猪每年出栏肥猪数

（2）渔业养殖面积减少,水产品产量增速回落

整体而言,我国渔业养殖面积出现一定程度的下降。根据《2018 年全国渔业经济统计公报》,2018 年,全国水产养殖面积 7 189.52 千公顷,同比下降 3.48%。其中,海水养殖面积 2 043.07 千公顷,同比下降 1.97%;淡水养殖面积 5 146.46 千公顷,同比下降 4.07%;海水养殖与淡水养殖的面积比例为 28.4:71.6(见表 3—1 和表 3—2)。产出方面,我国渔业产出近年来保持增长,但增速明显持续回落(见图 3—36)。

表 3—1　　　　　　　　　　**2018 年全国海水养殖面积**　　　　　　　单位:千公顷

指　标	2018 年	同比(%)	占总面积比重
全国总计	2 043.07	−1.97	
鱼　类	75.12	−16.45	3.68
甲壳类	295.01	−1.35	14.44
贝　类	1 241.11	−3.55	60.75
藻　类	144.15	−0.76	7.06
其他类	287.68	9.35	14.08

资料来源:《2018 年全国渔业经济统计公报》。

表 3—2　　　　　　　　　　**2018 年全国淡水养殖面积**　　　　　　　单位:千公顷

指　　标	2018 年	同比(%)	占总面积比重
全国总计	5 146.46	−4.07	
池　塘	2 666.84	5.50	51.82
湖　泊	746.16	−15.83	14.50
水　库	1 441.67	−10.75	28.01
河　沟	179.41	−16.06	3.49
其　他	112.38	−7.54	2.18

资料来源:《2018 年全国渔业经济统计公报》。

3.1.3　传统制造业投入产出动态分析

1. 传统制造业整体投入产出动态分析

（1）要素投入整体出现下滑,研发投入上升

劳动力人数和受教育水平均出现下降趋势。近年来,我国传统制造业的劳动力人数出现下降趋势,受教育程度总体偏低,其中煤炭开采和洗选业、纺织服装服饰业、黑色金属冶炼和压延加工业等劳动力投入总量较

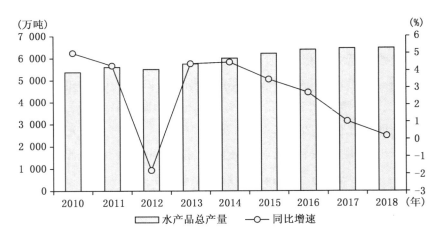

资料来源:根据国家统计局数据绘制。

图 3—36　我国水产品产量

大的劳动密集型行业也出现了劳动力人数下降(见图 3—37)。此外,传统制造业劳动力受教育程度以初高中为主,素质偏低,并且存在普遍下降的趋势。例如,根据最新数据,在传统制造业中吸纳就业较多的采矿业,2017 年吸纳的初中、小学就业人数与 2016 年相比出现了上升,而大专以上就业人数出现下降(见图 3—38)。

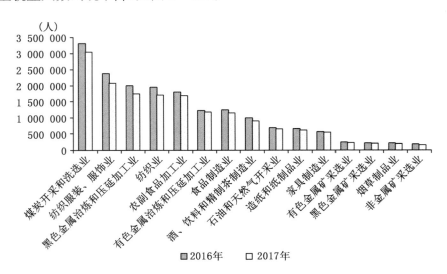

资料来源:根据国家统计局数据绘制。

图 3—37　传统制造业城镇单位就业人员

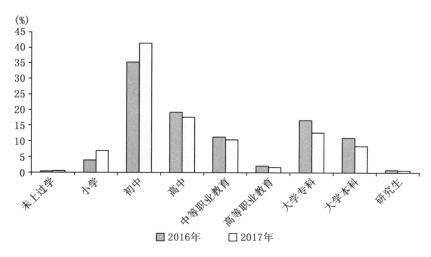

资料来源：根据《中国人口和就业统计年鉴》数据绘制。

图3－38　采矿业就业人员受教育水平

投入资本整体下滑，增速存在行业差异。根据国家统计局公布的最新数据，从投入资本来看，典型的传统制造业资本投入增速近年来呈现下降趋势。分行业看，传统制造业中，食品制造、纺织服装、家具制造业的规模以上工业企业实收资本有逐年上升的趋势，而采矿业中的几个主要行业的实收资本则出现了下降（见图3－39）。固定资产投资方面也具有类似趋势（见图3－40）。进入2019年以来，部分典型传统制造业的固定资产投资增速持续下滑，并且部分行业出现了持续的负增长。

研发投入总体上升，行业差异明显。整体上看，我国传统制造业的研发投入近年来有所上升，并保持高速增长，采矿业研发投入的总量和增速明显低于加工制造业（见图3－41和图3－42）。根据国家统计局公布的最新数据，总体而言，传统制造业的新产品开发经费呈现上升趋势，农副食品加工业、食品制造业、纺织业、有色金属冶炼及压延加工业等增速明显，而采矿业类行业的新产品开发经费在规模和增速上均不及其他制造业。

（2）增加值增速有所回升，新产品销售收入增长不明显

近年来传统制造业发展整体趋缓，但部分行业2019年上半年增加值增速有较为明显的回升，同时也存在部分行业增加值增速下滑，表明我国

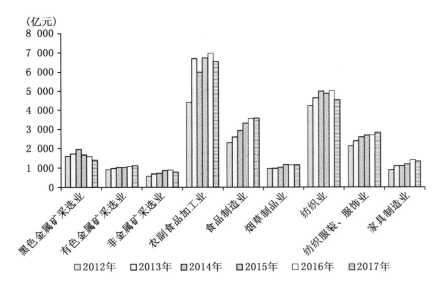

资料来源:根据国家统计局数据绘制。

图 3—39　部分传统制造业规模以上工业企业实收资本

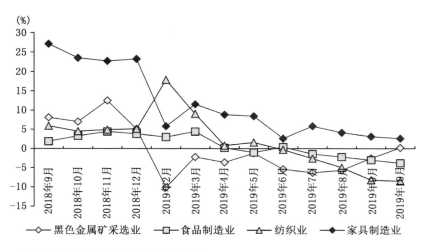

资料来源:根据国家统计局数据绘制。

图 3—40　部分传统制造业固定资产投资累计同比增速

传统行业的投入产出效率整体上有所改善,但行业间还存在差异(见图 3—43 和图 3—44)。新产品销售收入方面,2017 年,虽然部分行业的新产品销售收入有所上升,但增幅较小,并且也有个别行业出现下降的情

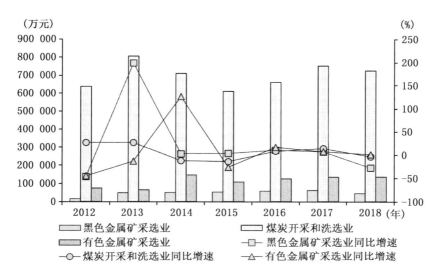

资料来源：根据国家统计局数据绘制。

图 3—41　部分采矿类传统制造业新产品开发经费

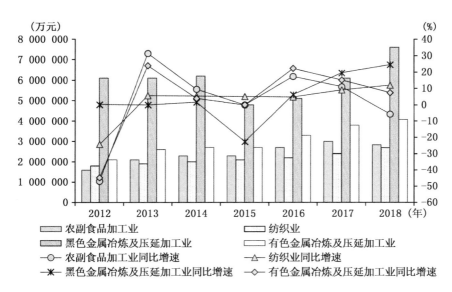

资料来源：根据国家统计局数据绘制。

图 3—42　部分加工类传统制造业新产品开发经费

况。整体上看，新产品销售收入的增长并不明显，但在 2018 年，部分传统行业的新产品销售收入出现明显下降（见图 3—45 和图 3—46），这表明，我国在创新及其产品生产方面,仍然需要改进。

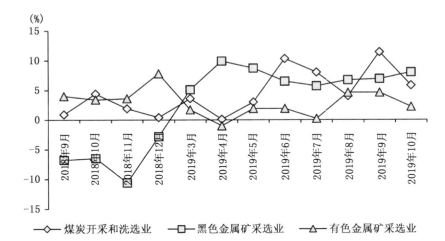

资料来源:根据国家统计局数据绘制。

图 3—43　部分采掘类传统制造业增加值增速

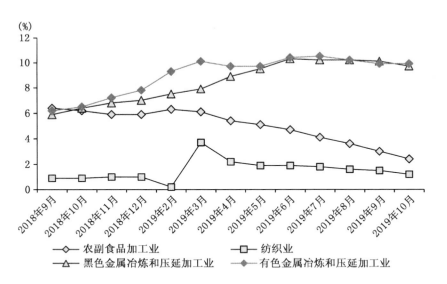

资料来源:根据国家统计局数据绘制。

图 3—44　部分加工制造类传统制造业增加值增速

(3)规模以上企业投入产出效率基本稳定,新产品投入产出下降

企业的盈利能力综合反映了企业的投入产出效率,是衡量企业投入产

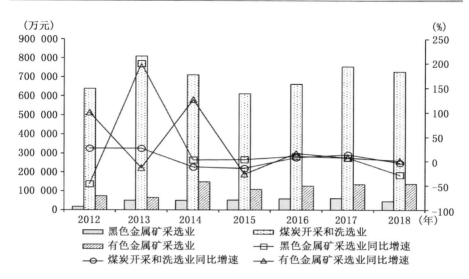

资料来源:根据国家统计局数据绘制。

图 3－45　部分采掘类传统制造业新产品销售收入

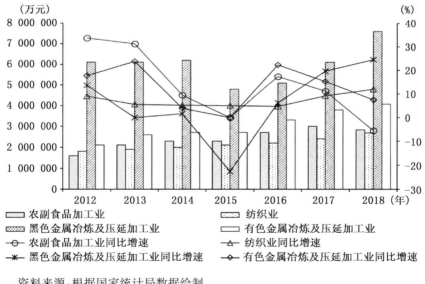

资料来源:根据国家统计局数据绘制。

图 3－46　部分加工制造类传统制造业新产品销售收入

出效率的重要财务指标。因此,从投入产出综合方面,以部分典型行业的营业利润率来看,传统采矿类制造业规模以上工业企业的营业利润率普遍高于传统加工类制造业,并且二者基本都处在稳定区间(见图 3－47)。

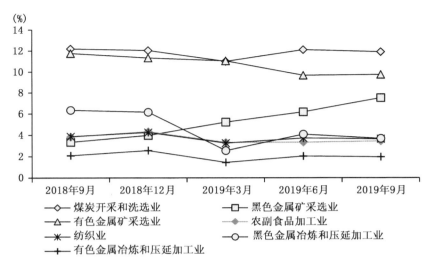

资料来源:根据国家统计局数据绘制。

图3—47　典型传统行业营业利润率

从新产品研发的投入产出方面,近年来,典型传统行业的新产品开发投入产出存在较明显的波动。综合来看,根据国家统计局公布的最新数据,与上年相比,2018 年,部分典型采矿类传统制造业的新产品销售收入与新产品开发经费比例明显上升,但波动较大,而加工制造类传统制造业则出现下滑(见图 3—48 和图 3—49),表明新产品开发的投入产出效率有待提升。

2. 钢铁行业投入产出分析

(1)产能投入持续下降,多因素叠加导致投入成本上升

全球钢铁产能逐年小幅回落,中国钢铁产能总量大,去产能幅度大于全球。根据 OECD 公布的数据,2018 年中国的钢铁产能占到全球的 1/2左右,高于 OECD 国家全部产能之和,远高于美国、日本等国,但产能规模总体上保持了近年来的下降趋势(见图 3—50)。此外,国内钢铁产能整合仍在继续。例如,中国宝武钢铁集团将与马钢集团合并经营,新公司粗钢年产量将达近 9 000 万吨,直逼全球第一钢铁企业。在世界经济前景仍然不明朗的背景下,重组整合产能可以一定程度上缓解钢铁供给过剩问题。

上游原材料供需矛盾导致投入成本上涨。钢铁行业的上游原材料由

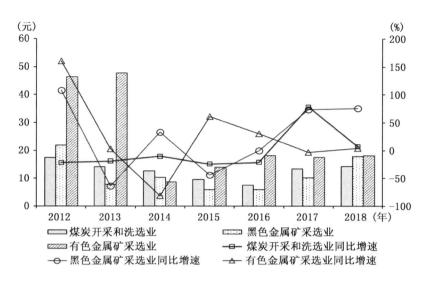

资料来源:根据国家统计局数据绘制。

图3—48 部分采矿类传统制造业新产品开发的销售额和投入比

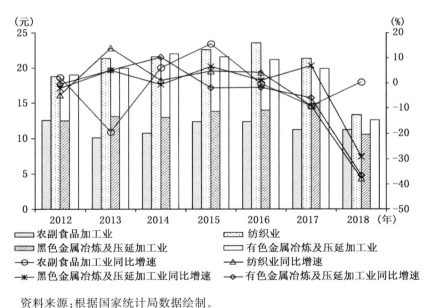

资料来源:根据国家统计局数据绘制。

图3—49 部分加工制造类传统制造业新产品开发的销售额和投入比

于以大宗商品居多,上游铁矿石呈寡头垄断格局。根据平安证券的报告,

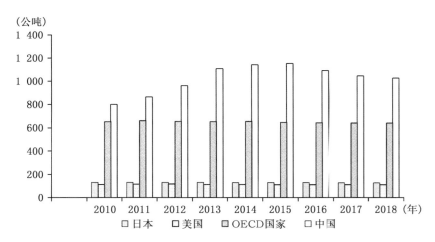

资料来源:根据 OECD 数据绘制。

图 3—50　全球钢铁产能情况

截止到 2018 年,铁矿石原矿储量前 5 国家储量占全球储量 78.5%;铁金属含量前 5 国家占全球总含铁量 73.4%。目前全球铁矿石供应主要来自澳大利亚和巴西,消费主要集中在东亚。其中,中国是全球最大的铁矿石消费中心,2017 年进口铁矿石占全球总贸易量 68.15%。2019 年以来,澳大利亚和巴西的铁矿石累计发货量总体下降,虽然后期有所回升,但总体仍然较低(见图 3—51 和图 3—52),一定程度上造成了上游的成本压力。

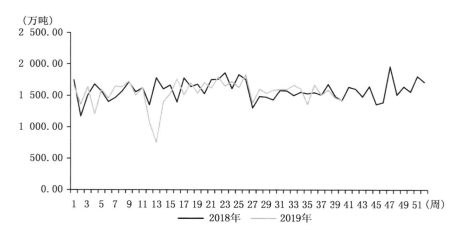

资料来源:根据 Wind 数据绘制。

图 3—51　澳大利亚铁矿石对中国发货量

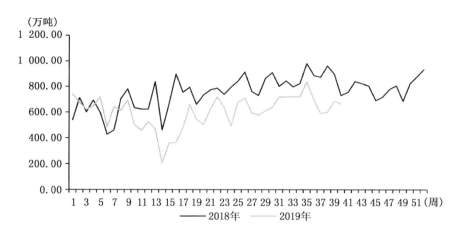

资料来源:根据 Wind 数据绘制。

图 3－52　巴西铁矿石对中国发货量

　　物流等成本维持在较高水平。根据前瞻产业研究院的数据,目前我国钢铁行业物流成本费用率约为 12.0%,按行业平均水平推算,我国钢企物流成本约为 924 元/吨,远远高于发达国家 6% 的水平。其中,运输成本占比最大。其次是配送成本、加工成本和仓储成本(见图 3－53)。运输成本长期居高不下也是造成我国钢铁行业投入成本较高的原因之一。

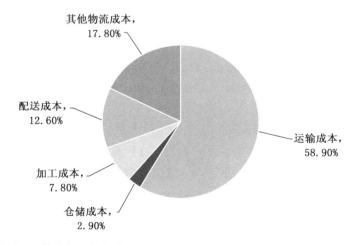

资料来源:前瞻产业研究院。

图 3－53　我国钢材企业成本构成

技术改造投入需求扩大,提升部分钢铁企业的成本水平。进入 2019 年以来,我国钢铁行业的固定资产投资增速较高(见图 3—54),但根据东兴证券研究所的测算,2018 年末黑色金属冶炼和压延加工业的固定资产投资累计同比增长 13.8％,以 2017 年基数计累计实现投资完成额 4 329 亿元,环比 2017 年提高约 525 亿元。尽管从增速上看处在较高水平,但固定资产投资的绝对值并不高,低于 2012—2014 年的水平,且近年资本开支增量贡献多数来自技术改造的投入。按照钢铁行业超低排放要求,钢铁企业在设备升级以及运营成本等方面的资金投入加大,直接推动了成本上升。

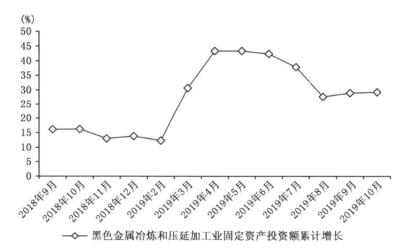

资料来源:根据国家统计局数据绘制。

图 3—54　黑色金属冶炼和压延加工业固定资产投资额累计增长

(2)产品产量增速加快,出现产出过剩现象

2019 年以来,部分典型钢铁工业产品产量累计同比增速明显回升(见图 3—55)。2018 年的前三季度,我国生铁、钢和钢材产量分别为 5.8 亿吨、7.0 亿吨和 8.2 亿吨,同比分别增加 1.2％、6.1％和 7.2％;而 2019 年前三季度,全国生铁、粗钢和钢材产量分别为 6.12 亿吨、7.48 亿吨、9.09 亿吨,同比分别增长 6.3％、8.4％和 10.6％,产量明显提高,增幅也明显快于上年。

根据国际钢铁工业协会的数据,我国粗钢产量增速长期处于全球前

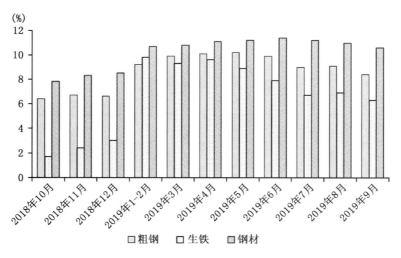

资料来源:根据国家统计局数据绘制。

图3—55　我国部分钢铁产品累计同比增速

列,尤其是进入2019年,我国粗钢产量增速虽然有所下降,在2019年9月下降到近期的最低点,但仍然高于全球平均水平(见图3—56)。从全球平均来看,2019年三季度末的粗钢产量出现小幅负增长,美国等国的粗钢产量近期持续负增长。我国粗钢产量虽然增速下降,但产量仍有增加。而根据中国钢铁工业协会消息,近年来,受结构调整和利益驱动,钢铁行业置换建设项目数量走高,我国拟建钢铁项目的粗钢产能仍将继续扩张。与全球趋势对比来看,我国钢铁产业应警惕产能过剩的重新抬头。

从利润上看,2019年钢铁市场竞争加剧、成本高企等原因将导致钢铁企业投入所产出的利润下滑。根据中国钢铁协会的数据,2019年前三季度,协会会员企业虽然收入增加,但效益有所下降,销售收入为3.18万亿元,同比增长11.6%;实现利润总额1 466亿元,同比下降32%;销售利润率4.6%,较上年同期下降3%。从2018年该钢铁企业利润改善的原因看,最主要的原因是钢铁行业的去产能和清理地条钢等。过去三年间,钢铁行业的去产能取得了阶段性的进展。2016年,我国钢铁行业化解过剩产能6 500万吨;2017年继续化解炼钢产能5 500万吨,2018年超额完成3 000万吨去产能目标;到2018年年底,已提前完成"十三五"确定的钢铁去产能1.4亿~1.5亿吨的上限指标,而随着去产能任务进展,供给

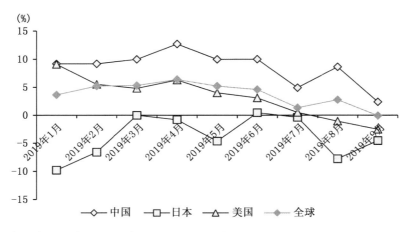

资料来源：根据国际钢铁工业协会数据绘制。

图 3—56　全球粗钢产量同比增速

端对价格的边际拉动影响逐渐削减。另外，钢铁行业的原材料和技改成本也在上涨，例如，根据中钢协的数据，2019 年以来，国产铁精矿、进口铁矿石、废钢、炼焦煤等主要原料价格普遍上涨，价格持续在高位运行。2019 年前三季度，主要原料采购成本与去年同期相比，进口铁矿上升 31.7%，国产铁精矿上升 21.5%，废钢上升 8.8%，成本的上涨增加了企业的资金投入，限制了企业利润。

铁矿石供给面紧缩的同时，需求面则呈现扩张的趋势。2019 年以来我国钢铁行业的高炉产能利用率、生铁产量均显著增长。根据光大证券研究所的研究报告，按照 Mysteel 统计的全国 247 家高炉产能利用率（剔除淘汰产能）数据，从 2019 年初至 6 月中旬的平均值为 80.22%，同比 2018 年同期显著增长约 2 个百分点，这表明 2019 年高炉开工更活跃，受限产影响更小，应警惕产出过多的情况（见图 3—57）。中国钢铁协会的数据显示，2019 年前三季度，中国钢材价格指数（CSPI）综合指数平均为 108.58 点，同比下降 7.17 点，降幅为 6.2%。其中，长材指数平均为 114.61 点，同比下降 5.0%，板材指数平均为 104.81 点，同比下降 7.5%。钢铁价格下降进一步压缩了钢铁企业的利润空间。

（3）生产率增速总体加快，竞争力仍有待提升

我国钢铁行业的生产率总体上正在快速提升。根据中国冶金报社的测算（见表 3—3），2016 年和 2017 年，按照单钢口径、主业在岗职工总数

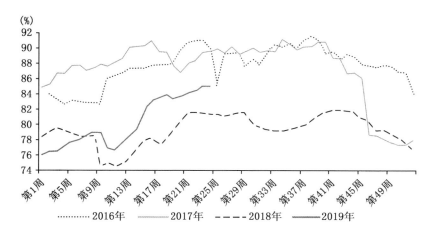

资料来源：Mysteel，光大证券研究所。

图 3—57 全国 247 家钢厂高炉产能利用率

来计算，钢铁行业实物劳动生产率分别达到 602 吨/人年、663 吨/人年，增长率分别达到 14.23％、10.13％，连续两年增速达到两位数，为近 10 年增速最快的两年。其中，2016 年，得益于化解产能、人员分流安置，劳动效率提高 14.23％；2017 年，全行业劳动生产率继续保持较高的增长速度，提高了 10.13％，主业在岗职工人均年产钢达到 663 吨。

表 3—3 　　　　　　　近十年钢铁企业实物劳动生产率（单钢口径）

单位：吨/人 年

年份	按职工总数计算	按在岗职工总数计算	按主业在岗职工总数计算	同比增长（主业在岗）
2008	194	231	354	—
2009	239	299	399	12.71％
2010	272	322	430	7.76％
2011	297	322	452	5.12％
2012	303	331	454	0.44％
2013	341	368	496	9.21％
2014	353	379	504	1.61％
2015	357	384	527	4.56％
2016	391	425	602	14.23％

续表

年份	按职工 总数计算	按在岗职工 总数计算	按主业在岗职工 总数计算	同比增长 （主业在岗）
2017	451	500	663	10.31%
2017 年增幅	15.35%	17.65%	10.13%	—
10 年增幅	132.47%	116.45%	87.29%	—

资料来源：中国冶金报社。

在生产率提升的同时，我国钢铁企业的竞争力也在逐步优化，但仍然有很大的提升空间。根据世界钢铁动态（WSD）2019 年发布的最新排名，在最新竞争力排名榜单中，前十名主要是传统优势企业（见表 3—4），而中国总共有宝钢、中钢、鞍钢、马钢、沙钢五家钢铁企业入围榜单，其中，宝钢得分 7.32 分，排名第 15 位，较上年加权平均得分提高 0.13 分，排名上升 2 位；其次是中钢，得分 6.76 分，排名第 22 位，得分和排名均有所下降，排名下降 4 位；第三是鞍钢，得分 6.36 分，排名第 24 位，得分未变，排名上升 5 位；然后是马钢和沙钢，得分分别为 6.30 分和 6.15 分，排名第 31 位和第 32 位，得分和排名均基本未变。从分项指标看，中国的宝钢、中钢在高附加值产品、技术创新等方面都得到高分，但其余几家钢铁公司的得分参差不齐，与排名靠前的钢铁企业仍然存在差距。虽然在榜单中的中国钢铁企业入围数量最多，排名也在逐步提升，但大部分竞争力都处在中下游水平，竞争力提升需求仍然强烈。

表 3—4　　　　　世界级钢铁企业竞争力排名 2019 年前十名

企业名称	国　家
浦项	韩国，跨国
纽柯	美国
奥钢联	奥地利
谢维尔	俄罗斯
新日铁住金	日本，跨国
俄新钢	俄罗斯，美国
京德勒西南钢铁	印度
安赛乐米塔尔	跨国
耶弗拉兹	俄罗斯
现代钢铁	韩国

资料来源：《世界金属导报》，世界钢动态公司（WSD）。

3. 纺织服装类行业投入产出分析

(1)成本优势削弱,国际竞争加剧,投入下滑

近年来,我国纺织业投资增速不断下降,近年来更是加速放缓。根据国家统计局的最新数据,在经历了 2019 年初超过百分之十的同比快速增长之后,我国纺织类行业的固定资产投资增速迅速回落,并且出现了比较持续的负增长(见图 3-58)。2019 年前三季度纺织业固定资产投资完成额增速为 -8.2%,纺织服装、鞋、帽制造业的固定资产完成额增速为 -2%,均出现负增长态势。

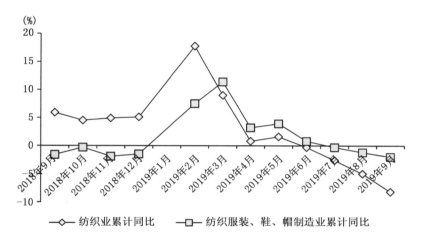

资料来源:根据国家统计局数据绘制。

图 3-58　纺织类行业固定资产投资及增速

相比之下,许多东南亚国家的纺织服装行业快速发展,在各自的国民经济中的重要性不断提升。根据长江证券研究所的报告,2016 年,越南纺织服装业固定资产投资规模占该年制造业投资总额的 10.36%,延续了 2013 年以来的提升趋势。2007—2016 年,越南纺织业固定资产投资年复合增速为 18.57%(见图 3-59)。越南的纺织服装类行业产业布局快速发展,支撑了相关产品产量增长。2018 年越南棉纱纺织物、涤纶及人造纤维纺织物、成衣等产品产量同比增长率分别为 16.20%、18.90%、12.10%,保持两位数的高速增长。而随着越南纺织服装业快速发展,越南纺织服装产业在推动经济发展、增加就业等方面的重要性不断提升,纺织业就业人数占制造业就业总人数比重持续上升。截至 2016 年,越南纺

织服装业企业职工人数达到 170.60 万人,占制造业比重达到 25.24%,且这一比例还在持续逐步上升(见图 3—60)。

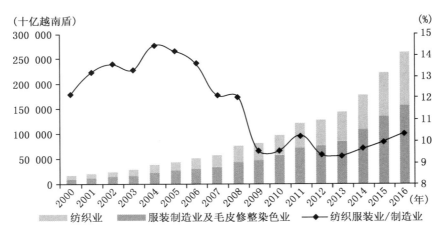

资料来源:Wind,长江证券研究所。

图 3—59　越南主要纺织业固定资产投资情况

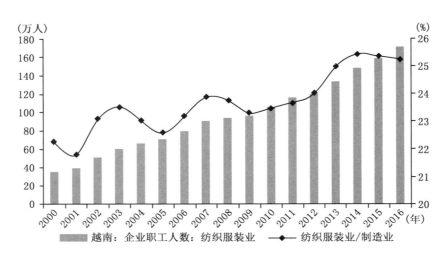

资料来源:越南统计局,长江证券研究所。

图 3—60　越南纺织服装业就业全职职工人数

相对而言,除信贷成本外,我国与越南等东南亚国家相比其他成本优势不明显(见表 3—5)。劳动成本、土地成本和其他经营成本等明显提高,逐渐提高的成本压力导致我国传统的纺织服装行业成本优势明显减弱,在发达国家"再工业化"和发展中国家加快推进工业化进程的双重挤压下,传统纺织行业迫切需要转型升级。

表3—5　　　　　　　　东南亚部分国家及中国部分成本比较

	中　国	柬埔寨	缅　甸	越　南
工资水平	平均4 000元/月	最低薪资170美元/月,相当于中国的1/4	普通工人月平均100～150美元,相当于中国的1/4	1 500～2 000每月,相当于中国的1/2
工作时长	6天10小时	5天8小时	5天8小时	6天8小时
劳动效率	高	中国的50%～80%	中国的50%～80%	中国的70%～80%
能源价格	(宁波)电费0.71～0.77元/度	无法24小时供应,电费0.84～1.6元/度	电费0.42～0.76元/度	电费0.3～0.4元/度
信贷成本	(宁波)4.35%(2017年)	11.32%(美元贷款)	13%(2017年)	7.4%(2017年)
工业土地租金	(宁波)425元/平方米/年	(西哈努克港经济特区)150元/平方米/年	(仰光莱达亚江苏国泰服装项目)30年租约10.5元/平方米/年	(福东工业区)295元/平方米/年

资料来源:越南投资发展网,缅甸中文网,江苏国泰公告,健盛集团公告,招商证券。

(2)贸易问题复杂,国际竞争加剧,产出下降

受到内外部因素影响,我国纺织和纺织服装行业的产量增速持续下降,例如,我国纱产量的累计同比增速持续走低,当期同比增速在进入2019年以来,除了4月增速冲高外,接下来的几个月均维持在持续负增长状态(见图3—61)。布的产量也呈现了类似的趋势,在年初增速冲高之后,迅速进入数月的负增长状态(见图3—62)。

除了国内生产成本上涨等因素外,我国纺织服装类行业的外需受阻是导致纺织服装类产品产量下降的主要原因。近年来,服装行业的外部需求逐渐进入平稳状态。例如,美国的服装消费数量和价格虽然还有所增长,但增长率整体上都保持在一个相对平稳的水平,一直维持在0～10%之间,甚至出现消费额负增长的情况(见图3—63和图3—64)。较稳定的外部市场环境影响导致我国纺织服装企业需要同许多欧美成熟品牌进行激烈竞争,影响到产出规模。

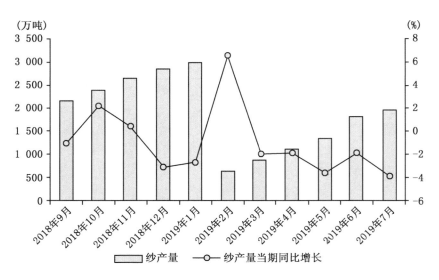

资料来源:根据国家统计局数据绘制。

图 3－61　我国纱产品当期产量

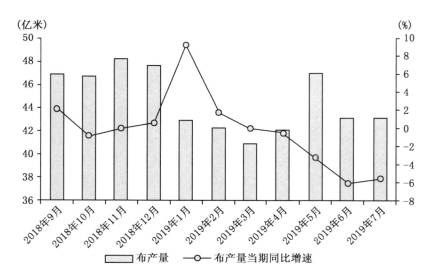

资料来源:根据国家统计局数据绘制。

图 3－62　我国布产品当期产量

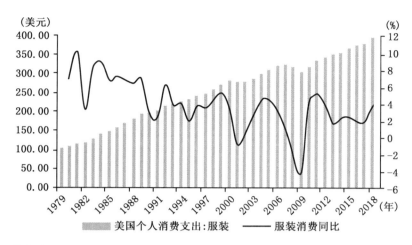

资料来源：Wind，东兴证券研究所。

图 3—63 美国个人服装消费支出

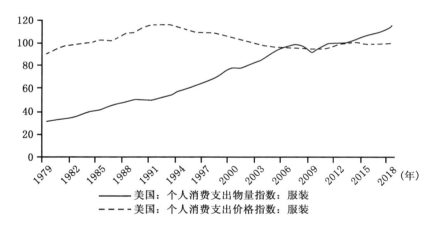

资料来源：Wind，东兴证券研究所。

图 3—64 美国个人服装消费指数

2018 年行业外部影响因素错综复杂，2018 年二季度以来中美贸易摩擦升温，影响国外客户下单积极性，加上国内消费现疲软，纺织制造行业收入端增速随之放缓。在美国公布的贸易关税清单中（见表 3—6），包括了几乎全部种类的产业用制成品及部分家用纺织品和纺织机械产品，几乎覆盖了纺织行业全部对美出口，总额约 450 亿美元。2019 年 9 月后中美贸易摩擦持续缓和，9 月 17 日美国贸易代表办公室公布 3 份对华加征商品关税排除清单,其中三项商品税号涉及纺织服装产品。若未来双方能够达成协议、美方推迟或取消拟对中国商品加征高额关税的计划,将有利于我国纺织出口恢复增长,推动我国纺织行业产量回升。

表 3—6　　美国加征关税清单中涉及纺织行业对美出口金额较大的几类产品

HS	产品名称	金额(亿美元)	占美国进口比重(%)	占中国出口比重(%)
61	针织或钩编的服装及衣着附件	153.95	32.2	20.9
62	非针织或非钩编的服装及衣着附件	134.44	34.4	18.8
63	家用纺织品、其他纺织制成品等	90.42	55.6	32.5
94	枕头、靠垫、棉被、羽绒被等	23.29	80.2	33.1

资料来源:中国纺织国际产能合作企业联盟,雨果网。

在贸易形势变化的情况下,产业升级尤为重要。特别是在目前成本红利逐渐下降的背景下,对于出口美国市场的纺织服装企业来说,推进产品升级、面向中高端客户成为一个重要抓手。近年来,我国依托纺织服装产业链的强大优势,在产品质量上有很大提升,在生产效率上有大幅改进,在设备技术、工艺流程以及物流方面也都取得了明显的进展。此外,对于传统弱项,在品牌建设、产品服务、产品设计研发等方面,我国纺织行业也不断向中高端方向发展。但也应该看到,我国的纺织行业在转型升级过程中,仍然存在自主品牌缺乏、品牌服务不到位、产品设计相对落后等问题,在包括产品质量控制、产品包装、物料输送、库存跟踪等环节的自动化程度还较低,在转型升级过程中与国外先进的纺织服装品牌竞争,竞争优势并不明显。

(3)投入产出效率有待提升

长期以来,我国纺织服装行业利润率较低。近年来,由于营业收入因外部因素等而增速放缓、经营成本持续增大等原因,我国纺织服装企业的经营压力持续上升,表现出产出受限、投入增多的迹象,利润增速波动下滑(见图 3—65),企业转型升级需求迫切。

根据对我国 A 股纺织业和纺织服装、服饰业的上市公司统计,相比于前两年全年超过百分之十的增速。2019 年前三季度,我国纺织服装类

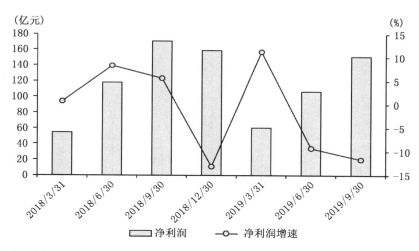

资料来源:根据公司公告绘制。

图3—65 我国纺织服装类行业上市公司净利润合计

上市公司的营业收入增速有所放缓(见图3—66)。从成本上看,费用总额的增长超过行业销售收入的增长,并且长期稳定在较高的增速水平(见图3—67),这也反映出我国纺织服装行业整体上的经营难度加大。由于我国纺织服装类行业普遍存在员工成本上涨、需要通过多种营销手段增加收入等多种现实问题,导致企业的经营费用增多较为明显。成本增速持续较高,同时营业收入增速放缓,反映出我国纺织服装类行业的投入产出效率处在一个较低的区间。

与我国纺织服装类企业主要投入在市场营销等方面不同,一些国际纺织服装类企业在供应链升级上的投入明显更大。供应链的升级需要持续通过大规模的资本支出进行信息化和仓储物流基础设施建设。根据东兴证券研究所的统计,国际主要快速消费服装品牌在2000年后明显加大了资本支出,尤其是Zara母公司Inditex在2000—2004财年的资本支出占到了当年收入的10%以上(见图3—68)。而先进的供应链能够及时反映消费者反馈的信息以调整产品品类和新品开发,门店精准、快速的库存信息,驱动公司存货周转率提升,实现高效率和低成本的生产安排,提升企业的投入产出效率。我国纺织服装类企业虽然也开始从供应链角度提升投入产出效率,且发展较快,但总体还在起步阶段。根据东兴证券研究所测算,国际三大快时尚的存货周转率均在3以上,而国内品牌的周转率

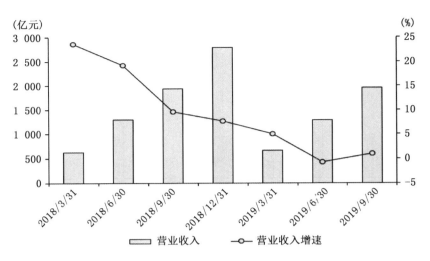

资料来源:根据公司公告绘制。

图 3-66　我国纺织服装类行业上市公司营业收入合计

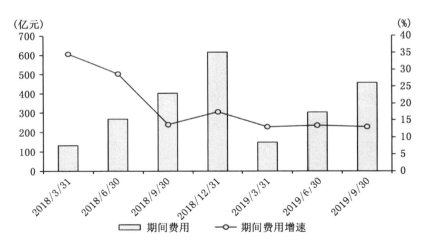

资料来源:根据公司公告绘制。

图 3-67　我国纺织服装类行业上市公司期间费用合计

基本在 2 以下,国内纺织服装品牌企业的运营能力仍然与国际领先水平有很大差距。

　　此外,与我国国内品牌相比,国际品牌的全球化程度更高,也保障了企业的投入产出效率。例如,耐克公司作为一个全球化生产程度较高的

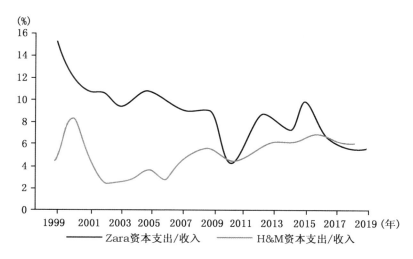

资料来源：Bloomberg，东兴证券研究所。

图 3—68　Zara 和 H&M 公司的资本支出情况

品牌，其在产地选择上具有更大的空间。中国作为该公司重要的市场，使该公司仍保留了较高比例的中国产能，以保证供应稳定性（见图 3—69）。该公司的产地选择并非完全按照成本最低的标准，而是同时考虑了投入和产出的效率问题，将产品质量、交期稳定性、当地基础设施完备性等因素纳入考虑的范围，保障供应链稳定。不以成本为唯一考虑的决策方式，保障了公司的投入产出能够保持在一个较高的水平，从利润来看，耐克品牌的利润率保持高位（见图 3—70）。

3.1.4　传统服务业投入产出分析

1. 传统批发零售行业投入产出分析

（1）传统业态要素投入增速持续放缓，新业态表现突出

传统服务业中，大型连锁综合零售和亿元以上商品销售市场等代表性传统业态增长乏力，要素投入增速放缓。例如，我国连锁大型超市的营业面积 2018 年末为 3 562.4 万平方米。虽然依然有所增长，并且增速同比增长为正，为 0.64%，较 2017 年的负增长有所回升，但增速依然缓慢，整体增速已经保持在一个较低水平（见图 3—71）。我国亿元以上商品交易市场营业面积也正处在快速下降区间。2018 年，我国亿元以上商品交

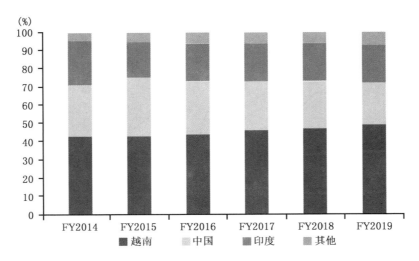

资料来源:中金公司研究部。

图 3—69　耐克品牌产能分布

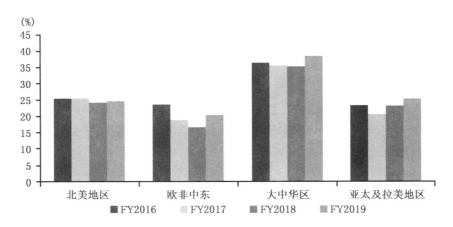

资料来源:中金公司研究部。

图 3—70　耐克品牌在不同地区的息税前利润率

易市场营业面积 29 190.63 万平方米,增速持续下滑,为 -1.69%,下滑速度加快(见图 3—72)。上述情况与美国等国家的线下销售情况趋势一致。据统计,美国线下零售门店关闭数量将达到创纪录水平,大量零售业务转到线上,线下土地资源投入减少(见图 3—73)。

在传统业态增长持续乏力的情况下,新型业态的要素投入增长持续加

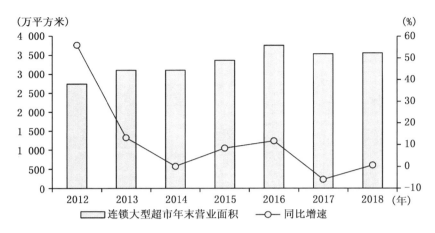

图 3—71　连锁大型超市年末营业面积

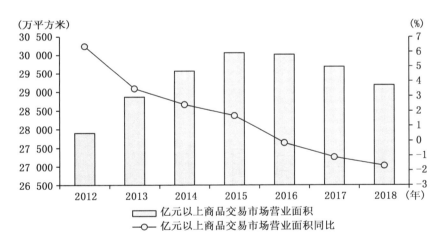

图 3—72　亿元以上商品交易市场营业面积

快。例如,以便利店形式的零售业营业面积正在快速增长(见图 3—74)。2018 年,我国便利店营业面积 273.8 万平方米,虽然总量上不及大型超市等传统业态,但同比增速接近 45%,增速远远高于大型传统批发零售业态。在中国连锁经营协会发布的 2018 年中国连锁百强中,便利店的表现抢眼,百强企业销售规模同比增长 21.1%,门店数量增长 18.0%,新增门店 11 944 个,占百强新增门店总数的 62.5%,成为贡献 2018 年我国连

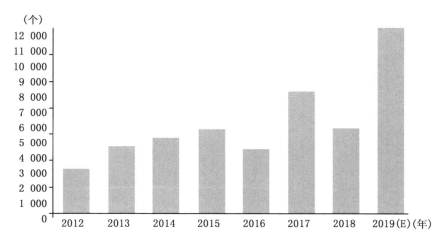

资料来源：Coresight Research，FactSet，联商网。

图 3—73　美国零售业门店关闭数

锁业务增长的重要力量。

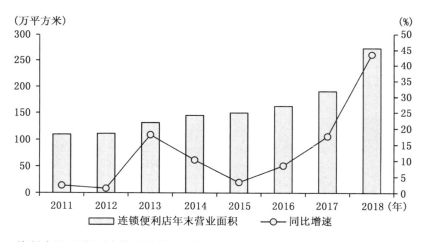

资料来源：根据国家统计局数据绘制。

图 3—74　连锁便利店年末营业面积

从人员上看，批发和零售业的从业人员投入在前些年的明显上升后，近年来均略有下降，2018 年稍有回暖，但增速不大（见图 3—75），表明近年来劳动力要素投入正在减少，总体上处在下行区间。此外，批发零售业的从业人员总体上受教育水平仍然较低，以中学为主（见图 3—76）。批发和零售业劳动力投入下降的趋势与美国类似,但劳动力下降的速度略低于美国。据美国劳工部统计,2018 年美国批发和零售业就业人数约2 172.07 万人,处于负增长状态(见图 3—77)。

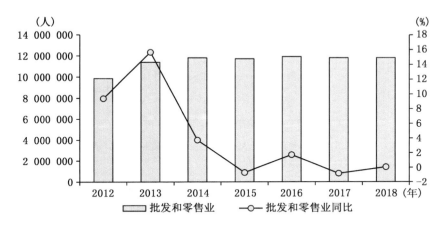

资料来源:根据国家统计局数据绘制。

图 3—75　批发和零售业年末从业人数

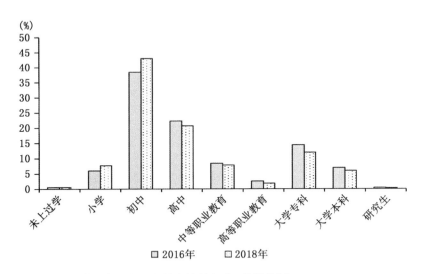

资料来源:根据《中国人口和就业统计年鉴》数据绘制。

图 3—76　批发和零售从业人员受教育水平

从资产来看,我国限额以上批发和零售企业资产总计情况基本平稳,每年有小幅增长,但增速整体放缓(见图 3—78)。2018 年,我国限额以上

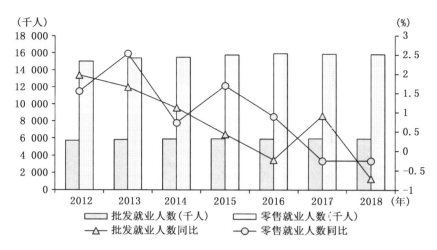

资料来源:根据 Wind 数据绘制。

图 3—77　美国批发零售业就业人数

批发和零售业企业年末总资产 309 482.1 亿元,比上年增长 9.28%,比 2017 年增速有所回升,但仍低于几年前 20% 以上的增幅。这表明,我国批发和零售业的资本投入正在接近饱和,数量上的增加逐渐放缓。

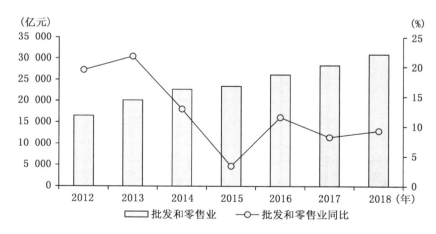

资料来源:根据国家统计局数据绘制。

图 3—78　批发和零售业企业年末资产总计

(2)增加值增速放缓,传统业态市场空间被新兴业态挤占

我国批发和零售业近年来在经历了较大幅度的增速放缓后逐步趋稳。2010年以来,我国批发和零售业同比增速开始大幅放缓,并在波动中逐步趋稳,到2015年筑底后小幅回升,2018年增速又有所放缓(见图3-79)。2018年,我国批发和零售业增加值84 200.8亿元,同比增长6.2%,略低于2017年7.4%的增速。与美国相比,我国批发和零售业的规模相对较低(见图3-80)。按美元计算,2018年,我国批发零售业增加值约为12 724亿美元,而美国约为23 665亿美元,我国的批发零售业增加值仅为美国的53.8%。从增速上看,2018年,美国的批发和零售业通过比增速为3.3%左右,我国的批发和零售业增加值以美元计算的同比增速为10.5%左右,明显高于美国。这表明,我国的批发和零售业仍然处在扩张期,市场规模和产出都有很大的增长空间。

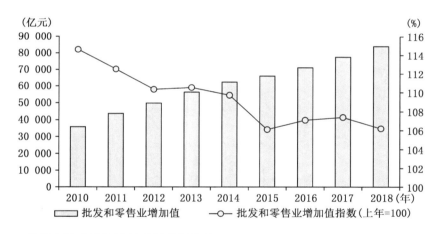

资料来源:根据国家统计局数据绘制。

图3-79　我国批发和零售业增加值

然而,对批发和零售行业中的传统业态而言,增加值增速持续放缓十分明显(见图3-81和图3-82),尤其是传统的零售行业,近年来持续小幅的负增长。2018年,亿元以上商品交易零售市场的成交额为14 050.1亿元,同比下滑1.41%。相比之下,我国连锁便利店和电商零售业务等新兴业态保持快速增长。例如,2018年我国连锁便利店商品销售额542亿元,同比增长12.24%,增速远高于传统零售业务(见图3-83)。阿里巴巴在中国市场的零售收入也持续保持两位数的增速(见图3-84),

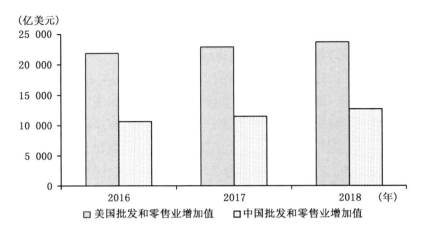

资料来源:根据国家统计局、美国经济分析局数据绘制。

图 3－80　我国和美国批发零售业增加值

2019年三季度零售营业收入758亿元,增速达到40%。这导致许多传统业态的批发零售企业进行电商转型,将产品在线上进行销售,以提高营业收入和销售效率。

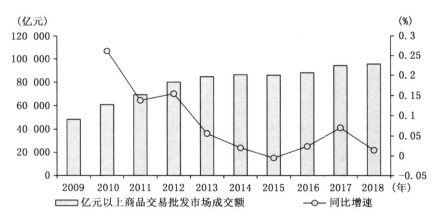

资料来源:根据国家统计局数据绘制。

图 3－81　亿元以上商品交易批发市场成交额

2. 住宿餐饮业投入产出动态分析

(1)要素投入增速持续放缓

近年来,我国住宿餐饮行业的要素投入不断增加,但增速放缓。美国

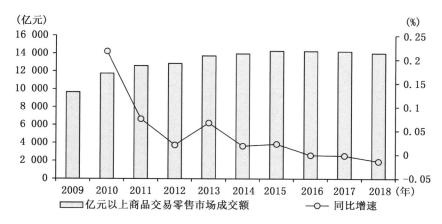

资料来源:根据国家统计局数据绘制。

图 3—82 亿元以上商品交易零售市场成交额

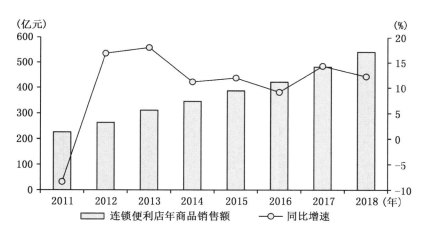

资料来源:根据国家统计局数据绘制。

图 3—83 连锁便利店商品销售额

的情况与我国类似。2018 年,我国限额以上住宿业年末从业人员 178 万人,同比下降 2.24%,增速持续保持在负增长状态(见图 3—85);我国限额以上餐饮业年末从业人员 234.2 万人,同比增长 4.92%,增速明显快于上年接近于零的增速,并且扭转了前些年负增长的态势(见图 3—86)。餐饮业的从业人数回升主要与近两年创业企业增多、特色餐饮、外卖等新兴业态的市场空间扩大有关。国际比较看,近年来,美国的休闲和酒店业就业人数的增速也在下降(见图 3—87),2018 年,美国休闲和酒店业就业

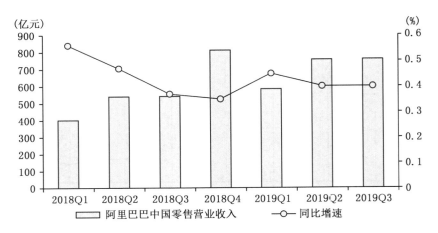

资料来源:根据公司公告绘制。

图3-84   阿里巴巴中国零售营业收入

人数为1 655.4万人,同比增长2.1%,增速继续回落。这表明,美国的住宿餐饮类行业的劳动力要素投入也存在减少或稳定的态势。

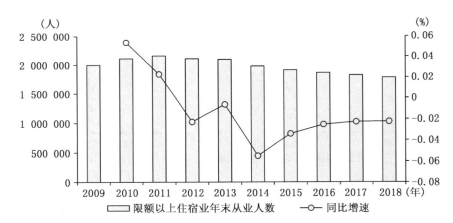

资料来源:根据国家统计局数据绘制。

图3-85   限额以上住宿业年末从业人数

固定资产投资方面,近期我国住宿和餐饮业的固定资产投资完成额持续负增长,2019年三季度累计同比下降超过5个百分点(见图3-88)。虽然下降幅度有所减弱,但仍然降幅较大,表明固定资产要素投入持续下滑。

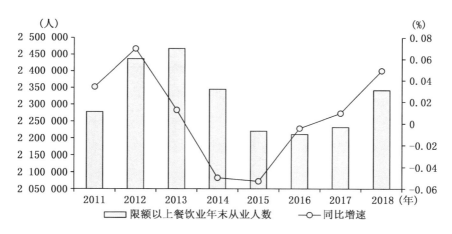

资料来源：根据国家统计局数据绘制。

图 3—86　限额以上餐饮业年末从业人数

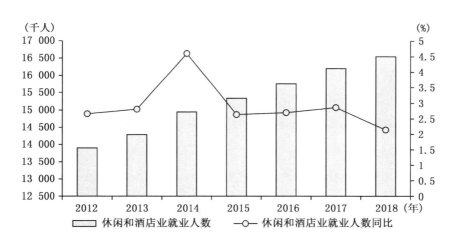

资料来源：美国劳工部，Choice。

图 3—87　美国休闲和酒店就业情况

从资产来看，限额以上住宿和餐饮企业资产总计情况基本平稳，每年有小幅增长，但增速整体放缓（见图 3—89）。2018 年，我国限额以上住宿和餐饮业企业年末总资产 18 649.9 亿元，比上年增长 5.66%，增速是 2017 年的将近一倍，但仍低于之前两位数的增长速度。这表明，我国餐饮和住宿业的资本投入正在接近饱和，数量上的增加逐渐放缓。

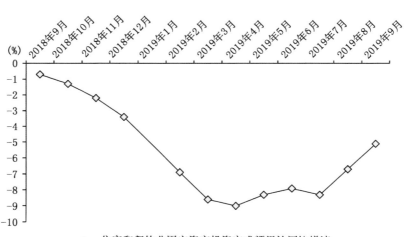

资料来源:根据国家统计局数据绘制。

图 3—88 住宿和餐饮业固定资产投资完成额累计同比增速

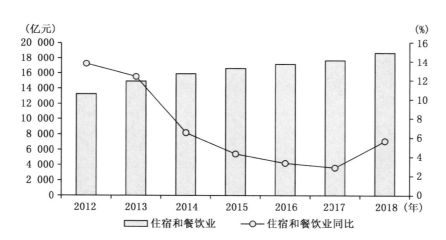

资料来源:根据国家统计局数据绘制。

图 3—89 限额以上住宿和餐饮业企业年末资产总计

(2)增加值波动上升,市场空间仍然广阔

住宿和餐饮业在经过 21 世纪初的高速增长后,在金融危机期间增速受到大幅下挫,但在 2010 年迅速反弹,随后在波动中逐步趋缓,保持增速波动的小幅增长,到 2013 年增加值达 10 228.3 亿元,增加值指数下降至103.9;2014 年开始住宿和餐饮业增速逐步缓慢回升,到 2016 年增加值指数回升至 107.4,增加值达 13 358.1 亿元;2018 年住宿和餐饮业增加值为 16 023 亿元,增加值指数为 106.5,较上年略有下降(见图 3—90)。

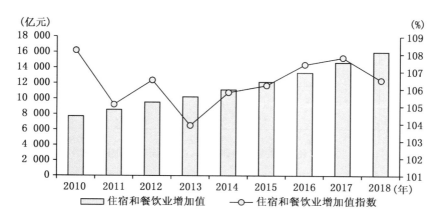

资料来源:根据国家统计局数据绘制。

图 3—90　住宿餐饮业增加值

国际对比来看,2018 年,我国的住宿餐饮业增加值约为 2 421 亿美元,美国约为 6 156 亿美元,我国住宿餐饮业的增加值仅为美国的 39.3%(见图 3—91)。从增速来看,我国以美元计算的住宿餐饮业同比增速在 2018 年达到 11.98%,比 2017 年的 8.15%增加近 3 个百分点,而美国的住宿餐饮业同比增速则维持在 5.6%左右,已经处在一个相对平稳的增长区间。随着我国居民生活水平不断提高,住宿餐饮行业的需求也在不断加大。例如,我国居民旅游需求快速提升,近年来每年的增速都在 10%以上(见图 3—92),能够有效带动我国住宿餐饮行业的市场。上述情况表明,我国住宿餐饮行业的市场广阔,产出空间仍然巨大。

3.1.5　小结

1. 传统农业投入产出效率总体平稳上升,生产方式正逐步调整

我国传统农业发展总体呈现平稳态势,要素投入持续了近年来的下滑趋势,产出水平整体上升,技术在农业中的重要性不断增强,特别是运输仓储邮政、信息传输、计算机服务和软件业以及服务相关行业在农业生产中的重要性不断上升,表明我国传统农业的投入产出效率正在不断提高,并且正在向新的生产方式逐步迈进。

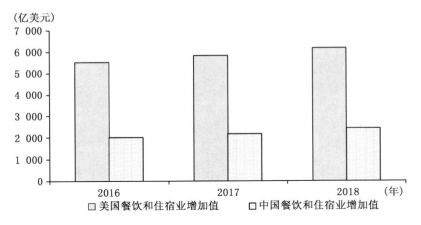

资料来源:根据国家统计局、美国经济分析局数据绘制。

图 3—91　中美餐饮和住宿业增加值

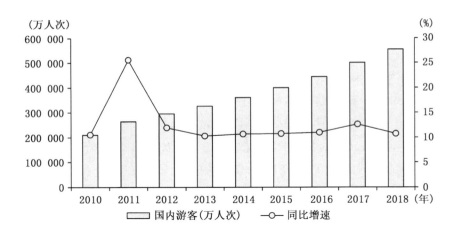

资料来源:根据国家统计局数据绘制。

图 3—92　国内游客数量

2. 传统制造业发展整体趋缓,部分行业受贸易摩擦影响较大

传统制造业发展整体趋缓,总体增加值增速虽有回升但新产品的贡献不明显,且传统制造业的投入产出效率在行业之间存在较大差距。部分行业 2019 年上半年增加值增速有较为明显的回升,同时也存在部分行业增加值增速下滑,表明我国传统行业的投入产出效率整体上有所改善,传统制造业的整体投入产出效率提升还存在较大空间。部分传统制造行业还出现产能过剩或受贸易摩擦影响较为严重等现象,投入产出呈现下

降态势。纺织、钢铁等典型的传统制造业发展体现了上述趋势。

3. 传统服务业发展趋缓企稳，受新兴业态渗透明显

我国传统服务业发展呈现趋缓企稳态势，传统业态的要素投入持续下降，新业态不断向传统服务行业渗透，促使传统服务业向新兴业态转型，传统的面对面的批发零售服务业态与互联网等新兴业态加速融合，导致传统服务业的投入产出效率提升。随着消费升级，餐饮住宿等传统服务业焕发出新的生机，虽然要素投入增速有所放缓，但要素投入依然持续上涨，增加值持续波动上升，市场空间较大。

3.2　新兴产业发展动态分析

3.2.1　新兴产业概念界定

新兴产业有广义和狭义之分。广义的新兴产业是指那些在新技术革命成果的基础上，建立起来的对经济发展具有战略意义的产业，这些产业创新性突出，是科技创新活动最为集中的领域；狭义的新兴产业是指那些依靠科技革命成果衍生出来的高新技术企业[①]。新兴产业的发展处于产业生命周期的初创期或成长期，具有良好的市场前景，并代表着产业未来发展的方向。

本书中延伸引用广义的新兴产业的概念，即新兴产业主要包括现代农业、新型制造业和新兴服务业。其中，现代农业主要是指应用现代科学技术、现代工业提供的生产资料和科学管理方法的社会化农业，在按农业生产力的性质和状况划分的农业发展史上，是最新发展阶段的农业；新型制造业主要包括新一代信息技术产业、高端装备制造产业、新材料产业、新型汽车、新能源产业、生物产业、节能环保产业等，是以现代科学技术武装的制造业，通常包含了大量的科学技术创新；现代服务业则包括数字创意产业、现代技术服务与创新创业服务业、现代生产性服务业等，是伴随着信息技术的发展和知识经济的出现、伴随着社会分工的细化和消费结构的升级而新生的行业，或用现代化的新技术、新业态和新的服务方式改

---

① 黄南. 世界新兴产业发展的一般规律分析[J]. 科技与经济，2008，21(5)：31—34.

造提升传统服务业而产生的,向社会提供高附加值、满足社会高质量和多元化需求的服务业。

3.2.2　现代农业投入产出动态分析

在农业领域,新主体、新技术、新产品、新业态不断涌现,为农业转型升级注入强劲驱动力。例如,随着物联网技术的广泛应用,智慧农业规模持续扩大,农业领域出现了大量的技术革新,在生产监测、温度控制、节水灌溉、生态培养等方面的技术和生产效率都得到了广泛的提升。通过收集并分析随时监测到的一手数据,及时下达农业指令,达到精准有效的农业生产效果,既提升了运营效率,扩大了农民收益,又降低了农业生产过程中的损耗,实现农作物产量丰收,质量提升。根据中商情报网的预测(见图 3—93),到 2020 年,智慧农业的潜在市场规模有望由 2015 年的 137 亿美元增长至 268 亿美元,年复合增长率达 14.3%,这将大大提升我国农业生产在投入产出上的效率。

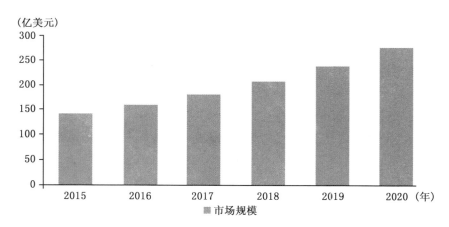

资料来源:中商情报网。

图 3—93　我国智慧农业市场规模

此外,根据《经济日报》报道,我国目前的有机植物生产面积 411 万公顷,其中野生采集生产面积为 97.5 万公顷,有机植物总产量为 1 335.6 万吨,其中野生采集产量 37 万吨。2018 年有机蔬菜发证数比 2017 年增加了 109%,绿叶蔬菜获得有机证书最多为 2 817 张;其次是新鲜茄果类蔬菜有机证书数为 1 653 张;排在第 3 位的是瓜类蔬菜,有机证书数为

1 420 张。尽管存在争论,有机农业的快速发展表明,随着人们消费升级,农业生产过程中的投入产出更加重视质量。

3.2.3　新型制造业投入产出动态分析

进入 21 世纪以来,全球制造业正在展开一场深刻的变革,新型制造业在国民经济生产中的地位日益提高,对经济发展正发挥出越来越重要的作用,经过了若干年的发展,新型制造业投入产出情况也在不断发展变化之中。由于"高技术制造业""工业战略性新兴产业"等是新型制造业的典型代表,本节的一些部分也对这类制造业进行了重点研究。

1. 新型制造业整体投入产出动态分析

(1)要素投入增减不一,资本和研发投入增速较快

劳动力人数整体有下降态势,研发人员数量基本稳定。根据国家统计局的最新数据,近年来,除计算机行业外,典型新型制造行业的劳动力人数出现下降(见图 3—94),这与我国劳动力市场转型升级、先进的生产技术和生产工具的应用密切相关。而在这其中,2012 年以来,研发人员的数量增速在整体逐步回落后,2017 年开始小幅回升,到 2018 年则出现了明显上升,达到 852 467 人/年,同比增长超过 14%(见图 3—95)。上述现象表明,我国新型制造业的劳动力投入结构也在朝着高端化迈进。

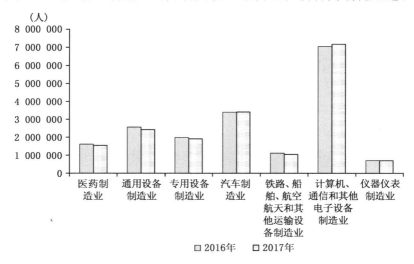

资料来源:根据《中国人口和就业统计年鉴》数据绘制。

图 3—94　部分新型制造行业的劳动力人数

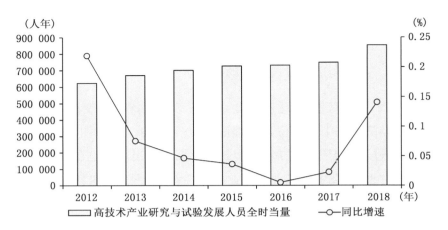

资料来源:根据国家统计局数据绘制。

图 3—95　我国高技术产业研究与试验发展人员投入

　　资金投入方面,近年来,我国新型制造业的资本投入稳步上涨,尤其是研发投入持续上升。根据国家统计局发布的最新数据计算,我国典型新型制造行业的固定资产投资虽然增速有所波动,但总体上仍然保持稳步上涨,特别是计算机和电子设备行业的固定资产投资增长明显(见图 3—96)。从投资上看,2019 年前三季度,我国高技术制造业投资增长 12.6%(见图 3—97)。其中,医疗仪器设备及仪器仪表制造业投资增长 20.9%;电子及通信设备制造业投资增长 15.0%;计算机及办公设备制造业投资增长 8.3%;医药制造业投资增长 7.0%。

　　投资上涨的同时,我国新型制造业的研发投入也不断增长。科技创新日益成为现代化经济体系的重要支撑,是提高投入产出效率的关键之一。其中,新型制造业的研发对产业升级和经济发展至关重要。根据国家统计局发布的最新数据,2018 年,我国高技术制造业新产品开发经费 46 389 298 万元,同比增长 13.22%,增速维持在较高水平(见图 3—98)。其中,电子计算机及办公设备高技术制造业的新产品开发规模和增速都保持在相对较高水平(见图 3—99)。近年来我国高技术制造业整体研发经费投入持续上涨,增速明显高于制造业的平均水平,这将对企业自身的效益提升以及对产业的拉动作用产生明显的效果。

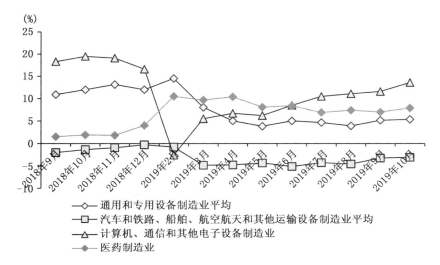

资料来源：根据国家统计局数据绘制。

图 3—96 部分行业固定资产投资累计同比增速

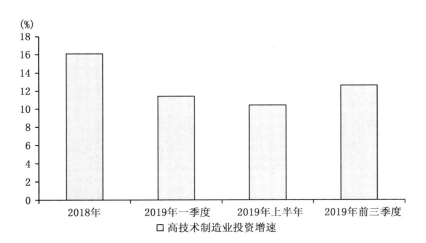

资料来源：根据国家统计局数据绘制。

图 3—97 我国高技术制造业投资增速

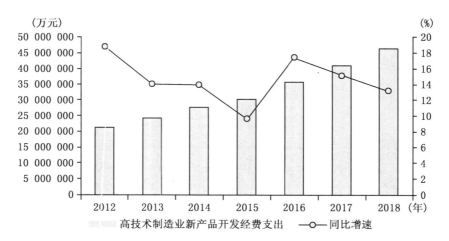

资料来源：根据国家统计局数据绘制。

图 3－98　高技术制造业新产品开发经费支出

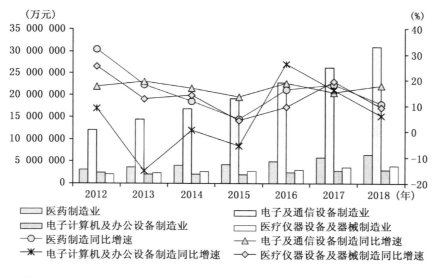

资料来源：根据国家统计局数据绘制。

图 3－99　部分高技术制造业新产品开发经费

(2)增加值增速快于整体制造业,研发产出保持上升趋势

我国典型新兴制造业的增加值增速普遍快于整体制造业（见图 3－100）。2019 年前三季度,规模以上工业战略性新兴产业增加值同

比增长 8.4％;规模以上工业高技术制造业增加值同比增长 8.7％,分别
高于全部规模以上工业增加值增速 2.8 和 3.1 个百分点。新能源汽车、
城市轨道车辆、服务机器人、3D打印设备、高端医疗装备、生物医药都保
持在比较高的增长速度上。根据统计局的高技术产业统计口径,近年来,
我国高技术制造业总体主营业务收入有所上涨,但增速下滑,主营业务收
入保持平稳。

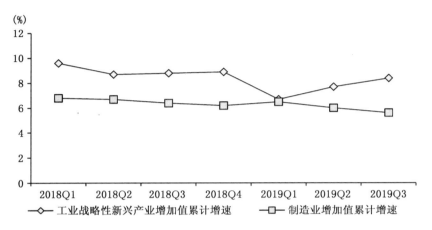

资料来源:根据国家统计局数据绘制。

图 3—100　工业战略性新兴产业与制造业增加值增速

我国高技术制造业专利产出保持上升趋势,新产品销售收入保持上
涨,但发明专利增速仍然偏低,新产品销售收入增速出现下滑(见
图 3—101 和图 3—102)。2018 年,我国高技术制造业专利申请数量为
264 736 件,比上年增加 18.22％,增速基本平稳。其中,发明专利
137 633 件,比上年增长 16.54％,增速略低于整体水平;新产品销售收入
568 941 517 万元,同比增长 6.25％,增速较前几年有所回落。

(3)整体投入产出效率提升,单位新产品投入销售收入增速下滑

根据国家统计局数据,我国高技术企业的利润率连续呈现明显上涨,
成本得到改善,收益有所上升,投入产出整体效率提升明显(见
图 3—103),研发投入所产生的专利数量也在波动上涨,2017 年增速回升
明显,2018 年增速虽然有所回落,但仍然保持较快增长(见图 3—104),表
明我国的研发效率正在快速提升。但同时,单位新产品投入销售收入增
速下滑(见图 3—105),表明在高技术制造业的新产品开发支出虽然不断

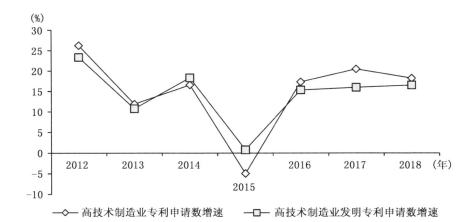

资料来源:根据国家统计局数据绘制。

图 3－101　高技术制造业专利情况

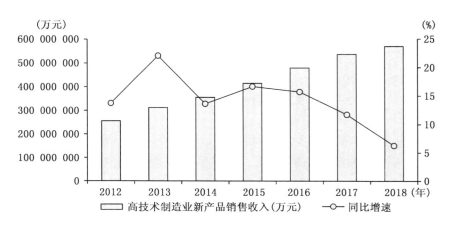

资料来源:根据国家统计局数据绘制。

图 3－102　高技术制造业新产品销售收入

扩大,但总体来看,新产品的市场仍然处在建设时期,产出的专利与市场存在一定程度的脱节,市场培育不足,科研成果转化有限,对市场的作用力有待提高。

2. 工业机器人行业投入产出动态分析

(1)资本大量涌入,但关键投入品缺乏核心技术导致成本高企

2016 年以来,工业机器人领域的行业热度持续上涨,从业企业的扩

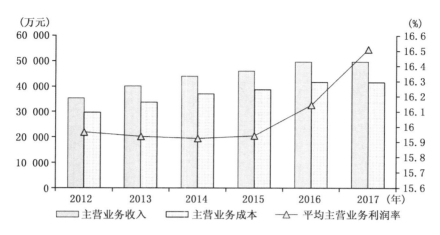

资料来源:根据国家统计局数据绘制。

图3—103　高技术制造业主营业务收益情况

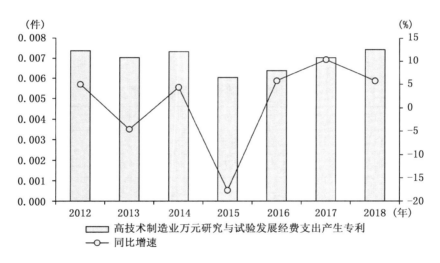

资料来源:根据国家统计局数据绘制。

图3—104　高技术制造业万元研究实验经费支出产生专利情况

产扩建明显,导致资本大量涌入,行业吸收的资本数量明显攀升。据不完全统计,2019年上半年,工业机器人领域累计融资案例达43起(见表3—7)。根据亿欧网的消息,在系统集成领域,4家企业获得融资;在谐波减速器领域的汉升达获得1 000万元pre-A融资。此外,协作机器人领域的节卡、主营并联机器人的阿童木、SCARA领域的凯宝等均在上半

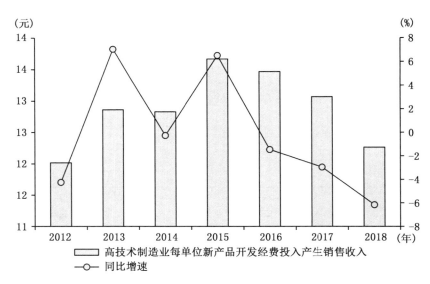

资料来源：根据国家统计局数据绘制。

图 3－105　高技术制造业每单位新产品开发经费投入产生销售收入情况

年斩获融资。

表 3－7　　　　　　　　　　近期部分工业机器人领域融资案例

公　司	业　务	融资额（元）	轮　次
必示科技	智能运维产品	数千万	A
衡开智能	智能焊丝层绕设备制造商	3 000 万	Pre-A
新石器	无人车	近亿	A
元生创新	运动传感技术提供商	未披露	A
汉升达	谐波减速器	1 000 万	Pre-A
EAI（玩智商科技）	激光雷达	数千万	A
利和兴	系统集成	1.28 亿	战略投资
智昌集团	系统集成	2 亿	B
国辰机器人	系统集成	1 亿	A
泰格威	系统集成	1 000 万	A
旷视科技	机器视觉和人工智能	7.5 亿美元	D 轮
视比特	机器视觉	未披露	种子轮
西安知象	机器视觉	千万级	A

续表

公　　司	业　　务	融资额（元）	轮　　次
平方和	机器视觉	数千万	天使轮
深慧视	机器视觉	数千万	Pre-A
英莱科技	激光视觉解决方案商	2 000 万	B
灵西机器人	机器视觉	数千万	Pre-A
阿丘科技	机器视觉	1 000 万美元	A+
梅卡曼德	机器视觉	亿元级	A、A+
艾芯智能	机器视觉	2 000 万	A
博雅工道	海洋智能装备	数千万	B
树根互联	工业互联网平台	5 亿	B
航天智控	工业互联网平台	数千万	A
黑湖智造	工业 SaaS	1.5 亿	B
博拉科技	工业 SaaS	数千万	A
海智在线	产业链服务平台	近亿	B
云工厂	产品加工定制平台	数千万	A++
蘑菇物联	移动物联网 SaaS 服务商	数千万	A
博信机器人	桁架机器人	1 000 万	Pre-A
节卡	协作机器人	1 亿	B 轮融资
阿童木机器人	并联机器人	数千万	B
凯宝	SCARA 机器人	数千万	A
Syrius 炬星	仓储物流机器人（AMR）	近千万	Pre-A
恺韵来	AGV	未透露	天使轮
科钛	AGV	数千万	Pre-A
爱啃萝卜	AGV	数千万	Pre-A
三维通	AGV	2 000 万	Pre-A
灵动科技	AGV	1 亿	B
牧星智能	AGV	未透露	A
迈睿机器人	AGV	数千万	A
柯金股份	AGV	2 000 万	战略融资

公　司	业　务	融资额(元)	轮　次
鲸仓科技	智能仓储	7 500 万	B+
辰天科技	AGV 的定位导航核心技术及关键解决方案	1 000 万	战略融资

资料来源:亿欧网。

在庞大的资本投入过程中,我国的机器人产业已存在自主研发与对外收购并存的现象,通过收购境外核心机器人零部件厂商达到快速提升核心技术的目的成为一些企业的选择。比较典型的有美的集团对机器人四大家族之库卡的收购,埃斯顿对德、美、英、意等国的机器人企业的收购或参股,埃夫特对意大利机器人厂商的收购等(见表 3—8)。

表 3—8　　　　　　　　　　国内机器人企业典型境外收购

国内企业	境外收购	业　务
美的集团	摩卡集团	机器人全产业链
埃斯顿	德国 M. A. i 美国 BARRETT 英国 TRIO 意大利 Euclid Labs SRL	机器人自动化集成、汽车、3C 电子等领域 康复医疗机器人、伺服运控技术 世界运动控制产品前十 机器视觉
埃夫特	意大利 CMA 意大利 Evolut 意大利 Robox 意大利 W. F. C	喷涂机器人 金属加工领域系统集成商 运动控制领域机器人核心部件生产商 汽车装备和机器人系统集成商

资料来源:国金证券研究所。

工业机器人的三大核心零部件减速器、伺服电机、控制器是工业机器人最重要的组成部分,也是工业机器人核心技术壁垒所在,其成本占到工业机器人生产成本的 50% 以上(见图 3—106)。目前来看,我国伺服电机与日系和欧美品牌仍然存在差距,主要表现为大功率和小型化产品缺乏、信号接插件不稳定、高精度的编码器不足等。减速器方面,全球工业机器人减速器的市场高度集中。其中,日本纳博特斯克在 RV 减速器领域处于垄断地位。整体上看,国产减速器有所突破,但知名度和市场的占有率等方面仍有待进一步提高;控制器方面则是日系主导。与我国服务机器人和特种机器人技术水平正逐步跻身国际领先相比,虽然近年来我国工业机器人领域的技术水平不断取得突破,但核心技术仍然主要掌握在发达国家。随着中美贸易摩擦升级,在工业机器人所使用的高端零部件依赖进口的情况下,我国机器人生产厂商的成本可能进一步提高。

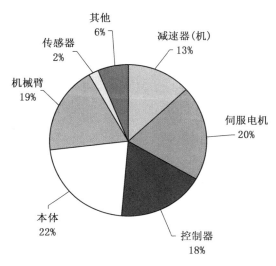

资料来源:中研普华产业研究院。

图3—106　工业机器人成本构成

(2)贸易摩擦导致下游需求降低,产出下滑

总体而言,全球机器人下游需求保持快速上涨趋势,下游市场提升了产出预期。根据国际机器人联合会的最新数据,2017年,全球工业机器人销量达到38.1万台,同比增长30%;销售额达162亿美元,同比增长24%。预计到2020年,全球工业机器人销量有望达到52.1万台,呈现持续上涨的态势(见图3—107)。从我国来看,根据中国电子学会的资料,2019年,中国的机器人市场规模预计达到86.8亿美元,2014至2019年的平均增速约为20.9%。其中,工业机器人市场规模预计为57.3亿美元,占比66%;服务机器人22亿美元,占比25%;特种机器人7.5亿美元,占比9%(见图3—108),工业机器人仍然占据绝对比重。

虽然整体的工业机器人市场需求乐观,但近期的国际贸易摩擦为工业机器人的下游需求带来不确定性。进入2019年以来,对中国出口大幅下滑超1/3是日本工业机器人出口下滑、销售额下滑的主要原因之一。2019年一季度,日本对中国出口工业机器人金额为360.22亿日元,同比下降34.25%;2019年二季度,日本对中国出口工业机器人金额为

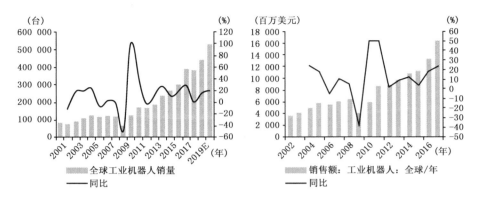

资料来源：国际机器人联合会，中国平安。

图 3—107　全球工业机器人销量和销售额

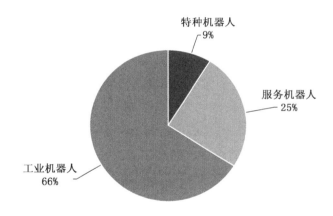

资料来源：IFR，中国电子学会。

图 3—108　2019 年中国机器人需求情况

476.13 亿日元，同比下降 26.07%，降幅较一季度有所收窄（见图 3—109）。作为中国工业机器人供应的主要来源国之一，对中国出口降速大幅收窄，反映出中国市场回暖迹象。

从国内看，进入 2019 年以来，我国工业机器人产量逐月加速下滑，至 2019 年三季度开始有所回暖，这与日本机器人销量趋势基本一致（见图 3—110）。国际机器人联合会预计我国仍然是工业机器人生产大国，产量下降是当期国内外经济形势下的暂时状态。根据国金证券研究所的预测，在经历中美贸易摩擦之后，中国的工业机器人市场需求将进入一个中

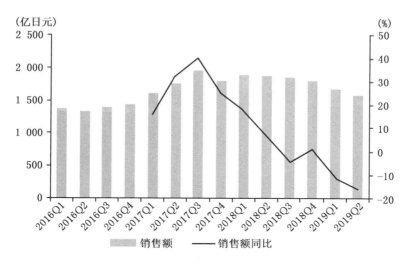

资料来源：日本工业机器人协会，国金证券研究所。

图 3－109　日本机器人销售额情况

高速发展的轨道（见图 3－111），下游需求走高将推动产量扩大。

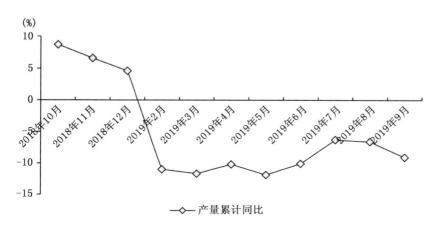

资料来源：根据国家统计局数据绘制。

图 3－110　我国工业机器人累计产量同比增长

（3）投入产出效率偏低，高端供给不足

由于近期工业机器人行业存在大量资本投入和产品需求走低的双重影响因素，造成工业机器人行业财务上的投入产出效率整体较低。此外，由于目前我国还没掌握核心技术，高端竞争力不足，容易出现低端产能过

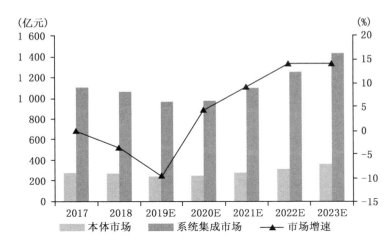

资料来源：国金证券研究所。

图 3—111　中国工业机器人市场规模

剩、高端供给不足的现象,国产企业主要集中在低端工艺,高端工艺仍然
以外国厂商为主(见图 3—112)。

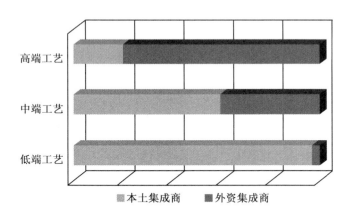

资料来源：国金证券研究所。

图 3—112　本土和外资机器人集成商的工艺水平

从部分典型企业来看,近年来世界主要工业机器人公司的利润下滑
成为普遍趋势,受到下游需求影响,销售下滑。根据日经中文网的报道,
在中国市场,日本发那科和安川电机、瑞士 ABB 等外资(不含中国企业旗
下的德国库卡)占到份额的六成以上。2019 年第三季度,ABB、发那科、

安川、库卡总营收同比分别减少 3％、22％、13％、2％。由于前期厂房等硬件投入依然存在,短期内整体上投入产出比例下降,长期影响仍有待观察。例如,根据 ABB 公司 2019 年三季度的最新财报,2019 年第三季度,该公司销售收入和订单出货比保持平稳,但受到市场需求影响,整体略有下降。其中,中国的订单额按照美元计算下降了 7％,而美国市场的降幅为 1％,相比而言在中国市场的降幅较大。2018 年四季度以来,ABB 公司的净利率波动较大,总体保持在较高水平(见图 3－113)。整体来看,在全球机器人需求下游行业出现疲软的情况下,ABB 公司的投入产出效率总体维持在了一个较为稳定的水平,这与其长期的技术积累密切相关。近年来,ABB 公司的研发投入保持在 10 亿美元以上,虽然受到近期营收影响存在研发投入同比下滑的情况,但研发投入与收入比例基本稳定且不断走高(见图 3－114)。

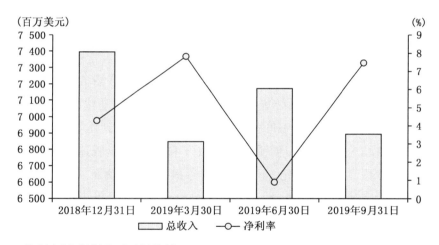

资料来源:根据公司财报绘制。

图 3－113　ABB 公司收入和利润情况

工业机器人四大家族 ABB、发那科、安川电机、库卡在运动控制技术方面具有明显优势,而进入机器人业务的侧重点各不相同,ABB、安川电机从制造伺服电机开始,发那科从数控系统开始。四大家族中的库卡最初从事的则是焊接设备,属于本体相关的技术,缺乏在运动控制方面的技术积累,因此,后续发展过程主要是对本体结构和操作平台进行创新,例如在 20 世纪 80 年代去掉工业机器人中的平行连杆结构,形成行业当前

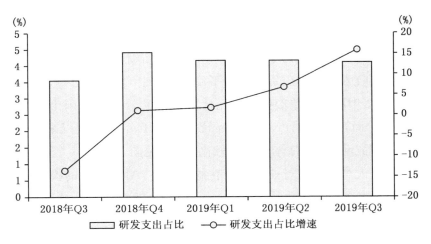

资料来源:根据公司财报绘制。

图 3－114　ABB 公司研发投入占收入比重

默认的多关节控制的标准等。2018 年库卡系统集成业务占收入的 40.14%,占比一直最高(见图 3－115)。2018 年,库卡营收 32.42 亿欧元,同比下滑 6.81%,息税前利润 0.34 亿欧元,同比下滑 67%(见图 3－116),下滑明显,主要是系统集成及主营医疗及仓储自动化的瑞仕格业务亏损导致;2018 年,库卡的机器人业务息税前利润达到 1.34 亿欧元,与 2017 年的 1.33 基本持平,但受到下游汽车和电子行业低迷的影响,系统集成业务亏损 0.33 亿欧元,而瑞仕格则亏损 0.16 亿欧元。

除四大家族外,国内机器人企业形势也并不乐观,投入逐渐增大,产出尚待检验。例如,受制造业投资波动及下游需求放缓的影响,业务覆盖了从核心零部件和运动控制系统的埃斯顿在 2019 年三季度的营业利润率为 5.37%,是 2018 年以来各个季度的最低水平(见图 3－117)。这除了受到机器人市场方面的影响外,还与该公司的前期投入有关。公司财报显示,近两年其研发投入上涨,并且着重打造三大研发中心、围绕核心技术展开多项相关收购,在营业收入增速下滑的情况下仍然加大研发投入,研发投入占收入比重持续走高,增速维持高位(见图 3－118),整体投入较大,影响了当期的投入产出效率水平。

3. 新型汽车行业投入产出分析

新型汽车行业包括新能源汽车、无人驾驶、车联网等新型的汽车模

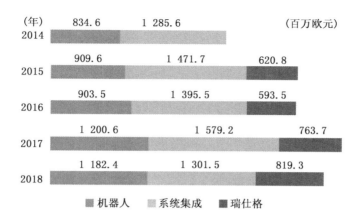

资料来源：Bloomberg，国金证券研究所。

图3-115　库卡的营业收入构成情况

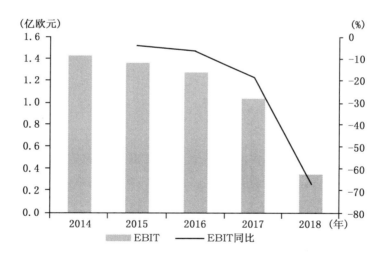

资料来源：公司财报，国金证券研究所。

图3-116　库卡的息税前利润情况

式，具有投入高、周期长的特点，目前正处于风口期，大量资本进入，研发投入大量增加，推动行业投入快速上涨。同时，受到政策等因素影响，新型汽车行业的市场需求和发展方式进入到一个新的调整时期。

（1）资本加速投入，头部车企研发经费高涨，基础设施投入需求大

新型汽车领域是目前全球汽车行业的热门资本投资领域。以近年来兴

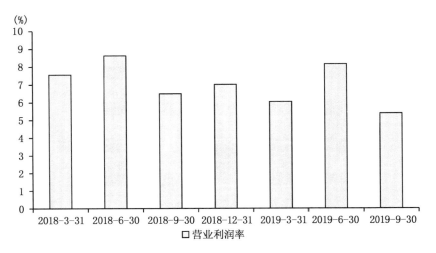

资料来源:根据公司财报绘制。

图 3－117　埃斯顿营业利润率

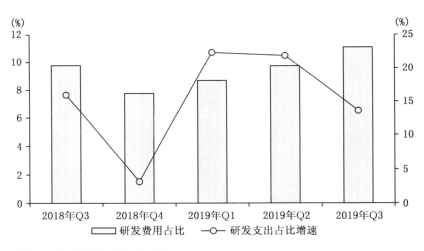

资料来源:根据公司财报绘制。

图 3－118　埃斯顿研发费用占营业收入比重

起的无人驾驶来看,相关企业在该领域有两种布局方式:一是传统汽车企业的循序渐进模式,即从辅助驾驶升级为无人驾驶,例如奥迪、宝马、奔驰等;二是 IT 类企业从技术上直接达到无人驾驶的程度模式,例如谷歌和百度公司。在国内,除了 BAT 等互联网科技巨头,华为、中兴等巨头业开始布局到汽车产业中,无人驾驶、车联网以及这些新技术与新能源汽车的结合等是这些企业进入新型汽车行业的主攻方向之一(见表3—9和表3—10)。

表3—9　　　　　　　　中国科技巨头在新型汽车领域的部分布局

企　业	领　　域
百度	车联网、自动驾驶、网约车、整车制造、二手车电商、汽车后市场
阿里巴巴	车联网、自动驾驶、网约车、整车制造、二手车电商、汽车后市场
腾讯	车联网、自动驾驶、网约车、整车制造、二手车电商、汽车后市场
华为	车联网、车路协同、自动驾驶
中兴	自动驾驶、动力电池、无线充电、整车制造
京东方	车联网硬件
中国联通	车载移动通讯

资料来源:前瞻产业研究院。

表3—10　　　　　　　　BAT造车新势力主要投资布局

企　业	融资方
百度	蔚来汽车
阿里巴巴	小鹏汽车
腾讯	蔚来汽车、爱车、FMC、拜腾汽车、爱驰亿维、威马汽车、特斯拉

资料来源:前瞻产业研究院。

新能源汽车的投入总体而言也在不断上涨,但随着2017年开始的补贴大量退坡,以及2019年以来的高端车型补贴退坡幅度加快,行业重整也在快速展开,资本投入更趋理性,总体表现为资金向头部车企聚集。根据易观发布的报告,2019年,资本对新能源汽车的投资向头部倾斜(见表3—11),获得融资的企业以理想汽车、威马汽车等头部厂商为主,蔚来汽车已在美国上市,理想、奇点、小鹏、威马也在寻求上市。而相比之下,大部分中小型新能源汽车参与者的融资情况低于预期。

表3—11　　　　　　　2019年中国新能源汽车部分主要融资事件

时　间	企　业	金　额	投资机构
2019年8月	理想汽车	5.3亿美元	王兴,经纬中国,首钢基金,字节跳动
2019年5月	蔚来汽车	100亿人民币	亦庄国投

续表

时　间	企　业	金　额	投资机构
2019 年 5 月	奇点汽车	633 万人民币	联想之星,安徽金通新能源
2019 年 4 月	合众新能源	30 亿人民币	浙江省政府基金
2019 年 3 月	威马汽车	30 亿人民币	腾讯资本,线性资本
2019 年 3 月	天际汽车	20 亿人民币	上海电气

资料来源:易观。

　　研发投入方面,企业的研发投入增长明显,高于行业世界平均水平。在 2017 年时,骨干整车企业都已经建立完善的新能源汽车正向开发体系。新能源汽车的整车、动力电池的骨干企业研发投入占比达到了 8% 以上,高于行业世界平均水平;无人驾驶领域的研发投入也在大幅上涨。全球来看,在部分这一领域领先的国家,研发投入也存在上涨的趋势。例如,据媒体报道,韩国政府表示 2019 年将花费 73 亿韩元(约合 4 440 万元人民币)研发空中、海上和陆上无人驾驶车辆等创新技术;英国政府宣布将投入 8 000 万英镑(约合 6.87 亿元人民币),旨在推动新一代电动车技术的研发与推广。

　　从国内车企看,研发投入虽然整体上涨,但主要集中在一线领先企业,行业开始出现分化。2019 年三季度,尽管车市下行,各大汽车制造企业面临利润大幅减少,部分发生亏损,但部分企业却仍然在大幅提高研发投入水平,研发费用维持在高位(见图 3－119)。例如,2019 年前三季度,上汽集团研发费用支出达 89.72 万元,与去年同期相比有所下降,但研发投入仍居各大车企前列。除了会计上的调整外,上汽集团进一步增加了自主品牌和新能源、智能网联等技术的研发投入是 2018 年同期研发投入较高的原因之一。2019 年前三季度研发投入上涨最明显的是广汽集团、北汽蓝谷、长城汽车等,其研发费用分别为 11.25 亿元、2.94 亿元、14.74 亿元,比去年同期增长明显,前两家企业增长几乎翻一倍。而从投入水平来看,一线车企的研发投入力度远高于二线、三线车企,表明研发投入在向一线集聚,未来行业可能出现分化。

　　基础设施方面,基础设施投入需求持续加大。在无人驾驶和车联网方面,在过渡阶段,无人驾驶汽车不仅要实现有人驾驶与无人驾驶的无缝结合、进行良好的人机交互,还要具有车与车交互的功能。在这一建设过

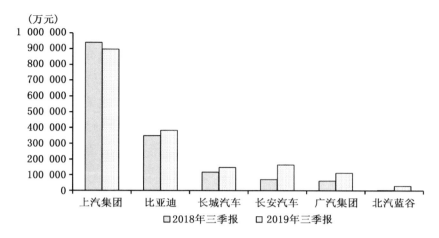

资料来源:根据公司财报绘制。

图3－119　部分车企研发费用

程当中,相关基础设施将发挥关键作用,通过一系列智能基础设施将人、车、路等要素联通,达到未来预想的智能化道路时代。根据前瞻产业研究院援引 ITS114 的数据统计显示,截至 2018 年底,我国智能交通千万项目(不含公路信息化)市场规模约为 208.56 亿元(见图 3－120),项目数 1 167 个,市场规模比 2017 年增长约为 13％,增长原因主要来自智慧交通的停车、运输信息化等项目。

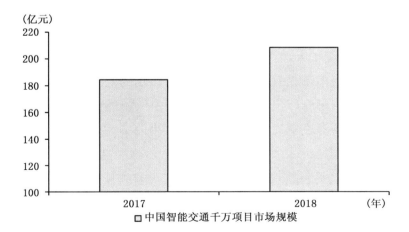

资料来源:ITS114,前瞻产业研究院。

图3－120　中国智能交通千万项目市场规模

　　此外,针对新能源汽车,目前作为新能源汽车重要基础设施的充电桩行业在政策和市场双重作用下正快速开展建设,已形成较好的产业基础(见图3—121)。根据前瞻产业研究院的数据,截至2018年12月,中国电动汽车充电基础设施促进联盟内成员单位总计上报公共类充电桩299 752台,较2017年新增公共类充电桩85 849台。政策的扶持及相关的财政补贴政策极大地促进了政府和企业充电基础设施建设的发展,充电设备市场规模将与新能源汽车规模相匹配,车桩比将持续降低,因而,预计这一基础设施加大投入的趋势还将持续。

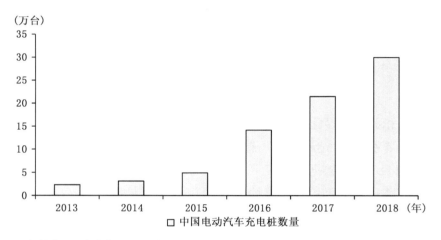

（万台）

资料来源:前瞻产业研究院。

图3—121　中国电动汽车充电桩数量

　　(2)产出持续扩大,需求存在不确定性

　　目前新型汽车行业中,新能源汽车推向市场的范围更大,因此本部分主要从新能源汽车的产出进行分析。根据中汽协的数据,2018年,我国新能源汽车市场渗透率为4.45%,与2017年的2.7%相比有大幅上涨,预计2019年渗透率将达到5.72%(见图3—122)。总体上看,新能源汽车销量仍高于全球平均水平,根据汽车工业协会统计,2018年,中国汽车销量为2 808.1万辆,中国车市迎来28年首次负增长,但从新能源汽车的销量看,2018年新能源汽车销售首次突破百万辆,达125.6万辆,增长率为61.6%(见图3—123和图3—124)。这一方面与补贴政策退坡有关,另一方面也反映出我国新能源汽车市场仍然存在较大的市场需求。

因此,2018 年中国汽车市场虽然整体呈现负增长,但是新能源汽车市场
前景依然广阔,可能带动新能源汽车产量的上涨。

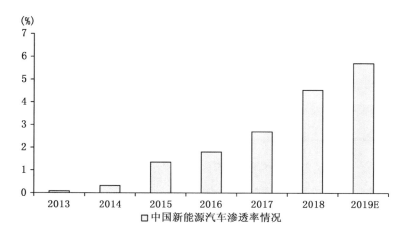

资料来源:根据中国汽车协会数据绘制。

图 3—122　中国新能源汽车渗透率情况

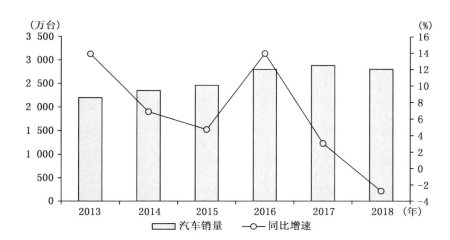

资料来源:根据中国汽车协会数据绘制。

图 3—123　我国汽车销量情况

过去一段时间内,新能源汽车的市场需求释放有很大的政策推动因
素。自 2019 年以来,新能源汽车从此前主要由补贴驱动高增长,逐步向
市场驱动、产品驱动转换。2019 年三季度销量 22 万辆,增速同比
—19%,首次出现负增长,短期存在一定的压力(见图 3—125)。前三季

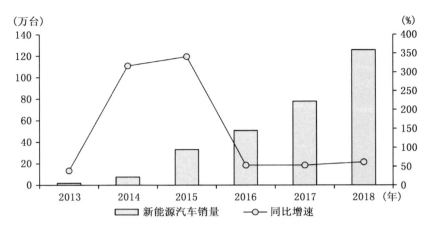

资料来源：根据中国汽车协会数据绘制。

图 3—124　我国新能源汽车销量情况

度,除了吉利、长城、上汽乘用车、红旗等几家车企年度销量目标完成占比超过 60%,其余多家车企大概率不能达成年度目标;而新能源汽车行业企业也并未有突出表现,多数车企前三季度对年度销售目标的完成率都在 50% 以下(见表 3—126 和表 3—127),这为新能源汽车的产出情况带来了不确定性。

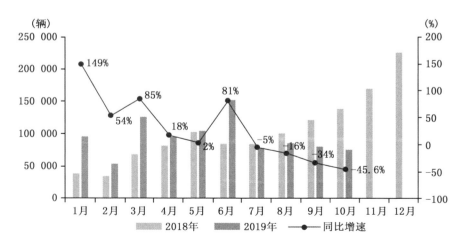

资料来源：根据中国汽车协会数据绘制。

图 3—125　2018—2019 年各月份我国新能源汽车销量

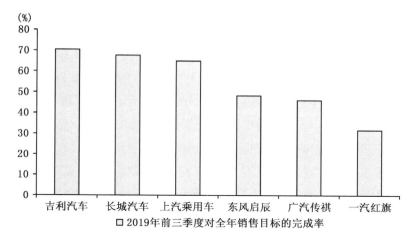

资料来源:根据公司公开数据绘制。

图 3—126 2019 年前三季度部分车企年度销量目标完成率

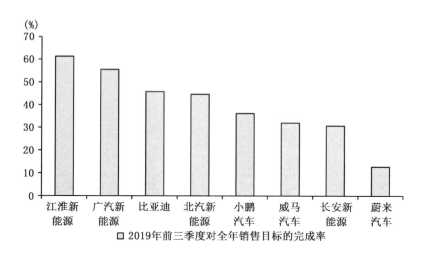

资料来源:根据公司公开数据绘制。

图 3—127 2019 年前三季度部分新能源车企年度销量目标完成率

(3)投入产出的利润受政策影响大,盈利能力有待提升

我国新型汽车行业近年来取得很大发展,投入产出效率不断提高,但仍然存在很大空间。虽然我国汽车企业自主研发投入在不断增加,但是和国外车企相比还是有着较大的差距。未来车市的竞争非常激烈,我国的汽车企业要想弯道超车,需要加大研发投入、掌握核心技术。如果一味

追求业绩,忽略核心技术的开发,则可能陷入发展的困境。

我国新型汽车公司受到政策影响明显,尤其是新能源汽车,新一轮补贴退坡导致大部分车企利润下滑。例如,比亚迪公司 2019 年前三季度实现营业收入 938.22 亿元,同比增长 5.4%,归母净利润 15.74 亿元,同比增长 3.09%;而三季度当季营业收入 316.38 亿元,同比下滑 9.2%,环比下滑 0.8%,实现归母净利润 1.2 亿元,同比下滑 88.6%。受补贴退坡影响,公司三季度新能源汽车销量 4.7 万辆,同比下滑 31.5%,下滑幅度扩大 91.7 个百分点,致使三季度当季盈利下滑幅度较大(见图 3-128)。由于前期资产投入高企,面对需求下降压力,投入产出效率持续下降。随着更多的新进入者和要素投入的计入,尤其是世界其他国家的汽车制造企业纷纷进入中国新能源汽车领域,我国的新能源汽车的投入要素在数量和质量上在未来都可能得到改善,投入产出效率有提升的可能。

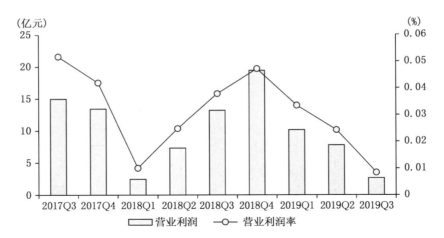

资料来源:根据公司财报绘制。

图 3-128 比亚迪营业利润情况

作为美国新能源汽车的代表之一,特斯拉 2019 年第三季度总营收为 63 亿美元,比上个季度低了 1%,同比去年第三季度低了 8%,但运营成本同时也在降低,导致 2019 年的毛利率逐季上升(见图 3-129),第三季度的净利润为 1.43 亿美元,实现了盈利。据新浪财经的消息,在此期间,该公司生产了 97 000 辆汽车,比第二季度增长了 2%,ModelS 和 ModelX 的交货量环比下降 1%,同比下降 37%,显示出市场对于特斯拉高端产品的需求降低；而 Model 3 的交货量环比增长 1％，同比增长 42％，对公司营业收入的贡献加大。大量的研发投入是特斯拉在财务上盈利表现不佳的重要原因。电气化、自动化是目前特斯拉最核心的竞争力，也是很多传统内燃机所不具备的能力。根据镁克网报道，特斯拉 2018 年的研发支出为 14.6 亿美元，为近三年最高投入，但研发支出在总营收中的占比却是最低的，仅为 7％，而 2016 年和 2017 年的支出占比则是 12％，下降了 5个百分点。这表明，特斯拉的前期研发投入正在产生经济效果，财务上的投入产出效率正在提升，研发产生的后期优势将更明显。

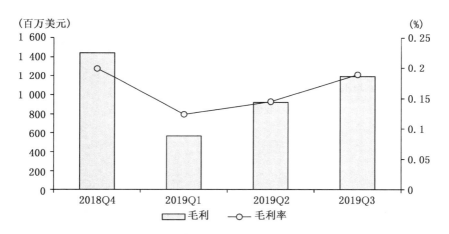

资料来源：根据公司财报、英为财情数据绘制。

图 3-129　特斯拉利润情况

3.2.4　现代服务业投入产出动态分析

1. 现代服务业整体投入产出动态分析

（1）劳动力投入逐年上涨，整体劳动力受教育水平略有下降

现代服务业的劳动力投入总体而言呈现逐年上涨态势，不同行业的增长情况不一。例如，租赁和商务服务业的就业人数在 2018 年达到529.52 万人，同比增长 1.3％，增幅虽仍然保持在稳定的增长区间，但有所回落（见图 3-130）；信息传输、计算机服务和软件业职工人数在 2018年达到 424.26 万人，同比增速 7.3％，维持在一个较高的增长区间（见图3-131）；科研和开发机构研究与试验发展人员数量也维持在一个较高水平，2018 年达到 46.43 万人，人数与 2017 年基本持平，在此前的高速增

长之后增速放缓(见图 3－132)。

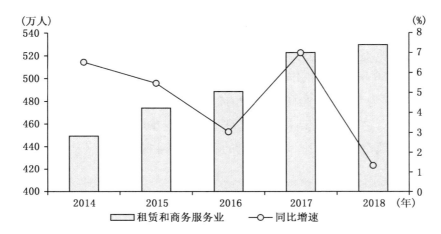

资料来源:根据国家统计局数据绘制。

图 3－130　我国租赁和商务服务业职工人数

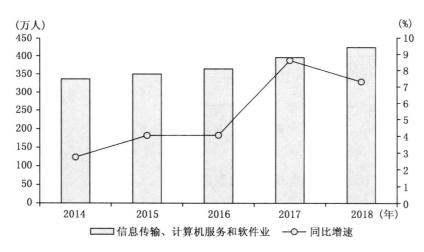

资料来源:根据国家统计局数据绘制。

图 3－131　我国信息传输、计算机服务和软件业职工人数

　　尽管上述行业就业人数增速有所放缓,但信息行业与美国相近行业相比仍处在一个较高水平。根据美国劳工部统计,2018 年,美国信息行业从业人数 282.7 万人,同比增长接近 2%(见图 3－133),在从业人数和增速上低于我国信息传输、计算机服务和软件业。而在专业和商务服务

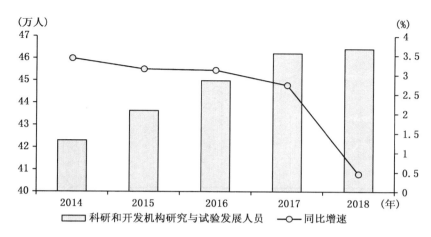

资料来源:根据国家统计局数据绘制。

图 3-132 我国科研和开发机构研究与试验发展人员人数

方面,2018 年美国专业和商务业的就业人数 2 125.4 万人,同比增长接近 3%(见图 3-134),在从业人数和增速上均远高于我国 2018 年租赁和商务服务业的水平,且优势明显。

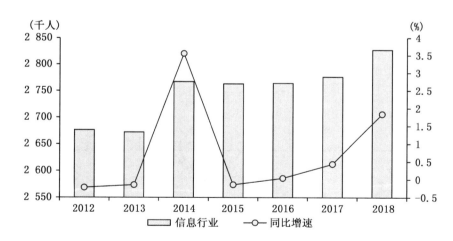

资料来源:美国劳工部,Choice。

图 3-133 美国信息行业就业人数

从劳动力的受教育程度来看,根据国家统计局公布的最新数据,现代服务业的劳动力受教育程度普遍略微下降,就业人员中大学以上的人群

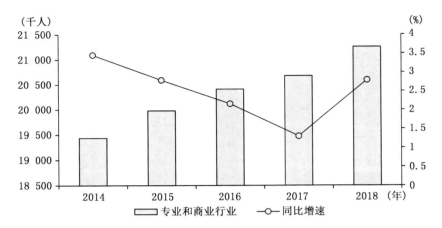

资料来源:美国劳工部,Choice。

图 3—134　美国专业和商业行业就业人数

数量出现下降,中学学历的人群增多(见图 3—135、图 3—136 和图 3—137)。

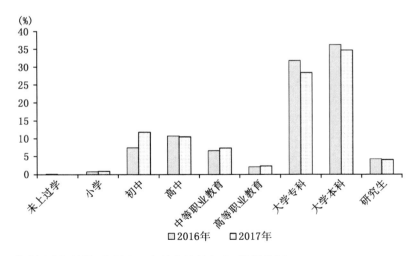

资料来源:根据《中国人口和就业统计年鉴》数据绘制。

图 3—135　软件和信息技术行业劳动力受教育程度比例

(2)投资和研发投入不断增长,增速和单位产出存在行业差异

我国现代服务业投资正处在快速发展阶段,尤其是在生态环保、信息技术、商务服务和技术服务等领域表现突出,投资增速明显。近年来,高

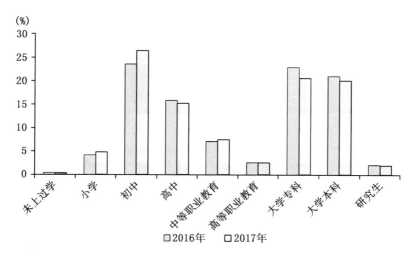

资料来源:根据《中国人口和就业统计年鉴》数据绘制。

图3－136　租赁和商务服务业劳动力受教育程度比例

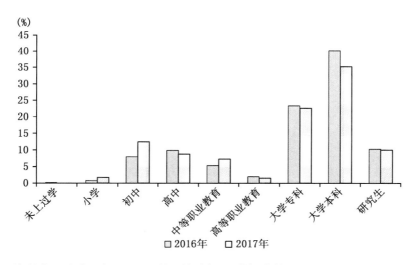

资料来源:根据《中国人口和就业统计年鉴》数据绘制。

图3－137　科学研究和技术服务劳动力受教育水平比例

技术服务业始终保持两位数的投资增长速度,2019年前三季度,我国高技术服务业投资增速13.8%,比服务业总体投资增速高6.6个百分点(见图3－138)。其中,信息技术服务业经过近年来的迅猛发展,增加值已占到服务业的7.2%,生产指数同比分别增长21.8%,增速快于全国服务业生产指数 14.8 个百分点,对经济的拉动能力明显增强;商务服务等高新服务业也快速增长(见图 3—139)。

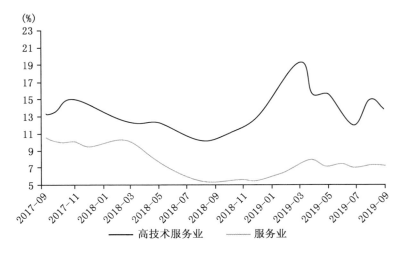

资料来源:根据国家统计局数据绘制。

图 3—138　我国高技术服务业和服务业投资增速

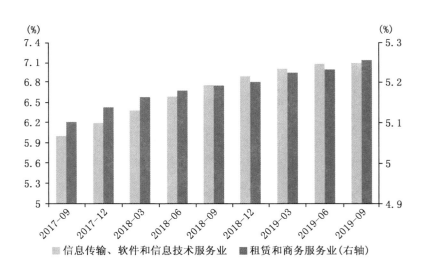

资料来源:Wind,长江证券研究所。

图 3—139　部分高新服务业 GDP 占 GDP 比重四个季度滚动平均值

从研发与试验机构来看,2018 年,我国科研和开发机构相关科技经费投入力度加大,研究与试验发展经费投入保持较快增长,达到 2 691.7

亿元,同比增长 10.51%(见图 3—140)。其中,试验发展支出的金额仍然最高,2018 年为 1 476.5 亿元,比第二位的应用研究高出 1 倍左右(见图 3—141)。基础研究领域的经费支出持续上涨,2018 年达到 423.1 亿元人民币,近年来的增速远超过试验发展支出,表明我国研发机构的研究支出结构持续优化,基础性质的研究的重要性不断加强,这可能改善我国研发机构的长期投入产出效率。从 R&D 人员全时当量看,近年来,我国研究与开发机构的 R&D 人员全时当量呈现波动下降趋势(见图 3—142)。2018 年,我国研究与开发机构的 R&D 人员全时当量为 41.3 万人年,比上年增长 1.8%,增速略高于 2016 年,但与 2017 年相比有所下降。其中,基础研究的 R&D 人员全时当量持续波动上涨,应用研究和试验发展的R&D 人员全时当量近年来都有个别年份出现回落(见图 3—143)。

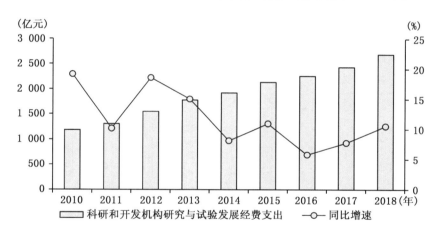

资料来源:根据国家统计局数据绘制。

图 3—140　我国科研和开发机构研究与试验发展经费支出

(3)产出整体增速回稳,但速度仍然较快

整体上看,我国高技术服务业产出基本平稳。例如,我国科研和开发机构专利申请数量持续上升,但增速有所下滑(见图 3—144)。2018 年,我国科研和开发机构专利申请数量达到 61 404 件,同比增长 9.13%,增速比 2017 年有所回升,虽然保持在较高位置,但仍低于几年前 20% 以上的增速,表明我国科研和开发机构的专利产出进入到一个增速相对稳定的时期。

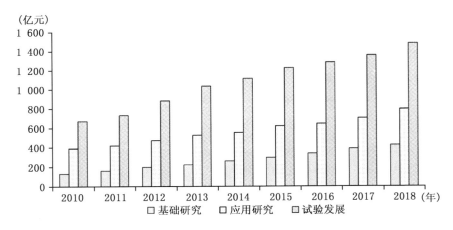

资料来源：根据国家统计局数据绘制。

图 3－141　我国科研和开发机构三类研发经费支出

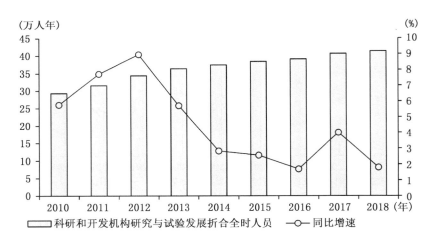

资料来源：根据国家统计局数据绘制。

图 3－142　我国科研和开发机构研究与试验发展折合全时人员

　　随着近年来新技术的发展，以信息技术为代表的服务领域不断拓展。以卫星导航与位置服务为例，近年来，我国卫星导航与位置服务呈现快速上涨趋势，增速保持在两位数以上（见图 3－145）。2018 年底，北斗三号基本系统完成建设并开始提供全球服务，这标志着北斗系统正式从区域走向全球。2019 年 4 月 20 日，我国成功发射第 44 颗北斗导航卫星，拉开了今年北斗高密度组网的序幕，卫星导航与位置服务产业也随之迈向崭

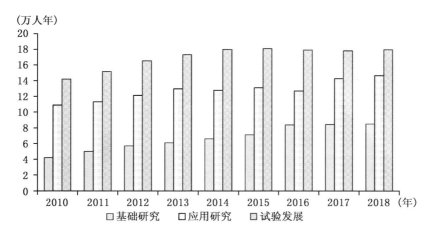

资料来源：根据国家统计局数据绘制。

图 3—143　我国科研和开发机构三类折合全时人员

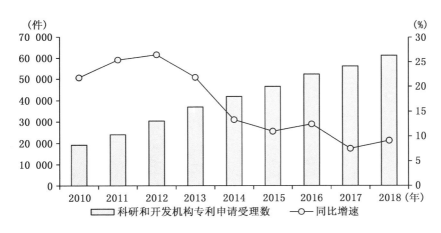

资料来源：根据国家统计局数据绘制。

图 3—144　科研和开发机构专利申请受理数

新的发展阶段，在智能交通、物流跟踪、智慧市政等应用中发挥越来越重要的作用。随着 5G 时代的到来，"北斗＋5G"有望在机场调度、机器人巡检、无人机、建筑监测、车辆监控、物流管理等领域广泛应用，将进一步促进北斗增值服务的应用普及和多样化发展。

在计算机软件方面，软件业务收入持续上涨。前三季度，我国软件业完成软件业务收入 51 896 亿元，同比增长 15.2％，增速同比提高 0.2 个

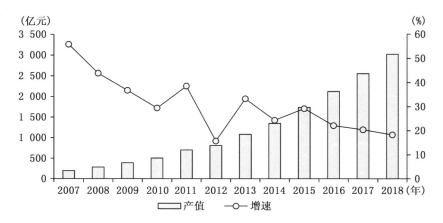

资料来源:根据国家统计局数据绘制。

图 3—145 近年来全国卫星导航与位置服务业产值及其增速变化

百分点(见图 3—146)。分季度看,2019 年一、二、三季度全行业软件业务收入增速分别为 14.4%、15.5%、15.6%,呈逐季上升态势。在利润方面,2019 年前三季度,全行业实现利润总额 6 518 亿元,同比增长 10.8%,增速较上半年提高 0.9 个百分点,但仍然低于 2018 年的增幅(见图 3—147)。

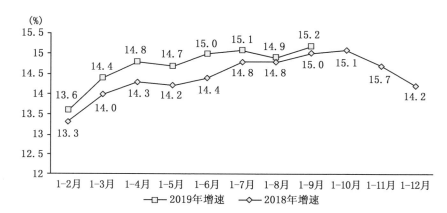

资料来源:工信部。

图 3—146 软件业务收入累计情况

网上零售方面,2019 年前三季度,全国实物商品网上零售额同比增长 20.5%(见图 3—148),增速比同期社会消费品零售总额高 12.3 个百

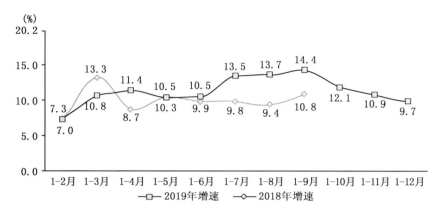

资料来源：工信部。

图 3—147　软件业利润总额增长情况

分点,占社会消费品零售总额的比重为 19.5％,比上年同期提高 2.0 个百分点,对社会消费品零售总额增长的贡献率超过 40％。新兴零售业态快速增长促进了快递物流行业的加速发展。另外,据国家邮政局测算,2019 年 9 月中国快递发展指数为 222.4,同比提高 23.7％,呈现稳中有进的态势。

2. 互联网行业投入产出分析

互联网行业涵盖的范围较广,特别是近年来互联网的推广普及和性能进一步提升,其影响的范围快速扩展,在生产和生活领域的渗透程度不断加深。本节研究的互联网行业既包括生产性的互联网,又包括生活性的互联网。

(1)要素投入增速持续上升,但增速放缓

互联网相关的要素投入近年来呈现上涨态势。在网络基础设施方面,基础设施快速布局成为趋势。我国下一代互联网 IPv6 规模部署进入加速阶段,应用基础设施发展迅猛,骨干设备已全部具备支持 IPv6 能力,IPv6 地址数量全球领先,用户数显著增长,规模数量位居世界第二。2018 年底,我国 IPv6 地址申请数量达 41 060 块/32,同比增长 75.2％(见图 3—149)。虽然我国网络基础设施水平大幅提升,但从设施数量、服务能力、技术实现度、市场渗透率等来看,我国与美国等发达国家相比仍有差距。根据恒大研究院发布的报告,截至 2018 年年底,美国拥有数据中

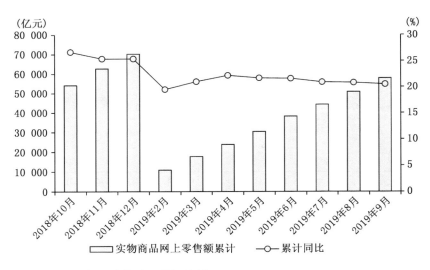

资料来源:根据国家统计局数据绘制。

图 3－148　网上零售额情况

心 172 座,云市场占比超 60％,活跃交换中心 90 个,均为世界第一,世界大型云服务中心也以美国企业居多(见图 3－150)。此外,以微软、思科、惠普等为代表的美国企业在核心软件和硬件供应上几乎垄断,中国虽然发展迅速,但由于业务主要集中在大陆市场,具有局限性。

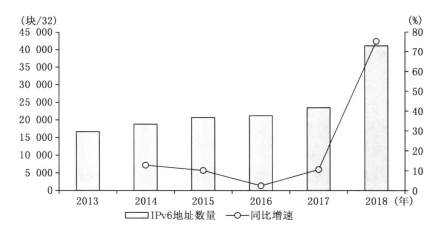

资料来源:APNIC。

图 3－149　我国 IPv6 地址数量变化

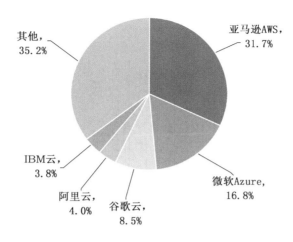

资料来源：Canalys Cloud Analysis，恒大研究院。

图 3－150　2018 年全球云服务市场

此外，我国 5G 也在加速布局。2019 年 6 月，工信部正式发放 5G 商用牌照后，多个省份大幅提高了 5G 基站建设目标，北京、上海、成都等中心城市均有于年底前建成超过一万个 5G 基站的计划。据工信部最新消息，截止到 2019 年 7 月份，全国范围内已建成 5G 基站 3.8 万座，并且正在快速增长。据中国电子信息产业发展研究院赛迪智库预测，今年中国国内基站建设量预计将达到 15 万个，高于年初预期 50%。由于部分产量较大的通信设备厂家在 7 月变更了计量单位，因而从 2019 年上半年来看，我国移动通信基站设备产量保持高速上涨。进入 2019 年以来的累计增速都在 100% 以上（见图 3－151），通信基础设施要素供给明显加快。

劳动力投入方面，我国互联网行业吸纳就业人数持续上涨，劳动要素供给充足。根据电子商务交易技术国家实验室、中央财经大学中国互联网经济研究院测算，近年来我国电子商务从业人员增速均在 10% 以上。其中，2015 年的增速超过 20%（见图 3－152）。2018 年，中国电子商务从业人员达到 4 700 万人，同比增长 10.6%，而进入 2019 年后，这一数字还在持续扩大。

研发投入方面，近年来我国互联网相关企业研发投入增幅大幅提高（见图 3－153）。根据工信部发布的数据，2019 年上半年，全行业研发投入额达 230 亿元，同比增长 29.4%，增幅较一季度提高了 7 个百分点，是

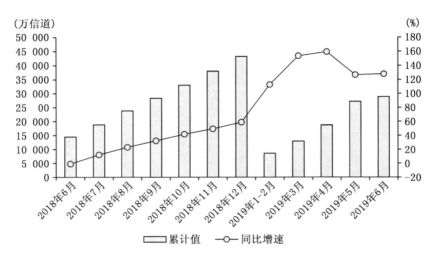

资料来源：根据国家统计局数据绘制。

图 3-151　我国移动通信基站设备产量

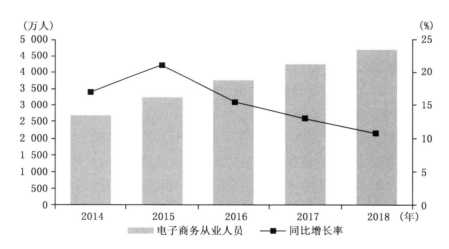

资料来源：电子商务交易技术国家工程实验室、中央财经大学中国互联网经济研究院测算。

图 3-152　我国电子商务就业规模

近两年来的最高增幅。2019 年前三季度,全行业完成研发费用 346 亿元,同比增长 18.3%,增速同比提高 3.6 个百分点,较上半年回落 11.1 个百分点,但仍然保持快速增长。

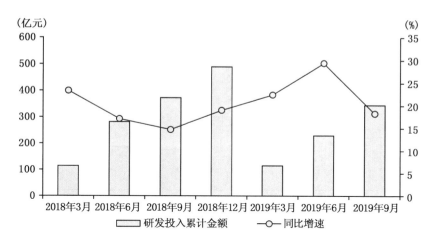

资料来源：根据工信部数据绘制。

图 3—153 我国互联网行业研发投入情况

资本投入方面，2018 年下半年以来，我国在互联网行业的资本投入活跃程度大幅下降。根据中国互联网协会的统计，2018 年，国内投融资整体仍然保持增长态势，投融资案例共 2 685 件，相比 2017 年的 1 296 件增长 107.2%，披露的总交易金额为 697 亿美元，相比 2017 年的 484.8 亿美元增长 43.8%。其中超过 1 亿美元的融资案例共 125 起，同比增长 60.3%，融资金额达 555 亿美元，同比增长 59.2%。进入 2018 年四季度开始，受经济下行压力、金融领域去杠杆、国际贸易摩擦等多重因素影响，互联网领域投资者的信心受到了明显冲击，投融资交易数和规模大幅下降（见图 3—154）。根据中国通信院发布的数据，2019 年三季度，我国互联网融资金额 96.3 亿美元，环比上涨 15.1%，环比略有回暖，同比则下降 38.3%；投融资笔数环比下跌 0.6%，同比减少 49%，同比下滑明显。全球来看，进入 2019 年以来也出现了较明显的同比下降过程，受主要国家投融资活动降温影响，2019 年三季度投融资笔数环比下降 13.2%，同比下降 12.3%，下降幅度较大；投资金额环比上涨 4.1%，同比下降 14.4%，增速维持在一个较低的稳定水平（见图 3—155）。

从互联网巨头的资本开支上看，我国互联网巨头资本开支上涨，但仍弱于美国。脸书（Facebook）、苹果（Apple）、微软（Microsoft）、谷歌字母表（Google）、亚马逊（Amazon）五大海外互联网巨头资本开支在 2019 年

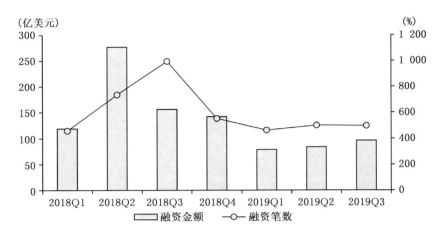

资料来源:中国通信院。

图 3—154   我国互联网投融资情况

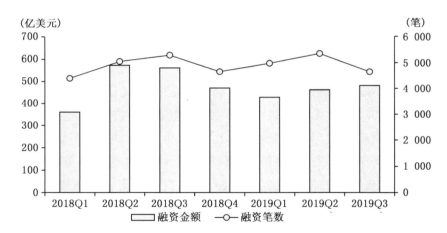

资料来源:中国通信院。

图 3—155   全球互联网投融资情况

一季度触底后,开始出现回升,消化期即将过去,未来有望重新进入加速增长期(见图 3—156);而国内 BAT 企业的资本开支增速也在 2019 年出现回升(见图 3—157)。从体量角度,目前 BAT 资本开支合计仅约为上述五大海外互联网巨头资本开支合计的 1/10,资本投入总量还有很大的增长空间。

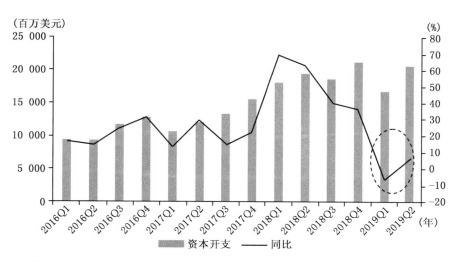

资料来源：Gartner，Bloomberg，国金证券研究所。

图 3－156　美国五大互联网巨头资本开支情况

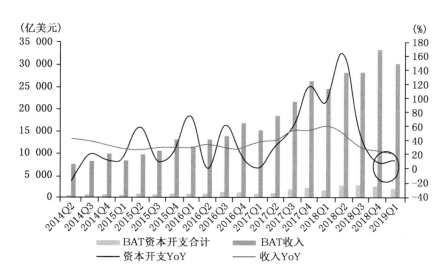

资料来源：Bloomberg，国金证券研究所。

图 3－157　BAT 资本开支情况

（2）产出规模增速回稳，生活类互联网服务增速快于生产类

从总体运行情况看，我国互联网业务收入保持较快增长。2019 年前三季度，我国规模以上互联网和相关服务企业完成业务收入 8 604 亿元，

同比增长 19.7%,增速同比提高 0.3 个百分点。分季度看,前三个季度
互联网业务收入增速分别为 17.3%、18.4% 和 22.9%,呈现逐季加快增
长的态势(见图 3—158)。

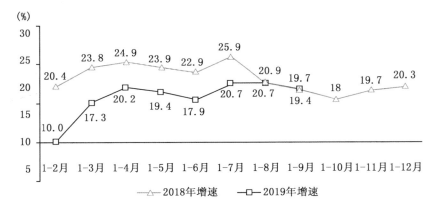

资料来源:工信部。

图 3—158　2018—2019 年互联网业务收入增长情况

分业务运行情况看,信息服务规模持续扩大,根据工信部 2019 年的
数据口径,互联网数据服务在年初快速增长,进入三季度增速有所回落,
但仍保持较高水平(见图 3—159)。2019 年前三季度,包括网络音乐和视
频、网络游戏、新闻信息、网络阅读等在内的信息服务收入规模达 5 660
亿元,同比增长 22.3%,增速较上半年回落 0.7 个百分点,占互联网业务
收入比重达 65.8%;以提供生产服务平台、生活服务平台、科技创新平
台、公共服务平台等为主的企业实现业务收入 2 311 亿元,同比增长
19.7%,较上半年提升 6.6 个百分点;互联网企业完成相关的互联网数据
服务收入 79.3 亿元,同比增长 21%;截至 2019 年 9 月末,部署的服务器
数量达 166.3 万台,同比增长 27.9%。

从产出规模看,我国网上零售渗透率多年保持领先,虽然增速近年来
有所回落,但仍然领先于美国。2018 年,我国电商渗透率达到 18.4%,高
于美国 6.4 个百分点,渗透率全球领先(见图 3—160)。从增速上看,我
国网上零售额在进入 2019 年后增速有所回落,2019 年前三季度累计增
速 16.8%,明显低于 2018 年的水平,但仍然高于美国的增速(见图
3—161 和图 3—162)。

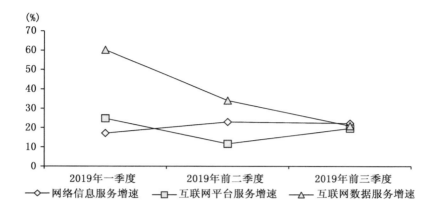

资料来源:根据工信部数据绘制。

图 3—159 我国互联网分业务同比增速

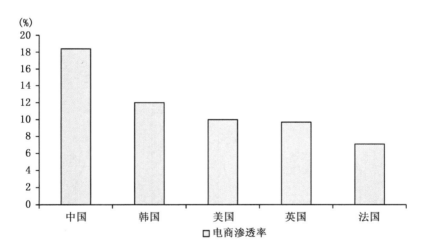

资料来源:中国通信院,国家统计局,eMarketer。

图 3—160 2018 年主要国家电商渗透率对比

互联网用户规模红利方面,由于红利空间正在缩小,用户日均上网时长触及天花板,互联网消费端产出需要进一步创新开发。根据中国通信院引用的 Quest Mobile《中国移动互联网 2018 年度大报告》,2018 年中国移动互联网月活跃用户规模 11.3 亿户,全年净增 4 000 万,净增数仅为 2017 年的六成左右,同比增速为 4.2%,较 2017 年下降 12.9 个百分点,增长明显放缓(见图 3—163 和图 3—164)。截至 2018 年末,移动互联

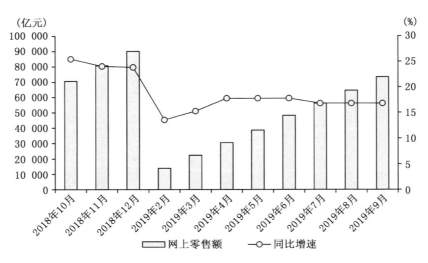

资料来源:根据国家统计局数据绘制。

图 3—161   网上零售额累计和同比增速

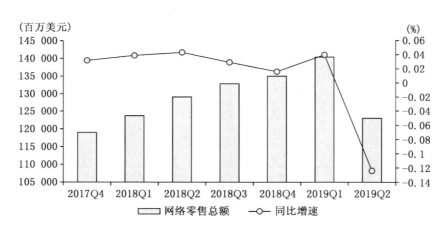

资料来源:根据美国人口普查局、Wind 数据绘制。

图 3—162   美国网上零售额

网用户增长红利已不明显。

工业互联网方面,近年来我国和全球工业互联网需求都持续扩大,工业互联网企业的产出持续增长,核心技术缺失导致工业类互联网类服务发展与发达国家相比相对劣势。根据赛迪顾问的统计数据,2018 年,我国工业互联网市场规模 5 358.9 亿元,同比增长 13.3%,增速明显快于全

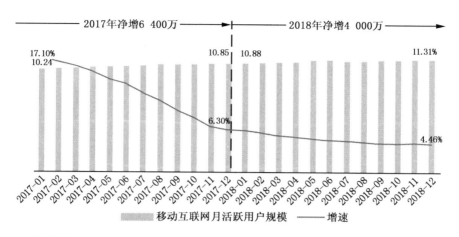

资料来源：QuestMobile，中国通信院。

图 3－163　我国移动互联网月活跃用户数

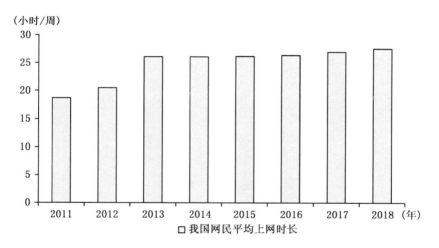

资料来源：中国通信院。

图 3－164　我国网民平均上网时长

球水平(见图 3－165 和图 3－166)。根据《全球工业互联网平台创新发展白皮书(2018—2019)》，目前，全球工业互联网平台总体市场高速增长，预计 2023 年将增长至 138.2 亿美元，预期年均复合增长率达 33.4％。而在全球已有的 150 余个工业互联网平台中，有近 50％分布在美国，以 GE、微软、亚马逊、PTC、罗克韦尔、思科、艾默生等为代表的美国企业积极布局,成为全球工业互联网平台发展的核心力量。德国、法国等欧洲工业互联网平台企业紧随其后,以西门子、博世、SAP 等为代表的德国工业巨头依据自身长期积累的先进制造业基础,成为除美国之外工业互联网领域最主要的竞争者。相比而言,我国的工业互联网得到了各界的广泛关注和支持,具有较大的市场空间,但产业基础并不牢固,核心技术能力缺失,与发达国家相比还有相当差距,工业互联网的规模化应用仍面临较高壁垒。虽然国内工业互联网的需求大,但国内的工业互联网项目的国产率还有待提高,在一些领域探索出的融合应用新模式、新业态还有待完善和推广,工业软硬件都需要进一步提升,建立并巩固优势的任务十分艰巨。

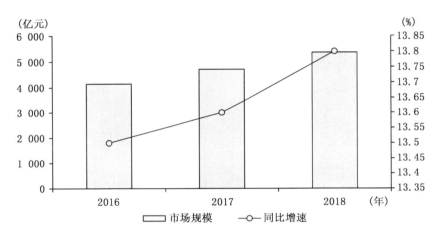

资料来源:赛迪顾问。

图 3－165　我国工业互联网市场规模

(3)投入产出效率的持续竞争力有待观察

互联网企业近年来投入产出效率存在波动,传统优势业务持续发力、研发投入大等都是造成投入产出波动的原因。从具体的公司例子看,美国互联网巨头亚马逊 2019 年 10 月 25 日发布新一季财报,2019 年第三季度实现营业收入 700 亿美元,同比增长 24%,净利润为 21.34 亿美元,同比减少 26%。其中,云服务业务是亚马逊的主要盈利业务,由于科技领先,亚马逊在云服务方面具有优势,投入产出效率高。2019 年三季度,亚马逊公司的云服务业务收入 90 亿美元,虽然略低于市场预期,亦创下近五年来最低增速,但营业利润 23 亿美元,仍然维持在较高水平,并且远高

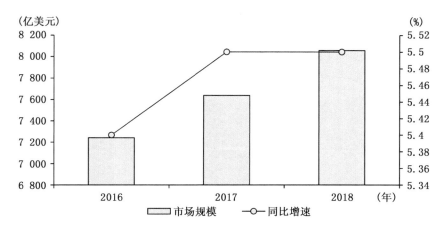

资料来源:赛迪顾问。

图3—166　全球工业互联网市场规模

于亚马逊整体的营业利润率(见图3—167和图3—168)。从研发投入看,亚马逊公司长期重视研发投入,研发投入费用比率持续明显高出营业利润率(见图3—169),研发投入较高也是导致公司整体利润有所下降的原因之一。

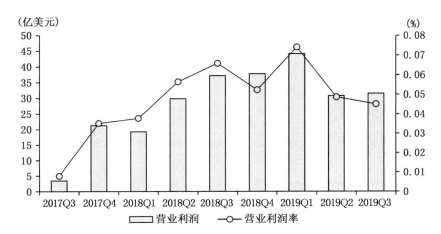

资料来源:根据公司公告绘制。

图3—167　亚马逊营业利润情况

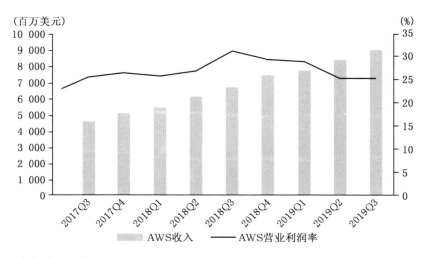

资料来源:根据公司公告绘制。

图3－168　亚马逊云服务利润情况

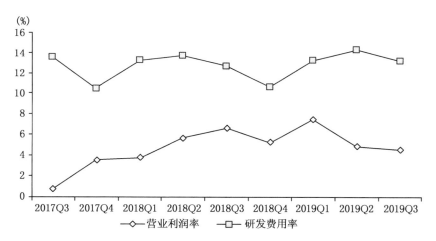

资料来源:根据公司公告绘制。

图3－169　亚马逊公司营业利润率与研发费用率

　　从国内公司看,与亚马逊公司业务较为接近的阿里巴巴公司,近期整体利润率都要高于亚马逊公司。根据公司发布的公告,2019 年三季度,阿里巴巴的营业利润 203.6 亿元人民币,营业利润率为 17.11%(见图3－170),虽然相比于 2019 年二季度有所回落,但仍然高于亚马逊公司的利润率水平,表明阿里巴巴在财务方面的投入产出效率明显优于亚马逊。

根据阿里巴巴公布的财报,2019 年三季度,阿里巴巴的核心电商业务仍然是唯一实现盈利的板块,2019 年三季度营业利润率超过 30%(见图 3−171),而其他业务正处在业务扩张期,营业收入上升,但阿里云、阿里大文娱以及创新业务板块则仍旧处于亏损状态。从研发投入看,相比而言,阿里巴巴的研发费用比率基本低于营业利润率(见图 3−172),公司在研发方面的投入力度不及亚马逊,研发力度的不同可能造成未来两家公司在发展方式和盈利能力上的差异,并影响到未来的投入产出效率。

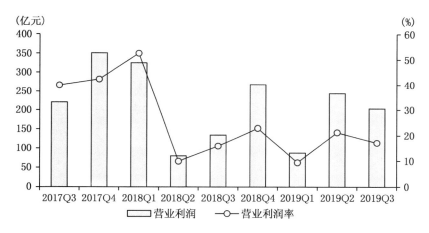

资料来源:根据公司公告绘制。

图 3−170　阿里巴巴营业利润情况

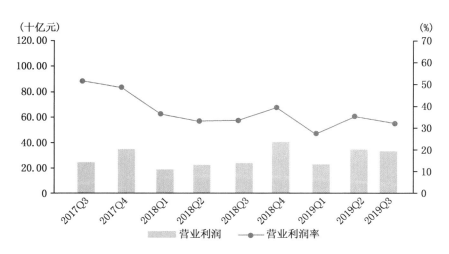

资料来源:根据公司公告绘制。

图 3−171　阿里巴巴核心电商业务营业利润情况

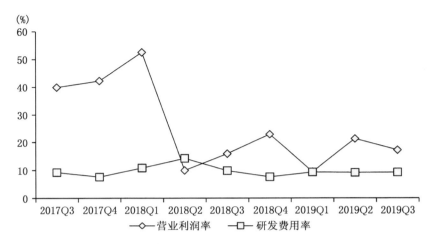

资料来源:根据公司公告绘制。

图 3－172　阿里巴巴营业利润率与研发费用率

3.2.5　小结

1. 现代农业发展突出,投入产出效率不断提高

近年来,我国现代农业发展突出,要素投入持续优化,产出不断提高,新主体、新技术、新产品、新业态不断涌现,智慧农业、有机农业等现代农业形式快速发展,传统农业也不断向现代农业转变,现代农业生产方式在传统农业中的渗透不断加深,二者的区分日益模糊,使我国农业整体的投入产出效率得到有效提高。

2. 新型制造业快速增长,未来存在不确定性因素

我国新型制造业保持较快增长,资本快速进入,研发投入较大,增加值增速明显优于整体制造业,研发产出效率提升,利润率连续呈现明显上涨,成本得到改善,收益有所上升,投入产出整体效率提升明显,表现出了强大的增长潜力。但同时我国新型制造业也存在未来不确定性加大、受贸易摩擦影响明显等问题,特别是中美贸易摩擦以来,我国部分行业受到外部因素影响,发展受到一定冲击,需要妥善予以应对。

3. 现代服务业拉动作用增强,持续竞争力有待观察

我国新兴服务业拉动经济增长作用增强,例如卫星导航与位置服务业、软件业等迅速发展,网络零售、新零售等新兴业态高速增长为经济增长贡献良多。另一方面高技术服务业的投资增速持续明显高于服务业整体增速。经过近年来的持续发展,我国互联网产业优势突出,对其他行业的拉动作用持续增强,而随着我国互联网产业的日益成熟,在用户数量等方面正在接近饱和,如何在这一领域获得新的突破成为影响投入产出效率的一个重要因素。

3.3　基于投入产出视角的大类产业发展比较分析

3.3.1　传统产业与新兴产业发展差异性分析

1. 传统产业对要素的吸引力逐步减弱

整体来看,我国传统产业仍然吸纳了大量的就业,但吸纳就业数量下降。根据国家统计局的最新数据,在将典型传统制造业和新型制造业吸纳的就业人数加总后[①],可以看到,我国的传统制造业吸纳的就业人数高于新型制造业,但整体上吸纳就业的规模存在下降的趋势(见图3-173),这表明,现阶段传统制造业仍然是我国吸纳就业的主要行业,但其吸纳作用正在下降;新型制造业吸纳就业的人数同样出现下降趋势,表明部分劳动力从制造领域转出,我国劳动力就业结构也正在进一步调整,制造业就业人数整体小幅下降。从传统服务业和现代服务业比较来看,也同样存在传统服务业和现代服务业均吸纳了大量的劳动力、但传统服务业对劳动力的吸纳数量出现下降的情况,但现代服务业对劳动力的吸引力逐步上升,就业人数有所增加(见图3-174)。这表明,传统行业在一定时期之内仍然是我国吸纳就业的重要行业,但其吸引力逐步减弱,劳动力正在向新兴制造业和现代服务业进行转移,劳动力结构逐步得

---

①　本节图表中计算使用的典型传统制造业包括各类采矿业,农副食品加工业,食品制造业,酒、饮料和精制茶制造业,烟草制品业,纺织业,纺织服装、服饰业,皮革、毛皮、羽毛及其制品和制鞋业,木材加工及木、竹、藤、棕、草制品业,家具制造业,造纸及纸制品业,印刷和记录媒介复制业,文教、工美、体育和娱乐用品制造业,石油、煤炭及其他燃料加工业,化学原料和化学制品制造业,黑色金属冶炼和压延加工业,有色金属冶炼和压延加工业,金属制品业;典型新型制造业包括通用设备制造业,专用设备制造业,汽车制造业,铁路、船舶、航空航天和其他运输设备制造业,计算机、通信和其他电子设备制造业,仪器仪表制造业,医药制造业;典型传统服务业包括批发零售和住宿餐饮业;典型现代服务业包括信息传输、软件和信息技术服务业,租赁和商务服务业,科学研究和技术服务业。

到调整和优化。

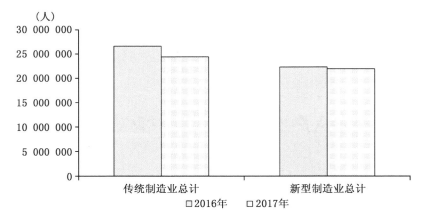

资料来源：根据《中国人口和就业统计年鉴》数据绘制。

图 3—173　典型制造行业吸纳城镇就业人员人数

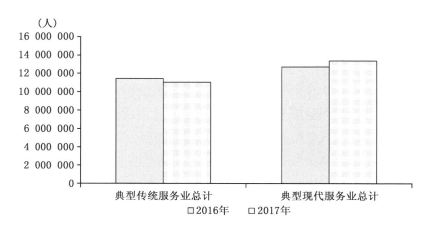

资料来源：根据《中国人口和就业统计年鉴》数据绘制。

图 3—174　典型服务行业吸纳城镇就业人员人数

在固定资产投入方面，典型传统行业企业的固定资产投入增速明显较低，且有下降趋势，而新兴行业则快速上涨，表明资本要素明显由传统产业向新兴产业集聚。由于传统制造业中采矿业和加工制造业存在较大差别，因而此处分开进行比较。典型新型制造业和典型现代服务业的平均固定资产投资增速分别整体高于典型传统加工类制造业和传统服务业。采矿业的固定资产投资增速一直维持在较高水平。典型新型制造业与传统加工类制造业进入 2019 年下半年以来二者增速开始出现明显分化(见图 3－175),典型现代服务业则在传统服务业平均固定资产投资增速持续负增长的情况下保持高速正增长(见图 3－176)。

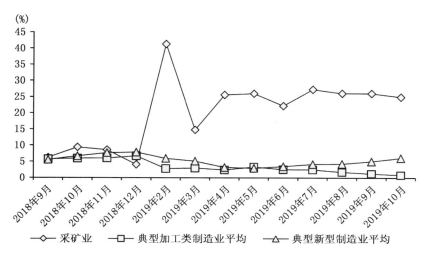

资料来源:根据国家统计局数据绘制。

图 3－175　典型传统和新型制造业平均的固定资产投资增速

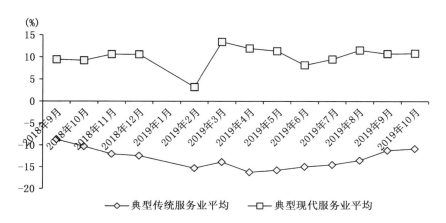

资料来源:根据国家统计局数据绘制。

图 3－176　典型传统和现代服务业平均的固定资产投资增速

2. 新兴产业的产出对传统产业贡献增大

根据国家统计局公布的最新投入产出表,从 2012 年到 2017 年,整体上传统产业在其他传统产业内的要素投入有所降低,在新兴产业的投入逐渐增高,表明新兴产业的产出作为生产要素在传统产业中的作用不断提高。而随着近年来我国新兴产业的不断发展,新兴产业对传统产业的渗透不断加深,新兴产业的产出不仅对新兴产业自身的作用明显,同时也作为传统产业生产过程中的要素,重要性预计也会日益加大。在新兴产业的产出包括中间品和最终消费品,其中,作为中间品的产出和生产设备等类型最终产品的产出,在传统产业的生产中正发挥越来越重要的作用。

　　以纺织服装行业为例,随着传统的纺织服装行业在新一轮产业革命的作用下,与大数据、物联网、云平台等技术不断融合,大量新技术、新模式进入纺织服装行业。服装新零售与供应链变革、基于物联网技术的可追溯平台的建设等话题最为我国服装产业所关注。个性化定制、C2M、O2O 等新型生产模式和商业模式不断发展,新型的纺织材料在纺织行业中得到推广并不断更新换代,新兴产业的成果在我国纺织服装行业中持续深化,使我国纺织服装行业不断转型升级,越来越依赖于新兴产业技术。从服装制造的角度看,目前的技术已经能够实现从面料的筛选、审核到服装的打版、缝合等一系列生产流程都能实现智能化生产,新型的工业机器人载有新型的软硬件设备,加上新兴的供应链管理技术,并通过互联网平台等新兴服务业态达到销售端与生产端的无缝对接(见图 3-177),实现了传统纺织服装行业的投入产出效率提升。

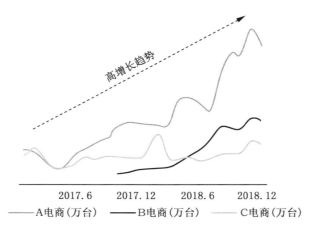

资料来源:艾瑞咨询。

图 3-177　中国工厂扶持类电商 APP 独立设备数分布

3. 新兴产业投入产出利润率明显优于传统产业

新兴产业通常具有更高的附加值,但作为新兴行业,其产品和服务为市场所接受需要一个过程,并且伴随着较大的风险,盈利能力存在不确定性。从目前的盈利性数据看,新兴产业的盈利指标总体上优于传统产业,且增速较快,表明新兴产业的高附加值优势在一定程度上得到显现。根据统计局公布的数据计算,2018 年四季度以来,典型新型制造业的平均营业利润率总体上平稳高于典型传统加工制造业,低于采矿类制造业(见图 3—178),其中国际国内价格因素是影响采矿业近期利润走高的重要原因。从同比增速上看,2018 年四季度以来,新型制造业的营业收入累计同比增速要高于传统采矿类制造业和典型加工制造业,尤其是进入 2019 年下半年开始,增速一直维持在一个上涨态势,而传统制造业的营业收入累计同比增速则在 2019 年下半年出现下滑(见图 3—179)。这表明,整体而言,新型制造业的增长潜力更大,投入产出效率更高。

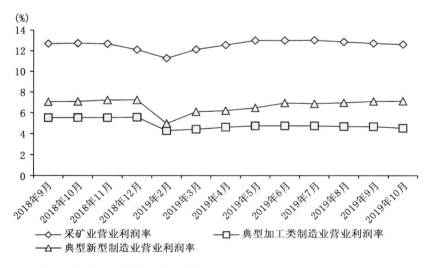

资料来源:根据国家统计局数据绘制。

图 3—178　典型传统和新型制造业营业利润率

4. 传统产业单位研发投入的产出效率优于新兴产业

在新兴产业发展过程中,一个重要的核心目标是提升创新效率。新兴产业在技术创新和产品创新上具有明显优势,但在发展初期,由于研发

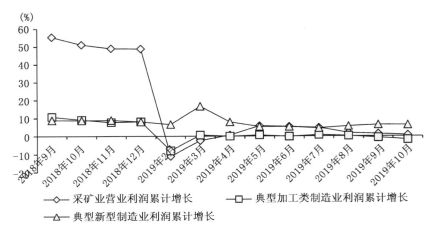

资料来源：根据国家统计局数据绘制。

图 3—179　典型传统和新型制造业营业利润累计同比增速

费用相对较高,且需要进行一定的市场推广,具有较高的不确定性,因此新产品开发所能产生的收入成效可能短期受限。根据统计局公布的数据计算,典型传统加工类制造业的平均单位新产品开发经费所产生的新产品销售收入明显高于典型新型制造业(见图 3—180),表明传统制造业的新产品开发在适应市场需求、快速创造收益方面明显优于新兴制造业。从增速上看,典型传统和新型制造业的单位新产品开发经费产生的销售收入增速总体不高,且近年来有下降趋势(见图 3—181)。这一方面表明我国制造业企业新产品开发的力度加大,开发资金投入较高;另一方面也反映出我国新产品开发适应市场的能力不强,可能存在脱离市场需求、缺乏自主品牌、新产品转化不畅等问题,未能及时转化为收益,盈利能力有待提高。

5.传统产业和新兴产业均面临激烈的国际竞争

现阶段我国经济面临传统产业升级和新兴产业发展的"双重任务",传统产业和新兴产业都进入发展的关键时期。而随着我国对外开放的不断加深,我国产业在要素市场和产品市场上的国际竞争也日益加剧。从传统产业和新兴产业的差异来看,传统产业主要面临来自发展中国家的替代,新兴产业主要面临来自发达国家的限制。

一方面,我国的传统产业成本优势已不明显,越南等国家利用成本优

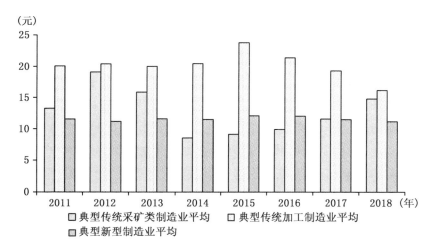

资料来源：根据国家统计局数据绘制。

图 3—180　单位新产品开发经费产生的销售收入

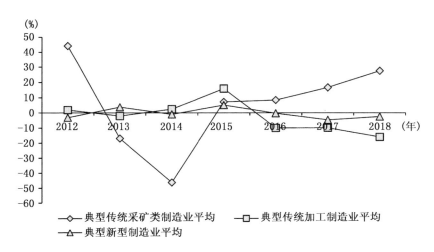

资料来源：根据国家统计局数据绘制。

图 3—181　单位新产品开发经费产生的销售收入的增速

势，积极参与国际分工，已经承接了大量传统产业转移，对我国的传统产业产生了冲击。根据财新网消息，越南投资计划部外国投资局（FIA）最新数据显示，2019 年 1—7 月，越南利用外资协议金额为 202.7 亿美元，同比下降 11.9％，但中国对越南协议投资额 24.8 亿美元，同比增长 134％，从 2018 年的第五位一跃成为越南第三大外资来源地。这进一步表明,我国传统产业在国际竞争中的优势日益减弱,不得不面对来自东南亚等国的激烈竞争。另一方面,我国的新兴产业尚处在发展期,并且发展过程中与西方发达国家的传统优势存在竞争关系,为我国新兴产业的发展带来挑战。金融危机以来,发达国家新一轮贸易保护主义抬头,欧美等发达国家开始重新重视制造业的发展,例如美国推行的减税措施,试图吸引制造业回流。2018 年美国对中兴公司的制裁,以及近期关于 5G 技术应用的干涉,也都反映出我国新兴产业在发展过程中存在的外部限制。我国与发达国家相比,在新兴产业领域缺乏技术与人才优势。根据《2019中国制造强国发展指数报告》,我国制造强国发展指数仍然在美、日、德等传统制造强国之后(见图 3—182),制造业尚在追赶阶段。此外,我国在发展的过程中也必然面临来自发达国家的限制,如何获得高质量的生产要素、产出高质量的产品,影响着我国新兴产业的发展。

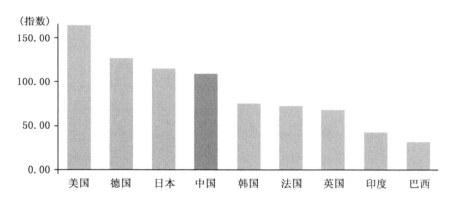

资料来源:《2019 中国制造强国发展指数报告》。

图 3—182　部分国家制造强国发展指数

3.3.2　传统产业与新兴产业投入产出变化的内在关联

1. 产业结构调整过程中要素投入和产出在新旧行业间联动

在产业结构调整的过程中,要素投入的联动至关重要。产业结构演进过程实质是伴随着生产要素从低效率生产部门向高效率生产部门配置转移的产业升级过程。一个产业通常以生产某种具有同类使用功能的产品和服务为最终目标,由一系列相互关联的各种要素形成,带有该产业普遍特征,这其中的各种要素环环相扣形成链状或网状的多层次结构。产业之间的联系最基本的是产业之间互相提供产品和劳务,无论是以双向联系方式、单向联系方式,还是以顺向联系方式、逆向联系方式,都是以产业之间互相提供的产品和劳务为基础的。

传统产业通常是国民经济发展的基础产业,对经济发展起到支撑作用,而新兴产业则是带动未来经济快速增长的先导产业。作为发展相对充分、具有较成熟的要素集聚优势的产业类型,传统产业在包括人才、资本、技术、市场等方面能够对新兴产业产生支撑和引导作用,是新兴产业得以良好发展的基础,对新兴产业的产品和服务提出实用性的市场需求,并完善新兴产业的知识结构。新兴产业在信息、资金、知识、技术等方面通常具有优势。作为技术资本、知识资本、人力资本的载体,新兴产业不仅能够加快传统产业的技术改造,加速转型升级,而且通过以新兴制造业特别是其中的高技术制造业作为先导,可以促进各类生产要素以新的方式加以结合,重构要素联系,改变产业与产业之间的相互关系,形成更加优化的产业格局。新兴产业在产生过程中就与传统产业有着密切连续,在发展的过程中,当达到一定的发展阶段,就需要不断向传统产业扩张。通过新兴产业扩张带来的新技术、新模式,以及新技术、新模式在传统产业中的渗透程度加深,传统产业转型升级得到加速,传统产业的生产方式和经营业态也将在不同程度上被新兴产业"颠覆",形成新兴产业对传统产业的联动。此外,在新兴产业发展的过程中,会吸引要素从传统产业向新产业流动转移,导致传统产业内部的要素发生重构,传统产业内部要素投入的结构得到优化,进而产出优化;而新产业在获得从传统产业那里得来的新要素后,加以一定的改造升级,也能够实现新兴产业自身的快速发展。传统产业和新兴产业之间的要素联动,能够形成错综复杂的交错关系,当双方的生产能力和产品或劳务的品质都得到提升时,就会形成一个正向联动的系统,实现整体的联动升级。

2. 投入要素的质量较低和缺乏核心技术是新旧动能转换的瓶颈

近年来,我国产业新旧动能转换迎来机遇期,新一轮科技革命和产业变革为产业的新旧动能转换带来技术支持;消费结构不断升级为产业新旧动能转换提供巨大市场支撑;深化改革和现代化经济体系的建立为产业新旧动能转换创造良好宏观环境;加快发展新经济、培育壮大新动能、改造提升传统动能成为趋势。但是,应当认识到,我国大部分产业还存在要素投入质量较低和缺乏核心技术等问题,因为要素投入的质量较低或缺乏核心技术,造成部分低端领域产能过剩,高端领域产出不足,研发投入的产出效率不高,发明专利不足等现象,制约了我国新旧动能转换。

我国在过去相当长一段时期里追求数量而忽视质量的粗放式生产方式制约了我国要素投入的质量水平。在过去的一段时期,我国经济发展对量的强调明显,对质的要求不足,导致在经济发展的过程中,主要依靠生产要素的大量投入和扩张来实现经济的增长。例如,通过简单增加资源开发、扩建生产场地、增大劳动力和机械设备投入等方式扩大生产,以产品数量或规模增加作为评判标准等。然而,不论是传统产业还是新兴产业,重数量轻质量所导致的投入要素的质量不足,已经在一定程度上制约了我国某些行业的产出质量,也与我国不断提升的高质量消费需求脱节。此外,要素的收益原理决定了拥有稀缺的高质量要素的国家在国际分工体系中处于优势地位,而拥有要素丰富或低质量的国家将在国际分工体系中处于劣势地位,提升要素质量水平已经成为我国新旧动能转换、提升在全球价值链中的位置的迫切要求。除了要素质量较低外,核心技术缺失也是导致我国新旧动能转换出现瓶颈的重要影响因素之一。近年来,我国制造业不断发展,产业结构不断优化,但不论是对于传统产业还是新兴产业,在关键核心领域仍存在诸多短板弱项。创新能力依然薄弱且不平衡,例如集成电路、汽车发动机、工业机器人所需的减速器、伺服电机等核心零部件都大量依赖国外进口,制约了我国相关产业的进一步发展。因此,着力提升我国要素质量水平,在核心技术领域实现突破,是实现我国产业新旧动能转化的重要抓手,也是实现我国经济高质量发展的关键之一。

3.3.3　未来投入产出效率提升的动态展望

1. 对未来基础设施的投资助力未来投入产出效率提升

未来基础设施是实现我国未来投入产出效率全面提升的重要基础。未来基础设施是新兴产业的范畴,其发展对于我国新兴产业和传统产业都十分重要。近年来,伴随着以互联网、云计算、物联网、大数据、5G、人工智能等为代表的新一代信息技术的不断发展及其逐步与新材料、新工艺、新能源等新型创新成果的跨界融合,全球范围内正在发生一场生产与生活方式的变革。在这一趋势下,一系列新的生产与组织方式不断涌现,新型商业模式层出不穷,全球产业体系正在加速重塑。在这当中,互联网、云计算、物联网、大数据、5G、人工智能等新一代信息技术作为一系列变革的基础,其运用和推广将大大助推未来企业的投入产出效率提升。

以 5G 为例,从 4G 到 5G 的升级,不仅仅是速度上的提升,更会在产业升级方面产生巨大影响。5G 技术凭借覆盖面积广、连接规模大、超可靠、低延时的特点,能够广泛应用于智能制造领域,这将助推物联网作用深化发挥,赋能工业互联网,实现对设备状态的联网监测、多点协同,达到实时远程控制,拓展人工智能技术在生产领域的应用,实现智能反馈生产,帮助厂商实现投入产出效率的提升,推动传统产业实现转型升级,提升新兴产业的生产效率,优化各类产业的投入产出结构和生产方式。而在文化生活和商业模式方面,5G 的推广和应用将催生更多的新业态,带来更好的数字服务,帮助厂商迅速实现产品变现,为大众提供更加便捷、更加丰富和高质量的消费,提升投入产出效率。此外,5G 的建设还会对一些 5G 相关技术产生正向外溢,例如在通过 5G 网络实现"万物互联"后,大量数据的产生将使受制于数据规模而发展缓慢的某些人工智能模型获得优化,促进人工智能行业的发展。除了 5G 外,随着互联网、移动互联网、物联网等未来基础设施的兴起,信息技术和工业技术的交融,以及基于此逐步推广的大数据统筹管理、智能化生产等应用,生产效率也将大幅提升,传统和新兴制造业都将释放巨大的发展潜力,产业生态也将得到重塑。

2. 通过研发创新走出产业体系结构陷阱

近年来,我国传统产业增速加速下滑,新兴产业增长很快,但新兴产业在国民经济中的比重还比较小,并且核心技术与发达国家相比,还有不小的差距。一些核心技术的缺失已经对部分行业形成了明显制约,造成"产业结构性陷阱"。在我国产业转型升级的过程中,传统产业对我国经济的支撑作用正在减小,新兴产业的重要性越来越大,而这些新兴产业与发达国家的优势产业之间形成了竞争,导致我国部分产品和行业在国际市场上受到阻力。要走出这样的"产业结构性陷阱",需要我国通过研发创新,提升我国企业在全球价值链中的位置,实现新旧动能转换。

从科技发展的趋势来看,新一轮科技和产业革命正在加速推进,研发创新能力成为国家之间的核心竞争力。研发创新能够促使我国产业体系不断升级,促使我国产业竞争力在创新层面实现提升,才能走出"产业结构性陷阱"。现行的产业体系在供给方面出了问题,但供给侧结构改革不是简单地把现有的产业体系当中低端的产品淘汰掉一部分,再把高端的产品发展一部分就可以了,而是我们现有的整个产业体系必须跟上全球发展的要求、全球科学技术和发达国家未来发展的趋势。所以,我国的供给侧结构改革的核心是跟上新一轮产业革命和技术进步的步伐,培育新型产业体系和新的动力机制。因此产业体系供给侧结构改革,一定需要通过产品创新、业态创新、产业创新等,形成面对消费需求变化、面对未来市场和符合我国未来在全球产业体系中定位的一批战略性新兴产业,形成经济发展新动能,进而改变现行的产业体系与供给结构。同时,在创新驱动发展的过程中,还要注意优化要素的结构,提升要素的质量,坚持科技创新与人才培养相结合,尊重客观规律,优化企业管理,发展适应新经济规则的新企业。

3.3.4　小结

1. 传统产业与新兴产业互动联系可以提升投入产出效率

我国的传统产业与新兴产业之间存在千丝万缕的联系,产业之间良好的关联互动能够改善我国各类产业的投入产出状况,提升投入产出效率。在产业联动的过程中,投入要素的质量较低和缺乏核心技术成为我国产业新旧动能转换的瓶颈,造成部分低端领域产能过剩,高端领域产出不足,要打破这一瓶颈,需要在提升要素质量、着力实现核心领域突破上下功夫。日益激烈的国际竞争增加了我国提升各类产业投入产出效率的迫切性。

2. 未来新型基础设施的建设和加大研发创新力度有利于提升投入产出效率

近期我国面临的国内外经济形势错综复杂,为传统和新兴产业未来的投入产出状况带来了很大的挑战。我国产业转型升级正面临多种压力,存在产生"产业结构性陷阱"的风险。通过加强未来新型基础设施的投资、走创新发展的道路,能为我国经济发展提供良好的基础,提高我国的经济发展活力和研发创新水平,提升我国产业的投入产出效率,提高国际竞争力。

3.4 本章总结

随着我国经济环境的变化,我国传统产业和新兴产业的发展表现出不同的发展特征与趋势。本章基于投入产出的视角,分析传统产业与新兴产业投入产出情况以及未来的发展展望。

整体上看,我国近年来传统产业发展平稳,呈现出要素投入下降、产出逐步优化的态势。传统农业发展总体平稳,要素投入持续下滑,产出整体上升,技术在农业中的重要性不断增强,表明我国传统农业的投入产出效率正在不断提高,并且向新兴农业逐步迈进。传统制造业发展整体趋缓,总体增加值增速虽有回升,但新产品的贡献不明显,部分传统制造行业出现产能过剩或受到贸易摩擦影响较为严重等现象,投入和产出都呈现下降态势。传统服务业发展趋缓企稳,要素投入持续下降。

新兴产业发展态势整体良好,要素投入增减不一,产出效率存在较大的行业差异。总体来看,我国现代农业发展突出,要素投入持续优化,产出不断提高,新主体、新技术、新产品、新业态不断涌现,智慧农业、有机农业等现代农业形式快速发展。新型制造业保持较快增长,资本快速进入,研发投入较大,增加值增速明显优于整体制造业,研发产出效率提升,但也存在未来不确定性加大、受贸易摩擦影响明显等问题。新兴服务业拉动作用增强,各类服务业的新兴业态高速增长,而随着我国互联网产业的快速发展,如何在这一领域获得新的突破成为影响投入产出效率的一个重要因素。

传统产业与新兴产业二者之间存在较紧密的互动关系,要素与产品之间双向联动,形成了一个相对积极的发展态势。对比而言,我国传统产业对要素的吸引力逐步减弱,盈利能力有所下降,但由于具有良好的市场和知识积累,在新产品投入产出效率方面优于新兴产业;新兴产业对要素的吸引力正在上升,且新兴产业本身的产出也逐步成为重要的生产要素,盈利能力相对较高,但在新产品投入产出效率方面仍需进一步提升。近年来,我国的外部经济环境面临着较大的不确定性,传统产业和新兴产业均面临激烈的国际竞争。面对不断变化的国际、国内经济环境,产业结构转型升级是我国经济持续发展的必然要求,促进转型升级过程中的要素有效联动,抓好研发创新,提升要素质量,突破核心技术瓶颈,是实现我国高质量发展的关键。

第四章

四大地区产业动态发展的投入产出分析

改革开放 40 年来,中国的区域经济发展战略经历了从非均衡发展战略到区域协调发展战略的转变。为推动区域经济均衡发展,国家"十一五"规划院将我国分为中部、东北、西部、东部四大区域,并提出"中部崛起""东北振兴""西部开发""东部新跨越"的战略政策。党的十八大之后,为促进跨区域经济合作,深化对外开放,国家开始逐步针对重点区域制定区域发展战略,并陆续提出了"一带一路"倡议、京津冀协同发展战略、长江经济带发展战略等一系列战略,推动形成东西南北纵横联动的区域经济发展新格局。从我国四大区域的要素投入产出情况以及经济与产业发展现状看,四大地区经济基础、资源禀赋、发展条件各具特点,投入产出效率也有很大的差异,我国各省区经济发展协调性有待继续提高。本章拟在分析 2019 年我国四大区域产业动态发展、要素投入和产出状况以及投入产出效率的基础上,进一步比较分析四大区域前述诸方面的差异,从而探究各个区域产业发展和投入产出存在的问题、成因与可能举措。

4.1　东部地区产业动态发展及投入产出分析

本节在探究各个区域产业发展状况的基础上,进一步剖析了支撑三次产业动态发展所需的要素投入,接下来刻画了各项要素生产成果的变化趋势,最后分析了我国不同区域要素投入产出的生产效率。

4.1.1　东部地区产业动态发展状况

东部地区包括北京、天津、河北、上海、江苏、浙江、福建、山东、广东和海南共 10 个省份。京津冀、长三角、珠三角城市发展群均汇集于此,是我国社会经济最发达的地区。东部地区自改革开放以来始终在地区发展、创新引领、对外贸易等方面都承担着引导全国发展的重任,为全面深化改革,对外开放起到示范作用。2019 年东部地区经济持续稳定增长,增速较为平稳,外贸总量继续保持领先,就全国其他地区比较而言,仍具有较大优势。

1. 经济发展平稳,前三季度北京与全国 GDP 增速持平

东部地区 GDP 总量始终占全国 GDP 总量较高比例,2018 年全国 GDP 总量为 90.04 万亿元,东部地区 GDP 占比达到 53.43％,较 2016 年上升 1.36％。2018 年 GDP 总量排名前三位的地区分别为广东 9.7 万亿元、江苏 9.3 万亿元、山东 7.7 万亿元。北京、上海 2018 年 GDP 总量也分别达到 3.0 万亿元与 3.3 万亿元。2018 年处于 5 万亿元俱乐部的省份还有浙江,达到 5.62 万亿元(见图 4—1、图 4—2)。

2019 年前三季度,广东和江苏在经济总量方面高歌猛进,实现地区生产总值 7.72 万亿元和 7.06 万亿元,江苏首次在前三季度突破 7 万亿元,排名全国第二。预计 2019 年底东部地区 GDP 将达到 50.69 万亿元。

东部地区 GDP 增速较快的地区依次为福建、浙江、广东。2018 年末,河北 GDP 增速达到 8.3％,福建为 7.1％,江苏为 6.8％,北京、上海 2018 年 GDP 增速均为 6.6％。

从 2019 年前三季度增速来看,北京与全国 GDP 增速持平(6.2％);广东、浙江、江苏 GDP 增速略高于全国水平;福建 GDP 增速显著高于全国平均水平,达到 8％;其余东部省市略低于全国水平。预计 2019 年东部地区

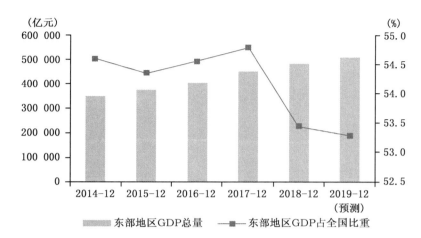

注：2019 年全年数据为 2018 年第四季度与 2019 年前三季度数据之和（如无特别指出，下同）。

资料来源：根据国家统计局数据、中经网数据库数据绘制。

图 4—1 东部地区 2014—2019 年（预计）GDP 相对全国的变化情况

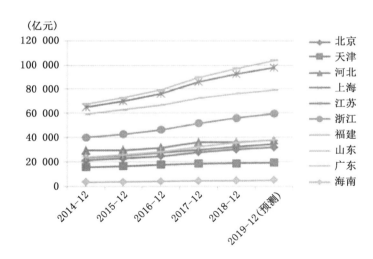

资料来源：根据国家统计局数据、中经网数据库数据绘制。

图 4—2 东部十省 2014—2019 年（预计）GDP 变化情况

增速将为 5.3%，略低于全国预测增速 5.67%（见图 4—3、图 4—4）。

福建省是 2019 年全国前三季度 GDP 总量排名前十名中 GDP 增速唯一超过 8.0% 的省份，表现格外优异。实际上福建省近十几年来 GDP

资料来源:根据国家统计局数据、中经网数据库数据绘制。

图 4—3　东部地区 2014—2019 年(预计)GDP 增速与全国的对比

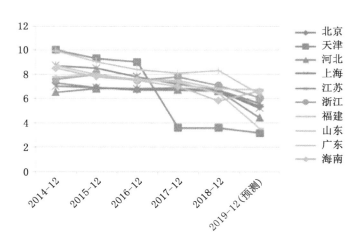

资料来源:根据国家统计局数据、中经网数据库数据绘制。

图 4—4　2014—2019 年(预计)东部十省 GDP 增速

增速一直位列全国前列且远高于全国平均水平,2014 年福建省 GDP 增速首次跌破 10%(9.9%),但仍然位列全国第五位。2016 年福建省 GDP 进入全国前十位,直到 2019 年前三季度,福建省 GDP 增速一直处于全国经济总量前十省份中的第一位。

2. 产业结构优化,三产比重持续上升

根据统计数据,2014 年东部地区产业结构由原来的"二三一"转变为

"三二一"结构,三大产业占比持续增高,第二产业占比降幅明显,第一产业占比略微有所下降。2018年东部地区三大产业结构为5.67：37.64：56.69,预计2019年度第一产业、第二产业占比将持续下降,第三产业比重保持上升趋势(见图4—5)。

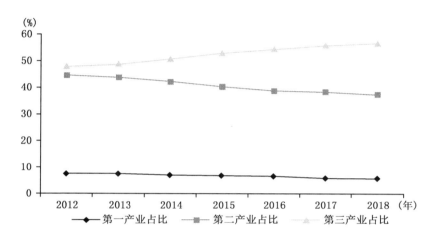

资料来源:根据中经网数据库数据绘制。

图4—5 东部地区2012—2018年一二三产业占比变化情况

从产业结构来看,东部大部分地区(包括北京、天津、上海、江苏、浙江、山东、广东等)第三产业占比高于第二产业。北京第三产业占比最高,达到80.1%;其次为上海,达到69.9%;福建省第二产业占比较高,达到48.1%。海南省第一产业与第二产业占比接近,分别为20.7%、22.7%。从总体情况看,北京、上海大城市第三产业占比持续增加,其他省份第三产业仍有较大发展空间(见表4—1)。

表4—1 东部地区2018年各省三次产业结构

区域	一产占比(%)	二产占比(%)	三产占比(%)
北京	0.39	18.63	80.98
天津	0.92	40.46	58.62
河北	9.27	44.54	46.19
上海	0.32	29.78	69.9
江苏	4.47	44.5	50.98

区域	一产占比(%)	二产占比(%)	三产占比(%)
浙江	3.5	41.83	54.67
福建	6.65	48.13	45.22
山东	6.47	43.99	49.53
广东	4	41.83	54.23
海南	20.7	22.68	56.63
东部	5.669	37.637	56.695
全国	7.19	40.65	52.16

资料来源:根据国家统计局数据、中经网数据库数据制成。

3. 新兴产业发展势头强劲,在全国处于领先地位

东部地区具有较好的产业基础,产业门类齐全,轻重工业发达,有全国最大的综合性工业区,其纺织、服装、机械、电子、钢铁、汽车、石化等传统工业在全国占有重要的地位[①]。传统产业中,机械工业、电子工业、化工工业、汽车工业、建筑材料和纺织业等具有一定的创新发展潜能(见图4—6)。在新兴产业中,高端装备、新能源、生物医药、节能环保的创新发展,引领了全国其他区域。

根据高新技术产业发展情况来看,东部地区部分省市高新技术主营业务快速发展,其中广东、江苏两省作为东部地区的领头羊,主营业务收入远远高于其他省份。2017 年,东部地区高技术产业的新产品销售收入、出口贸易额、进口贸易额、投资额分别占全国同期的 75.7%、77.2%、82.1%、45.1%(见图4—7)。

4.1.2　东部地区要素投入状况

根据自然资源分布与社会经济发展状况,中国客观上存在着东部地区较大的发展优势。东部地区涵盖京津冀、长江三角洲、珠江三角洲城市

---

① 部分传统产业包括:煤炭开采和洗选业,食品制造业,纺织业,木材加工及木、竹、藤、棕、草制品业,家具制造业,造纸及纸制品业,石油加工、炼焦及核燃料加工业,黑色金属冶炼及压延加工业,有色金属冶炼及压延加工业。

高新技术产业包括:医药制造业,航空、航天器及设备制造业,电子及通信设备制造业,计算机及办公设备制造业,医疗仪器设备及仪器仪表制造业,信息化学品制造业。

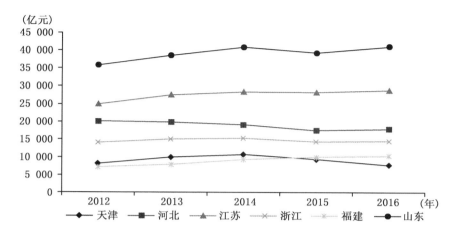

资料来源：根据万得数据库相关数据，《中国科技统计年鉴》绘制。

图4—6　东部地区传统产业主营业务收入情况

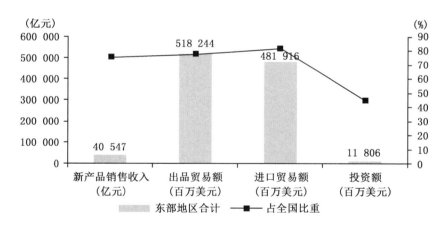

资料来源：根据《中国科技统计年鉴》相关数据绘制。

图4—7　东部地区2017年高技术产业经营情况

群，是中国最为发达的城市地区。东部地区率先发展承担着为全国引路、示范作用，在经济发展、转型、改革方面走在前面。东部地区经济和科学技术发展水平较高，工业、农业、交通运输业和基础设施良好，商品经济相对发达，对外交通便利。东部地区率先进行了经济特区、经济开放区、自贸区的建设，具有经济与产业发展的良好要素基础。特别是东部沿海地区以其对外经济交流与合作中的地域便利与通商传统，成为中国对外开放与经济率先发展的首选之地。

1. 土地面积有限,上海、北京建设用地规模难增

土地作为生产要素中的自然禀赋,反映了各个地区可利用的要素投入基础和未来潜在的开发空间。我们通过耕地面积、播种面积、农用地面积、建设用地面积这四个指标展示东部地区相对于全国的土地供给和使用情况。

全国农用地和建设用地面积随时间变化趋势相反,东部地区农用地面积显著减少,而建设用地面积增加有限。全国农用地面积从 2013 年的64 616.84 万公顷下降至 2017 年的 64 486.36 万公顷,跌幅为 130.48 万公顷,其中东部地区贡献率为 33.52%。全国建设用地面积从 2013 年的3 745.64 万公顷上升至 2017 年的 3 957.41 万公顷,涨幅为 211.77 万公顷,其中东部地区贡献率为 30.19%(见表 4-2)。全国农用地面积与建设用地面积的比值从 2013 年的 17.25 倍降至 16.30 倍,东部地区农用地面积与建设用地面积的比值从 2013 年的 5.69 倍降至 5.38 倍。

表 4-2　　　　　东部地区及全国两类用地 2013—2017 年变化情况

	项　目	2013 年	2017 年	两年之差
全国	农用地面积(万公顷)	64 616.84	64 486.36	−130.48
	建设用地面积(万公顷)	3 745.64	3 957.41	211.77
	农用地与建设用地之比	17.25	16.30	−0.96
东部	农用地面积(万公顷)	7 094.57	7 050.83	−43.74
	建设用地面积(万公顷)	1 246.62	1 310.56	63.94
	农用地与建设用地之比	5.69	5.38	−0.31

资料来源:根据国家统计局数据、中经网数据库数据制成。

从表 4-2 来看,东部的北京、天津、河北、上海、江苏、浙江、福建、山东、广东、海南十省 2017 年农用地面积分别为 114.67 万公顷、69.21 万公顷、1 306.44 万公顷、31.34 万公顷、647.04 万公顷、858.89 万公顷、1 086.24 万公顷、1 148.61 万公顷、1 491.65 万公顷、296.74 万公顷,合计在全国占比为 10.93%。东部的北京、天津、河北、上海、江苏、浙江、福建、山东、广东、海南十省 2017 年建设用地面积分别为 36.02 万公顷、41.73 万公顷、224.16 万公顷、30.88 万公顷、231.1 万公顷、131.82 万公

顷、84.42 万公顷、288.37 万公顷、207.23 万公顷、34.83 万公顷,合计在全国占比为 33.12%。

东部地区各省市土地用途差异巨大。从图 4—8 可以看出,上海农用地面积与建设用地面积的比值最低,二者配置比例为 1.01。福建农用地面积与建设用地面积的比值最低,每一单位面积建设用地对应 12.87 单位面积农用地。由于建设用地的详细用途无法获知,本节主要探讨农用地面积的具体情况。

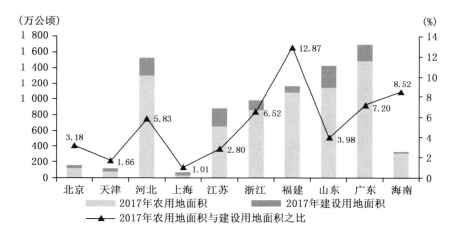

资料来源:中经网数据库。

图 4—8 东部十省 2017 年两类用地情况对比

在耕地面积方面,东部地区 2017 年耕地面积为 26160.08 千公顷,在全国占比为 19.39%。其中,山东和河北占据主要份额,北京、天津、河北、上海、江苏、浙江、福建、山东、广东、海南十省分别拥有 213.73 千公顷、436.76 千公顷、6 518.87 千公顷、191.6 千公顷、4 573.34 千公顷、1 977.04 千公顷、1 336.9 千公顷、7 589.79 千公顷、2 599.65 千公顷、722.4 千公顷耕地(见图 4—9)。

在播种面积方面,东部地区 2018 年农作物播种总面积为 36 157.78千公顷。其中,粮食作物播种面积为 25 201.56 千公顷,占比为 69.70%。在东部十省中,山东的农作物播种总面积和粮食作物播种面积均为最大;北京则均为最小。粮食作物播种面积占比最高的为天津;最低的为海南(见图 4—10)。

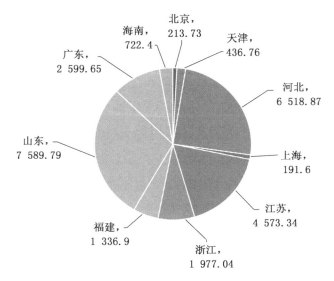

资料来源:中经网数据库。

图 4—9　东部十省 2017 年耕地面积（单位:千公顷）

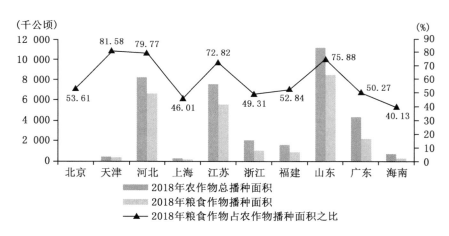

资料来源:CNRDS 数据库。

图 4—10　东部十省 2018 年播种情况比较

2. 劳动力数量优势不再,人口素质不断提升

我们从劳动力的数量和质量两个方面探讨东部地区人力资本的现状和发展趋势,并重点关注劳动力结构的变化是否与产出变化之间存在相关性。在数量特征上,关注常住人口和城镇人口总量变化、劳动人口占比

的变化;在质量特征上,关注人口抽样调查中大专及以上人口数的比例、每十万人口高等学校平均在校生数、规模以上工业企业 R&D 人员全时当量的现状。

东部地区常住人口增速下滑明显,总体变化趋势与全国一致。从 2012 年到 2015 年,东部地区常住人口增速呈现先下降再保持稳定增长之势。2016 年人口增速出现显著拉升,然而从 2016 年开始到 2018 年,常住人口增速持续下滑(见图 4—11)。

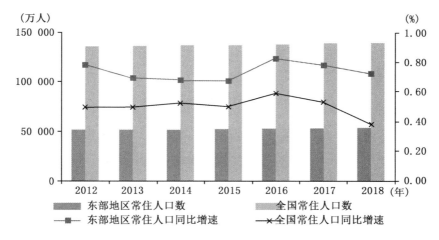

资料来源:根据中经网数据库数据绘制。

图 4—11　东部地区及全国 2012—2018 年常住人口变化情况

东部地区城镇化水平高于全国平均,上海居于首位。2018 年全国常住人口和城镇常住人口分别为 139 538 万人和 83 137 万人,城镇化率为59.58%。东部地区的常住人口和城镇常住人口分别为 53 749.82 万人和 36 431.85 万人,城镇化率为 67.78%,高于全国同期平均水平。在东部十省中,广东的城镇常住人口数量最多;海南最少。上海的城镇化率最高,与北京、天津均超过 80%;河北最低,仅为 56.43%,同海南均低于全国同期平均水平(见图 4—12)。

劳动年龄人口比重出现下降。在 2011—2017 年间,东部十省 15～64岁劳动年龄人口的比重持续下降。从 2011 年开始,上海取得最高值 83%,海南取得最低值 73%。到了 2017 年上海已经降至 76%,天津取而代之成为第一,但是比重也仅为 78%。海南虽然降为 72%,但并非最低水平,反而

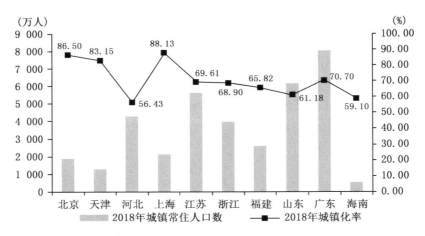

资料来源：国家统计局数据。

图 4—12　东部十省 2018 年城镇常住人口数和城镇化率

是山东的劳动就业人口严重流失，占比只有 69%。尽管未来几年会有小幅波动，但对劳动力供给问题需要给予更多关注（见图 4—13）。

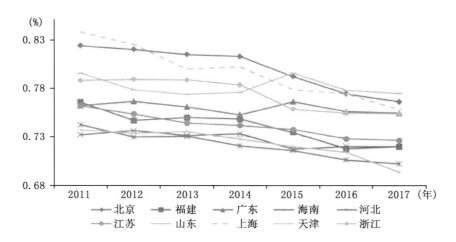

资料来源：国家统计局数据，来自人口抽样调查。

图 4—13　东部十省 2011—2017 年 15～64 岁人口数占比

　　横向比较来看，2017 年东部十省的人口年龄结构差异显著。从 65 岁及以上人口占比来看，北京、江苏和上海的老龄化程度最严重；从 0～14 岁人口占比来看，北京、上海和天津出现幼龄化趋势的可能性最低。如果单从 2017 年的人口抽样调查数据来看，由于生育持续保持较低水平和老龄化速度加快,北京和上海的劳动人口能否持续供给不容乐观(见图4—14)。

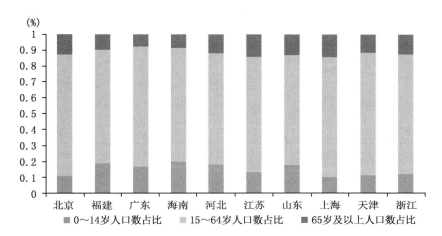

图4—14　东部十省2017年人口年龄结构

东部地区人口素质持续改善,北京教育水平最高。从6岁及6岁以上未上过学人口数占比来看,在2011年—2017年间,北京、天津、海南、广东、浙江、山东总体上保持下降趋势,说明这些省市的文盲率逐渐降低。但是,上海和河北变动剧烈,经过6年的时间文盲率却无明显降低,更为异常的是,江苏和福建两省,该占比不降反升。从6岁及6岁以上大专及以上人口数占比来看,只有北京、上海、天津在2011—2017年间保持持续上升的态势。特别是分布了众多高等院校的北京,其大专及以上人口占比从2011年的34%迅速升至2017年的48%,增幅最大。河北6岁及6岁以上大专及以上人口数占比虽然取得了5个百分点的提升,但是始终居于东部地区的最后一位,2017年该比重仅为10%。这与当地高校数量稀缺不无关系(见图4—15、图4—16)。

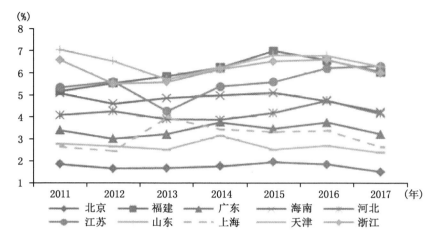

资料来源：国家统计局数据，来自人口抽样调查。

图 4－15　东部十省 2011—2017 年 6 岁及 6 岁以上未上过学人口数占比

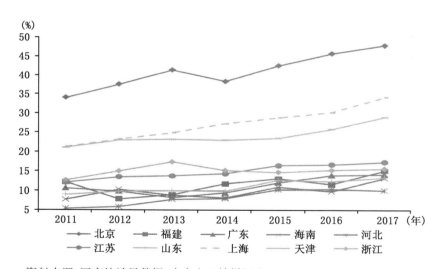

资料来源：国家统计局数据，来自人口抽样调查。

图 4－16　东部十省 2011—2017 年 6 岁及 6 岁以上大专及以上人口数占比

　　继续对比东部十省 2017 年每十万人口高等学校平均在校生人数可以发现，北京在高校人才资源方面处于一骑绝尘的位置，成功跨越 5 000 人大关；天津、上海和江苏紧随其后；其他省市则均处在全国平均水平以下（见图 4－17）。

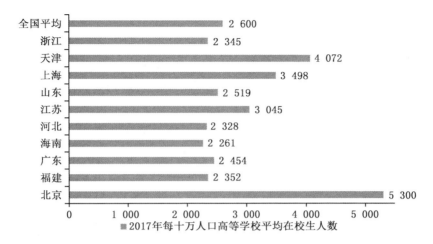

资料来源:CNRDS 数据库。

图 4—17 东部十省 2017 年每十万人口高等学校平均在校生人数及全国对比

除了教育驱动人力资本的提升外,企业对研发人才的培养和发展也为人口素质的持续改善提供了关键的力量。2018 年全国规模以上工业企业 R&D 人员全时当量为 2 981 234 人年,其中,东部地区为 2 088 017 人年,占比为 70%。在东部十省中,广东独占鳌头,与其他省市形成巨大差距,说明广东规模以上工业企业不仅数量众多,而且普遍重视研发投入,不仅有利于当地工业从业人员的专业素质不断提高,而且也为企业技术创新的提升和产业转型创新的升级奠定了深厚的人才基础(见图 4—18)。

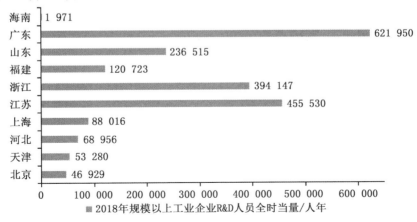

资料来源:CNRDS 数据库。

图 4—18 东部十省 2018 年规模以上工业企业 R&D 人员全时当量

3. 资本存量高,北京、上海、天津固定资产投资增速放缓

我们从资本的数量和质量两个方面探讨东部地区各种类型的投资现状和发展趋势,并重点关注资本结构的变化是否与产出变化之间存在相关性。在数量特征上,关注固定资产投资、外商直接投资的变化,并选取代表性省市广东和天津分析其固定资产投资构成;在质量特征上,按行业区分固定资产投资的比例、交付使用率,并关注研发投资。

资本要素不断积累。从 2012 年到 2017 年,东部地区全社会固定资产投资呈现缓慢增加的趋势,2012 年完成额达到 151 922.5 亿元,截至 2017 年,固定资产投资为 268 910.97 亿元,占全国固定资产投资完成额的比重保持稳定(见图 4—19)。近年来,东部地区新增固定资产(不含农户)投资额呈现先升后降的趋势,2016 年同比增速跌至—5%,到 2017 年又反弹至 5%以上(见图 4—20)。

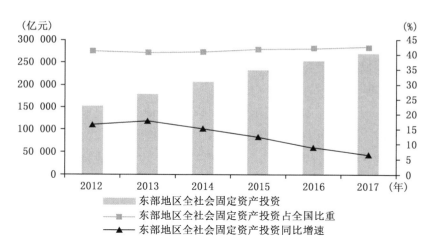

资料来源:根据 CNRDS 数据库数据绘制。

图 4—19　东部地区 2012—2017 年全社会固定资产投资情况

从横向对比来看,在 2011—2017 年东部地区全社会固定资产投资总额中,山东、江苏、广东分别位居前三,海南、上海、北京在总量上处于最后三位。这一规律与各省的工业发展水平、可用土地面积、经济发展目标是相符合的(见图 4—21)。从纵向对比来看,多个省市 2017 年的固定投资完成额相比于 2011 年实现了翻一番的增长,比如福建、广东、浙江、江苏、山东、河北。北京、上海、天津作为经济发展水平较高的城市,其固定资产

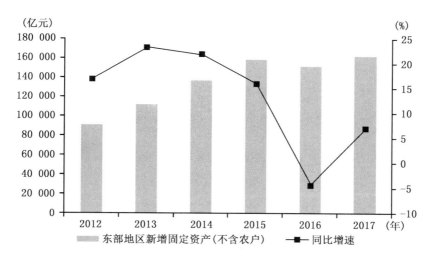

资料来源:CNRDS 数据库。

图 4-20　东部地区 2012—2017 年新增固定资产(不含农户)投资额及增速

投资增速已经处于放缓的区间(见图 4—22)。

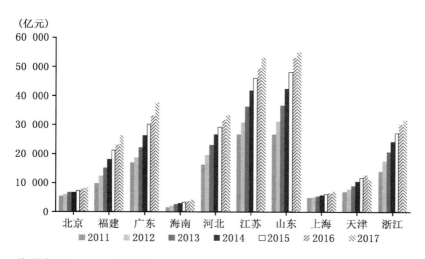

资料来源:CNRDS 数据库。

图 4-21　东部十省 2011—2017 年全社会固定资产投资

2011—2017 年,天津市固定资产投资呈现先涨后降的趋势,拐点出现在 2016 年,城镇固定资产投资和房地产开发投资规模都有不同程度的收缩,特别是城镇基础设施建设领域投资(见图 4—23)。

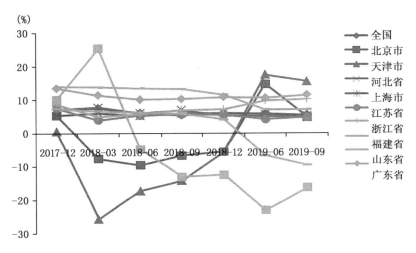

资料来源:CNRDS 数据库。

图 4—22　东部地区 2017—2019 年各季度固定资产投资完成额累计增速

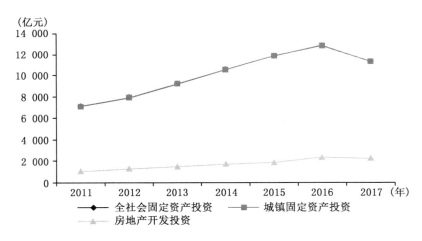

资料来源:CNRDS 数据库。

图 4—23　天津 2011—2017 年固定资产投资构成

2011—2016 年,广东省在交通运输、水利环境、水电煤气供应、农林牧渔、教育、住宿餐饮业等城镇基础设施建设领域投资占比较高,房地产业投资占比较低。城镇固定资产投资和房地产开发投资均表现出较大的增长劲头,2016 年投资完成额相当于 2011 年的 2 倍(见图 4—24)。

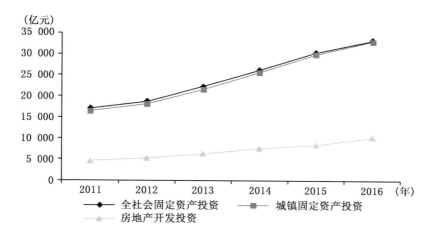

资料来源：CNRDS 数据库。

图 4—24　广东 2011—2016 年固定资产投资构成

在非内资来源的固定资产投资中，港澳台资占比提高，外资占比下降。受国际经济环境和国别关系影响，2011—2017 年东部十省的全社会固定资产投资中呈现外商投资下滑、港澳台商投资上升的趋势。上海市和北京市表现尤为明显，港澳台资对"撤离"的外资起到重要的替补作用（见图 4—25、图 4—26）。

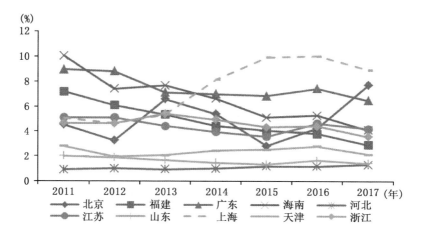

资料来源：CNRDS 数据库。

图 4—25　东部十省 2011—2017 年全社会固定资产投资港、澳、台商投资占比

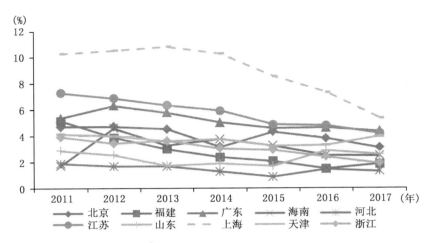

资料来源：CNRDS 数据库。

图 4—26　东部十省 2011—2017 年全社会固定资产投资外商投资占比

　　分行业来看，制造业投资仍占主导，信息技术业投资差异大。在东部十省 2017 年全社会固定资产投资中，制造业投资占比最高的为江苏省；信息技术业投资占比最高的为北京市；教育投资占比最高的为山东省（见图 4—27、图 4—28）。

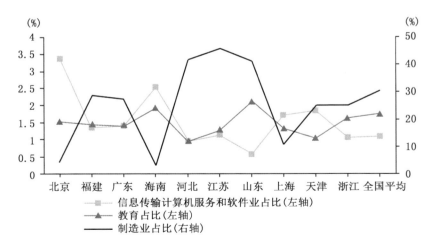

资料来源：CNRDS 数据库。

图 4—27　东部十省 2017 年全社会固定资产投资部分行业占比

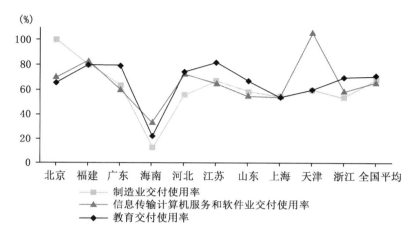

资料来源:CNRDS 数据库。

图 4-28　东部十省 2017 年固定资产投资(不含农户)部分行业交付使用率①

研发投资不断加码。2018 年我国规模以上工业企业 R&D 经费支出为 12 954.82 亿元,其中东部地区总计 8 697.68 亿元,占比为 67.14%。在东部十省中,表现最为抢眼的分别是广东和江苏,两省均有大量高新技术企业分布。在新一轮工业革命的推动下,这些重视新技术、新产品、新应用的企业对于研发创新和技术改造的热情不断攀升,这也体现在 R&D 经费支出中(见图 4-29)。

4. 传统能源消耗仍占主导,电力行业投资旺盛

能源包括焦炭、煤油、汽油、柴油等传统能源,也包含了天然气、水力发电等清洁能源。由于我国能源生产总量与能源工业固定资产投资正相关,我们采用各种能源工业投资情况反映能源要素投入水平和结构。

2011—2017 年,东部地区的能源工业固定资产投资呈现出阶段性和区域性差别,总体增速放缓,在全国占比不断提高,2017 年接近 40%(见图 4-30、图 4-31)。不同省份之间的能源工业投资结构差别较大,以电力、热力、燃气生产供应投资为主,能源企业进一步扩大固定资产投资规模有利可图(见图 4-32、图 4-33)。

①　交付使用率=固定资产投资(不含农户)新增固定资产/固定资产投资(不含农户)×100%。

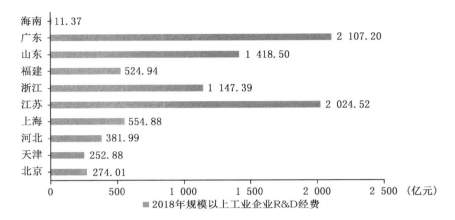

资料来源:CNRDS 数据库。

图 4—29　东部十省 2018 年规模以上工业企业 R&D 经费

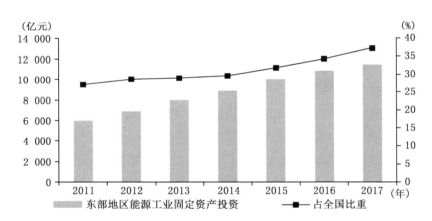

资料来源:CNRDS 数据库。

图 4—30　东部地区 2011—2017 年能源工业固定资产投资情况

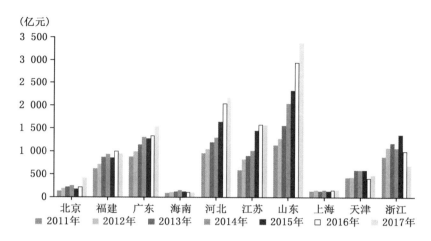

资料来源:CNRDS 数据库。

图4—31 东部十省 2011—2017 年能源工业固定资产投资对比

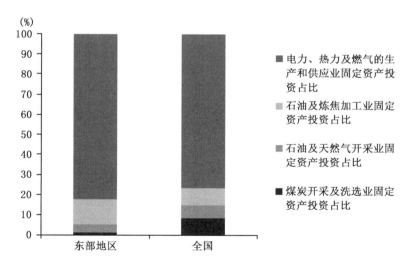

资料来源:CNRDS 数据库。

图4—32 东部地区及全国 2017 年能源工业固定资产投资的结构对比

4.1.3 东部地区要素投入的产出状况

1. 生产总值和工业增加值持续上升,人均 GDP 高于全国水平

2018 年,全国生产总值为 900 309.5 亿元,东部地区合计 480 995.84 亿元,比重为 53.43%,其中广东、山东、江苏位居全国前三(见图 4—34、

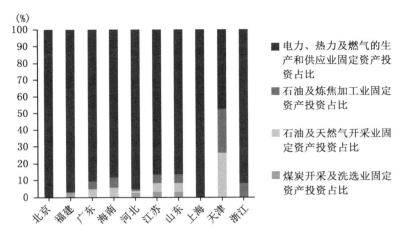

资料来源:CNRDS 数据库。

图 4—33　东部六省 2017 年能源工业固定资产投资的结构对比

图 4—35)。2018 年全国人均 GDP 为 64 644 元,东部地区除了河北、海南
两省外,其他省市均高于全国平均水平,其中北京市的人均 GDP 为全国
之最,达到 140 211 元(见图 4—36)。

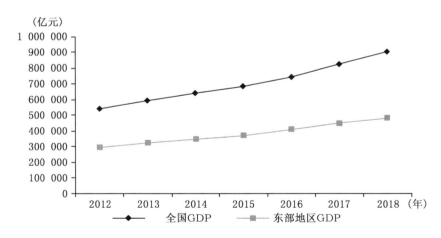

资料来源:中经网数据库。

图 4—34　东部地区与全国 2012—2018 年 GDP 变化趋势

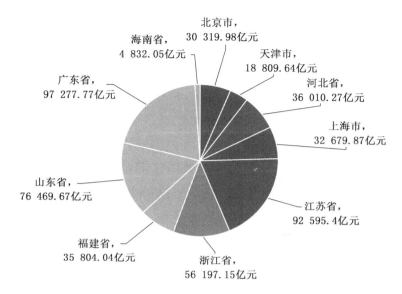

资料来源:中经网数据库。

图4—35　东部十省2018年GDP比较

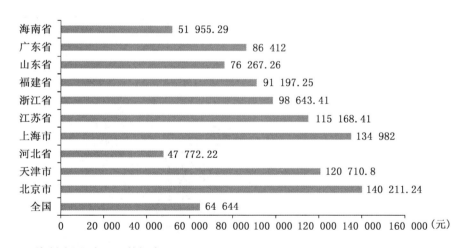

资料来源:中经网数据库。

图4—36　东部十省及全国2018年人均GDP比较

　　工业增加值指工业企业在报告期内以货币表现的工业生产活动的最终成果。与工业总产值不同,工业增加值反映了全部投入要素创造出的价值,不包括中间投入产品。2017年,全国规模以上工业企业的工业增加值为 278 328.2 亿元;东部地区合计 163 977.43 亿元,比重为 58.92%。广东省的工业增加值最高,达到了 35 291.83 亿元,江苏和山东省紧随其后,分别达到了 34 013.6 亿元和 28 705.69 亿元。地区间工业增加值差异很大,广东省的工业增加值是海南省的约 66 倍(见图 4—37、图 4—38)。

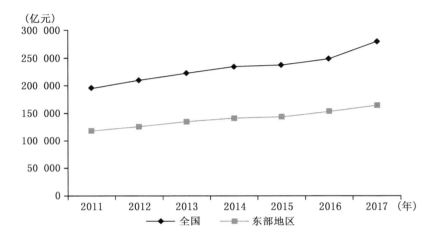

资料来源:中经网数据库。

图 4—37　东部地区与全国 2012—2017 年规模以上工业企业工业增加值变化趋势

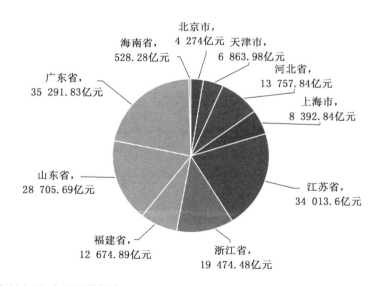

资料来源:中经网数据库。

图 4—38　东部十省 2017 年工业增加值比较

2. 农产品产量占比低,高技术产品产量全国领先

东部非产粮大区,主要农作物产品产量占比略微下滑。2018 年全国粮食产量共计 65 789.22 万吨;东部地区产粮 15 466.55 万吨,占全国的比重为 23.50%,同比下降 2.23%(见图 4—39)。

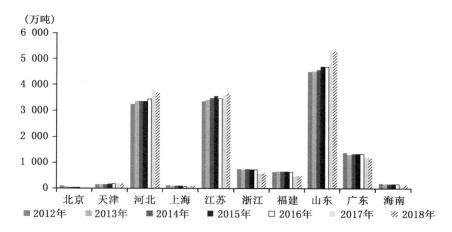

资料来源:CNRDS 数据库。

图 4—39 东部十省 2012—2018 年粮食产量

全国 2018 年人均粮食产量为 472.38 千克/人,在东部十省中只有山东和河北高于全国平均水平(见图 4—40)。

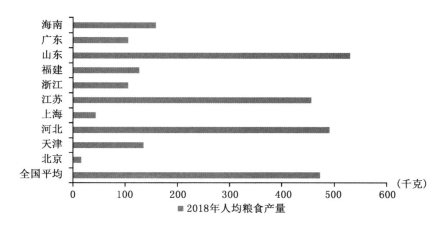

资料来源:CNRDS 数据库。

图 4—40 东部十省及全国 2018 年人均粮食产量

　　工业制成品从价值的角度可以分为低技术含量产品和高技术含量产品，也可以分为传统产业产品和高技术产业产品。前者主要是啤酒、卷烟、布、机制纸及纸板、化学纤维、水泥、平板玻璃、生铁、粗钢、钢材；后者主要是金属切削机床、汽车、轿车、移动通信手持机、微型电子计算机、集成电路。

　　东部地区为全国供给了 90％以上的化学纤维、75％以上的集成电路。2017 年全国共计产出啤酒 440.15 万吨、卷烟 2.34 亿箱、布 787.68 亿米、机制纸及纸板 1.25 亿吨、化学纤维 4 877 万吨、水泥 23.31 亿吨、平板玻璃 8.38 亿重量箱、生铁 7.14 亿吨、粗钢 8.31 亿吨、钢材 10.46 亿吨、金属切削机床 60.85 万台、汽车 2 901.81 万辆、轿车 1 194.54 万辆、移动通信手持机 18.9 亿台、微型电子计算机 3.07 亿台、集成电路 1 564.58 亿块，东部地区的同期贡献率分别为 45.82％、32.30％、79.64％、73.43％、90.47％、34.73％、54.19％、54.08％、55.32％、59.97％、61.51％、45.08％、52.46％、60.48％、45.09％、76.69％（见图 4－41、图 4－42）。

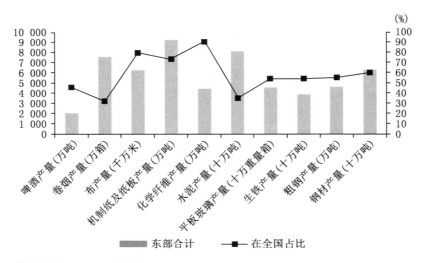

　　资料来源：CNRDS 数据库。

图 4－41　东部地区 2017 年部分传统产业产品产量及其全国占比

　　在高技术产业产品方面，2017 年广东省生产了最多的移动通信手持机，江苏生产了最多的微型电子计算机和集成电路（见图 4－43）。

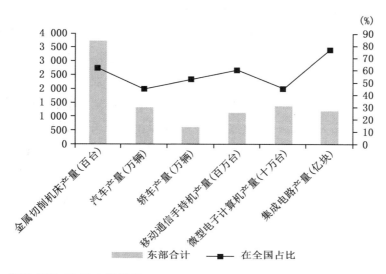

资料来源:CNRDS 数据库。

图 4—42 东部地区 2017 年部分高技术产业产品产量及其全国占比

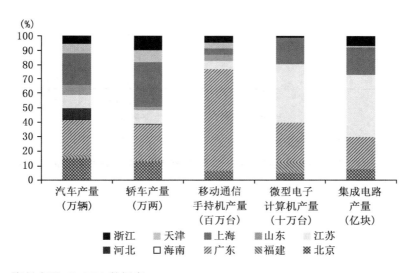

资料来源:CNRDS 数据库。

图 4—43 东部十省 2017 年部分高技术产业产品产量对比

3. 生产性服务业水平提升,向高端化、信息化发展

随着生产性服务业发展专业化分工的深化,生产性服务业通过人力、技术和知识资本,直接提高制造业生产过程中的运营效率和生产效率,降

低产品的生产成本和交易成本,进而提高制造业效率。

我们分别从生产性服务业中的电子商务交易和软件行业比较东部十省 2017 年电子商务交易活动的企业数比重、电子商务销售额、电子商务采购额、软件业务收入、软件产品收入、信息技术服务业收入。

2013—2017 年,东部地区电子商务交易活动基本呈增长趋势,除了从事电子商务交易活动的企业数量在 2016 年出现下降的拐点(见图 4—44、图 4—45、图 4—46、图 4—47)。但是,东部各省市之间的发展水平仍有很大差距。2017 年,北京开展电子商务交易活动的企业占比最高,广东拥有最多数量的电子商务企业,电子商务销售额也达到最高值(见图 4—48)。

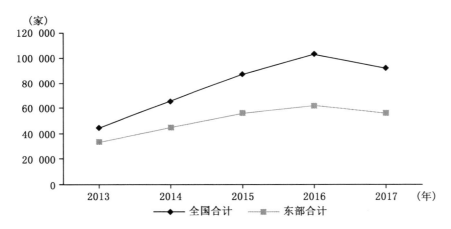

资料来源:CNRDS 数据库。

图 4—44　东部地区及全国 2013—2017 年有电子商务交易活动的企业个数

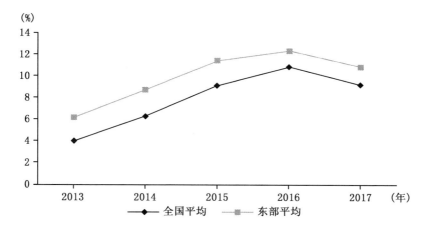

资料来源：CNRDS 数据库。

图 4－45 东部地区及全国 2013—2017 年有电子商务交易活动的企业数比重

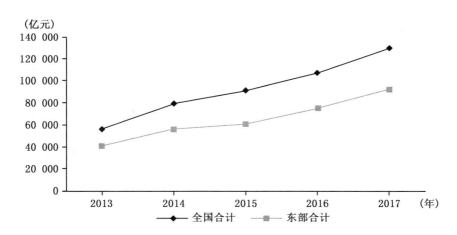

资料来源：CNRDS 数据库。

图 4－46 东部地区及全国 2013—2017 年电子商务销售额

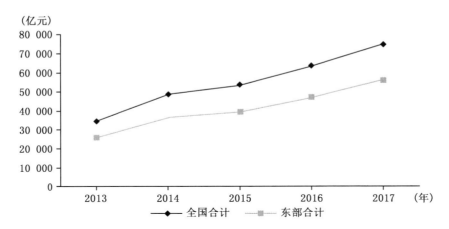

资料来源:CNRDS 数据库。

图 4－47　东部地区及全国 2013—2017 年电子采购额

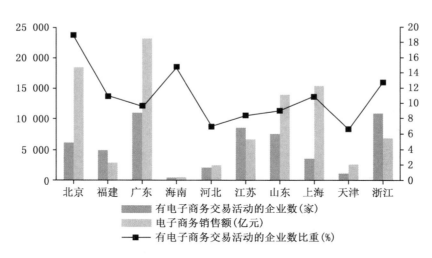

资料来源:CNRDS 数据库。

图 4－48　东部十省 2017 年电子商务交易活动比较

　　从 2012—2017 年软件行业收入来看,东部地区与全国呈现同步增长态势。2017 年,东部地区实现软件业务收入 4.36 万亿元、软件产品收入 1.28 万亿元、信息技术服务业收入 2.39 万亿元,在全国占比分别为 79%、75%、78%(见图 4－49、图 4－50、图 4－51)。

（万元）

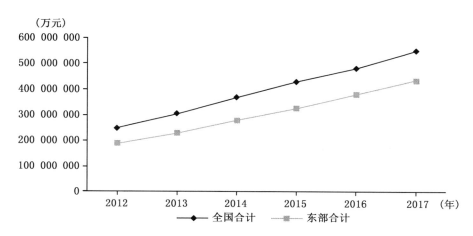

资料来源：中经网数据库。

图 4—49　东部地区及全国 2012—2017 年软件业务收入

（万元）

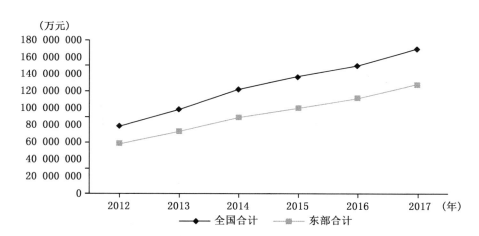

资料来源：中经网数据库。

图 4—50　东部地区及全国 2012—2017 年软件产品收入

从东部地区软件行业收入结构来看，各省市都是软件业务收入占比最大，软件产品收入占比最小。从各项收入在东部各省市占比来看，广东、江苏和北京领先于其他省市。其中，软件业务收入排名前三的是广东、江苏、北京；软件产品收入排名前三的是北京、江苏、广东；信息技术服务业收入排名前三的是广东、北京、江苏。这充分显示了广东和江苏的生产性服务业对其经济快速发展有着非常重要的促进作用（见图 4—52、

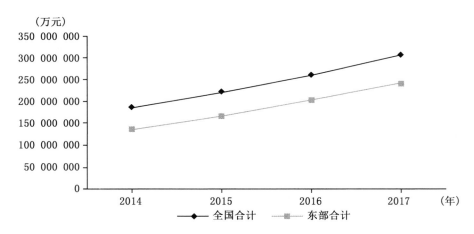

资料来源:中经网数据库。

图 4－51　东部地区及全国 2014—2017 年信息技术服务业收入

图 4－53)。

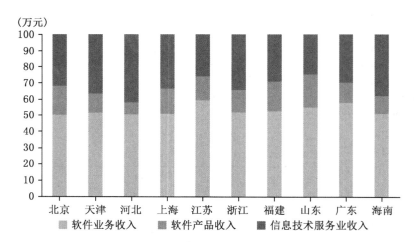

资料来源:中经网数据库。

图 4－52　东部十省 2017 年软件行业收入结构对比

4. 研发成果显著,广东各项专利数量最多

我们分别从规模以上企业的新产品创收情况和专利申请情况两个方面比较东部十省 2017 年规模以上工业企业新产品项目数、规模以上工业企业新产品销售收入、规模以上工业企业专利申请数、规模以上工业企业发明专利申请数、规模以上工业企业有效发明专利数。

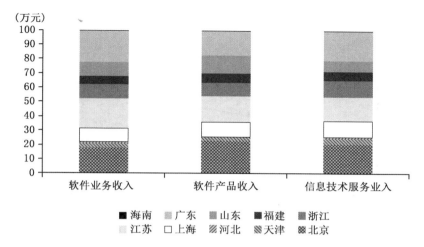

资料来源:中经网数据库。

图4—53 东部十省2017年软件行业各类收入比较

从规模以上工业企业新产品生产情况来看,东部地区与全国保持相同的变化趋势。新产品项目数在2011—2014年持续增加,到了2015年发生较大下降,随后在2016—2017年又出现上涨。新产品销售收入一直保持增长,从2015年开始增速有所提高。需要注意的是,东部地区在全国所占比重出现了不同方向的变化,新产品项目数从2011年的68%增至2017年的73%,新产品销售收入从2011年的70%降至2017年的68%(见图4—54、图4—55)。

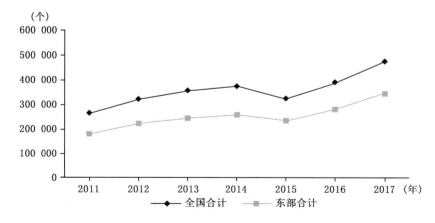

资料来源:中经网数据库。

图4—54 东部地区及全国2011—2017年规模以上工业企业新产品项目数

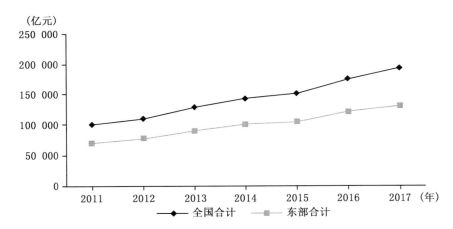

资料来源：中经网数据库。

图 4—55　东部地区及全国 2011—2017 年规模以上工业企业新产品销售收入

对东部各省市 2017 年规模以上工业企业新产品生产情况进行比较发现，新产品项目数、新产品销售收入、新产品出口销售收入最多的三位均为广东、江苏、浙江（见图 4—56）。

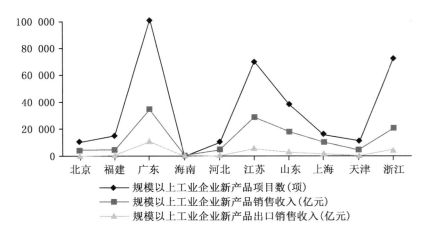

资料来源：中经网数据库。

图 4—56　东部十省 2017 年规模以上工业企业新产品生产情况对比

从规模以上工业企业专利情况来看，东部地区仍与全国保持相同的变化趋势。专利申请受理件数在 2012—2018 年持续增加。有效发明专利件数一直保持增长，从 2015 年开始增速有较大的提升（见图 4—57）。

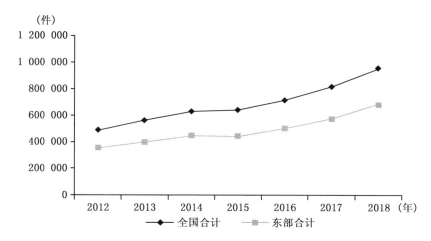

资料来源：中经网数据库。

图4—57　东部地区及全国2012—2018年规模以上工业企业专利申请受理件数

东部地区在全国所占比重逐渐降低，规模以上工业企业专利申请受理件数从2012年的73％降至2018年的71％；规模以上工业企业发明专利申请受理件数从2012年的74％降至2018年的71％；规模以上工业企业有效发明专利件数从2012年的76％降至2018年的73％（见图4—58、图4—59）。

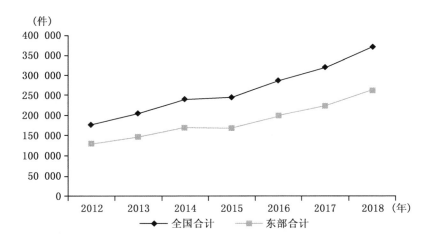

资料来源：中经网数据库。

图4—58　东部地区及全国2012—2018年规模以上工业企业发明专利申请受理件数

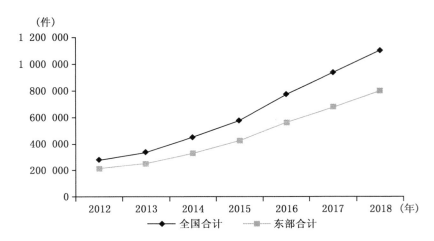

资料来源:中经网数据库。

图 4—59　东部地区及全国 2012—2018 年规模以上工业企业有效发明专利件数

对东部各省市 2018 年规模以上工业企业专利情况进行比较发现,广东和江苏在专利申请受理件数和有效发明专利件数上位居一二,山东和浙江紧随其后(见图 4—60)。

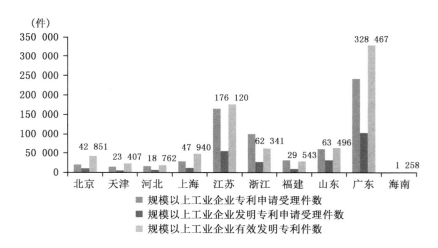

资料来源:中经网数据库。

图 4—60　东部十省 2018 年规模以上工业企业专利情况对比

5. 能源结构单一,化石燃料火力发电为主

从 2017 年主要能源产品生产量来看,东部地区的原油产量、天然气

产量、焦炭产量分别达到 7 500 万吨、4.6 万亿立方米、1.25 亿吨,在全国占比分别为 39%、10%、29%(见图 4—61)。

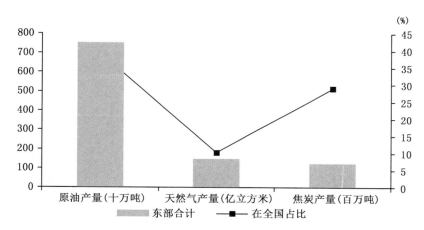

资料来源:中经网数据库。

图 4—61　东部地区 2017 年主要能源产品生产量及其全国占比

从东部十省 2017 年主要能源产品结构来看,原油占比最高的是天津,天然气占比最高的是北京,焦炭占比最高的是福建(见图 4—62)。

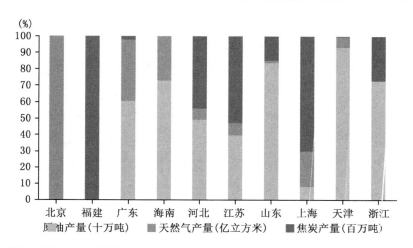

资料来源:中经网数据库。

图 4—62　东部十省 2017 年主要能源产品产量对比

2017 年全国总发电量为 64 951.43 亿千瓦小时,其中水电占比

18.32%。东部地区发电量合计 25 068.91 亿千瓦小时,占全国总发电量的 38.60%,其中水电占比 4.18%。其中,山东的发电量最大,福建的水电占比最高(见图 4—63)。

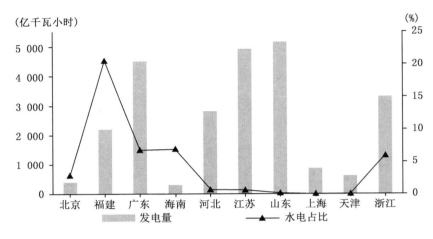

资料来源:中经网数据库。

图 4—63　东部十省 2017 年发电量及水电占比

4.1.4　东部地区投入产出效率分析

1. 农业劳动生产率高于全国水平

从全国平均水平来看,2017 年谷物单位面积产量为 5 901.65 公斤/公顷,东部十省分别为北京 6 350.04 公斤/公顷、福建 6 154.34 公斤/公顷、广东 5 712.16 公斤/公顷、海南 4 996.02 公斤/公顷、河北 5 780.48 公斤/公顷、江苏 6 733.32 公斤/公顷、山东 6 391.85 公斤/公顷、上海 7 562.23 公斤/公顷、天津 6 090.39 公斤/公顷、浙江 6 541.72 公斤/公顷。东部地区平均水平为 6 231.26 公斤/公顷,略高于全国平均水平(见图 4—64)。

我国主要粮食作物包括水稻、小麦、玉米和其他作物(比如高粱、谷子、薯类)。从全国平均水平来看,2016 年稻谷、小麦、玉米的单位面积产量分别为 6 852.6 公斤/公顷、3 885.6 公斤/公顷、5 454.5 公斤/公顷。在东部十省中,只有江苏、山东、上海、天津、浙江的稻谷单位面积产量高于全国平均;北京、河北、江苏、山东、天津的小麦单位面积产量高于全国

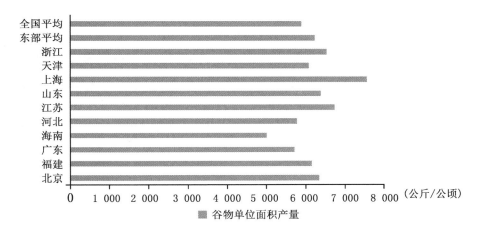

资料来源:中经网数据库。

图4—64 东部十省2017年谷物单位面积产量及全国对比

平均;北京、河北、山东、上海的玉米单位面积产量高于全国平均。综上,在东部地区,只有山东省的主要粮食作物超过了全国平均产量线(见图4—65)。

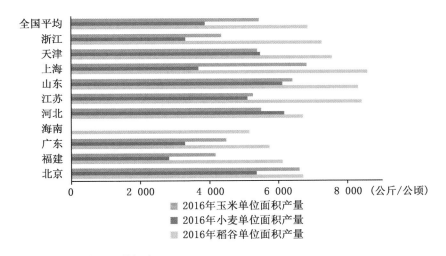

资料来源:中经网数据库。

图4—65 东部十省2016年三种粮食作物单位面积产量对比

2. 工业盈利能力强,企业经营业绩佳

为了衡量工业生产效率,我们采用成本费用利润率和总资产贡献率

两个财务指标反映规模以上工业企业全部资产的获利能力,这也是工业企业经营业绩和管理水平的集中体现。[①]

　　从 2012—2017 年规模以上工业企业成本费用利润率来看,东部地区在 2012—2013 年低于全国平均水平,但是从 2014 年开始反超,在 2017 年达到 7.51%,高于全国平均值 7 个百分点(见图 4—66)。从 2012—2017 年规模以上工业企业总资产贡献率来看,东部地区和全国平均水平不相上下,2017 年二者均为 11.5%(见图 4—67)。

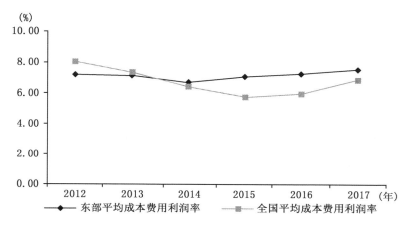

资料来源:CNRDS 数据库。

图 4—66　东部地区及全国 2012—2017 年规模以上工业企业成本费用利润率

　　从东部地区 2015—2017 年三年平均规模以上工业企业收益情况来看,东部各省市工业企业收益水平相差甚大,表示东部地区内部经济发展不均衡。在东部十省市中,规模以上工业企业成本利润率最高的分别为天津、北京、福建;规模以上工业企业总资产贡献率最高的分别为江苏、天津、福建。虽然广东、江苏、山东的投入和产出水平相对较高,但是反映在企业盈利能力上,则是天津市表现较为突出(见图 4—68)。

　　3. 能耗效率有待进一步提高

　　我们用单位工业增加值能耗(规模以上当量值)同比增长、单位地区生产总值电耗(等价值)同比增长捕捉东部地区相对全国的能源消耗效

---

　　① 计算公式分别为:成本费用利润率＝利润总额/成本费用总额×100%;总资产贡献率＝(利润总额＋税金总额＋利息支出)/平均资产总额×100%。

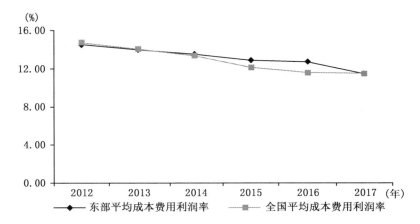

资料来源：CNRDS 数据库。

图 4—67　东部地区及全国 2012—2017 年规模以上工业企业总资产贡献率

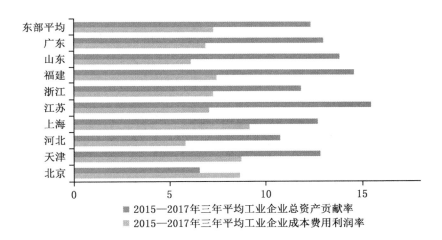

资料来源：CNRDS 数据库。

图 4—68　东部地区 2015—2017 年三年平均规模以上工业企业收益情况对比

率。

　　从 2018 年单位 GDP 能耗（等价值）增速来看，除了海南和天津外，其他东部省市均优于全国平均水平（见图 4—69）；从 2018 年单位 GDP 电耗（实物量）增速来看，除了山东和天津外，其他东部省市均优于全国平均水平，特别是上海、江苏、广东、河北四省为负增长，体现出更高的能源利用效率（见图 4—70）。

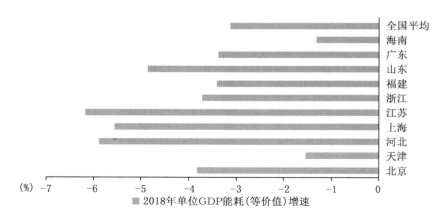

资料来源:CNRDS 数据库。

图 4—69　东部地区及全国 2018 年单位 GDP 能耗(等价值)增速

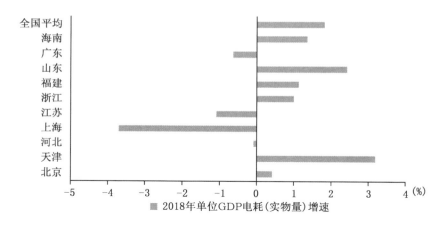

资料来源:CNRDS 数据库。

图 4—70　东部地区及全国 2018 年单位 GDP 电耗(实物量)增速

4.1.5　小结

1. 东部地区经济效率高,内部差异较大

我国东部地区在经济快速发展过程中,其经济运行的效率相对较高,但东部地区内部经济发展效率还是存在一定的差异,这与各个地区的区域管理及其技术条件存在一定的关联。此外,各个区域的规模报酬的状态也仍然表现出不同的特征,有些地区的规模处于过量的水平,有些地区则处于规模不足的水平。这些都可以作为今后东部区域经济政策调整过程中的可靠参考,从而持续保持经济发展态势的同时,能够最佳地利用各类要素资源,维护经济发展的和谐状态。

2. 东部地区处于工业化后期,各省制造业发展速度不一致

从东部地区各省份工业化阶段来看,北京和上海已经处于后工业化阶段;天津处于工业化后期到后工业化的过渡阶段;江苏、浙江、福建和广东四个省大致处于接近工业化后期阶段;山东和河北两省则仍处于工业化中期阶段;而海南省则处于工业化初期阶段。

从东部地区制造业发展现状来看,大体上呈现出逐渐上涨的趋势,增长速度较快且总值最多的是江苏省,而北京市逐渐将自身的制造业转移,把更多的资金和技术投入到第三产业。制造业总产值排在第二、第三的分别是山东和广东,但其中山东省的发展势头更强劲。江苏制造业增加值占地区生产总值的比重排在其首位,占比 41.25%;其次是福建(35.57%)和广东(34.36%),而河北省(9.01%)和北京市(10.61%)的制造业增加值占地区生产总值的比重在 10 个省市中相对较低。江苏和广东制造业发展的平均水平高于其他的省份,河北省制造业发展相对落后。东部地区制造业劳动生产率相差比较悬殊,排在前三位的是山东、上海和北京,而福建和广东制造业劳动生产率排名较为靠后。

3. 东部地区产业结构优化,高新技术产业全国领先

从东部地区产业结构和产业类型来看,主要有几个特点。

第一,产业发展经历了从劳动密集型轻纺工业向资本、技术密集型产业转换的历程。改革开放后,多以服装、玩具、家电等劳动密集型产业为主。但从 20 世纪 90 年代开始,随着外资的大量进入,珠三角的工业产业发展重点逐渐转向资本和技术密集型的汽车、电子信息产业,长三角则转向包括半导体、通信、汽车、钢铁、化学、纤维等在内的资本密集型工业。

第二,高科技—知识密集型产业在全国占有极为重要的地位。珠三角的高新技术产业以电子信息产业为主体,长三角以微电子、光纤通信、生物工程、海洋工程、新材料等为代表的高新技术产业更为突出。

第三,产业外向度高。珠三角产业外向度高主要体现在实际利用外资金额大且占全国的比例高,国有企业占工业总产值比例低而外资企业所占比例高,进出口贸易额及其占全国的比例大。长三角凭借港口优势

大量吸引境外投资,资本密集型产业发展的外向度不断提高。

第四,东部地区生产性服务业在国民经济中占有相当重要的地位。东部经济发达使生产性服务业对第三产业的经济贡献率已经超过了50%,其中表现比较突出的细分行业是金融业,在东部各省市的生产性服务业增加值中占比最多。

4.2　中部地区产业动态发展及投入产出分析

中部地区包括山西、安徽、江西、河南、湖北、湖南共 6 个省份,是中国地理经济腹地。虽然从地理位置上来看,中部既不沿边也不沿海,但人口众多,耕地面积辽阔,拥有十分丰富的自然资源,位于东部和西部地区相邻的特殊地理位置,中部地区在经济社会发展与对外贸易格局中占有重要地位。自 2006 年《中共中央国务院关于促进中部地区崛起的若干意见》印发实施后,中部地区对外贸易水平开始呈现明显提升的趋势。2008 年金融危机后,随着东部沿海地区产业转移趋势,国务院出台《关于中西部地区承接产业转移的指导意见》,推动中部地区承接东部产业转移、促进中部加工贸易的发展,带动中部对外贸易迅速增长。2009 年国务院出台《促进中部地区崛起规划(2009—2015 年)》,为中部发展规划蓝图,2013 年共建"一带一路"倡议的提出为中部地区贸易发展提供了巨大的发展机遇。2015 年国务院批复《长江中游城市群发展规划》,2016 年批复《促进中部地区崛起"十三五"规划》,明确提出支持武汉、郑州建设国家中心城市。2018 年 9 月,中央全面深化改革委员会第四次会议审议通过《关于建立更加有效的区域协调发展新机制的意见》,从区域协调发展战略层面对中部发展给予了更多的政策倾斜。

4.2.1　中部地区产业动态发展状况

在中国区域经济版图上位置独特的中部六省,依靠全国约 10.7% 的土地面积,承载着全国约 26.5% 的人口,创造了全国约 21.4% 的生产总值,产生了全国约 22.5% 的工业增加值,是我国的人口大区、交通枢纽、经济腹地和重要市场,在中国地域分工中扮演着重要的角色。

1. 经济稳定增长,增速显著快于全国

中部地区 GDP 总量占全国 GDP 总量之比长期稳定在 21% 左右。2018 年全国 GDP 总量为 90.04 万亿元,中部地区 GDP 占比达到 21.40%,较 2016 年上升 0.26%。中部地区 2018 年 GDP 总量排名前三位分别为河南 4.8 万亿元,湖北 3.9 万亿元,湖南 3.6 万亿元,山西以 1.68 万亿元垫底(见图 4—71)。

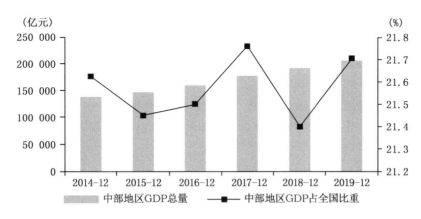

资料来源:根据国家统计局数据、中经网数据库数据绘制。

图 4—71　中部地区 2014—2019 年(预计)GDP 相对全国的变化情况

2019 年前三季度,河南以 3.55 万亿元的经济总量居中部首位,湖北、湖南、安徽经济总量分别为 2.76 万亿元、2.53 万亿元、2.16 万亿元,安徽首次实现前三季度经济总量突破 2 万亿元"大关",与湖南之间的差距同比缩小。预计 2019 年底中部地区 GDP 将达到 20.65 万亿元(见图 4—72)。

中部地区 GDP 增速高于全国水平。2018 年末,安徽(8.7%)和江西(8%)分列前两位。山西以 6.7% 增速垫底,但仍高于全国平均值 6.6%。

2019 年前三季度 GDP 数据显示,中部六省 GDP 增速全部高于全国平均水平,除山西外,河南、湖北、安徽、湖南、江西全部进入 GDP 增速前十名,江西以 8.8% 的 GDP 增速跻身全国前三名,居中部首位,而山西也以 6.6% 的 GDP 增速超越全国 18 个省市。预计 2019 年中部地区增速将为 7.09%,高于全国预测增速 5.67%(见图 4—73、图 4—74)。

2. 第三产业比重持续上升,保持"三二一"的产业结构

2018 年,中部地区三次产业结构为 8.03∶43.97∶47.99,保持了"三

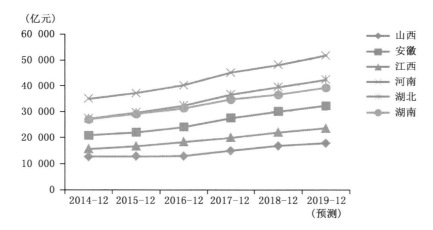

资料来源：根据国家统计局数据、中经网数据库数据绘制。

图 4—72　中部六省 2014—2019 年（预计）GDP 变化情况

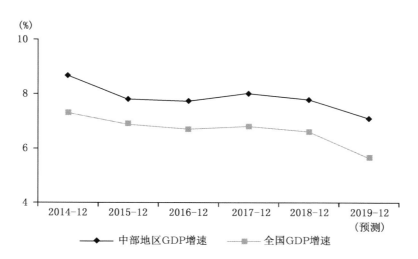

资料来源：根据国家统计局数据、中经网数据库数据绘制。

图 4—73　2014—2019 年（预计）东部地区 GDP 增速与全国的对比

二一"的产业结构，其中第三产业比重较 2017 年度提高了 1.88 个百分点，第二产业、第一产业比重分别下降了 0.37、1.34 个百分点。对比全国三次产业结构来看，中部地区第一、二产业比重均显著高于全国平均水平，第三产业比重仍有较大的提升空间（见图 4—75）。

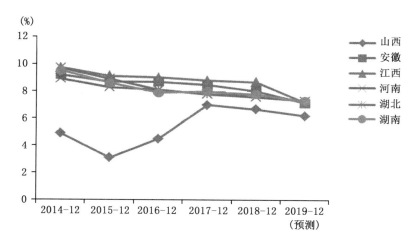

资料来源：根据国家统计局数据、中经网数据库数据绘制。

图 4—74　2014—2019 年（预计）东部十省 GDP 增速

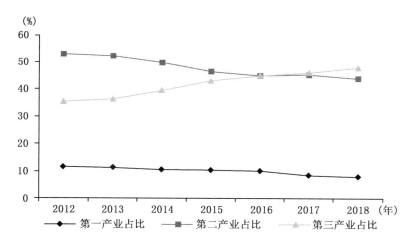

资料来源：根据中经网数据库数据绘制。

图 4—75　中部地区一、二、三产业占比变化情况

中部地区各省三次产业结构不尽相同，其中山西、湖南在 2017 年两省已经呈现出"三二一"的产业结构特征，湖北在 2018 年也完成了"三二一"的产业结构转变，而其余三省的第二产业仍是支撑其经济增长的主动力。此外，山西省第一产业比重低于全国水平，第三产业比重与全国水平持平，而其余五省则都是第一产业占比高于全国水平，第三产业占比低于

全国水平(见表 4—3)。

2019 年前三季度中部六省(除湖南外)第二产业对 GDP 贡献率均高于全国水平,第二产业同比增速也高于全国。这显示了中部地区在制造业方面积淀深厚,对经济增长贡献了充足的"弹药"。

表 4—3 2018 年中部地区各省三次产业结构

区域	第一产业占比(%)	第二产业占比(%)	第三产业占比(%)
山西	4.4	42.15	53.44
安徽	8.79	46.13	45.08
江西	8.6	46.62	44.84
河南	8.93	45.85	45.22
湖北	9.01	43.41	47.58
湖南	8.47	39.68	51.8
中部	8.03	43.97	47.99
全国	7.19	40.65	52.16

资料来源:根据国家统计局数据、中经网数据库数据制成。

3. 传统产业保持平稳,高新技术产业不断壮大

中部地区传统产业主营业收入保持平稳,2016 年达到 67 713.8 亿元,同比增长 3.43%,相较于 2015 年增速(−5.11%)实现反转。从整体来看,传统产业主营业务收入在 2014 年之前增长迅速,在 2014 年之后基本保持平稳(为了便于分析,本小节选取部分传统产业①,以透视整个传统产业的特征,见图 4—76)。分省来看,2016 年河南省传统产业主营业务收入最高,达到 20 449.6 亿元,同比增长 5.12%,首次突破了"两万亿";湖南省最低,仅为 8 574.3 亿元;而山西省是中部地区传统产业主营业务收入出现负增长的唯一省份;其余各省传统产业主营业务收入比较接近,变化趋势也基本相似。

---

① 部分传统产业包括:煤炭开采和洗选业,食品制造业,纺织业,木材加工及木、竹、藤、棕、草制品业,家具制造业,造纸及纸制品业,石油加工、炼焦及核燃料加工业,黑色金属冶炼及压延加工业,有色金属冶炼及压延加工业(湖南省家具制造业数据缺失,不做调整)。

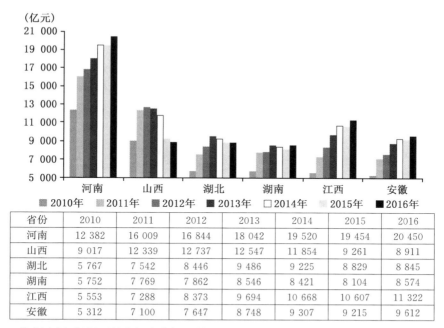

省份	2010	2011	2012	2013	2014	2015	2016
河南	12 382	16 009	16 844	18 042	19 520	19 454	20 450
山西	9 017	12 339	12 737	12 547	11 854	9 261	8 911
湖北	5 767	7 542	8 446	9 486	9 225	8 829	8 845
湖南	5 752	7 769	7 862	8 546	8 421	8 104	8 574
江西	5 553	7 288	8 373	9 694	10 668	10 607	11 322
安徽	5 312	7 100	7 647	8 748	9 307	9 215	9 612

资料来源：根据万得数据库数据绘制。

图4—76　中部地区部分传统产业主营业务收入及变化趋势

由于中部各省战略性新兴产业数据不易获得，本小节使用高新技术产业替代战略性新兴产业分析。2017年，中部地区高技术产业的新产品销售收入、出口贸易额、进口贸易额、投资额分别占全国同期的14.7％、9.5％、7.2％、32.4％（见图4—77）。

高新技术企业成为技术创新和产业创新的主体力量。按照国家要求，高新技术企业是在知识产权与科技成果转化能力、研究开发组织管理水平、企业成长性等方面都具有独特优势的企业，是掌握高精尖技术，站在行业最高点，引领产业前沿科技发展潮流的企业。中部六省建立起各具特色的促进企业主导产业技术创新的体制机制，强化企业技术创新主体地位。按照国家高新技术企业认定办法，2017年中部六省共有高新技术企业13 000多个。其中安徽有高新技术企业4 310个，当年新认定的就有924个；营业总收入在亿元以上的高新技术企业有1 138个，10亿元以上的有156个，百亿元以上的有8个；高新技术企业实现产值9 221亿元，高新技术企业申请专利47 736项，专利授权23 562项。湖北省有高新技术企业3 824个。河南省有高新技术企业2 270个，科技型中小企业突破 1.6 万个。江西省高新技术企业突破 2 000 个。

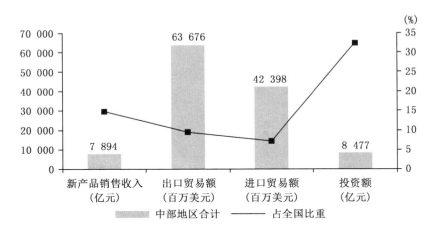

资料来源：根据《中国科技统计年鉴》相关数据绘制。

图 4—77　2017 年中部地区高技术产业经营情况

4.2.2　中部地区要素投入状况

中部地区包括山西、安徽、江西、河南、湖北和湖南六省，地处内陆腹地，土地面积 102.8 万平方公里，占全国土地面积的 10.7%，起着承东启西、接南连北、吸引四面、辐射八方的作用，具有良好的区位优势。全区总人口 3.57 亿人，占全国总人口的 26.8%。中部地区有着良好的产业基础和科教与人才优势，水力、煤炭、黑色金属、有色金属等自然资源蕴藏丰富，是重要的农业生产基地和老工业基地。

1. 农用土地面积相对较多

在农用地面积方面，中部地区 2017 年农用地面积为 8 211.15 万公顷，在全国占比为 12.73%，比东部地区多 2%。山西、安徽、江西、河南、湖北、湖南六省分别拥有 1 002.62 万公顷、1 112.19 万公顷、1 441.15 万公顷、1 265.57 万公顷、1 572.96 万公顷、1 816.66 万公顷。在建设用地面积方面，中部地区 2017 年建设用地面积为 1 039.59 万公顷，在全国占比为 26.27%，比东部地区少 7%。山西、安徽、江西、河南、湖北、湖南六省分别拥有 104 万公顷、201.49 万公顷、130.62 万公顷、264.43 万公顷、173.72 万公顷、165.33 万公顷（见图 4—78）。

资料来源：中经网数据库。

图 4—78　中部六省 2017 年农用地和建设用地面积

在耕地面积方面，中部地区 2017 年耕地面积为 30 508.28 千公顷，在全国占比为 22.62％，比东部地区多 3％。山西、安徽、江西、河南、湖北、湖南六省分别拥有 4 056.32 万公顷、5 866.76 万公顷、3 085.99 万公顷、8 112.28 万公顷、5 235.91 万公顷、4 151.02 千公顷（见图 4—79）。

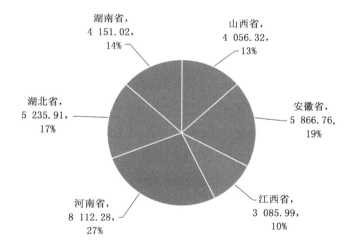

图 4—79　中部六省 2017 年耕地面积（千公顷）

在播种面积方面，中部地区 2018 年农作物播种总面积为 8 111.09 千公顷，其中粮食作物播种面积为 4 747.9 千公顷，占比为 58.54％。在中部六省中，河南的农作物播种总面积和粮食作物播种面积均为最大，山西则均为最小。粮食作物播种面积占比最高的为山西，最低的为湖南（见图 4—80）。

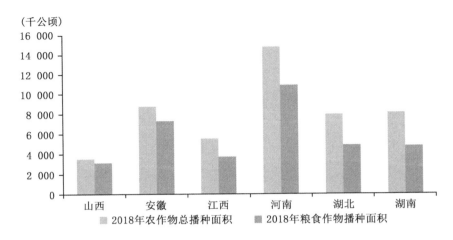

资料来源:中经网数据库。

图 4—80　中部六省 2018 年农作物和粮食作物播种面积

2. 劳动力要素丰富,受教育程度不断提高

从 2012 年到 2018 年,中部地区常住人口从 3.59 亿人增长到了 3.71 亿人,累计增长 3.29%,呈现稳定增长之势(见图 4—81)。但是,城镇化水平不高。2018 年,中部地区城镇化率为 55.60%,明显低于全国平均水平 59.58%,且中心城市辐射带动作用不明显,城乡统筹水平不高,城乡差距较大,还存在着较大范围的资源枯竭型地区、贫困地区等特殊困难地区,贫困人口较多(见图 4—82)。

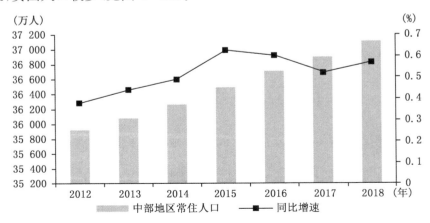

资料来源:万得数据库。

图 4—81　2012—2019 年中部地区常住人口及其增速

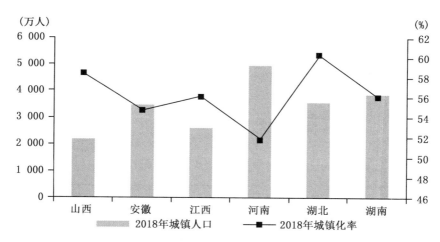

资料来源:根据中经网数据库数据绘制。

图 4—82　中部六省 2018 年城镇人口数和城镇化率

劳动年龄人口比重出现下降。中部地区的 15~64 岁劳动年龄人口的比重持续下降,从 2011 年的 72.7%降至 2017 年的 70.3%。2017 年中部地区劳动人口比重最大的为山西,最小的为安徽(见图 4—83、图 4—84)。

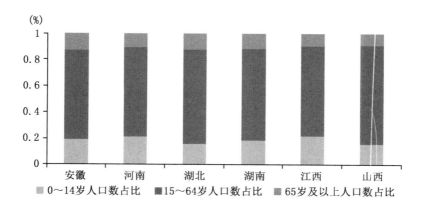

资料来源:国家统计局数据,来自人口抽样调查。

图 4—83　中部六省 2017 年人口年龄结构

中部地区人口素质持续改善。从 6 岁及 6 岁以上未上过学人口数占比来看,在 2011—2017 年间,除了江西外的其他中部省份均保持下降趋势,说明这些省市的文盲率逐渐降低。从 6 岁及 6 岁以上大专及以上人口数占

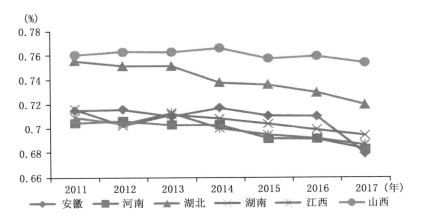

资料来源:国家统计局数据,来自人口抽样调查。

图 4—84　中部六省 2011—2017 年 15～64 岁人口数占比

比来看,在 2011—2017 年间,中部地区的所有省份均保持持续上升的态势,
同比增幅最大的为山西,上涨了 6 个百分点。2017 年,安徽的文盲率最高,
山西最低,湖北的大学学历比例最高,江西最低(见图 4—85、图 4—86)。

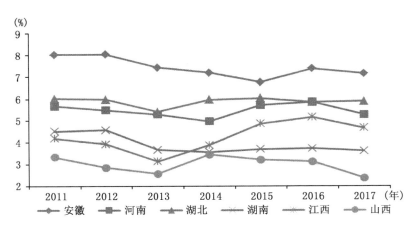

资料来源:国家统计局数据,来自人口抽样调查。

图 4—85　中部六省 2011—2017 年 6 岁及 6 岁以上未上过学人口数占比

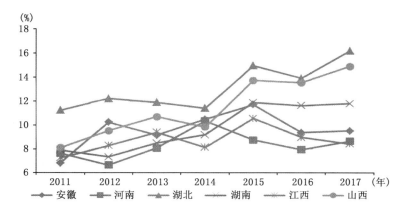

资料来源:国家统计局数据,来自人口抽样调查。

图 4－86 中部六省 2011—2017 年 6 岁及 6 岁以上大专及以上人口数占比

　　继续对比 2017 年每十万人口高等学校平均在校生人数可以发现,湖北在高校人才资源方面处于一骑绝尘的位置,达到 3 000 人水平。除了江西外,其他省份均处在全国平均水平以下(见图 4－87)。

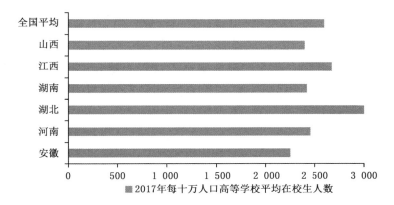

资料来源:国家统计局数据。

图 4－87 中部六省 2017 年每十万人口高等学校平均在校生人数及全国对比

　　人力资本存量的提高,即制造业就业人员人均受教育程度的提高,不仅能够保证就业人员拥有必需的知识储备,而且有利于丰富就业人员的知识,增强就业人员综合能力和素质,从而提高制造业的效率水平。2018 年全国规模以上工业企业 R&D 人员全时当量为 2 981 234 人年,其中,中部地区为 537 261 人年,占比为 18.00%(见图 4－88)。

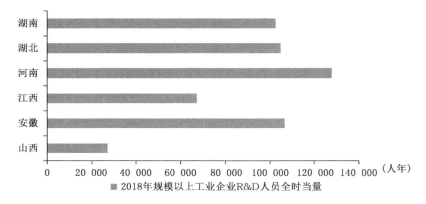

资料来源:CNRDS 数据库。

图 4—88　中部六省 2018 年规模以上工业企业 R&D 人员全时当量

3. 固定资产投资保持平稳增长态势

资本要素不断积累。从 2005 年到 2017 年,中部地区固定资产投资
完成额从 17 116.40 亿元增长到了 163 399.97 亿元,累计增长 954.64%,
年均复合增速为 20.69%(见图 4—89)。2012—2017 年,中部地区新增
固定资产(不含农户)投资额及其增速呈现剧烈波动状态,2016 年同比增
速跌至 -7.8%,到 2017 年又反弹至 7.8%,这一变化规律与东部地区高
度相似(见图 4—90)。占全国固定资产投资完成额的比重略微有下降的
趋势。在中部六省中,全社会固定资产投资总量最大的是河南省,最小的
是山西省(见图 4—91)。

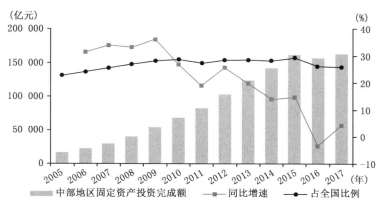

资料来源:万得数据库。

图 4—89　中部地区 2005—2017 年固定资产投资完成额情况

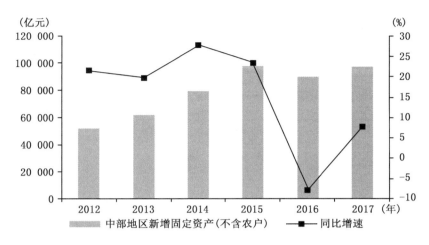

资料来源:CNRDS 数据库。

图 4—90 中部地区 2012—2017 年新增固定资产(不含农户)投资额及增速

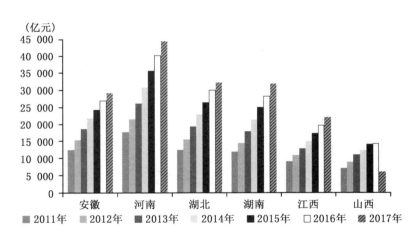

资料来源:万得数据库。

图 4—91 中部六省 2011—2017 年全社会固定资产投资

2019 年前三季度,中部地区的投资增速均保持较快增长。固定资产投资(不含农户)增速略有回升,同比增长 9.1%,增速小幅回落 0.2 个百分点,比全国平均水平(5.4%)高 3.7 个百分点。其中,安徽省固定资产投资同比增长 11.9%,增速同比加快 1.9 个百分点,比全国高 6.5 个百分点,居全国第三位、中部第一位。在当前经济下行压力有所加大的背景下,安徽经济表现出较强的韧劲(见图 4—92)。

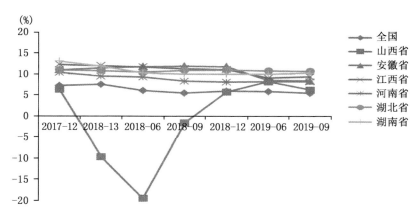

资料来源:CNRDS 数据库。

图 4－92　中部地区 2017—2019 年各季度固定资产投资完成额累计增速

近年来,中部省份 GDP 增长在全国名列前茅,基建是最主要推动因素之一。河南省是我国稳投资以及基建补短板的重要发力点,持续增长的固定资产投资在拉动经济发展方面效果明显。除了高铁建设,还就打造国际航空枢纽、发展临空经济做出一系列部署。郑州航空港经济综合实验区带动河南省外贸进出口总额进入全国前十位、中部首位,为内陆地区对外开放探索出一条新路(见图 4－93)。

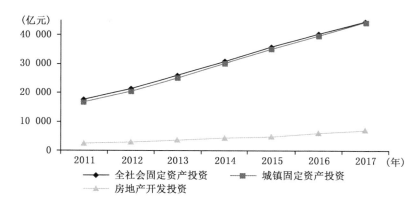

资料来源:CNRDS 数据库。

图 4－93　河南 2011—2017 年固定资产投资构成情况

山西省固定资产投资在 2015 年开始停滞,直至 2017 年出现断崖式下跌。可能是因为山西和中部其他省份存在产业同构问题。由于山西围绕煤炭开采而展开的一系列工业以原材料为主,特色不明显,单一结构明显,而中部其他省区也蕴藏着丰富的煤炭资源,因此山西与其他省区可能会存在资金的争夺,导致大量的低水平重复建设,生产率水平较低(见图4—94)。

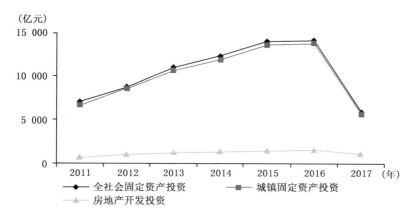

资料来源:CNRDS 数据库。

图4—94　山西 2011—2017 年固定资产投资构成情况

在非内资来源的固定资产投资中,港、澳、台资占比和外资占比均下降,外资降幅更为显著。受国际经济环境和国别关系影响,2011—2017年中部六省的全社会固定资产投资中呈现非本土资本投资下降的趋势。其中,湖北省受冲击最大,山西最小(见图4—95、图4—96)。

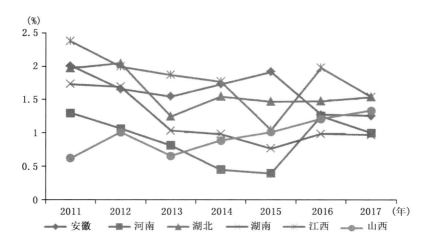

资料来源:CNRDS 数据库。

图 4—95　中部六省 2011—2017 年全社会固定资产投资港、澳、台商投资占比

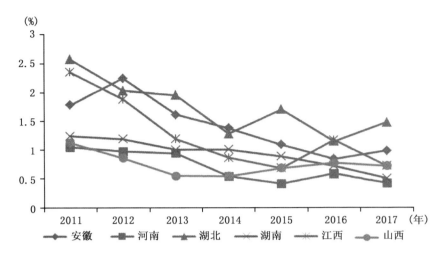

资料来源:CNRDS 数据库。

图 4—96　中部六省 2011—2017 年全社会固定资产投资外商投资占比

基础设施投资增速继续回升,高技术产业投资增势良好,房地产开发投资较快增长,制造业中转型升级投资增长稳健。分行业来看,制造业投资仍占主导,教育投资差异大。在中部六省 2017 年全社会固定资产投资中,制造业投资占比最高的为江西省,信息技术业投资占比最高的为湖南省,教育投资占比最高的也是湖南省(见图 4—97)。

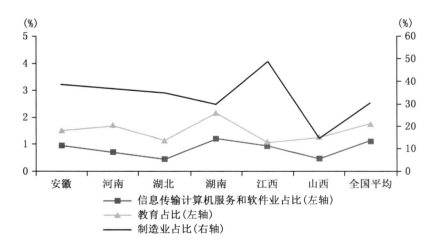

资料来源:CNRDS 数据库。

图 4—97　中部六省 2017 年全社会固定资产投资部分行业占比

2017 年全国规模以上工业企业 R&D 经费为 12 012.96 亿元。其中,中部地区为 2 173 亿元,占全国经费比重为 18.09%,相比 2012 年增加了 2 个百分点(见图 4—98)。

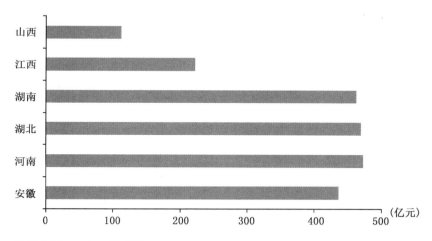

资料来源:CNRDS 数据库。

图 4—98　中部六省 2017 年规模以上工业企业 R&D 经费

2017 年全国规模以上工业企业开发新产品经费为 13 500 亿元,其中,中部地区为 2 244.26 亿元,占比为 16.62%(见图 4—99)。

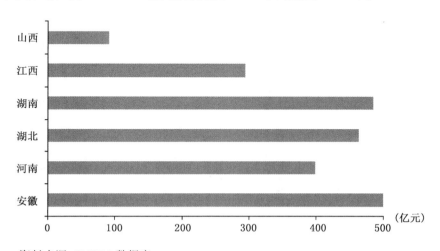

资料来源:CNRDS 数据库。

图 4—99　中部六省 2017 年规模以上工业企业开发新产品经费

4. 清洁能源使用较少,煤炭行业投资高于全国水平

2011—2017 年中部地区的能源工业固定资产投资呈现出阶段性和区域性差别,总体增速放缓,以山西为代表的煤炭大省对能源行业投资最多(见图 4—100、图 4—101)。

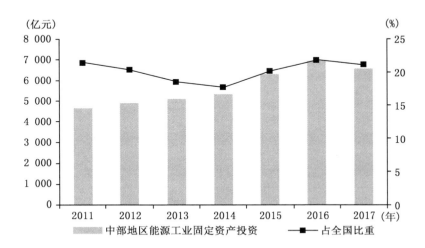

资料来源:CNRDS 数据库。

图 4—100　中部地区 2011—2017 年能源工业固定资产投资情况

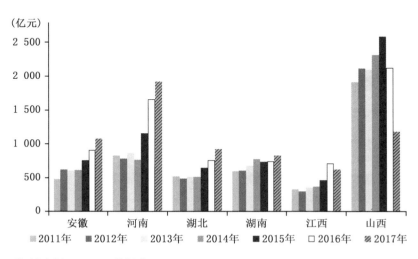

资料来源:CNRDS 数据库。

图 4—101　中部六省 2011—2017 年能源工业固定资产投资对比

2017 年中部地区能源工业固定资产投资(不含农户)为 6 563.83 亿元,占全国的比重为 20.96%。其中,煤炭开采及洗选业、石油及天然气开采业、石油及炼焦加工业、电力热力及燃气的生产和供应业的固定资产投资分别为 709.48 亿元、59.15 亿元、268.91 亿元、5 526.27 亿元。中部地区占全国的比重分别为 26.79%、2.90%、10.05%、23.08%(见图 4—102、图 4—103)。

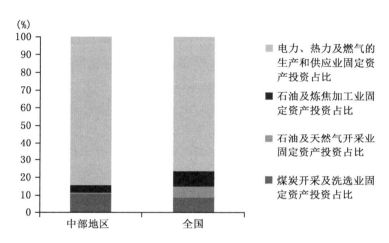

资料来源:CNRDS 数据库。

图 4—102 中部地区及全国 2017 年能源工业固定资产投资的结构对比

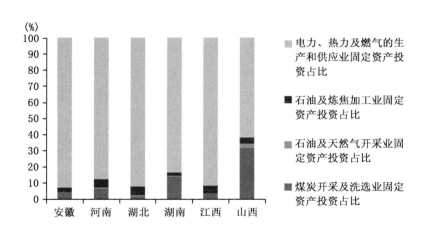

资料来源:CNRDS 数据库。

图 4—103 中部六省 2017 年能源工业固定资产投资的结构对比

4.2.3 中部地区要素投入的产出状况

近年来,随着中部崛起战略的实施,中部地区经济发展较快,但与东部地区相比,中部地区经济总量、产业竞争力还有较大差距。另外,中部地区不同省份经济发展水平,尤其是产业竞争力也有较大差异。

1. 人均经济发展水平低于全国

2018 年,全国生产总值为 900 309.5 亿元,中部地区合计 192 657.9 亿元,比重为 21.4%。其中,河南、湖北、湖南位居中部地区前三位(见图 4－104、图 4－105)。2018 年全国人均 GDP 为 64 644 元,中部地区除了湖北省外,其他省市均低于全国平均水平,其中山西省的人均 GDP 为中部地区最低,达到 45 328 元。各省之间经济差距较大。以人均生产总值为例,湖北成为中部崛起战略实施后中部地区首个人均地区生产总值超出全国平均水平的省份,为全国平均值的 101.01%;但其余五省与全国平均水平还存在明显差距,只相当于全国平均值的 73%～87%;山西这一指标与全国的差距不仅没有缩小,反而有所扩大(见图 4－106)。

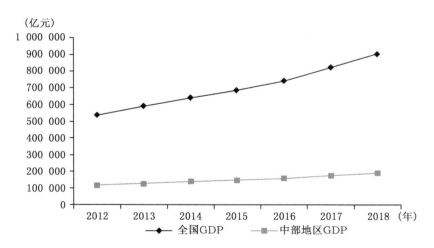

资料来源:中经网数据库。

图 4－104　中部地区与全国 2012—2018 年 GDP 变化趋势

2017 年,全国规模以上工业企业的工业增加值为 278 328.2 亿元,中部地区合计 67 869.2 亿元,比重为 24.38%。其中,河南、湖北、湖南位居中部前三位(见图 4－107、图 4－108)。

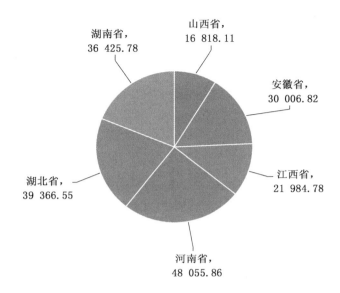

资料来源:中经网数据库。

图 4—105 中部六省 2018 年 GDP 比较

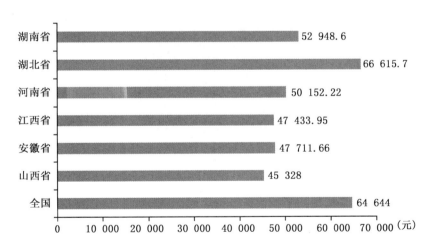

资料来源:中经网数据库。

图 4—106 中部六省及全国 2018 年人均 GDP 比较

2019 年 10 月份,中部地区规模以上工业增加值同比增长 6.5%,增速同比提高 0.5 个百分点。6 个省份同比均增长,增速较快的湖南、江西分别增长 8.6% 和 8.1%,河南、湖北分别提高 2.7 和 1.3 个百分点;2 个省份增速回落,安徽、山西分别回落 4.3 和 2.4 个百分点。

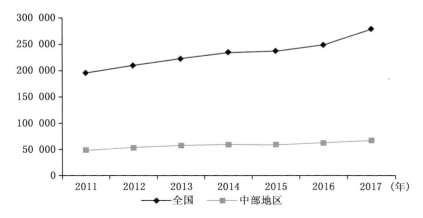

资料来源:中经网数据库。

图 4—107　中部地区与全国 2012—2017 年规模以上工业企业工业增加值变化趋势

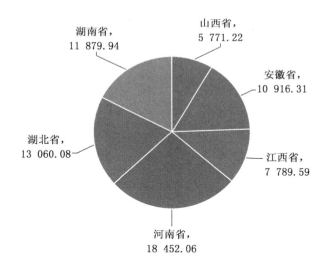

资料来源:中经网数据库。

图 4—108　中部六省 2017 年工业增加值比较

2. 人均产粮量高于全国平均,高技术产业产量远低于传统产业

农业方面,2018 年全国粮食产量共计 65 789.22 万吨,中部地区产粮 20 089.63 万吨,占全国的比重为 30.54%(见图 4—109)。全国 2018 年人均粮食产量为 472.38 千克/人,在中部六省中只有山西和湖南低于全

国平均水平(见图4-110)。

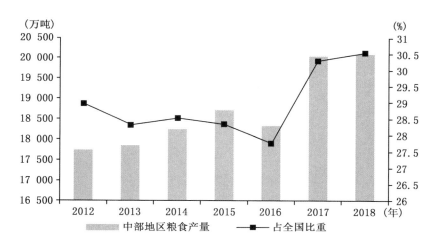

资料来源:中经网数据库。

图4-109　中部地区2012—2018年粮食产量及全国占比

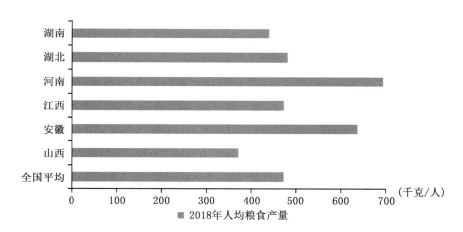

资料来源:中经网数据库。

图4-110　中部六省及全国2018年人均粮食产量

工业方面,2017年全国共计产出啤酒440.15万吨、卷烟2.34亿箱、布787.68亿米、机制纸及纸板1.25亿吨、化学纤维4 877万吨、水泥23.31亿吨、平板玻璃8.38亿重量箱、生铁7.14亿吨、粗钢8.31亿吨、钢材10.46亿吨、金属切削机床60.85万台、汽车2 901.81万辆、轿车1 194.54万辆、移动通信手持机18.9亿台、微型电子计算机3.07亿台、集成电路1 564.58

亿块,中部地区的同期贡献率分别为 20.43%、26.85%、15.86%、15.81%、3.63%、27.61%、22.50%、21.78%、21.01%、18.67%、18.24%、18.84%、14.61%、21.70%、10.43%、0.75%(见图 4—111、图 4—112)。

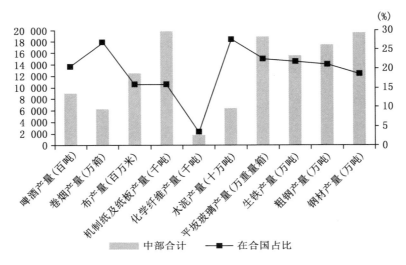

资料来源:中经网数据库。

图 4—111　中部地区 2017 年部分传统产业产品产量及其全国占比

虽然中部六省的工业优势在于传统产业产品,不过高技术产业正在加快成长。在 2017 年工业新产品中,河南省工业机器人产量 580 套,同比增长 19.1%,锂离子电池产量同比增长 229.4%,太阳能电池产量同比增长 84.3%,新能源汽车产量同比增长 17.1%。江西省新能源汽车同比增长 1.5 倍,光缆同比增长 51.2%,太阳能电池(光伏电池)同比增长 46.9%,稀土磁性材料同比增长 21.1%。湖南省新能源汽车同比增长 17.6%,智能手机同比增长 26.9 倍,数控金属切削机床同比增长 92%,技术陶瓷制品同比增长 125.8%。湖北省工业机器人、新能源汽车、微型计算机设备产量同比分别增长 23.9%、118.2%、52.3%。山西省新能源汽车产业增加值同比增长 1.8 倍(新能源汽车产量增长 1.5 倍),高端装备制造业同比增长 47.6%,新材料产业同比增长 8.6%,生物产业同比增长 11.1%。安徽省高新技术产业增加值同比增长 14.8%,占全部工业增加值的比重提高到 40.2%(见图 4—113)。

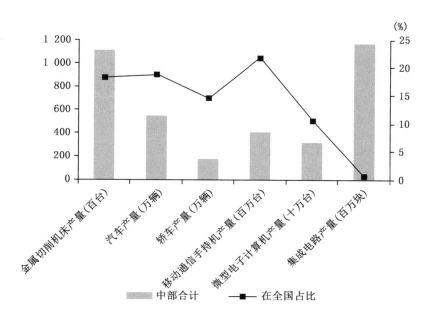

资料来源:中经网数据库。

图4—112 中部地区2017年部分高技术产业产品产量及其全国占比

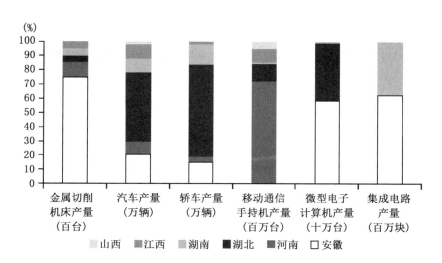

资料来源:中经网数据库。

图4—113 中部六省2017年部分高技术产业产品产量对比

3. 研发成果显著,科技创新水平大大提高

中部地区规模以上工业企业的专利申请数占全国的比重从2012年

的 15％上升到 2018 年的 18％;有效发明专利数占全国的比重从 2012 年的 12％上升到 2018 年的 15％(见图 4－114、图 4－115、图 4－116)。在中部六省中,专利申请和拥有数量最多的省份是安徽,最少的省份是山西。但是与东部发达省份相比,中部地区科技成果的商品化、市场化程度偏低,规模以上工业企业的 R&D 项目数和新产品销售收入的增速较慢(见图 4－117、图 4－118、图 4－119)。

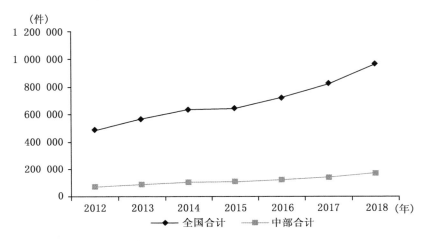

资料来源:中经网数据库。

图 4－114　中部地区及全国 2012—2018 年规模以上工业企业专利受理申请件数

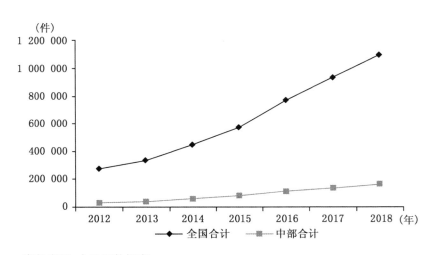

资料来源:中经网数据库。

图 4－115　中部地区及全国 2012—2018 年规模以上工业企业有效发明专利件数

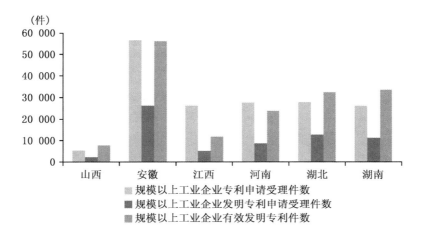

资料来源：中经网数据库。

图4—116　中部六省2018年规模以上工业企业专利情况对比

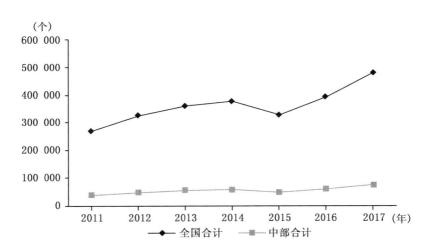

资料来源：中经网数据库。

图4—117　中部地区及全国2011—2017年规模以上工业企业新产品项目项数

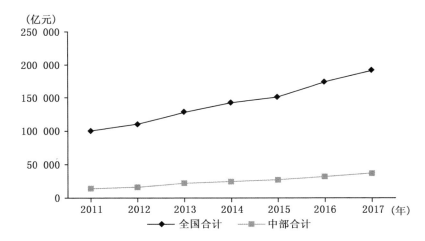

资料来源：中经网数据库。

图 4-118　中部地区及全国 2011—2017 年规模以上工业企业新产品销售收入

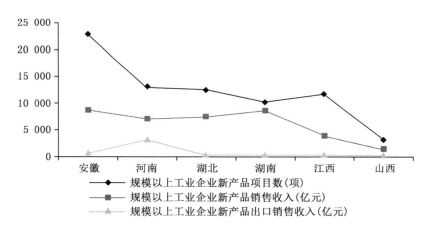

资料来源：中经网数据库。

图 4-119　中部六省 2017 年规模以上工业企业新产品经营情况对比

4. 能源结构单一，以焦炭供给为主

从 2017 年主要能源产品生产量来看，中部地区的原油产量、天然气产量、焦炭产量分别达到 338 万吨、53.82 亿立方米、1.39 亿吨，在全国占比分别为 1.7%、3.6%、32%（见图 4-120）。

2017 年全国总发电量为 64 951.43 亿千瓦小时，其中水电占比 18.32%。中部地区发电量合计 13 198.8 亿千瓦小时，占全国总发电量

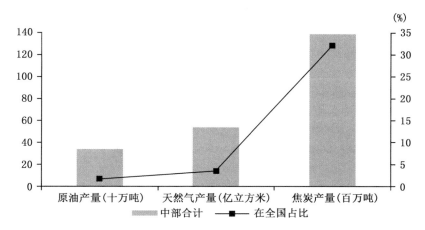

资料来源：中经网数据库。

图4—120　中部地区2017年主要能源产品生产量及其全国占比

的20.32%,其中水电占比18.47%(见图4—121)。

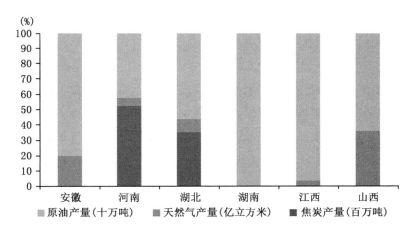

资料来源：中经网数据库。

图4—121　中部六省2017年主要能源产品产量对比

4.2.4　中部地区投入产出效率分析

1. 农业劳动生产率低于全国水平

从全国平均水平来看,2017年谷物单位面积产量为5 901.65公斤/公顷,中部六省分别为安徽5 922.8公斤/公顷、河南6 129.96公斤/公顷、湖北 6 269.97 公斤/公顷、湖南 6 354.4 公斤/公顷、江西 6 026.11 公斤/公顷、山西 4 641.44 公斤/公顷。中部地区平均为 5 890.78 公斤/公顷,略低于全国平均水平(见图 4—122)。

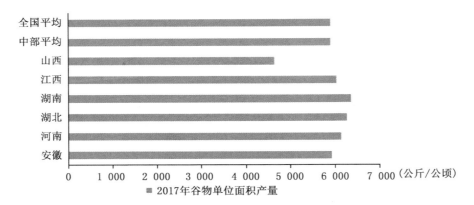

资料来源:中经网数据库。

图 4—122　中部六省 2017 年谷物单位面积产量及全国对比

我国主要粮食作物包括水稻、小麦、玉米和其他作物(比如高粱、谷子、薯类)。从全国平均水平来看,2016 年稻谷、小麦、玉米的单位面积产量分别为 6 852.6 公斤/公顷、3 885.6 公斤/公顷、5 454.5 公斤/公顷。在中部六省中,只有河南、湖北、山西的稻谷单位面积产量高于全国平均;湖南、江西的小麦单位面积产量低于全国平均;山西的玉米单位面积产量高于全国平均。综上,在中部地区,只有山西省的主要粮食作物超过了全国平均产量线(见图 4—123)。

2. 企业生产效率和经济效益相对较低

从 2012—2017 年规模以上工业企业成本费用利润率来看,中部地区始终低于全国平均水平,在 2017 年达到 6.47%,接近全国平均值(见图 4—124)。从 2012—2017 年规模以上工业企业总资产贡献率来看,中部地区始终高于全国平均水平,2017 年为 13.3%,约高于全国平均值 2 个百分点(见图 4—125)。

从成本费用利润率指标来看,中部地区的成本费用利润率远低于东部地区、西部地区和东北地区,并且低于全国的平均水平,这从侧面说明了中部地区工业企业的效率较低(见图 4—126)。出现这种现象的主要原因是

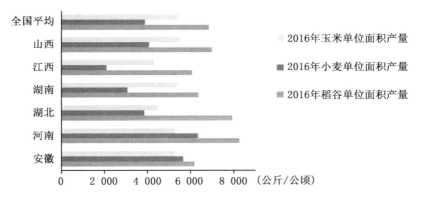

资料来源：中经网数据库。

图 4—123 中部六省 2016 年三种粮食作物单位面积产量对比

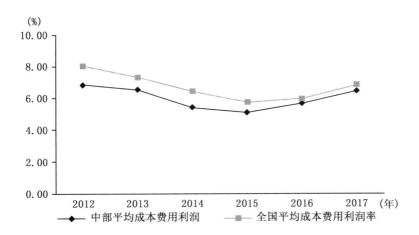

资料来源：中经网数据库。

图 4—124 中部地区及全国 2012—2017 年规模以上工业企业成本费用利润率

中部地区基础产业后期投入严重不足。自改革开放以来，国家经济政策和投资重点都向东部地区倾斜，对中部地区的支持和投资都相对较小。由于规模以上工业企业中国有企业占比较大，经济效益普遍较低，更新改造缺乏动力，一些老工业基地设备陈旧、技术老化和资金缺乏，这些都造成了中部地区基础产业投资不足，基础产业的发展基础薄弱，后劲不足。

3. 能源利用效率有待进一步提高

从 2018 年单位 GDP 能耗（等价值）增速来看，除了湖北数据缺失外，

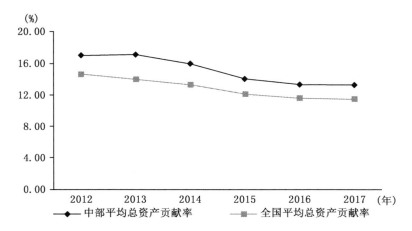

资料来源:中经网数据库。

图 4—125　中部地区及全国 2012—2017 年规模以上工业企业总资产贡献率

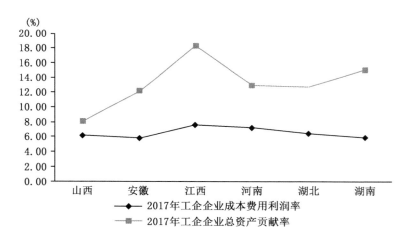

资料来源:中经网数据库。

图 4—126　中部六省 2017 年规模以上工业企业收益情况对比

其他中部省市均优于全国平均水平;从 2018 年单位 GDP 电耗(实物量)增速来看,只有河南、江西、山西三省的表现优于全国平均水平(见图4—127、图 4—128)。

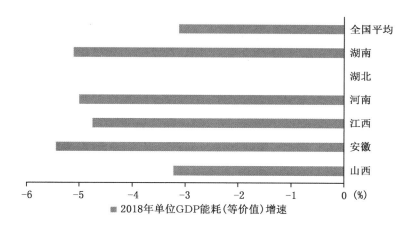

资料来源：中经网数据库。

图 4—127 中部地区及全国 2018 年单位 GDP 能耗（等价值）增速

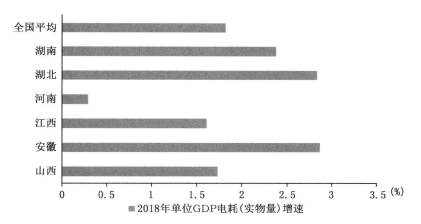

资料来源：中经网数据库。

图 4—128 中部地区及全国 2018 年单位 GDP 电耗（实物量）增速

4.2.5 小结

1. 中部地区工业体系相对完善

在中国的区域板块中，中部地区以稳定的经济增速给我国经济点上一抹亮色。中部拥有我国交通"中轴线"的区位优势，人力资源和综合资源优势，以及在近 10 年的国家政策密集支持下，逐渐形成了较为完善的工业体系,工业分工格局逐步优化。从产业结构来看,第二产业比重略小于第三产业,中部地区处于接近后工业化阶段。但是中部地区在工业化的进程中也面临着诸如要素获取能力弱、环境污染与能源浪费严重、产业整体发展不优不强等问题。

2. 中部地区产业竞争力不强

无论从产业体系来说,还是从产业经济效益来说,中部地区的产业竞争力较为薄弱。中部地区的主导行业及具有比较优势的行业主要集中于原料工业、燃料动力工业和农产品加工等领域,其中相当一部分产业的科技含量不高,对资源、劳动要素和投资驱动依赖性较强,生产效率低下,产品平均附加值不高,缺乏有竞争力、影响力的品牌产品;中部地区的县域工业化、农业产业化和城镇化发展较为缓慢,不能够有效地吸收和消化农村剩余劳动力,导致中部地区产业集聚程度不高;此外,中部地区还存在着体制性约束较多、市场经济发育不够充分、开放合作水平较低、一体化程度不高等问题。

3. 中部地区生产性服务业发展不足

中部地区生产性服务业对提升制造业竞争力起到一定的作用,但是这种作用还比较有限。该地区生产性服务业产值占 GDP 比重偏低,生产性服务业中的某些细分行业对制造业竞争力提升发挥的作用相对较小,特别是科学研究、技术服务和软件业等知识密集型行业在多个省市还没有形成规模。未来应该大力推动生产性服务业,使之与制造业融合发展,促进产业结构升级,使劳动密集型产业向知识密集型产业转移。

4.3　西部地区产业发展动态和投入产出分析

4.3.1　西部地区产业发展概况

1. 西部地区范围界定

西部地区包括陕西、四川、云南、贵州、广西、甘肃、青海、宁夏回族自治区、西藏自治区、新疆维吾尔自治区、内蒙古自治区、重庆共 12 个省、自治区和直辖市。西部地区疆域辽阔,国土面积 687 万平方公里,占全国总面积的 72%。

2. 西部地区经济概览

（1）西部地区经济总量和增速

20 年来，"一带一路"建设、西部大开发战略等政策红利，促进了西部地区基础设施、基本公共服务的发展，缩小了西部地区与东部省份的差距。此外，减税降费大大激发了西部地区的增长活力，使得西部厚积发展势能，产业持续优化、经济深度拓展和社会效益不断提高，投资增长率、GDP 增长率等指标普遍高于全国平均水平，西部地区与东部地区发展差距扩大的趋势得到有力遏制，区域发展的协调性不断增强。2018 年西部地区国内生产总值为 184 302.13 亿元，同比增长 9.33％，高于全国平均水平 2.73 个百分点，为四大区域之首，占全国 GDP 的比重由 2017 年的 19.9％上升到 20.15％（见图 4－129）。

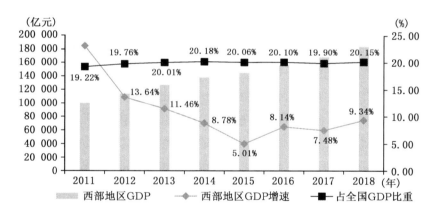

资料来源：中国经济社会大数据研究平台。

图 4－129　2011—2018 年西部地区 GDP 增长率及其占全国比重

2019 年前三季度，西藏自治区、贵州、云南名列全国 GDP 增速前三，整个西部地区继续保持了 8.55％的增速，仅次于中部地区的 9.63％，高出全国平均水平 0.43 个百分点，但较 2018 年的增速降低了 0.78 个百分点。占全国 GDP 的比重为 20.42％，较 2018 年上升了 0.27 个百分点（见图 4－130）。

西部地区的增长和我国"西部大开发"战略倾斜息息相关。相较于东部，中西部地区经济数据基数相对较小，且得到国家"一带一路"、口岸开放等政策的倾斜，近年来进入了加速发展的阶段。但西部地区的经济增

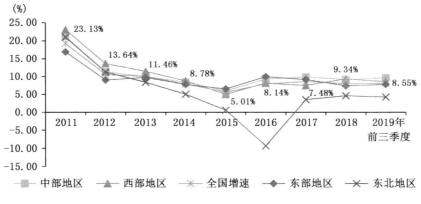

资料来源:国家统计局。

图 4—130　全国及四大区域名义 GDP 增速(2011—2019 年)

长仍主要依赖投资驱动,特别是以"铁公基"为代表的基建投资,固定资产投资拉动、政策拉动的特征非常明显,且具有较强的"资源依赖性"①。而以市场力量为主体的房地产投资、民间投资则不温不火,与政府拉动的基建"投资热"形成了鲜明对比。总体而言,西部地区经济运行中还存在一些不稳定、不确定因素,区位条件、交通状况、要素禀赋依然严重制约着西部地区的产业发展,营商环境中的土地、融资、物流、行政的成本依然较高,宏观环境复杂多变、区域分化导致部分经济指标波动增大等因素依然存在,结构性矛盾还较为突出,市场内生的投资动力不足,某种程度上也预示西部这一轮"投资热"或许难以持久,可能拖慢经济发展步伐,经济向好的基础仍须进一步巩固。从 2019 年前三季度的数据来看,西部除四川外各省 GDP 增速普遍出现了放缓的迹象(见图 4—131)。

(2)西部地区经济的省际结构和增速

在地区经济比重方面,四川、陕西、重庆和广西四个省(区)的 GDP 之和占西部地区的 57.42%。其中,2018 年仅四川一个省的 GDP 就占西部地区的 22%、全国的 4.45%。2019 年前三季度,四川、陕西、重庆、内蒙古自治区、广西、云南、贵州 7 省份 GDP 超过 1 万亿元,四川前三季度全省实现地区生产总值(GDP)33 892.94 亿元,继续位列西部第一,占西部

① 刘家旗,茹少峰.西部地区经济增长影响因素分析及其高质量发展的路径选择[J].经济问题探索,2019(9):82—90.

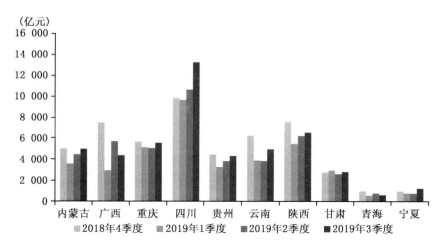

资料来源：根据国家统计局数据绘制。

图 4—131　西部各省 GDP 当季值

地区 GDP 比重提升至 23.79%，全国的 4.86%（见图 4—132）。

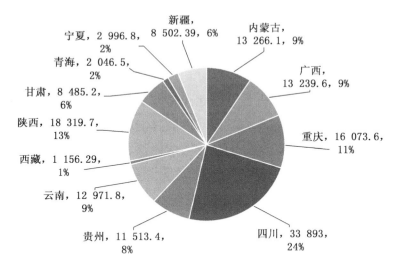

资料来源：国研网数据库。

图 4—132　2019 年前三季度西部各省 GDP 占比

在西部地区中，四川、陕西、重庆、广西、内蒙古自治区的 GDP 占比始终靠前，其中四川 GDP 占西部地区的比重由 2011 年的 20.69% 上升到 2019 年（预估）的 22.85%，陕西上升到 13.52%，重庆下降到 10.86%（预估），广西下降到 10.46%，云南则上升到 9.95%。2011—2019 年以来，GDP 比重上升最快的省分别为贵州（2.55%）、四川（2.16%）、陕西（1.21%）、云南（1.20%）、重庆（1.01%），而 GDP 比重下降最快的省份分别为内蒙古自治区（—4.79%）、广西（—1.08%）（见图 4—133）。

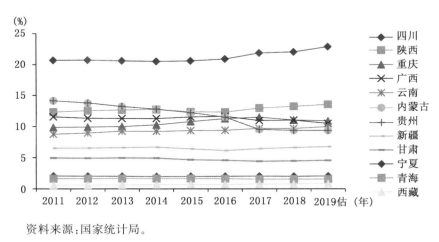

资料来源：国家统计局。

图 4—133　2011—2019 年各省 GDP 占西部地区的比重

根据已公布的数据，2019 年前三季度，西部地区陕西、西藏自治区、广西、青海、宁夏回族自治区、贵州、四川、甘肃、云南省 9 个省的 GDP 增幅均出现了不同程度的回落，其主要原因是西部地区整体的经济增长仍属于投资拉动型的，受外部环境整体回落的影响明显。而以重庆为代表的西部高新技术产业，暂时仍处于产业结构调整、新旧动能转换、发展基础夯实的关键时期。虽然目前阶段性的震荡不可避免，但西部地区的发展潜力依然巨大，以重庆为例，2018 年重庆经济总量首次突破 2 万亿元，以高技术产业和战略性新兴制造业为代表的新动能已成为拉动重庆工业经济增长的主要动力。2019 年，重庆经济运行总体稳定，景气指数保持在适度区间低位，预计全年 GDP 增长 6.5% 左右，较 2018 年有所回升（见图 4—134）。

在省市排名方面，2018 年西藏自治区增速达 10%，跃居第一，是全国仅有的 GDP 增速维持两位数的省份。贵州增速 9.1%，排名第二。云南增速 8.9%，保持在全国第三。甘肃省则实现生产总值 8 246.1 亿元，增长 6.3%，增速比上年提高 2.7 个百分点，居全国第 23 位，扭转了上年垫

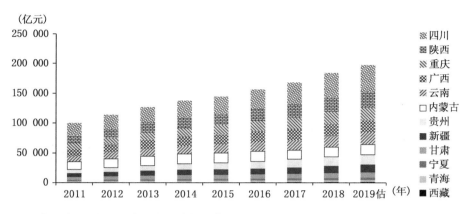

资料来源:中国经济社会统计数据库。

图 4－134　2011—2019 年西部地区 GDP 的省际分布

底的被动局面(见图 4－135)。2019 年前三季度,西部地区延续了高速增长。在已公布数据的 11 个西部省份中,云南、贵州、西藏自治区、四川、宁夏回族自治区、重庆 7 个省份 GDP 增速超过全国平均增速。其中云南(8.8%)、贵州(8.7%)、西藏自治区(8.7%)3 个省份的 GDP 增速超过8%,继续排名全国前三名。西部地区经济总量最大的四川省的 GDP 增速达 7.8%(见图 4－136)。

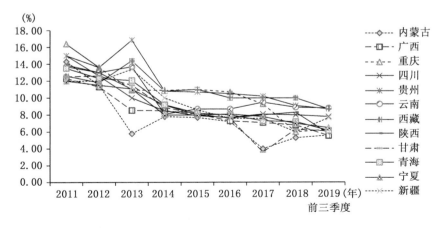

资料来源:中国经济社会大数据研究平台。

图 4－135　2011—2019 年前三季度西部地区各省市区名义 GDP 增长率

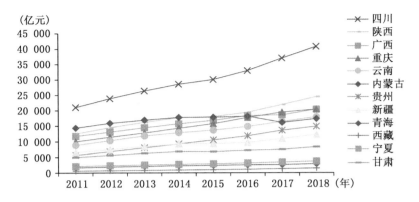

资料来源：中国经济社会大数据研究平台。

图 4—136　2011—2018 年西部地区各省 GDP

（3）西部地区三次产业结构及其变动趋势

农业曾是西部地区的支柱产业，1982 年曾高达 42%。改革开放后，西部地区着力优化产业结构、推进产业升级，农业在整个国民经济中所占比重持续下降。1984 年第二产业比重开始超过第一产业，西部地区进入了全面工业化的进程。第一产业比重下降趋势直到 2015 年左右才趋向平缓，2015 年至 2018 年，第一产业总体保持了缓慢增长，所占比重由 11.97% 下降至 11.07%，仅下降了 0.9 个百分点。西部地区的第三产业比重于 1992 年开始超过第一产业，2015 年西部地区第三产业比重提升到 48.45%，超过第二产业的 40.50%，形成了"三二一"格局，并延续至今。

2019 年前三季度，西部地区实现产值 131 902.8 亿元，其中第一产业产值 13 126.97 亿元（占比 9.31%）、第二产业产值 55 760.25 亿元（占比 39.55%）、第三产业产值 72 089.82 亿元（占比 51.14%），第三产业比重进一步提高（见图 4—137）。

2019 年前三季度，西部 12 个省市区除了陕西省的第二产业比重超过第三产业外，其余 11 个省市区的第三产业比重均超过第二产业。但进一步对西部地区经济增长的数据进行因素分解，可以发现第二产业仍是西部地区经济增长的主要动力。2000—2017 年第二产业增加值每增加 1% 会使进西部地区经济增长 0.252 4%；物质资本投入每增加 1% 会促进西部地区经济增长 0.114 3%；而第三产业增加值对西部地区经济增长

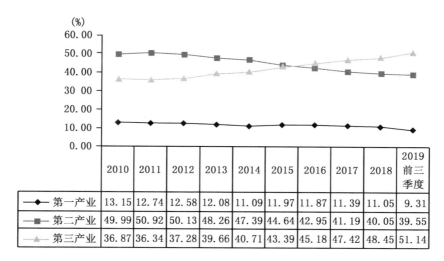

资料来源:中国经济社会大数据研究平台。

图4—137　2010—2019年前三季度西部地区三次产业比重

的产出弹性仅为0.080 5%。[①] 第三产业比重持续提升的现象,对于现阶段仍具有典型的"资源依赖型"的西部地区,未必有利于其经济的持续增长(见表4—4)。

表4—4　　　　　　2019年前三季度西部地区各省三次产业结构

	一产增加值 (亿元)	二产增加值 (亿元)	三产增加值 (亿元)	三次产业结构
内蒙古	1 753.82	6 807.30	8 728.10	10.14:39.37:50.48
广西	3 019.37	8 072.94	9 260.20	14.84:39.67:45.50
重庆	1 378.27	8 328.79	10 656.13	6.77:40.90:52.33
四川	4 426.66	15 322.72	20 928.70	10.88:37.67:51.45
贵州	2 159.54	5 755.54	6 891.37	14.59:38.87:46.54
云南	2 498.86	6 957.44	8 424.82	13.97:38.91:47.12
西藏	130.25	628.37	719.01	8.81:42.53:48.66
陕西	1 830.19	12 157.48	10 450.65	7.49:49.75:42.76

---

① 刘家旗,茹少峰.西部地区经济增长影响因素分析及其高质量发展的路径选择[J].经济问题探索,2019(9):82—90.

续表

	一产增加值 （亿元）	二产增加值 （亿元）	三产增加值 （亿元）	三次产业结构
甘肃	921.30	2 794.67	4 530.10	11.17∶33.89∶54.94
青海	268.10	1 247.06	1 350.07	9.36∶43.52∶47.12
宁夏	279.85	1 650.26	1 775.07	7.55∶44.54∶47.91
新疆	1 692.09	4 922.97	5 584.02	13.87∶40.36∶45.77
西部	20 358.30	74 645.54	89 298.24	11.05∶40.50∶48.45
全国	43 005.00	276 912.50	392 927.90	6.03∶38.85∶55.12

资料来源：中国经济社会大数据研究平台，国家统计局数据库。

3. 本节小结

自 2016 年以来，西部地区成为中国经济增长的一个亮点，占全国 GDP 的比重不断提升，2019 年前三季度已达到全国 GDP 的 25.85%。西部地区快速发展既得益于西藏、贵州、云南等省（自治区）的高速增长，更得益于四川、陕西、重庆等经济大省的稳步发展。

2019 年，随着外部环境的变化，西部 12 个省、市、自治区的发展出现了明显分化，北部的内蒙古、南部的广西经济减速迹象明显，而云南、贵州、西藏等西南省区则继续保持了高速增长。展望未来，随着"十三五"期间西部地区多条国家级高铁线路的开通，西部经济将得益于交通条件的极大改善，同时也必将面临更大的"虹吸效应"。在公路物流成本仍普遍高于全国平均水平的情况下，西部地区大量的传统产业需要做好激烈市场竞争的准备。

4.3.2　西部地区经济发展的要素投入分析

1. 西部地区劳动力要素投入结构和变动趋势

2019 年初，西部地区共有人口 3.5 亿人，占全国总人口的 28%。西部地区各产业就业人口总数为 3 779.22 万人，占全国就业人口的 23.78%，低于人口占比。从 2008 年到 2019 年初，西部地区新增 1 024.87 万就业人口，增长 37.21%。劳动力的增长主要得益于 2010—2018 年西部各省人口的普遍增长，其中广西、新疆和四川的常住人口分别增长了 316 万人、302 万人和 296 万人，是西部 12 省人口总数增长最多

的三个省（自治区）。而西藏、新疆、重庆、青海 9 年里分别实现了
14.67％、13.82％、7.52％和 7.10％的人口增幅。目前,四川、广西、陕
西、重庆是西部地区人口规模排前的四个省份（见图 4—138）。

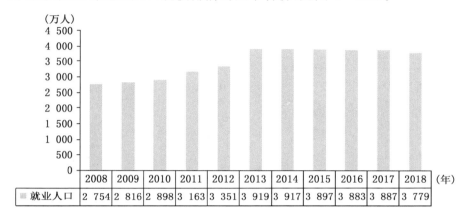

	2008	2009	2010	2011	2012	2013	2014	2015	2016	2017	2018	(年)
就业人口	2 754	2 816	2 898	3 163	3 351	3 919	3 917	3 897	3 883	3 887	3 779	

资料来源:国家统计局网站。

图 4—138　2008—2018 年西部地区就业人口

随着西部地区经济的快速发展和新增劳动力的持续增长,西部地区
的劳动就业结构进一步分化,第二产业和第一产业的就业比重进一步下
降。2019 年一季度,西部地区三次产业就业比重分别为 1.35％、36.37％
和 62.29％,第三产业吸纳了西部地区绝大部分就业人口。同期全国三
次产业就业比重为 1.18％、44.14％和 54.68％(见图 4—139)。

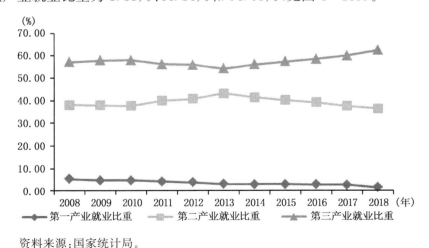

资料来源:国家统计局。

图 4—139　西部地区三次产业的就业比重

2013 年以后,西部地区第三产业就业比重持续升高主要有两方面原因。

一是制造业和建筑业劳动力的持续流出,2013 年西部地区采矿业、制造业和建筑业分别吸纳了 178.77 万、746.02 万、122.92 万就业人口,均达到了阶段性的就业高峰,此后劳动力持续流出第二产业。截至 2019 年初,三个行业的就业人口分别为 123.02 万、560.12 万和 112.99 万,5 年时间减少了 55.75 万、185.9 万和 62.4 万,降幅分别为 31.18%、24.92% 和 9.73%(见图 4—140)。

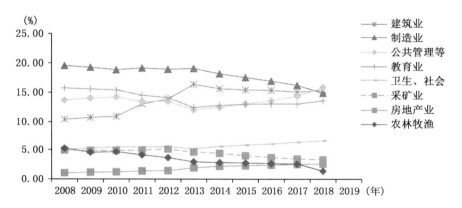

资料来源:中国经济社会大数据研究平台,国家统计局数据库。

图 4—140   2008—2019 年西部地区主要行业就业比重

二是公共管理和社会保障、教育业、卫生和社会工作、金融业、房地产业就业人口的持续增长。2019 年初,上述五个行业的就业比重合计占西部地区的 35.61%,接近整个第二产业的就业比重。尤其是 2013 年以后,公共管理、卫生和社会组织业的就业比重持续增长,分别从 2013 年的 11.99% 和 5.16% 增长到 2019 年初的 15.78% 和 6.58%(见图 4—141、图 4—142)。

在劳动力的素质构成方面,根据中央财经大学中国人力资本与劳动经济研究中心 2020 年初发布的《中国人力资本报告 2019》数据,2017 年西部地区劳动力人口平均年龄在 34～40 岁间,是四大区域板块中劳动力平均年龄最年轻的区域[①]。其中,西藏、新疆、贵州劳动力年龄构成最为

---

①   中国人力资本与劳动经济研究中心. 中国人力资本报告 2019[R]. 中央财经大学,2020.

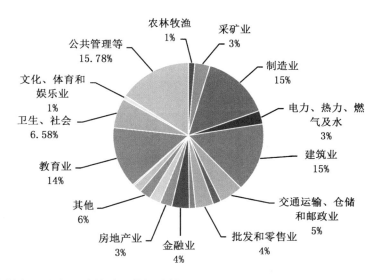

资料来源：根据国家统计局数据绘制。

图 4－141　2019 年初西部地区各行业就业人口比重

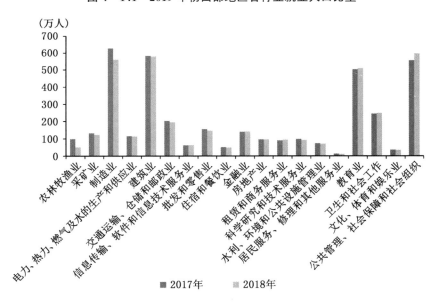

资料来源：国家统计局。

图 4－142　西部地区城镇单位就业人员

年轻,2017 年劳动力平均年龄分别为 34.38 岁、35.97 岁和 36.07 岁;重庆、内蒙古、四川劳动力平均年龄最大,分别为 39.15 岁、38.24 岁和

38.23 岁（见图 4—143）。

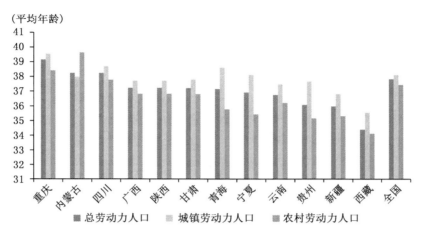

资料来源：《中国人力资本报告 2019》。

图 4—143　2017 年西部各省劳动力平均年龄

在劳动力的素质构成方面，西部地区各省的平均受教育年限除陕西省外，其余 11 个省普遍低于 10.19 年的全国平均水平。其中，西藏自治区、青海、贵州、云南 4 个省（区）的劳动力人口平均受教育年限均低于 9 年；重庆、内蒙古自治区、江西、新疆维吾尔自治区、宁夏回族自治区、四川、广西、甘肃 7 个省（市、区）劳动人口的平均受教育年限在 9.43～10.12 年间。西部各省城镇劳动力人口的受教育年限普遍高于农村劳动力人口。同时，西部地区高中以上受教育程度人口占比也远低于全国平均水平，除陕西（41.7%）、重庆（38.12%）外，其余 10 个省（区）的高中以上受教育程度人口占比均低于全国平均水平，甘肃、云南、贵州、青海、西藏自治区和全国的平均水平相差 10～24 个百分点（见表 4—5）。

表 4—5　　　　　　西部各省劳动力平均受教育年限和高中人口占比

省份	平均受教育年限（年）			高中以上受教育程度人口占比（%）		
	总劳动力人口	城镇劳动力人口	农村劳动力人口	总劳动力人口	城镇劳动力人口	农村劳动力人口
陕西	10.55	11.64	9.34	41.70	56.24	25.33
重庆	10.12	10.79	8.85	38.12	47.7	20.08
内蒙古自治区	10.09	11.03	8.63	36.68	50.72	14.93

续表

省份	平均受教育年限(年)			高中以上受教育程度人口占比(%)		
	总劳动力人口	城镇劳动力人口	农村劳动力人口	总劳动力人口	城镇劳动力人口	农村劳动力人口
新疆维吾尔自治区	9.89	11.56	8.50	32.61	58.01	11.59
宁夏回族自治区	9.71	10.91	8.26	36.60	50.57	19.60
四川	9.69	10.89	8.53	33.05	48.34	18.21
广西	9.62	10.75	8.67	28.31	44.55	14.79
甘肃	9.43	11.33	8.11	34.47	56.18	19.33
云南	8.95	10.41	7.82	25.66	42.18	13.01
贵州	8.79	9.93	6.52	23.13	37.71	14.59
青海	8.18	9.93	6.52	25.93	41.34	11.37
西藏自治区	5.72	9.26	4.26	13.01	38.79	7.13
全国	10.19	11.11	8.96	37.51	50.33	20.50

资料来源:《中国人力资本报告 2019》。

2. 西部地区土地资源投入

西部地区面积辽阔、地广人稀,耕地面积长期保持在全国的 37% 以上。2009 年,西部地区耕地面积占全国的比重为 37.25%,2017 年时该比例上升至 37.37%,耕地面积比重上升了 0.12 个百分点;而耕地总面积减少 2.565 万公顷,减少了 0.05 个百分点。同期,全国耕地面积减少了 50.334 万公顷,减少了 0.37 个百分点(见表 4—6)。

表 4—6　　　　2011—2017 年西部 12 省耕地面积及占全国比重[①]　　单位:万公顷

年 份	2009	2012	2013	2014	2015	2016	2017
内蒙古自治区	918.929	918.693	919.898	923.067	923.799	925.793	927.078
广西	443.053	441.424	441.945	441.033	440.227	439.513	438.746
重庆	243.839	245.128	245.582	245.465	243.047	238.247	236.985
四川	671.996	673.206	673.478	673.418	673.144	673.293	672.517

[①] 耕地面积由自然资源部进行普查,截至 2020 年初,尚未公布 2018 年数据。

续表

年　份	2009	2012	2013	2014	2015	2016	2017
贵州	456.252	455.219	454.814	454.013	453.741	453.02	451.877
云南	624.389	622.492	621.981	620.745	620.854	620.78	621.331
西藏自治区	44.297	44.223	44.177	44.253	44.302	44.46	44.396
陕西	399.757	398.549	399.201	399.477	399.517	398.947	398.289
甘肃	541.023	538.347	537.883	537.787	537.486	537.24	537.695
青海	58.802	58.853	58.821	58.571	58.842	58.94	59.014
宁夏回族自治区	128.807	128.275	128.112	128.588	129.01	128.88	128.995
新疆维吾尔自治区	512.306	514.807	516.02	516.95	518.889	521.647	523.962
西部	5 043.45	5 039.216	5 041.912	5 043.367	5 042.858	5 040.76	5 040.885
全国	13 538.46	13 515.84	13 516.34	13 505.73	13 499.87	13 492.09	13 488.12
全国占比	37.25%	37.28%	37.30%	37.34%	37.35%	37.36%	37.37%

资料来源:中国研究数据服务平台。

在全国和西部地区耕地面积普遍减少的大背景下,1999—2018 年期间西部地区的有效灌溉面积及其在耕地总面积中所在比重在持续增加,有效灌溉面积由 1999 年的 1 482.454 万公顷增长到 2018 年的 2 006.12 万公顷,年均增长 1.6 个百分点;占全国有效灌溉面积的比重由 1999 年的 27.89% 上升到 2018 年的 29.38%;占西部地区耕地面积的比重由 2008 年的 37.96% 上升到 2017 年的 39.48%,表明西部地区的农业生产条件在不断改善(见图 4—144、图 4—145)。

在耕地面积(有效灌溉土地)的省际变动方面,西部地区耕地面积排名前五的省(区)分别是:内蒙古自治区(927.08 万公顷)、四川(672.51 万公顷)、云南(621.33 万公顷)、甘肃(537.69 万公顷)、新疆维吾尔自治区(523.96 万公顷)。有效灌溉面积排名前五的省(区)分别为新疆维吾尔自治区(488.36 万公顷)、内蒙古自治区(319.65 万公顷)、四川(293.25 万公顷)、云南(189.81 万公顷)和广西(170.69 万公顷)。有效灌溉面积占比最高的五个省(区)分别为新疆维吾尔自治区(93.2%)、西藏自治区(59.58%)、四川(43.61%)、宁夏回族自治区(40.58%)和广西(38.9%)。1999—2018 年期间,西部地区累计增加有效灌溉面积 523.66 万公顷,年均复合增长率为 1.60%,是四大区域中新增有效灌溉面积最多的区域,其中

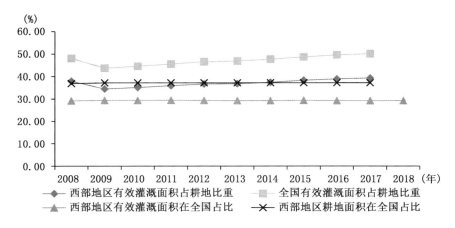

资料来源:根据国家统计局数据库数据绘制。

图4—144　2008—2018年西部地区有效灌溉面积变动趋势

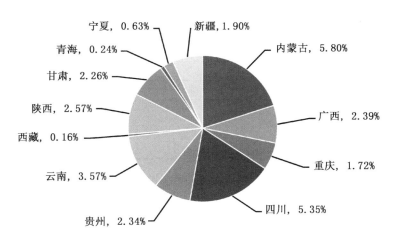

图4—145　2018年西部地区粮食播种面积

新疆维吾尔自治区、内蒙古自治区、云南、四川、贵州五个省的有效灌溉面积增长最多,约占西部地区新增有效灌溉面积的81.79%(见表4—7)。

表4—7　　西部地区各省有效灌溉面积现状及其变动趋势(1999—2018年)

项　　目	2017年耕地面积(万公顷)	2018年有效灌溉面积(万公顷)	有效灌溉面积占耕地面积比重(%)	占全国有效灌溉面积比重(%)	占西部地区有效灌溉面积比重(%)	1999—2018年有效灌溉面积增加值	1999—2018年有效灌溉面积年均增长率(%)
内蒙古自治区	927.078	319.652	34.48	4.68	15.93	94.783	1.87

续表

项　目	2017 年耕地面积（万公顷）	2018 年有效灌溉面积（万公顷）	有效灌溉面积占耕地面积比重（％）	占全国有效灌溉面积比重（％）	占西部地区有效灌溉面积比重（％）	1999—2018 年有效灌溉面积增加值	1999—2018 年有效灌溉面积年均增长率（％）
广西壮族自治区	438.746	170.688	38.90	2.50	8.51	22.891	0.76
重庆	236.985	69.694	29.41	1.02	3.47	7.638	0.61
四川	672.517	293.254	43.61	4.30	14.62	50.463	1.00
贵州	451.877	113.224	25.06	1.66	5.64	48.837	3.02
云南	621.331	189.807	30.55	2.78	9.46	52.409	1.72
西藏自治区	44.396	26.453	59.58	0.39	1.32	11.34	2.99
陕西	398.289	127.499	32.01	1.87	6.36	−3.418	−0.14
甘肃	537.695	133.754	24.88	1.96	6.67	36.499	1.69
青海	59.014	21.404	36.27	0.31	1.07	2.432	0.64
宁夏回族自治区	128.995	52.345	40.58	0.77	2.61	17.986	2.24
新疆维吾尔自治区	523.962	488.346	93.20	7.15	24.34	181.806	2.48
东部地区	2 616.008	1 910.491	72.57	27.98	—	100.856	0.29
中部地区	3 050.828	1 947.358	63.57	28.52	—	388.367	1.18
西部地区	5 040.885	2 006.12	39.48	29.38	—	523.666	1.60
东北地区	2 780.403	963.195	34.29	14.11	—	498.434	3.91
全国	13 488.122	12 912.07	95.73	100	—	1 511.323	1.33

　　在种植业的播种结构方面,西部地区改革开放以来非粮食的经济作物播种面积占农作物总播种面积的比重持续上升,从 1978 年的 15.44％上升到 2018 年的 34.9％。而粮食作物的播种面积占比则由 1978 年的 84.56％下降到 1999 年的 72.45％,到 2018 年这一比重已降至 60.41％。非粮食作物播种面积的上升,表明西部地区种植结构日趋多样化、市场化。与此同时,四大区域中中部地区和东北地区的粮食作物播种面积所占比重不断上升,东部地区则在 2005 年前后经历比重先下降后回升的过程(见图 4—146)。

　　3. 西部地区产业用地的投入

　　2013 年以后,西部地区工业用地供应面积逐步减少,由 2013 年的 47 126.4 万平方米的工业用地成交量,下降至 2018 年的 28 780 万平方米。2019 年,内蒙古自治区、新疆维吾尔自治区、广西、四川、陕西工业用

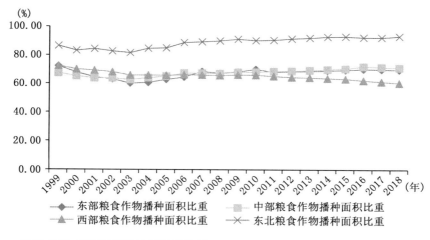

资料来源:根据国家统计局数据绘制。

图 4—146　1999—2018 年四大区域粮食作物播种面积比重

地出让面积分别位列全国第 4、10、12、14 和 17 名,反映了西部地区工业投资热度的回升(见图 4—147)。

资料来源:中商情报网、国信房地产信息网。

图 4—147　2012—2018 年四大区域工业用地成交面积

4. 西部地区资本要素的投入

2018 年西部 12 省固定资产投资呈现出比较明显的两极分化,以新疆维吾尔自治区、内蒙古自治区、宁夏回族自治区、甘肃为代表的几个省(自治区)固定资产投资出现断崖式下降,其中,内蒙古自治区全年固定资产投资下降 27.3%,新疆维吾尔自治区下降了 25.2%、宁夏回族自治区下降了 18.2%、甘肃下降了 3.9%。而其他 8 个省（区）则保持了固定资产投资的高速增长，普遍超过了全国平均水平。其中，贵州增长 15.8%，位列全国第一，云南增长 11.6%，位列全国第三，广西壮族自治区则保持了 10.8%，四川增长 10.2%，重庆保持了 7.0%。在三次产业的投资方面，第一产业投资增速排名为西藏自治区（116.7%）、陕西（45.2%）、云南（36.8%）、贵州（29%）、甘肃（18.8%）、广西壮族自治区（18.6%）。第二产业投资增速排名为西藏自治区（15.9%）、青海（14.3%）、贵州（13.2%）、广西壮族自治区（13%）、云南（11.3%）。第三产业投资增速贵州（15.6%）、四川（11.2%）、云南（10.6%）3 个省保持了 2 位数的增长（见图 4—148）。

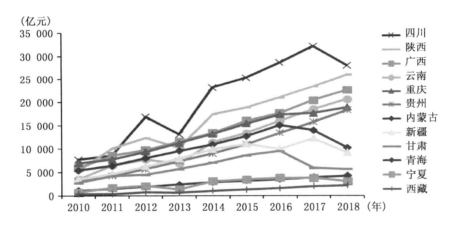

资料来源：各省历年国民经济与社会发展统计公报。

图 4—148　2010—2018 年西部地区各省固定资产投资额

2019 年前三季度，全国固定资产投资（不含农户）共 46.12 万亿元，增长 5.4%，其中东部地区固定资产投资增长 4.0%、中部地区固定资产投资增长 9.1%、西部地区固定资产投资增长 5.5%、东北地区固定资产投资增长 4.6%。西部地区中多数省份投资增速依然较快增长，广西、四川、重庆、云南、甘肃维持了 6% 以上的投资增速，内蒙古自治区固定资产投资增速则探底回升，由 2 月份的 4.2% 下滑到 5 月份的 −8%，12 月份回升到 6.7%；贵州省固定资产投资增速大幅下滑，由年初 2 月份的 13.8% 降至 −0.8%。青海、宁夏回族自治区、西藏自治区的固定资产投资则持续减少（见图 4—149）。

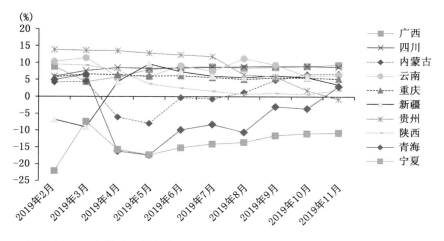

资料来源:国家统计局数据库。

图 4—149 2019 年 2—11 月西部各省固定资产投资增速

5. 西部地区发展的能源要素的投入

(1)西部地区的能源消费结构

近年来,西部地区能源消费总量增速较快,高于全国平均水平。虽然作为全国重要的能源生产基地,西部地区原油、煤炭的产量在持续增长,但能源的缺口已经开始显现,未来西部地区经济发展所需的能源供应将趋于紧张,节能形势较为严峻。按万吨标准煤计算的西部地区能源消费总量见图 4—150。

在煤炭消费方面,从 2008 年至 2016 年,西部地区煤炭消费量由 9.02 亿吨增长到 14.09 亿吨,增长了 56.21%。而全国的煤炭供应量在 2016 年、2017 年去产能的背景下,西北(甘肃、宁夏回族自治区)、华中(湖南、湖北、江西)、西南(重庆、四川)两年合计去产能 1.27 亿吨;2017 年,西北(甘肃、宁夏回族自治区)、华中(湖南、湖北、江西)、西南(重庆、四川)煤炭产量较 2015 年分别下降 6.65%、44.94%、35.36%。其中,湖北、江西、重庆产量下降 50% 以上,煤炭供应量出现断崖式下跌。2018 年 2 月,西部地区煤炭供需缺口加大,甚至开始出现"缺煤区",动力煤价指涨至近几年

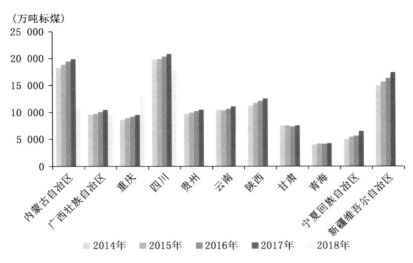

（万吨标煤）

■ 2014年　■ 2015年　■ 2016年　■ 2017年　□ 2018年

资料来源：根据历年《中国能源统计年鉴》整理。

图 4－150　2014—2017 年西部地区各省能源消耗总量[①]

来的新高。2019 年，"三去一降一补"的国家政策重点开始转向"降成本"和"补短板"，"去产能、去库存、去杠杆"均有所淡化，煤炭行业的优质产能开始加速释放。

　　而更能反映工业生产消费的焦炭消费量则在 2013 年达到阶段性的高点 11 888.3 万吨后，开始缓慢下降，到 2017 年西部地区总的焦炭消费量已降至 11 177.39 万吨，这反映了各省"三去一降"的力度，以及能源消耗结构的转变。其中贵州、新疆维吾尔自治区焦炭的消费量减少力度最大，贵州从 2013 年的 423.45 万吨下降到 2017 年的 214.9 万吨，减少了 208.56 万吨，降幅高达 49.25％。其主要举措是发挥贵州小水电成本低的优势，推进水电与高耗能的铝冶炼厂等直接对接，有力地改善了能源供给的匹配状况，降低了对动力煤的需求（见图 4－151）。

　　（2）西部地区的能源消费趋势

　　在原油消耗方面，汽油消费主要反映社会对交通运输的需求，而柴油消费则更反映生产的需求，两种油料消费量均持续增长，其中从 2008 年至 2016 年，西部地区焦炭消费量增长了 24.43％，年均增长率 2.46％；汽

———————

　　①　各省 2018、2019 年能源消费总量尚未完全公布，数据不全。而《中国能源统计年鉴 2019》尚未出版。

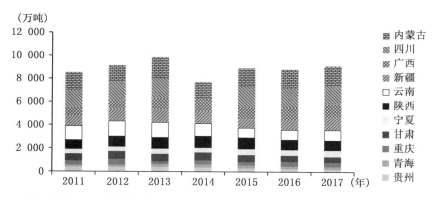

资料来源:《中国能源统计年鉴 2018》。

图 4—151　2008—2017 年西部地区各省焦炭消费量

油消费量增长了 108.49%,年均增长率 8.5%;柴油消费量增长了 43.14%,年均增长率 4.07%(见图 4—152)。

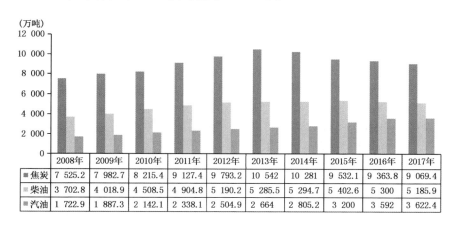

	2008年	2009年	2010年	2011年	2012年	2013年	2014年	2015年	2016年	2017年
焦炭	7 525.2	7 982.7	8 215.4	9 127.4	9 793.2	10 542	10 281	9 532.1	9 363.8	9 069.4
柴油	3 702.8	4 018.9	4 508.5	4 904.8	5 190.2	5 285.5	5 294.7	5 402.6	5 300	5 185.9
汽油	1 722.9	1 887.3	2 142.1	2 338.1	2 504.9	2 664	2 805.2	3 200	3 592	3 622.4

资料来源:《中国能源统计年鉴 2018》。

图 4—152　2008—2017 年西部地区各省焦炭、汽油和柴油消费量

在电力消费方面,2019 年 1 至 8 月,全国工业用电 31 507 亿千瓦时,占全社会用电量的 70.1%,同比增长 3.4%。其中,高耗能行业能源消费持续增加,结构节能速度趋缓,而中西部地区重工业占比较高,高耗能行业的持续增长导致其能源消费反弹,节能减排压力较大。西部地区电力消费量由 2008 年的 7 795 亿千瓦时增长到 2018 年的 18 615 千瓦时,增长了 183.8%,年均增长率 9.09%。其中年均电力消费增长率排在前列的为新疆维吾尔自治区（19.13％）、内蒙古自治区（8.79％）、青海（8.22％）、宁夏回族自治区（8.11％）和陕西（7.5％），而增量最多的三个省（区）则是内蒙古自治区（2 132.43 亿千瓦时）、新疆维吾尔自治区（1 658.63 亿千瓦时）、四川（1 248.87 亿千瓦时）（见图 4－153）。

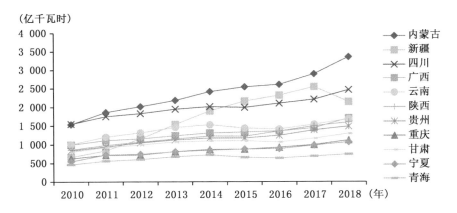

资料来源：根据国家统计局和《中国能源统计年鉴 2018》和各省统计局数据整理。

图 4－153　2010—2018 年西部各省电力消费量

4.3.3　西部地区传统产业的产出分析

1. 西部地区传统农业增长放缓、种养结构持续调整

（1）西部地区传统农业的增长和结构变迁

改革开放以来，随着西部地区农业生产条件的改善，农村经济得到了全面发展，农林牧渔总产值和第一产业增加值实现了较快增长，农村产业结构发生较大变化。根据各省已公布的统计公报和 2019 年前三季度经济运行情况新闻发布会的公开数据[①]，2019 年前三季度，西部地区第一产业实现增加值 12 936.55 亿元，农林牧渔总产值 21 977.02 亿元，同比增长 5.53％。按可比价格计算，1999—2018 年西部地区第一产业增加值年均增长率为 9.49％，超过全国平均水平 1.33 个百分点，居全国四大区域之首；农林牧渔总产值年均增长率达到 10.02％（见表 4－8）。

---

①　2019 年前三季度，辽宁、吉林、广西三省未公布第一产业增加值和农林牧渔总产值，仅公布了 GDP 的增长率（辽宁、吉林、广西）和第一产业的季度同比增长率（辽宁、吉林），缺少数据用比例法推算。

表4—8　　　　　　　四大区域第一产业增加值（2014—2019年前三季度）　　　　单位：亿元

	2014年	2015年	2016年	2017年	2018年	2019年前三季度	1999—2018年年均增长（%）
东部	20 131.62	21 014.7	21 929.72	21 131.34	22 004.39	14 835.82	7.36
中部	15 350.65	15 863.85	16 780.94	15 803.34	16 176.46	11 752.90	7.74
西部	16 432.75	17 362.24	18 612.84	19 201.94	20 358.3	12 936.55	9.49
东北	6 421.12	6 613.81	6 342.04	5 962.89	6 195.01	3 479.73	8.47
全国	58 336.14	60 854.6	63 665.54	62 099.51	64 734.16	43 005.00	8.16

资料来源：根据国家统计局网站数据整理。

　　根据2019年前三季度已公布的数据，西部地区第一产业增加值和农林牧渔总产值占全国比重分别为30.08%和29.6%，而2018年全年这两个比重分别为31.45%和30.45%。2019年前三季度较2018年比重略有下降的主要原因是各区域农产品、畜产品的产出存在季节差异。相比1999年的24.93%和23%，2019年前三季度西部地区第一产业增加值和农林牧渔总产值占全国的比重分别提高了5.15个百分点和6.6个百分点，西部地区日益替代东部地区和中部地区，成为我国重要的农业生产基地（见图4—154）。

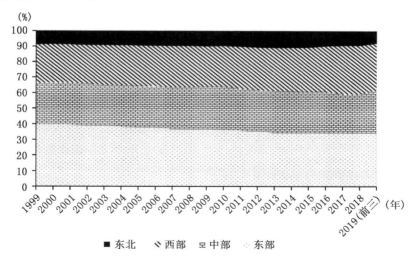

资料来源：根据国家统计局数据库和各省2019年前三季度经济形势新闻发布会数据绘制。

图4—154　各区域第一产业增加值占全国比重（1999—2019年前三季度）

　　在西部地区农业高速增长的同时,其内部结构也发生了较大变化,尤其是种植业和畜牧业的比重在 2008 年前后发了较大变化。1999—2008年期间,西部地区农林牧渔总产值中,农业总产值的比重逐步下降,由1999 年的 62.19% 下降为 2008 年的 50.25%;同期畜牧业的比重由30.84% 上升到 39.34%。2008—2018 年期间,种植业产出占比开始逐年回升,2018 年已达到 60.01%,而畜牧业比重则下降至 27.48%。林业和渔业的比重维持着缓慢增长,其间有小幅波动,2018 年林业和渔业总产值的比重分别为 5.24% 和 3.23%(见图 4—155)。

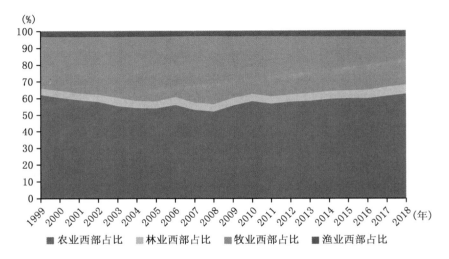

资料来源:根据国家统计局数据整理。

图 4—155　1999—2018 年西部地区农林牧渔产业结构变化

　　2019 年前三季度,西部各省农林牧渔比例维持了 2018 年的格局,反映出西部各省农业的内部结构进入了相对稳定的状态,农业的增长主要来自种植业的增长贡献(见图 4—156)。

　　2010 年以后,西部地区农业结构的变化主要受两个方面因素影响:一是 2010—2018 年期间西部牧业增速的快速回落,尤其是陕西、内蒙古自治区、广西、四川等农业大省的牧业名义增长率大幅下滑(见图 4—157)。二是西部各省农业继续保持了高速增长,尤其是贵州、云南、陕西农业的快速增长,以及新疆维吾尔自治区、四川农业的稳步发展(见表 4—9)。

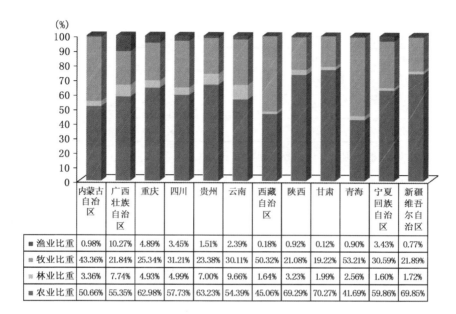

	内蒙古自治区	广西壮族自治区	重庆	四川	贵州	云南	西藏自治区	陕西	甘肃	青海	宁夏回族自治区	新疆维吾尔自治区
■ 渔业比重	0.98%	10.27%	4.89%	3.45%	1.51%	2.39%	0.18%	0.92%	0.12%	0.90%	3.43%	0.77%
■ 牧业比重	43.36%	21.84%	25.34%	31.21%	23.38%	30.11%	50.32%	21.08%	19.22%	53.21%	30.59%	21.89%
■ 林业比重	3.36%	7.74%	4.93%	4.99%	7.00%	9.66%	1.64%	3.23%	1.99%	2.56%	1.60%	1.72%
■ 农业比重	50.66%	55.35%	62.98%	57.73%	63.23%	54.39%	45.06%	69.29%	70.27%	41.69%	59.86%	69.85%

图 4—156　2019 年前三季度西部各省农林牧渔比重结构

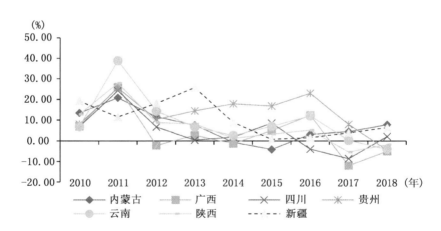

资料来源：根据国家统计局数据绘制。

图 4—157　2010—2018 年西部各省牧业名义增长率

表 4—9　　　　　　　西部地区农林牧渔名义总产值年均增长率　　　　　　　单位：%

年均增长率	1999—2018 年	1999—2010 年	2010—2018 年
农林牧渔	10.02	10.85	8.87

续表

年均增长率	1999—2018 年	1999—2010 年	2010—2018 年
农业	9.81	9.86	9.74
林业	11.71	11.41	12.12
牧业	9.35	11.62	6.30
渔业	10.36	10.35	10.37

资料来源:根据国家统计局数据计算。

（2）西部地区传统农业的省际比较

在各省占比方面,四川、广西、云南、贵州、陕西、内蒙古自治区和新疆维吾尔自治区是西部地区主要的农产品生产基地。2018 年和 2019 年前三季度上述 7 省的第一产业增加值分别为 17 380.53 亿元和 10 689.57亿元,占西部地区的 85.37％和 82.63％。其中,2018 年和 2019 年前三季度仅四川省的第一产业增加值就达 4 426.66 亿元和 3 675.46 亿元,占西部地区的 21.74％和 28.41％;四川、广西、云南三省的农林牧渔总产值占西部地区的 46.88％,上述数据表明西部地区的第一产业具有较强的集中度和首位度(见图 4—158)。

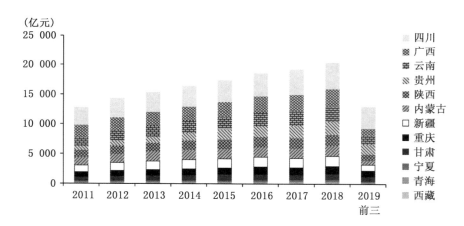

资料来源:根据国家统计数据整理。

图 4—158　2011—2019 年前三季度西部地区第一产业增加值的省际构成

西部地区第一产业占全国比重的提升,主要源于西部地区第一产业的高速增长。1999—2018 年西部地区第一产业的年均增长率为 9.49％,

位列各区域之首。其中,贵州、陕西、青海、云南保持了2位数的名义增长率,其占西部地区的比重也均相应提升。2010年以后,西部地区除贵州、云南、重庆继续保持高速增长外,其余9省(市、区)的第一产业增速均出现了不同程度的放缓。其中,新疆维吾尔自治区、陕西、内蒙古自治区的年增长率下降较快,较1999—2010年期间年均增速分别下降了7.69、5.13、5.07个百分点,其第一产业增加值占西部地区的比重分别降至8.31%、8.99%和8.61%,分别降低了1.77、0.25和1.63个百分点。而贵州、云南、重庆则因为同期的年均增速分别增长了8.75、1.16、0.87个百分点,其占西部地区的比重上升到10.61%、12.27%和6.77%,分别上升了4.77、1.91和0.37个百分点(见表4—10)。

表4—10　　　　西部地区各省第一产业名义年平均增速及占地区比重　　　　单位:%

省市	1999—2018 年增长率	1999—2010 年增长率	2010—2018 年增长率	1999年占西部比重	2010年占西部比重	2018年占西部比重
内蒙古自治区	8.97	11.13	6.06	9.43	10.24	8.61
广西壮族自治区	9.19	10.34	7.64	15.61	15.65	14.83
重庆	8.63	8.26	9.13	7.87	6.40	6.77
四川	8.58	9.38	7.50	25.46	23.20	21.74
贵州	11.61	8.01	16.76	7.36	5.84	10.61
云南	10.02	9.54	10.70	11.19	10.36	12.27
西藏自治区	7.28	6.54	8.32	0.94	0.64	0.64
陕西	10.94	13.13	8.00	7.00	9.24	8.99
甘肃	8.61	10.91	5.52	5.28	5.60	4.53
青海	10.24	11.19	8.96	1.16	1.26	1.32
宁夏回族自治区	9.71	11.50	7.30	1.32	1.49	1.37
新疆维吾尔自治区	10.17	13.48	5.79	7.38	10.08	8.31
西部地区	9.49	10.31	8.37	—	—	—

资料来源:根据国家统计局数据整理。

　　纵观1999—2019年前三季度,各省(市、区)第一产业在西部地区所占比重排名大体稳定,贵州、陕西分别由于第一产业具有一定规模且增速较快的原因,分别上升为西部排名第四和第五位的农业大省,而内蒙古自治区、重庆则由于增速相对较慢,比重排名分别由第四位、第五位下降到第六位和第八位。2019 年前三季度,西部地区各省第一产业的增速普遍放缓,第一产业增速下降至 5.53%,各省第一产业比重排名与 2018 年一致(见图 4-159)。

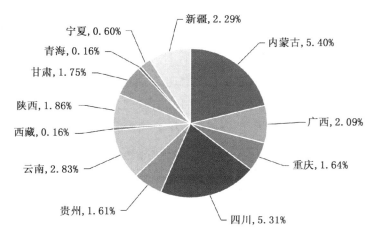

图 4-159　西部地区各省粮食产量比重

从主要农产品的产量增长看,西部地区改革开放以来农村生产迅速发展,农业综合生产能力有了显著提高。从粮食产量看,1978 年西部地区粮食产量为 8 224.39 万吨,占全国的 27%,到 2005 年西部地区产粮食 13 636.8 万吨,占全国的 28.17%;油料作物产量中,1978 年西部地区油料作物产量 13 663 万吨,占全国的 26.57%,2005 年达到 685.6 万吨,占全国的 22.28%;西部地区的糖料作物产量 1978 年为 760.4 万吨,占全国的 31.93%,2005 年的产量为 7 355.09 万吨,占全国的 77.82%,成为全国最重要的糖料作物生产基地。

2018 年农业播种面积占全国的 28.93%,粮食产量则达到全国的 25.69%,但粮食产量仅 4 991.41 公斤/公顷,远低于 5 621 公斤/每公顷的全国平均水平(见表 4-11)。

表 4—11　　　　　　　　2018 年西部各省粮食播种面积及产量

	播种面积（千公顷）	粮食总产量（万吨）	单位面积产量（公斤/公顷）	面积占全国比重（%）	产量占全国比重（%）
内蒙古自治区	6 790	3 553	5 233	5.80	5.40
广西壮族自治区	2 802	1 373	4 899	2.39	2.09
重庆	2 018	1 079	5 349	1.72	1.64
四川	6 266	3 494	5 576	5.35	5.31
贵州	2 740	1 060	3 867	2.34	1.61
云南	4 175	1 861	4 457	3.57	2.83
西藏自治区	183	104	5 688	0.16	0.16
陕西	3 006	1 226	4 080	2.57	1.86
甘肃	2 645	1151	4 353	2.26	1.75
青海	281	103	3 664	0.24	0.16
宁夏回族自治区	736	393	5 336	0.63	0.60
新疆维吾尔自治区	2 220	1 504	6 777	1.90	2.29
西部地区	33 862	16 901	4 991.14	28.93	25.69
全国	117 037	65 789	5 621	—	—

资料来源：国家统计局公报及各地统计公报。

　　其中，内蒙古自治区、四川、云南是西部地区主要的粮食生产地，新疆维吾尔自治区是我国最重要的长绒棉生产基地，四川、云南等地是全国重要的茶叶生产基地；广西壮族自治区、云南、四川、陕西等是全国重要的水果生产基地等等。2018 年粮食总产量分别为 3 553 万吨、3 494 万吨和 1 861 万吨。内蒙古自治区、四川、云南和新疆维吾尔自治区四地的粮食产量达到西部地区的 61.60%（见表 4—12）。

表 4—12　　　　　　　　2008—2018 年西部地区农产品产量

年份	粮食产量（吨）	蔬菜产量（吨）	禽肉产量（吨）	渔业产值（万元）
2008	138 927 843	128 938 345	3 035 809	138 927 843

年份	粮食产量(吨)	蔬菜产量(吨)	禽肉产量(吨)	渔业产值(万元)
2009	143 052 864	141 632 836	3 140 568	143 052 864
2010	146 714 939	151 015 523	3 298 159	146 714 939
2011	149 724 494	164 433 251	3 402 009	149 724 494
2012	157 141 420	171 380 554	3 646 000	157 141 420
2013	162 700 604	179 439 067	3 672 000	162 700 604
2014	161 491 800	190 153 059	3 635 800	161 491 800
2015	165 098 914	192 925 971	3 747 200	165 098 914
2016	163 571 032	199 807 778	3 870 200	163 571 032
2017	163 777 500	207 814 070	3 830 827	163 777 500

2. 西部地区传统制造业的要素投入的产出状况

第二产业主要包括:采矿业、制造业、电力燃气及水的生产和供应业和建筑业。目前,中国中西部大部分地区仍处于工业化中期,产业结构和产业发展中仍存在不少短板,维持和推动传统制造业的发展,无论对拉动西部经济增长,还是维持西部地区就业稳定均具有积极的意义。然而,近年来,受全国制造业发展趋缓的影响,西部地区传统制造业的劳动力就业人数也不断下降,劳动力受教育程度总体较低,制造业的总体增速及其在产业体系中的比重均在持续下降。

(1)西部地区传统制造业增速放缓,产值占比持续下降

2010 年以来西部地区第二产业和工业的增速持续放缓并趋向停滞,第二产业占全国比重在 2013 年达到阶段高点 23.39％之后,持续下降到 2018 年的 20.39％。而西部工业占西部地区第二产业的比重则由 2009 年的 83.66％持续下降到 2018 年的 76.23％,反映了西部传统制造业在经历了改革开放"先下降后上升的 U 形演化趋势"后[1],面对东部和中部制造业的快速发展,以及全球产业转移的新趋势,受制于资本、技术、市场、产业环境四个方面的发展困境,增速放缓、重心重聚、结构持续调整的趋势(见图 4—160)。

---

[1]　毛中根,武优勷. 我国西部地区制造业分布格局、形成动因及发展路径[J]. 数量经济技术经济研究,2019(3).

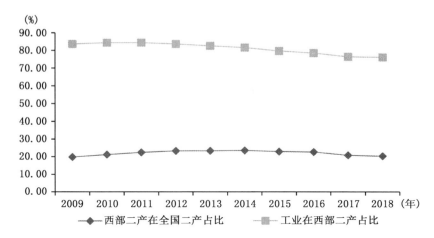

资料来源:中经网数据库。

图 4—160　西部地区第二产业占比

2019 年 1—11 月,西部地区各省工业的名义增速较 2018 年略有放缓,但仍延续了 2015 年以来的回升趋势,表明西部地区经历了"去产能"之后,传统制造业重新得到重视和发展(见图 4—161)。

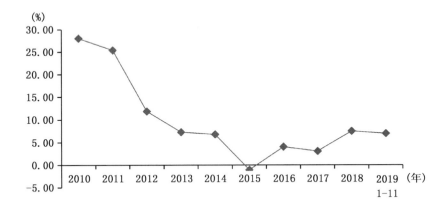

资料来源:中经网数据库。

图 4—161　2010—2019 年西部地区工业名义增速

与此同时,2019 年前三季度西部地区的水泥、塑料和布等主要工业产品产量继续减少,而钢产量经历去产能后自 2014 年开始略有回升。但汽车产量由 2017 年的 663 万辆减少到 2018 年的 545 万辆,同期,全国的汽车产量由 2 901 万辆,减少到 2018 年的 2 781 万辆。西部地区水泥产量由 2017 年的 79 042.9 万吨减少至 2018 年的 75 342 万吨,减少4.68%,略低于全国 5.42% 的降幅。布产量由 2017 年的 35 亿米减少至2018 年的 34.02 亿米,远低于全国 16.8% 的降幅(见图 4—162)。

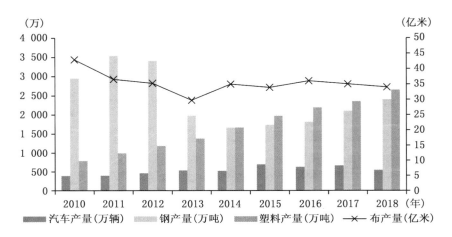

资料来源:中国经济社会发展大数据平台。

图 4—162　2010—2018 年西部地区部分工业产品产量

(2)西部地区电力生产持续增长,能源供应趋向稳定

西部地区是我国重要的能源和原材料产地,从 2000 年至 2018 年,西部地区的原油产量由 3 100.27 万吨增长到 6 512.62 万吨,实现了产量翻番;2019 年全国原油产量预计达到 1.91 亿吨,扭转了 2016 年以来的持续下滑态势。焦炭产量由 2009 年的 7 764 万吨增长到 2018 年的13 748.4 万吨,增长了 77%;2019 年 1—11 月份,西部地区共计生产焦炭14 050.3 万吨,占全国产量的 32.42%。发电量由 2000 年的 3 105 亿千瓦时增长到 2018 年的 12 637.39 亿千瓦时,水电发电则由 2009 年的2 004.62 亿千瓦时增长到 2018 年的 3 955.07 亿千瓦时(见图 4—163)。

2019 年 1—11 月,全国发电量 64 796 亿千瓦时,同比增长 3.4%;其中,火力发电量 46 522 亿千瓦时,同比增长 1.6%;水力发电量 10 826 亿千瓦时,同比增长 5.4%。

在区域比较方面,西部地区发电增速高于中东部地区。与 2013 年比,2018 年东部、中部、西部和东北地区发电量分别增长 28.5%、22.2%、

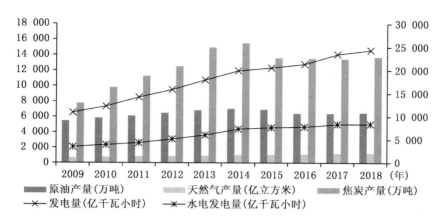

资料来源:中国经济社会大数据研究平台。

图4-163　2009—2018年西部地区主要能源产量

42.3％和21.6％。西部地区发电增速较高主要得益于清洁能源开发和电力外送通道建设稳步推进,其清洁能源消纳能力不断增强。分地区看,有五个地区发电量比2013年增加1 000亿千瓦时以上。其中,山东发电量增加2 316亿千瓦时,增长65.3％;新疆维吾尔自治区和内蒙古自治区发电量分别增加1 625和1 388亿千瓦时,分别增长38.9％和97.4％;四川和云南发电增量均为1 061亿千瓦时,分别增长40.3％和48.7％[①]。

(3)重化工企业占据主导地位,传统制造企业利润有所回升

西部地区产业结构以传统产业为主。其中,资源型产业和重化工业所占比重较高,尤其是内蒙古自治区、四川、陕西、新疆维吾尔自治区等省份传统产业的比重长期较高。从图4-164可见2019年1—10月,西部各省中四川、陕西、内蒙古自治区、重庆、甘肃等省(市)的工业企业利润明显回升,而青海、广西壮族自治区、宁夏回族自治区、西藏自治区等地的工业企业利润明显降低,整个西部地区的工业企业利润略有增加。在各行业的比重方面,煤炭企业是西部地区营收的主体,根据已公布的《中国工业统计年鉴2017》数据,煤炭企业的主营业务收入超过食品制造业、纺织业。

① 国家统计局.第四次全国经济普查系列报告之七[R].国家统计局,2019—12—10.

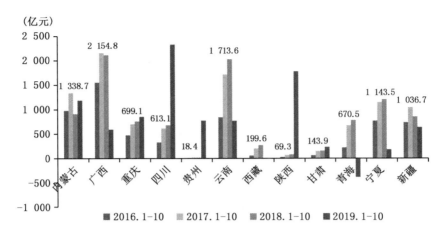

（亿元）

■ 2016.1—10　　■ 2017.1—10　　■ 2018.1—10　　■ 2019.1—10

资料来源：中国经济信息网数据库。

图 4—164　西部地区各省工业企业利润变化

3. 西部地区传统服务业迎来量增质升的发展阶段

批发和零售业、住宿和餐饮业作为第三产业的重要组成部分，是连接生产和消费的桥梁和纽带，是发挥消费基础作用和拉动消费增长的重要着力点。近年来，中西部地区的批发零售企业从业人员增长较快，私营企业成为吸纳就业的主力。依托云计算、物联网、人工智能、大数据等现代信息技术的迅猛发展，凭借推动实体经济转型、发展跨境电商、支持农村电商等一系列利好政策的持续发力，以及网上零售、网络订餐等新兴业态的不断"升温"，批发和零售业、住宿和餐饮业催生大量就业岗位，就业规模持续扩大，为我国经济实现高质量发展发挥着"稳定器"的重要作用。

（1）批发零售业总体规模不断扩大，"三多两减"特征明显

第一个特征是从业人员增多。2018 年末，全国批发和零售业共有 1 184.52 万人，较 2017 年新增 7 247 人。目前，东部、中部、西部和东北地区分别有从业人员 692.81 万人、234.09 万人、207.42 万人和 50.2 万人，分别比 2013 年末增长 17.3%、27.8%、24.6% 和 10%，比 2017 年增长 1.78%、−2.48%、−0.84% 和 −6.82%。中部、西部和东北地区 2018 年的增速分别低于东部地区 4.26 个百分点、2.62 个百分点、8.6 个百分点。东部地区的批发和零售业占比为 58.49%，继续成为吸纳就业的主力，而西部地区就业比重为 17.51%，较 2017 年减少了 0.12 个百分点（见

图4—165、图4—166)。

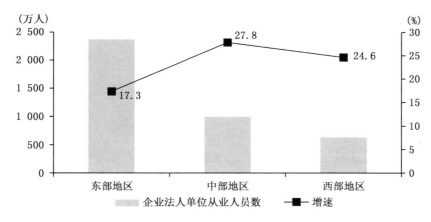

图4—165 各地区批发零售业比较

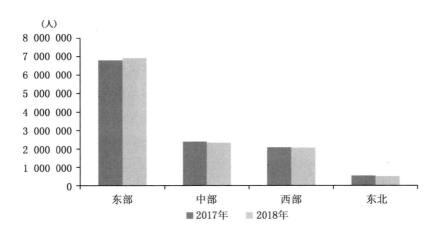

图4—166 四大区域批发零售业从业人员数量

第二个特征是全国和西部地区的批发企业不断增多,从业人员东增西减。2018年全国累计增加法人批发企业12 708家,减少零售法人企业1 363家。其中,东部地区新增10 470家批发企业,增加从业人员234 483人;而中部、西部、东北地区分别新增1 018、1 031、189家批发企业,从业人员分别减少了23 141人、869人和4 791人。这一现象反映出消费增速下行阶段,东部地区批发零售企业的转型和整合现象,借力电子商务、平台经济等科技进步和模式创新,批发零售业经营主体日益多元化,呈现出明显的城乡差异、区域差异(见图 4-167)。

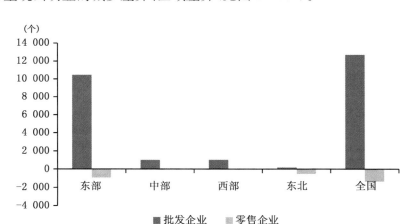

图 4-167　　2018 年限额批发企业与限额零售企业数量变化

　　第三个特征是零售企业不断减少,实现了减员增效。2018 年全国共减
少零售法人企业 1 363 家,其中东部地区减少 932 家、东北地区减少 530
家,而西部地区增加 10 家。相应东部地区减少零售业从业人员 11.35 万
人,同期东部地区批发业新增了 23.44 万人。西部地区的批发企业则增加
了 1 031 家,就业人员减少 869 人;西部地区零售企业增加 10 家,从业人员
减少 1.66 万人。这一现象反映出随着电子商务的发达、新零售模式的崛起
和互联网巨头向上游的扩张,西部地区批发零售业正迎来新的发展阶段,
人均营收得到提高,小微企业增长迅猛。2018 年西部地区批发企业和零
售企业分别新增利润 518 亿元和 178 亿元(见图 4-168)。

　　第四个特征是中西部地区批发零售企业的销售贡献逐年上升。2017
年西部地区销售额已达全国的 19%。其中四川省表现优异,零售额达到
西部地区的 12%。[①]

　　(2)西部地区住宿餐饮业成为投资的新热点,但企业营收和利润明显
下降

　　根据国家发改委 2019 年发布《2018 年全国固定资产投资发展趋势
监测报告及 2019 年投资形势展望》,2018 年全国拟建项目数量同比增长

---

　　①　智研咨询.2019 年中国零售行业发展现状及市场竞争格局分析[EBOL].中国产业信息网,
http://www.chyxx.com/industry/201904/727912.html,2019-4-09.

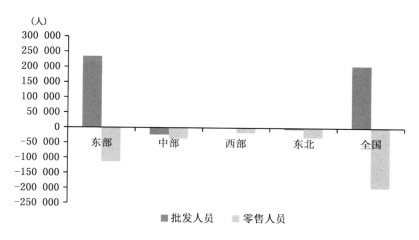

图 4—168 2018 年各区域批发企业和零售企业从业人员变动情况

15.5%,其中中部、西部地区拟建项目数量分别较 2017 年增长 30.1%、26.3%,增速领先全国,采矿业、中高端制造业、住宿和餐饮业、房地产业、科学研究和技术服务业是投资的热点行业。然而,2018 年,西部地区新增限额以上住宿企业 351 家,从业人员数减少 1 542 人,西部地区住宿企业主营业务利润增加 33.3 亿元,住宿业利润增速 9%。限额以上餐饮企业共有 6 477 家,减少 6 家;41 253 名从业人员,减少 7 257 人。营收增长 0.9%,低于全国餐饮收入 9.5%的增长率。企业利润增加 11.6 亿元,达到 329.3 亿元,利润增速 3.65%,低于同期全国的社会消费品零售总额增长(9%)。从图 4—169 中可见,西部地区除四川、重庆、陕西和内蒙古自治区以外,其他 8 个省区都是住宿市场规模大于餐饮市场规模。

4.3.4 西部地区新兴产业发展动态分析

1. 西部地区新兴产业发展的总体态势

在新动能、新产业方面,西部地区战略性新兴产业、先进制造业发展态势比较良好,工业增长贡献率稳步提高,新动能正在加快孕育。西部大开发战略实施以来,到 2018 年,西部地区生产总值从 1.67 万亿元增加到 18.4 万亿元,经济总量在全国经济总量的占比上升至 20.5%。地区生产总值增速及固定资产投资增速普遍高于全国平均水平,高技术制造企业效益实现较快增长,增速明显高于全国平均水平。但新兴产业的规模尚

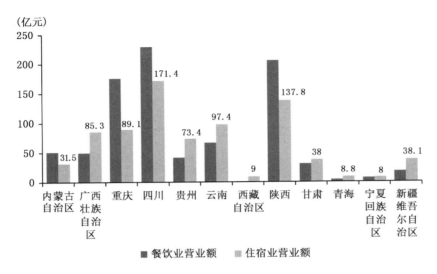

资料来源:《中国统计年鉴 2019》。

图 4—169 2018 年西部地区各省住宿和餐饮市场规模

不足以填补传统行业增速放缓留下的空白,保持经济平稳较快增长,西部在新旧动能转换方面仍需砥砺前行。

随着西部省份高新技术技术的迅猛发展,西部地区的新兴产业出现诸多亮点,如贵州的大数据产业、陕西的飞机制造业、重庆的笔记本制造业都成为全国领先的产业部门。西安高新技术开发区、绵阳国家高新技术开发区等高新技术产业园区,借助国家西部开发政策、"一带一路"政策得到了长足的发展,形成了西部地区重大装备产业和电子信息产业的增长极。以重庆为例,2018 年重庆战略性新兴制造业增加值增长 13.1%,对规模以上工业增长的贡献率为 495.2%,是拉动工业经济增长的主要动力。其中,新一代信息技术产业、生物产业、新材料产业、高端装备制造产业分别增长 22.2%、10.0%、6.5%和 13.4%。重庆正加速向国家现代制造业基地转型。国家 41 个工业大类中重庆有 39 个,形成了电子信息产业和汽车制造业两个 5 000 亿元级产业集群(见图 4—170)。

2. 西部地区高新技术创新成果

(1)西部地区专利申请持续增加,与东部地区差距不断加大

与全国其他区域相比,西部地区无论是规模以上工业企业的专利申请数占全国还是工业企业的发明专利数和有效发明专利数,都远远落后

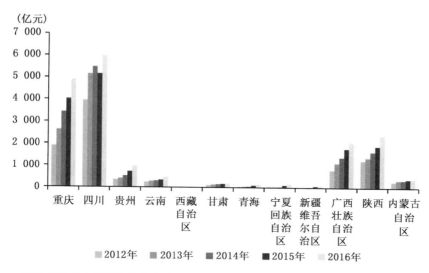

资料来源：《中国科技统计年鉴 2018》。

图 4—170　2012—2016 年西部地区高新技术产业主营业务收入

于东部地区和中部地区，东部地区专利申请量超过其他区域总和的 1 倍有余。虽然近年来西部地区的专利申请量在逐年增多，但东部地区以更快的专利增长量快速拉大了与其他区域的绝对差距。2018 年西部地区专利申请数达到 8.67 万件，占全国的 9.06％，而东部地区占 70.73％（见图 4—171）。

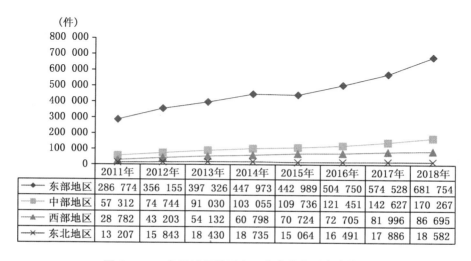

	2011年	2012年	2013年	2014年	2015年	2016年	2017年	2018年
东部地区	286 774	356 155	397 326	447 973	442 989	504 750	574 528	681 754
中部地区	57 312	74 744	91 030	103 055	109 736	121 451	142 627	170 267
西部地区	28 782	43 203	54 132	60 798	70 724	72 705	81 996	86 695
东北地区	13 207	15 843	18 430	18 735	15 064	16 491	17 886	18 582

图 4—171　各区域规模以上工业企业专利申请件数

（2）西部地区有效专利申请快速增长,科技创新需要进一步提高转化率

另一方面,西部地区专利申请中的有效专利快速增长,从 2009 年的 1.004 5 万件增长到 2018 年的 10.36 万件,占全国有效专利的比重为 8.92%,略低于专利申请量所占的比重（见图 4—172）。

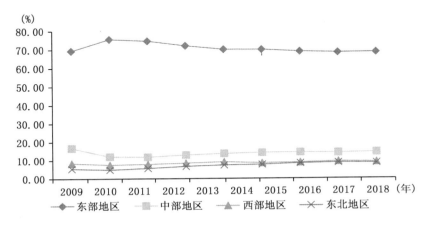

资料来源:根据国家统计局数据库数据整理。

图 4—172　各区域有效专利占全国的比重

（3）西部地区的科技创新较为集聚,专利主要来自四川、重庆、陕西

四川省是西部地区科技专利成果的第一大省,专利成果接近第二名、第三名的总和。排名前三的四川、重庆、陕西 3 省专利成果申请量占到整个西部地区的 63%,与各省经济在西部地区所在名次相一致,反映出经济体量与科技创新的正相关关系（见图 4—173、图 4—174）。

（4）西部地区高新技术的创新成果有待强化应用转化。

东部地区不仅科技成果领先,在创新成果的应用转化方面同样领跑全国。东部地区新产品项目同样呈现加速上升的趋势,而西部地区则表现非常平缓（见图 4—175）。

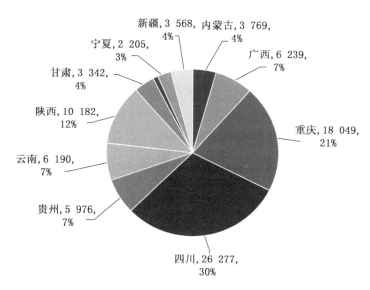

图4—173 2018年西部各省专利成果申请量比重

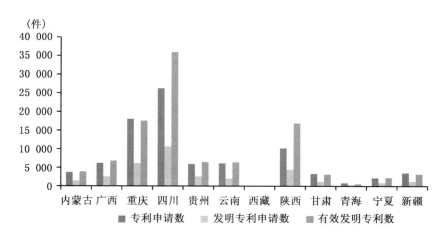

资料来源：国家统计局数据库。

图4—174 2018年西部各省规模以上工业企业专利情况

与专利成果、新产品项目数相匹配的是东部地区新产品的销售收入也同样遥遥领先其他区域，表明东部地区科技创新对企业的效益提升具有正面的积极作用。结合前面对研发经费的分析，可以看到东部地区将知识创新转化为新产品、新项目的能力更强。虽然西部地区创新步伐明显加快，研发投入增速超过东部地区，但东部地区的研发投入更多是企业

资料来源：国家统计局数据库。

图4—175　四大区域规模以上工业企业新产品项目数

主导的，因此面向市场的应用性更强。而西部地区的研发投入在总量上还远远不及东部地区，且企业对研发的投入强度不如东部地区。创新资金的不同来源、研发资金的总量以及产业的发展状况影响了创新产品的销售收入（见图4—176）。

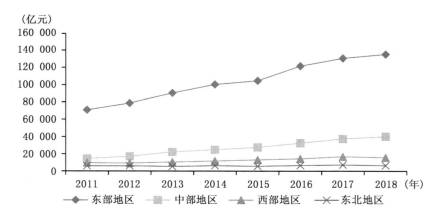

资料来源：国家统计局数据库。

图4—176　各区域规模以上工业企业新产品销售收入

3. 本节小结

（1）相比东部地区，西部地区科技投入、专利成果等依然较低。

（2）西部地区的科技创新较为集聚，专利主要来自四川、重庆、陕西。

（3）西部地区高新技术的创新成果有待强化应用转化。

4.3.5　西部地区产业发展的大类要素投入产出效率分析

1.西部地区的土地要素的投入产出效率相对较低

西部地区的农业生产率落后于其他各个区域。从农业资源的分布看,2018 年西部地区农业用地面积占全国的 67%,耕地占全国的 37.37%,牧草地占全国的 97.9%,林业用地占全国的 57.36%,第一产业从业人员 50.87 万,占全国的 26%,但农林牧渔总产值占全国的 30.45%,其中农业总产值占全国农业总产值的 33.77%,林业总产值占全国林业总产值的 33.38%,牧业总产值占全国的 33.12%,西部地区以更多的耕地面积生产更少的农业产品。2018 年末,西部地区单位面积粮食产量为 4.99 吨/公顷,是四大区域中耕地单产最低的区域(见图 4－177)。

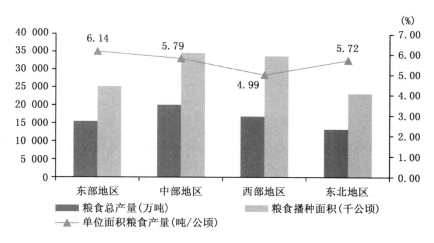

图 4－177　四大区域单位面积粮食生产效率比较

西部地区各省中,除新疆维吾尔自治区和西藏自治区以外,其余 10 个省市区的单位面积粮食产量均低于全国平均水平,其中青海、贵州、甘肃分列全国倒数前三名(见图 4－178)。

西部地区粮食单产较低,既与西部地区农业生产条件较差有关,如西北地区水资源短缺、水土流失严重、缺乏大面积连续平整的土地等等,也与西部地区农业技术进步缓慢有关。科技兴农、产业兴农将是西部地区未来农业可供选择的发展方向。

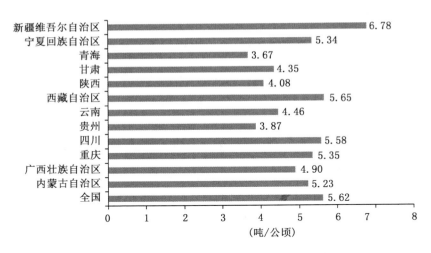

图 4—178　2018 年西部地区各省单位面积粮食产量

2. 西部地区工业企业生产效率

从 2014—2018 年西部地区规模以上工业企业的成本费用利润来看，西部地区大部分时间低于全国水平。2018 年，由于大宗原材料、煤炭等上游原材料产品的大幅涨价，西部地区工业企业的成本费用利润率开始接近全国平均水平（见图 4—179）。

与此同时，西部地区无论是工业企业的成本利润率还是总资产贡献率 2018 年都出现较为明显的回落，说明在全国经济增速回落的情况下，西部地区的工业企业同样面临着营收下降、利润减少的困境，但因为西部工业更具有重化工的特色，因此在这一轮以基础设施建设和原材料涨价为特色的逆周期调控中，西部这些处于上游的基础性工业企业所受到的冲击，不如东部沿海的工业企业明显，因此其总资产贡献率的下降幅度略缓于全国平均水平（见图 4—180）。

3. 西部地区劳动力要素的投入产出分析

2008 年西部地区共有就业人员 2 754.35 万，当年西部地区 GDP 产值 60 447.77 亿元。到 2018 年西部地区就业人员数达到 3 779.22 万，GDP 产值为 34 333.38 亿元。西部地区的劳动生产率由 21.94 万元/人增长到 48.36 万元/人。同期，全国的人均劳动生产率由 28.78 万元上升到 55.22 万元/人（见图 4—181）。由图中可见，东部、西部和全国的劳动

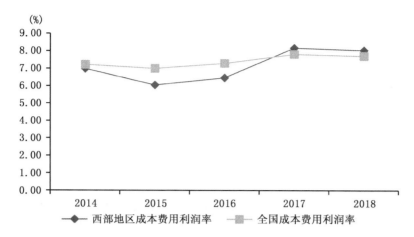

图 4-179　西部地区规模以上工业企业成本费用利润率和全国平均水平比较

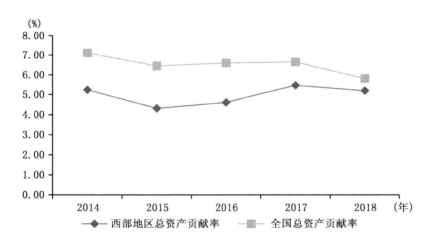

资料来源:根据国家统计局数据库计算。

图 4-180　西部地区总资产贡献率

生产率变动趋势极为相似,表明东部和西部处于同一种技术升级的大趋势之中,产值变化更多由规模效应引起,而技术升级导致的劳动生产率提升,西部与东部基本保持了同步的趋势,东部地区并没有表现出超越其他地区的劳动生产率增长率。

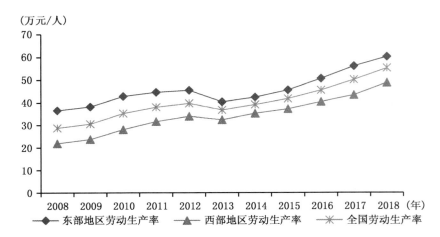

资料来源：国家统计局数据库。

图 4—181   2008—2018 年西部地区劳动生产率

在三次产业的劳动生产率方面,四大区域的第二产业劳动生产率均实现了快速上升,彼此间并没有非常明显的差异,表明经历过改革开放30 年后,四大区域经历过多轮市场竞争留存至今的企业基本实现了比较接近的生产效率(见图 4—182)。

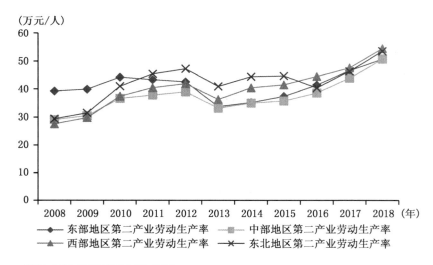

资料来源：国家统计局数据库。

图 4—182   四大区域第二产业劳动生产率比较

进一步比较第二产业与第三产业的劳动生产率,西部地区第二产业的劳动生产率仍远高于第三产业的劳动生产率,第三产业依然以传统的服务业为主体,吸纳了大量的新劳动力就业(见图4—183)。

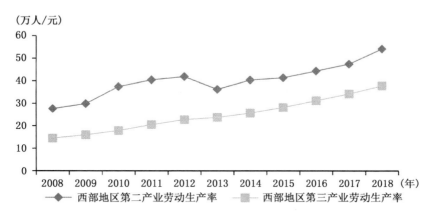

图4—183　西部地区第二产业劳动生产率

4. 西部地区单位产出的能耗比较

总体而言,西部地区因为产业结构偏重的原因,万元地区生产总值的能耗依然较高。2019年国家统计局公布了各省市能耗降低率,西部地区生产总值能耗普遍下降(见表4—13)。

表4—13　　　2018年各省、自治区、直辖市万元地区生产总值能耗降低率

地　区	万元地区生产总值能耗上升或下降(%)	能源消费总量增速(%)	万元地区生产总值电耗上升或下降(%)
北　京	−3.82	2.6	0.42
天　津	−1.54	2.0	3.18
河　北	−5.89	0.3	−0.08
山　西	−3.23	3.2	1.73
内蒙古自治区	10.86	16.7	9.72
辽　宁	−1.15	4.5	2.01
吉　林	−2.56	1.8	2.22
黑龙江	−2.76	1.8	0.21
上　海	−5.56	0.6	−3.71
江　苏	−6.18	0.1	−1.08

续表

地　区	万元地区生产总值能耗上升或下降(%)	能源消费总量增速(%)	万元地区生产总值电耗上升或下降(%)
浙　江	−3.72	3.1	0.99
安　徽	−5.45	2.1	2.87
福　建	−3.41	4.6	1.14
江　西	−4.76	3.5	1.61
山　东	−4.87	1.2	2.43
河　南	−5.01	2.2	0.29
湖　北	−4.32	3.1	2.84
湖　南	−5.12	2.3	2.38
广　东	−3.38	3.2	−0.64
广西壮族自治区	−3.05	3.5	10.38
海　南	−1.32	4.4	1.36
重　庆	−2.52	3.4	5.45
四　川	−4.06	3.6	3.32
贵　州	−6.54	1.9	−1.88
云　南	−4.80	3.8	0.10
西藏自治区	—	—	—
陕　西	−4.88	3.0	−1.49
甘　肃	−1.97	4.3	4.15
青　海	−2.88	4.1	0.28
宁夏回族自治区	2.85	10.1	1.74
新疆维吾尔自治区	−4.04	1.8	2.65

资料来源:国家统计局(缺西藏自治区数据)。

5. 西部地区科技投入产出分析

2011—2018 年,西部地区研发经费投入持续增长,2018 年达到 2 490.7 亿元,研发投入强度为 1.35%,较 2011 年的 1.04% 上升了 0.31 个百分点,但仍低于全国平均水平 0.8 个百分点(见图 4—184)。

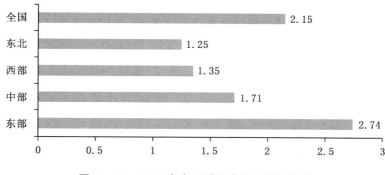

图 4—184 2018 年各区域研发投入强度比较

西部地区的研发经费从 2017 年起开始超过 2 000 亿元的规模,接近长三角研发投入的 50%。然而,由于东部地区的研发经费增长更快,2011 年东部地区的研发经费投入已突破万亿元,2018 年更达到 192 657.9 亿元。从 1999 年到 2018 年,东部地区与中部、西部和东北地区的差距逐步拉大,全国四个区域板块中,中部和西部的研发规模约在 2 000 亿元左右,仅为东部的 1/5 强。其中主要原因在于政府研发经费投入仅占中国研发经费总额的 20%,其余均为企业的自主性研发投入。东部地区的企业数量、规模、活力均超过中西部地区,使得东部地区在科研领域持续领先,并不断拉大差距(见图 4—185)。

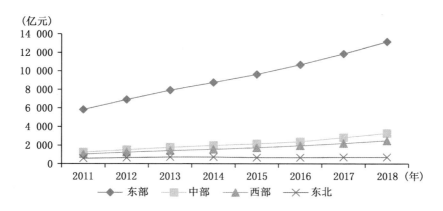

图 4—185 2011—2018 年中国四大区域研究开发经费

在科研人员规模方面,2018 年底东部地区有 R&D 人员 392.5 万、中部地区有 111.2 万、西部地区有 87.4 万、东北仅 30.1 万。西部地区研发人员仅占全国的 14.08%,全时研究人员为全体 R&D 人员的 60.55%,博士占比 1.69%,科研人员的受教育程度远低于东部地区(见图 4－186)。

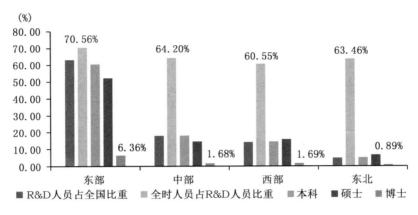

图 4－186　四大区域科研人员比较

6. 西部地区投入产出效率分析小结

西部地区的土地投入产出效率相比其他区域相对仍然较低,粮食生产效率仅 4 990 公斤/公顷,远低于东部的 6 140 公斤/公顷。

西部地区的工业企业生产无论是成本利润率还是总资产贡献率,日益靠近全国平均水平,表明西部地区与全国其他地区同步技术升级的趋势。

全国四大区域的劳动生产率并未表现出明显的差异,甚至表现出此消彼长的涨跌,表明经历多年的市场竞争,目前能在市场上继续生存的企业,其劳动生产效率已基本处于同一区间水平。

西部地区的能耗水平依然较高,这与其工业化中期阶段的发展模式基本吻合。

西部地区科技研发水平、经费投入强度、研究人员占全国的比重均远远落后于东部地区。

4.3.6　西部地区投入产出分析小结

2018 年西部地区经济增速好于全国,西藏自治区、贵州、云南名列全国前三,成为经济下行周期中区域发展的亮点。西部地区国内生产总值为 184 302.13 亿元,同比增长 9.33%,高于全国平均水平 2.73 个百分点,为四大区域之首。占全国 GDP 的比重由 2017 年的 19.9％上升到 20.15％。

西部地区的高速增长得益于固定资产投资的持续增长。2018 年西部 12 省固定资产投资呈现出比较明显的两极分化,以新疆维吾尔自治区、内蒙古自治区、宁夏回族自治区、甘肃为代表的几个省(自治区)固定资产投资出现断崖式下降。其中,内蒙古自治区全年固定资产投资下降 27.3％,新疆下降了 25.2％、宁夏下降了 18.2％、甘肃下降了 3.9％。而其他 8 个省(区)则保持了固定资产投资的高速增长,普遍了超过了全国平均水平。其中,固定资产投资增速最快的贵州、云南、西藏、广西等省也是全国经济增速位于前 10 名的省份,说明西部地区经济增长仍然十分依赖投资拉动。

西部地区对第一产业的投资大幅增长,表现出与其他区域截然不同的差异。第一产业投资增速排名为西藏自治区(116.7％)、陕西(45.2％)、云南(36.8％)、贵州(29％)、甘肃(18.8％)、广西(18.6％)。第二产业投资增速排名为西藏(15.9％)、青海(14.3％)、贵州(13.2％)、广西(13％)、云南(11.3％)。第三产业投资增速有贵州(15.6％)、四川(11.2％)、云南(10.6％)3 个省保持了 2 位数的增长。

西部地区的人口在持续增长,人口的流动转为省内流动为主。2018 年末,西部地区共有人口 3.5 亿,占全国总人口的 28％。西部人口比重的提高得益于 2010—2018 年西部各省人口普遍增长,其中广西、新疆和四川的常住人口分别增长了 316 万人、302 万人和 296 万人,是西部 12 省人口总数增长最多的 3 个省(自治区)。而西藏、新疆、重庆、青海 9 年里分别实现了 14.67％、13.82％、7.52％和 7.10％的人口增幅。但部分省份人口流出严重,留守人口年龄结构趋向老化。

西部地区能源工业继续飞速发展,但其他工业增加值快速滑坡,部分工业品产量腰斩。从 2000 年至 2017 年,西部地区的原油产量由 3 100.27 万吨增长到 7 202.3 万吨,实现了产量翻番,增幅达到 132.31％;原煤产量由 2000 年的 26 772.31 万吨增长到 2017 年的 205 153.3 万吨,增幅高达 666.29％;发电量由 2000 年的 3 105 亿千瓦时增长到 2017 年的 22 934 亿千瓦时,实现了产能翻 7 番,增幅高达 638.61％。而整个工业增长放缓并趋向停滞,占全国比重下降到

18.98%。汽车、水泥、布产量降幅接近甚至超过 50%,而钢产量则保持了增长。

西部地区产业的投入产出效率在大类资产方面:土地的投入产出效率相对其他区域仍然较低,而劳动生产率出现趋同的趋势,工业企业的效率虽仍有差距,但也开始接近全国平均水平。能耗水平和科技研发投入产出,依然是西部地区发展的短板,未来需要提高科技研发投入、降低能耗水平。

4.4　东北地区产业动态发展及投入产出分析

4.4.1　东北地区产业动态发展状况

东北地区包括黑龙江、吉林、辽宁 3 个省,是我国老工业基地和城市化率最高的地区。2000 年以后,东北地区的发展遭遇瓶颈,人口持续外流,经济产出持续下滑,出现了"东北塌陷"问题。为此,中央推出了东北振兴战略,对东北地区进行了大规模的财政援助和产业扶持,2017 年开始东北经济开始企稳回升,表现出复苏的迹象。

1. 东北经济增长仍有压力,区域经济发展差异明显

东北拖后腿,东西差距让位南北差距(见图 4—187)。

资料来源:国家统计局数据库。

图 4—187　2008—2018 年东北地区生产总值和增长率

2018 年,东北地区经济趋稳回升,呈现走出低谷的迹象,辽宁、吉林、黑龙江 GDP 增速分别实现 5.7%、4.5% 和 5% 左右。其中,辽宁省全年规模以上工业增加值比上年增长 9.8%,继续保持在全国第三位,效益水平持续向好。虽然东北三省 GDP 增长压力犹存,但新一轮东北振兴战略已初见成效。

在经济总量和比重方面,东北三省在全国经济中的比重仍持续下降。2013 年之前,东北三省的 GDP 增速都在 10% 以上,远超全国水平。2014 年后,东北三省出现了增长塌陷问题,2016 年,辽宁甚至出现负增长,全国垫底,经济总量从 2014 年之前连续 6 年的全国第 7 名,下滑到 2018 年的全国第 14 名。黑龙江的排名则从 2008 年的全国第 15 名,下滑到第 23 名,吉林则下滑到了 24 名。截至 2018 年底,东北地区生产总值为 56 751.59 亿元,占全国比重为 6.20%,较 2000 年的 9 771.97 亿元产值、9.90% 的比重,下降了 3.7 个百分点。

在同比增速方面,东北地区经济增速从 2011 年的 21.03% 持续下滑至 2016 年的 −9.35%。2017 年,东北地区经济扭转颓势、开始复苏,2017 年同比增长 3.52%,2018 年同比增长 4.60%。2019 年第一季度,东北地区延续了复苏势头,GDP 总量为 11 372.54 亿元,同比增长 4.5%,占全国比重为 5.3%(较去年同期下降 0.5%)。2019 年一季度,辽宁省经济增速为 6.1%,比去年全年加快 0.4 个百分点,比去年同期加快 1 个百分点;黑龙江省经济增速为 5.3%,比去年全年加快 0.6 个百分点;吉林省经济增速为 2.4%,虽然不及去年全年经济增速,但比去年同期加快 0.2 个百分点[1](见表 4—14)。

表 4—14 东北三省 GDP

地区	2012 年	2013 年	2014 年	2015 年	2016 年	2017 年	2018 年
辽宁省	24 846.43	27 213.22	28 626.58	28 669.02	22 246.9	23 409.24	25 315.35
吉林省	11 939.24	13 046.4	13 803.14	14 063.13	14 776.8	14 944.53	15 074.62
黑龙江省	13 691.58	14 454.91	15 039.38	15 083.67	15 386.09	15 902.68	16 361.62
东北	50 477.25	54 714.53	57 469.1	57 815.82	52 409.79	54 256.45	56 751.59

---

① 林火灿.东北老工业基地企稳势头巩固[EB/OL].中华人民共和国中央人民政府网站,http://www.gov.cn/xinwen/2019-07/01/content_5404746.htm,2019-07-01.

在省际比较方面,东北各省经济发展差异明显,辽宁经济占据东北经济的半壁江山,经济自 2017 年开始反弹,增速高于其他两省,回暖迹象明显,这意味着辽宁经济走出了最困难的时期,开始跟上全国发展步伐,进入了平稳健康发展的轨道。黑龙江省和吉林省则仍延续 2018 年的颓势,经济增长低迷。2019 年一季度,辽宁省地区生产总值 5 486.21 亿元,同比增长 6.1%,时隔四年多再次回到 6% 以上;当季民间投资增长 17.3%,高于全国平均水平 10.9 个百分点。而黑龙江省、吉林省经济继续低位徘徊,2019 年一季度,黑龙江省地区生产总值 3 184.57 亿元,增长 5.3%;吉林省地区生产总值 2 701.76 亿元,增长 2.4%(全国共有 9 省市 GDP 增速不足 6%,其余几省为上海 5.7%,青海 5.7%,内蒙古自治区 5.5%,山东 5.5%,海南 5.5%,新疆维吾尔自治区 5.3%,天津 4.5%(见图 4—188)。

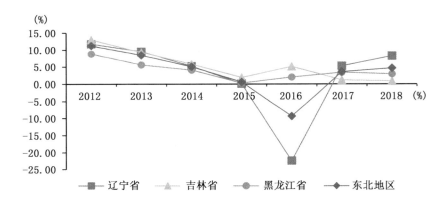

资料来源:根据中经专网区域统计数据库数据绘制。

图 4—188　2011—2018 年东北部地区 GDP 增速变化趋势

在投资增速方面,2018 年前三季度东北地区投资增长 1.7%,与去年同期相比增速下降明显。黑龙江省 2018 年前三季度固定资产投资完成额比上年同期下降 3.7%,GDP 增速为 5.1%,较去年同期下降了 1.2%。2019 年上半年,辽宁、吉林两省的固定资产投资额同比加速下滑,辽宁为 −5.2%,吉林为 −5.1%,而黑龙江则增长了 3.5%。

2. 三次产业结构持续优化,地区结构性差异较突出

2007年以来,东北地区三次产业结构持续优化,三次产业比重不断提升,二产比重持续下降,一产比重相对稳定。2015年,东北地区三次产业比重首次超过二产比重,东北经济开始呈现出"三二一"的产业结构;2018年东北地区三次产业结构为10.92∶36.06∶53.02,三次产业比重比2017年提高了1.3个百分点(见图4—189)。

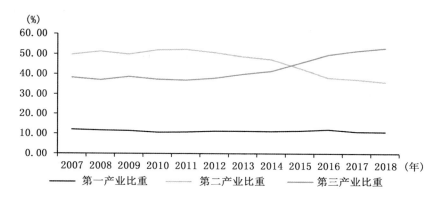

图4—189　2007—2018年东北地区三次产业结构变化趋势

进一步分析东北地区三次产业结构的变化,可以发现三产比重增加的趋势并非完全是结构优化的表现,更多缘于2011年以来东北地区第二产业的快速萎缩:2011年,东北第二产业增长率为21.62%,2012年大幅降至8.09%,2016年更是降至−19.45%。同期,第三产业的增长率降幅则相对较少,2011年,东北地区第三产业增长率为19.68%,2012年为14.29%,相对减速5.39%,2016年第三产业增速降至−1.14%,总体降速远低于第二产业,反映出生活性消费的支出刚性(见表4—15)。

表4—15　　　　　　　　2011—2018年东北地区三次产业增长率　　　　　　单位:%

东北地区	2011年	2012年	2013年	2014年	2015年	2016年	2017年	2018年
一产增长率	22.85	16.08	8.37	4.29	3.00	−4.11	−5.98	3.89
二产增长率	21.62	8.09	4.05	2.00	−8.71	−19.45	1.23	1.03
三产增长率	19.68	14.29	14.22	8.95	10.59	−1.14	7.60	7.33
GDP增长率	21.03	11.24	8.39	5.03	0.60	−9.35	3.52	4.60

在分省产业结构方面,东北三省的产业结构迥异,层次分化明显。2018 年,辽宁省三次产业结构为 7.8：39.8：52.4,接近全国平均水平。吉林省三次产业结构为 7.7：42.53：49.77,第二产业比重虽比 2017 年降低 4.3 个百分点,但经济结构偏重、偏黑的特征仍较为突出。黑龙江省三产结构为 18.34：24.64：57.02,第三产业比重高达 58.7,但这主要是因为第二产业比重快速下降造成的。2010 年,黑龙江第二产业比重为 48.47%,此后持续下降至 2018 年的 24.64%,8 年下降了 23.84 个百分点。三次产业对经济增长的贡献严重扭曲(见表 4—16、表 4—17)。

表 4—16　　　　　2011—2018 年东北地区三次产业结构变化趋势　　　单位:%

地区	2012 年	2013 年	2014 年	2015 年	2016 年	2017 年	2018 年
第一产业比重	11.26	11.25	11.17	11.44	12.10	10.99	10.92
第二产业比重	50.80	48.77	47.36	42.97	38.18	37.34	36.06
第三产业比重	37.94	39.98	41.47	45.59	49.72	51.67	53.02

资料来源:根据万得数据绘制。

表 4—17　　　　　　　2018 年东北地区三次产业结构

区域	一产增加值(亿元)	二产增加值(亿元)	三产增加值(亿元)	三次产业结构
辽宁	1 923	9 860	12 999	7.8：39.8：52.4
吉林	855	6 714	7 363	5.7：45.0：49.3
黑龙江	2 825	3 721	9 315	17.8：23.5：58.7
东北地区	5 603	20 295	29 677	10.1：36.5：53.4
全国	66 411	359 130	459 940	7.5：40.6：51.9

资料来源:根据万得数据整理。

3. 高新技术产业初见起色,新动能快速成长

东北作为老工业基地,不仅高新技术产业相对落后,部分传统支柱产业的优势也逐步消退,成熟产业则呈现缺位状况。东北高技术企业仅占全国高技术企业数的 3.49%(2016 年),高技术产业主营业务收入更是只占 2.61%(2016 年)。为扭转这一被动局面,作为传统老工业基地,东北三省以培育新动能、布局新业态为重点加大经济结构调整力度,推动经济结构持续优化,激发内生创新动力。2018 年,经初步统计,辽宁、黑龙江两省高技术制造业增加值分别增长 19.8% 和 11.2%;吉林省高新技术企

业、科技小巨人企业数量分别增长 69.8%、161.1%,新动能正在快速成长。

2018 年,辽宁省规模以上装备制造业增加值比上年增长 9.4%,占规模以上工业增加值的比重为 27.4%。其中,计算机、通信和其他电子设备制造业增加值增长 30.0%,专用设备制造业增加值增长 11.6%,汽车制造业增加值增长 10.2%,通用设备制造业增加值增长 3.3%。

2019 年辽宁省制造业继续延续了这种复苏的势头,前三季度全省规模以上工业增加值同比增长 6.7%,高于全国平均水平 1.1 个百分点。高技术制造业增加值同比增长 25.0%,高于规模以上工业增加值增速 18.3 个百分点。高新产品增长较快,集成电路产量同比增长 1.9 倍;服务器产量同比增长 86.4%;新能源汽车产量同比增长 62.6%;工业机器人产量同比增长 12.1%;智能手机产量同比增长 9.6%。高新技术产品出口总额 457.1 亿元,同比增长 40.6%。

2019 年一季度,黑龙江省规模以上工业增加值比上年同期增长 5.4%,是 2014 年以来最好水平,增幅同比提高 1.3 个百分点,比上年全年提高 2.4 个百分点。若扣除石油和天然气开采行业,全省规模以上工业增长 8.0%。一季度,黑龙江省规模以上工业高技术制造业增加值比上年同期增长 17.1%,高于全省规模以上工业增速 11.7 个百分点,高于制造业增速 5.6 个百分点。其中,医药制造业增加值增长 8.7%;航空、航天器及设备制造业增长 68.4%;电子及通信设备制造业增长 1.2 倍。一季度,全省高技术制造业投资增长 19.4%,高耗能行业投资下降 15.7%。新产品产量大幅增加[①]。但总体上看,黑龙江的经济增长仍以传统制造业为主,高新技术企业所占比重仍然较低。

2019 年一季度,吉林省高新技术制造业增加值同比增长 4.6%,增速高于规模以上工业 3.1 个百分点;战略性新兴产业产值同比增长 0.8%,高于规模以上工业 2.6 个百分点;新材料新产品产量也快速增长。一季度,吉林省太阳能发电量同比增长 28.5%;高性能化学纤维同比增长 1.9 倍;铁路客车增长 1.2 倍;城市轨道车辆增长 1.6 倍;工业自动化仪表控

---

① 人民网.图解:首季"开门红"! 2019 年一季度黑龙江省经济"成绩单"出炉[EB/OL].人民网,http://hlj.people.com.cn/n2/2019/0429/c220024-32892748.html,2019-11-03.

制系统增长 38.2%（见表 4—18）。

表 4—18　　　　　　2018 年各省 GDP 与高新技术企业数量排名对比

高新技术企业排名	省（市）	高新技术企业数量（2018）	高新技术企业数量（2017）	全国排名变动	GDP（2018）（亿元）	GDP总量排名
1	广东	49 457	33 356	—	97 277.77	1
2	北京	24 691	20 297	—	30 320	12
3	江苏	21 278	13 278	—	92 595.4	2
4	浙江	12 361	9 174	—	56 197	4
5	上海	11 321	7 668	—	32 679.87	11
6	山东	6 746	4 246	↑2	76 469.7	3
7	湖北	6 500	5 177	↓1	39 366.55	7
8	河北	5 844	3 299	↑4	36 010.3	9
9	安徽	5 403	4 325	↓2	30 006.8	13
10	四川	5 302	3 595	—	40 678.13	6
11	天津	5 038	4 129	↓2	18 809.64	19
12	湖南	4 500	3 211	↓1	36 425.78	8
13	江西	3 971	2 134	↑4	21 984.8	16
14	辽宁	3 700	2 600	—	25 315.4	14
15	福建	3 548	3 097	↓2	35 804.04	10
16	河南	2 910	2 329	↓1	48 055.86	5
17	陕西	2 559	2 227	↓1	24 438.32	15
18	重庆	2 490	1 182	↑4	20 363.19	17
19	广西壮族自治区	1 868	1 229	—	20 352.51	18
20	云南	1 758	1 250	↓2	17 881.12	20
21	山西	1 630	1 198	↓1	16 818.11	22
22	贵州	1 375	702	↑1	14 806.45	25
23	黑龙江	1 150	939	↓1	16 361.6	23
24	甘肃	1 031	623	—	8 246.1	27
25	吉林	899	526	↑2	15 074.62	24

高新技术企业排名	省(市)	高新技术企业数量(2018)	高新技术企业数量(2017)	全国排名变动	GDP(2018)(亿元)	GDP总量排名
26	内蒙古自治区	887	566	↓1	17 289.2	21
27	新疆维吾尔自治区	599	543	↓1	12 199.08	26
28	海南	381	277	—	4 832.05	28
29	青海	167	145	—	2 865.23	30
30	宁夏回族自治区	152	96	—	3 705.18	29
31	西藏自治区	50	27	—	1 400	31

资料来源:根据各省科技厅数据整理。

看到成绩的同时,也应注意到东北国有企业比重偏高,高新技术企业比重偏低,动力变革基础薄弱的基本状况并没有根本性的改善。高新技术产业对经济增长的拉动作用依然有限,还需要更多资金投入和市场培育。尤其是改革开放以来国内在高技术领域已经形成了许多成熟产业,如集成电路、智能手机等在东北地区都是缺位的。表现在高技术企业的数量比重上,东北三省占全国的比重已由 2016 年的 3.49%,下降到 2018年的 3.03%。即使是曾经具有明显竞争优势的重化工业,其经济效益也逐年下滑。截至 2018 年底,辽宁的装备制造业、吉林的汽车制造业的产值和利润增长,已连续多年低于同行业的全国平均水平(见图 4—190)。

4. 传统产业亟待更新升级

自 2013 年起,东北三省 GDP 的增速始终位居全国后 10 位,2014—2015 年更是位居后 5 位,2015—2016 年,辽宁的 GDP 增速连续两年全国垫底。这一现象被媒体称为"东北塌陷"。

"新东北现象"主要缘于东北传统产业的增长失速[①]。由于历史原因,东北的经济结构中,传统产业尤其是传统制造业占据了很高的份额,

---

① 根据《高技术产业(制造业)分类(2017)》,高技术产业(制造业)是指国民经济行业中 R&D 投入强度 16 相对高的制造业行业,包括:医药制造,航空、航天器及设备制造,电子及通信设备制造,计算机及办公设备制造,医疗仪器设备及仪器仪表制造,信息化学品制造等 6 大类。本报告采取高技术产业与传统产业的两大分类,因此剔除 6 大类高技术产业即为传统制造业。

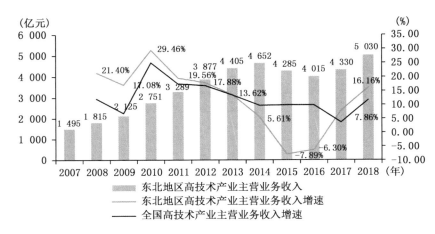

资料来源:根据中国经济社会大数据研究平台数据和各省统计公报数据绘制。

图 4—190　2007—2018 年东北地区高技术产业主营业务收入及增速

存在着"三个过高"问题:一是东北三省二产比重过高;二是第二产业中重工业比重超高,其增加值占工业增加值的比重达到 70% 以上;三是煤炭、石油、钢铁、有色等"原"字头比重过高,新型工业发展较弱。以 2017 年为例,整个东北地区的传统制造业占制造业比重高达 92.9%。其中,辽宁为 91.91%,吉林为 93.18%,黑龙江为 95.87%。

2010—2017 年,东北地区传统产业[①]的主营业务收入自 2013 年达到峰值后开始持续走低(见图 4—191)。2014、2015、2016、2017 四年均低于 2010 年的规模。传统产业占东北地区工业企业主营业务收入的比重从 2010 年的 27% 下降到 2017 年的 25.6%。

2017 年开始,三个省的传统制造业出现明显分化,辽宁省的传统产业开始强劲复苏,到 2018 年底,制造业增加值增速已达到 10.9%[②]。全年规模以上石化工业增加值比上年增长 15.1%,占规模以上工业增加值的比重为 30.5%,拉动增长 4.1 个百分点。装备制造业增加值增长

————————

① 为便于分析,选取部分传统产业,以透视东北地区传统产业的发展特征。部分传统产业包括:煤炭开采和洗选业,食品制造业,纺织业,木材加工及木、竹、藤、棕、草制品业,家具制造业,造纸及纸制品业,石油加工、炼焦及核燃料加工业,黑色金属冶炼及压延加工业,有色金属冶炼及压延加工业。

② 辽宁省统计局.2018 年辽宁省国民经济和社会发展统计公报[R].辽宁省人民政府公报,2019-02-28.

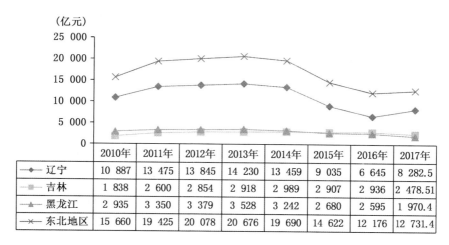

	2010年	2011年	2012年	2013年	2014年	2015年	2016年	2017年
◆ 辽宁	10 887	13 475	13 845	14 230	13 459	9 035	6 645	8 282.5
■ 吉林	1 838	2 600	2 854	2 918	2 989	2 907	2 936	2 478.51
▲ 黑龙江	2 935	3 350	3 379	3 528	3 242	2 680	2 595	1 970.4
✕ 东北地区	15 660	19 425	20 078	20 676	19 690	14 622	12 176	12 731.4

资料来源：根据东北三省统计年鉴数据绘制。

图 4—191　2010—2017 年东北地区传统制造业主营业务收入

9.4%，占规模以上工业增加值的 27.4%，拉动规模以上工业增加值增长 2.7 个百分点。全年规模以上冶金工业增加值比上年增长 7.0%，占规模以上工业增加值的比重为 15.9%。全年规模以上农产品加工业增加值比上年增长 4.6%，占规模以上工业增加值的比重为 8.0%。

2019 年前三季度，辽宁省地区生产总值同比增长 5.7%，高于 2018 年同期 0.3 个百分点。全省规模以上工业增加值同比增长 6.7%，高于全国平均水平 1.1 个百分点。其中 41 个工业行业中有 25 个行业增加值同比增长，增长面达 61%。68 种主要工业产品中有 40 种产品保持增长，增长面达 58.8%。装备制造业和石化行业分别同比增长 7.4% 和 9.3%。

而黑龙江、吉林两省的传统制造业则继续保持了增长乏力的态势，黑龙江传统制造业主营业务收入由 2013 年的 3 528 亿元，下降至 2017 年的 1 970.4 亿元。2018 年，黑龙江工业开始微弱复苏，全省规模以上工业企业增加值比上年增长 3.0%；规模以上工业企业主营业务收入比上年增长 9.5%；利润总额增长 22.8%。主要原因是钢铁市场需求强劲，如生铁产量 695.7 万吨，增长 58.6%；粗钢 774.3 万吨，增长 53.9%；钢材 561.4

万吨,增长 36.4%;汽车 162 914 辆,增长 33.3%①。而更多的重点监测的工业产品则下降较多,如发动机 1 795.7 万千瓦,下降 53.9%;锂离子电池 886.3 万只,下降 37.7%;化肥 38.4 万吨,下降 27.1%;合成氨 39.5万吨,下降 19.5%。

2019 年,黑龙江的工业生产保持了稳中有升的态势,高技术制造业快速增长,但总体上仍弱于辽宁以及全国水平。2019 年前三个季度,黑龙江省规模以上工业增加值比上年同期增长 2.7%,而同期全国国内生产总值增长 6.2%,全国规模以上工业增加值同比增长 5.6%。支撑黑龙江工业弱增长的主要动力来自装备工业(增长 11%)和食品工业(增长10.7%),高技术制造业增加值比上年同期增长 12.3%,高于全省规模以上工业增加值增速 9.6 个百分点。

2018 年,吉林省规模以上工业增加值为 5 437.11 亿元,比上年增长5.0%②,低于全国平均水平 0.6 个百分点。其中,规模以上工业企业主营业务收入比上年增长 3.9%,利润总额增长 10.7%。重点产业增加值比上年增长 6.1%③,占规模以上工业增加值的比重为 86.8%,合计实现利润总额增长 12.7%。高新技术制造业利润总额增长 9.0%。

2019 年前三季度,吉林省经济快速下滑,GDP 名义增速 0.88%、实际增速 1.80%,位列全国 31 个省市自治区最后一名,这也是吉林省进入2019 年以来连续三个季度 GDP 增速全国垫底。其中,白城(-4.2%)、辽源(-0.8%)等市 GDP 均出现了负增长,其他如长春(0.5%)、四平(1.0%)、白山(1.4%)等市 GDP 增速仍低于全省平均增速。在 2018 年前三季度,吉林省 GDP 增速还保持在 4.0%,高于天津市(3.5%)位列全国倒数第二位。然而截止到 2019 年第三季度,天津市 GDP 增速开始复苏,以 4.6%的增速超越吉林和黑龙江省。具体到每一个具体的传统产业,吉林省第一产业增加值于 2015 年达到最高峰值 1 596.28 亿元(2015年吉林省 GDP 增速 6.5%),此后逐年下滑,2017 年降至 1 095.36 亿元,

① 数据来源:黑龙江省发展和改革委员会. 2018 年黑龙江省统计公报[R]. 黑龙江省人民政府,2019-01-25.
② 注:如前文所分析,吉林传统制造业所占比重高达 93.1%,因此,本报告直接引用吉林省国民经济统计公报中工业部门数据,替代对传统制造业的进一步深入统计分析。
③ 指吉林省重点发展的汽车制造、石油化工、食品、信息、医药、冶金建材、能源、纺织等八个产业。

基本与 2010 年第一产业增加值持平。吉林省第二产业在 2014 年达到 7 286.59 亿元,达到近 10 年的最高值,此后也是一路下滑,至 2018 年第二产业增加值已经跌至 6 410.85 亿元,2019 年更是出现严重衰退。

5. 国有和国有控股企业比重过大,增长乏力

东北不仅是国企大省,更是央企大省,国有企业在东北经济体系中比重极高,黑龙江国有企业资产占规模以上工业企业总资产比重约为 64%,吉林约为 54%,辽宁约为 45%,都大大高于全国 30% 左右的平均水平。要特别注意的是,央企也在东北配置了相当多的国有资产,吉林和辽宁二省央企与地方国企产值的比例悬殊。目前东北三省国有经济的比重,特别是工业经济的比重,已远远高于地方报告的当地国有企业资产的比重。东北地区长期存在国有企业比重过大问题[1],国有企业的效益和活力仍然偏低(见表 4—19)。

表 4—19　　　2015 年度东北三省规模以上工业中地方国有企业与中央企业产值比较

省　份	类　型	户　数	产值(亿元)
辽宁	地方国有企业	85	172.11
	中央企业	28	660.25
吉林	地方国有企业	44	153.8
	中央企业	22	3 784.7
黑龙江	地方国有企业	110	243.5
	中央企业	25	300.7

资料来源:国资报告:东北国会突围[EB/OL]. 澎湃新闻,2018-09-30。[2]

截至 2017 年底,辽宁全省地方国有企业资产总量 28 595.5 亿元,所有者权益 11 620.6 亿元,较 2012 年底翻了一番[3]。地方国有资产总量 90% 以上已集中到社会服务、装备制造、能源、交通运输等行业和领域,80 多户大型企业资产总额占全省地方国企的比重约 90%。2018 年,辽宁省国有控股企业增加值增长 8.9%,私营企业增加值增长 10.2%,外商及港澳台商投资企业增加值增长 10.8%。但从 2003—2018 年的统计数据来

---

[1]　常修泽. 东北振兴应瞄准国企攻坚[N]. 经济日报,2017-01-13(01).

[2]　https://www.thepaper.cn/newsDetail_forward_2490576,2019-11-09.

[3]　辽宁省人民政府新闻办公室. 改革开放 40 年:辽宁地方国有企业资产总量达 28595.5 亿元[EB/OL]. 凤凰网,2018-12-12,http://ln.ifeng.com/a/20181212/7094470_0.shtml,2019-10-9.

看,东北三省国有企业的总体盈利能力是持续下降的,国有控股工业企业主营业务收入占比呈下降趋势,其中辽宁降幅最大,从 2003 年的 61.3%,降到 2018 年的 23.87%。

2019 年 1—9 月份,辽宁省规模以上工业企业实现利润总额 1 042.0 亿元,比去年同期减少 455.4 亿元,同比下降 30.4%。[①] 其中,国有控股企业营业收入同比增长 1.5%,实现利润总额 303.1 亿元,同比减少 517.0 亿元。国有企业营业收入同比增长 28.9%,亏损 7.6 亿元,利润总额比去年同期减少 4.9 亿元。股份制企业实现利润总额 504.4 亿元,同比减少 477.4 亿元;外商及港澳台商投资企业实现利润总额 539.0 亿元,同比增加 27.6 亿元。

2018 年,吉林省全部工业增加值 5 437.11 亿元,比上年增长 5.0%。规模以上工业增加值增长 5.0%。其中,国有及国有控股企业增长 14.3%,集体企业增长 32.1%,外商及港澳台商投资企业增长 13.8%。分门类看,采矿业下降 0.2%,制造业增长 4.1%,电力、热力、燃气及水的生产和供应业增长 13.6%。

2019 年 1—7 月份,吉林省规模以上工业增加值同比下降 0.3%,其中国有企业下降 2.0%,集体企业增长 29.5%,国有控股企业增长 0.8%。[②] 2019 年前三季度,整个吉林省经济增长全国倒数第一。

黑龙江省共有 2 728 户省属国有企业(其中规模以上 482 户),主要分布在煤炭、制药、机械、森工、建筑、交通运输、仓储、社会服务行业。其中,大型国有企业 71 户,资产和收入占全省的 60%(2017 年),作为中国第一大油田的大庆油田,占黑龙江规模以上工业增加值的 50%。2018 年,黑龙江省地方国有企业实现营业收入 1 311.58 亿元,同比增长 0.05%。其中,省属企业同比增长 3.75%,省国资委出资企业同比增长 4.19%。全省地方国企累计实现利润总额 28.14 亿元,其中省属企业利润总额同比增长 29.44%;省国资委出资企业利润总额同比增长

① 辽宁省统计局. 2019 年 1—9 月份全省规模以上工业企业利润下降 30.4%［EB/OL］. 辽宁省人民政府,2019-10-28,http://www. ln. stats. gov. cn/sjjd/sqzx/201910/t20191028_3616951. html,2019-11-10.

② 吉林市工业和信息化局. 2019 年 1—7 月全省规模以上工业增加值［EB/OL］. 吉林省工信厅,2019-11-06,http://gxj. jlcity. gov. cn/jjyx/201911/t20191106_646481. html,2019-11-06.

19.12%,亏损面减少 14.28%;航运集团、外贸集团实现扭亏为盈。①

2019 年 1 月—7 月份,黑龙江省地方国有企业实现营业收入 617.85 亿元,同比增长 6.9%,连续 8 个月保持增势。其中,省国资委出资企业实现营业收入 364.37 亿元,同比增长 4.41%;省国资委出资企业利润总额 19.95 亿元,同比增长 10.27%,连续 3 个月保持增势。实现利润 5.17 亿元,同比扭亏增盈 10.44 亿元。②

4.4.2 东北地区要素投入状况

1. 东北地区劳动力就业持续减少,人口结构快速老龄化

近年来,东北地区的劳动力就业持续减少,由 2008 年的 1 247 万人减少到 2018 年的 1 173 万人,减少 74 万人。其中,第一产业减少 48 万人,占就业减少人口的 64.85%;第二产业减少 111.93 万人,占减少人口的 151.25%;第三产业增加就业 85.14 万人,占减少人口的—115.05%(见图 4—192)。

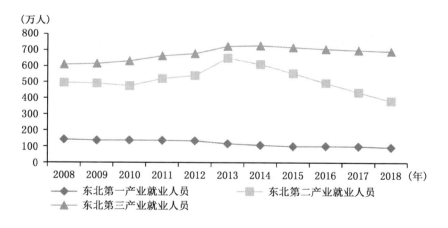

图 4—192 东北地区三次产业就业人员

东北地区劳动力就业数量持续减少主要有两个原因:一是劳动力的就业愿意较低。东北地区存在劳动力的自由流动与就业制度滞后、经济

---

① 国家发改委地区振兴司. 2018 年黑龙江省地方国有企业资产总额 12 802 亿元 同比增长 2.11%[EB/OL]. 国家发改委,2019 - 01 - 31, http://dbzxs. ndrc. gov. cn/zttp/zxzx/201901/t20190131_927516. html,2019-10-09.

② 孙明阳. 黑龙江省国有企业营收连续 8 个月保持增势[N]. 黑龙江日报,2019-09-22.

结构调整升级与就业结构转换滞后、农村劳动力的非农化与城乡就业统筹滞后、劳动力就业能力提升与人力资源建设滞后等问题,导致劳动力就业平均年龄较高;二是东北地区人口持续流失。因资源枯竭、去产能、国企改制等造成的就业压力较大,人才流失比较明显。2018 年东北三省常住人口合计 1.083 6 亿人,比 2017 年减少 38.5 万人。其中,2018 年末辽宁省常住人口为 4 359.3 万人,而 2017 年末的人口为 4 368.9 万人,减少了 9.6 万人;2018 年末黑龙江省常住人口为 3 773.1 万人,2017 年末人口为 3 788.7 万人,减少了 15.6 万人;2018 年末吉林省常住人口为 2 704.06 万人,2017 年末人口为 2 717.43 万人,减少了 13.3 万人。

根据国家统计局发布的《第六次全国人口普查主要数据公报》,2010 年,东北地区总人口数约 1.095 2 亿人,约占全国人口的 9.12%。其中,辽宁省总人口数 4 374.6 万,占全国人口比重 3.27%,比 2000 年下降 0.08%。黑龙江省总人口数 3 831.2 万,占全国人口比重 2.91%,人口比 2000 年下降 0.05%。吉林 2 746.2 万人,占全国人口比重 2.05%,人口比 2000 年上升 0.67%。从 2010 年到 2018 年,东北地区合计减少人口 116 万人,占东北地区总人口的 1.06%(表 4—20)。

表 4—20　　　　　　　　　2010—2018 年东北三省常住人口

地区	2010 年	2011 年	2012 年	2013 年	2014 年	2015 年	2016 年	2017 年	2018 年
辽宁省	4 375	4 383	4 389	4 390	4 391	4 382	4 378	4 369	4 359
吉林省	2 747	2 749	2 750	2 751	2 752	2 753	2 733	2 717	2 704
黑龙江	3 833	3 834	3 834	3 835	3 833	3 812	3 799	3 789	3 773

资料来源:根据各省历年《国民经济和社会统计公报》数据整理。

这种人口的流失现象主要由以下几方面原因造成。

一是人口生育率下降。2017 年全国出生人口 1 723 万人,出生率 12.43‰。但 2017 年作为全面放开二胎的第二年,吉林和黑龙江出生率均有所提高,但是辽宁出生率同比下降 0.11 个千分点。黑龙江、吉林、辽宁的人口出生率分别是 6.22‰、6.76‰ 和 6.49‰,排在全国倒数前三。东北三省总体出生率基本维持在 6‰ 左右,远低于全国平均水平,甚至低于日本、韩国。2018 年,东北三省出生率继续下降,黑龙江、吉林、辽宁依次为 5.98‰、6.62‰、6.39‰,继续名列全国倒数前三名,仅全国平均水平的一半(见图 4—193)。

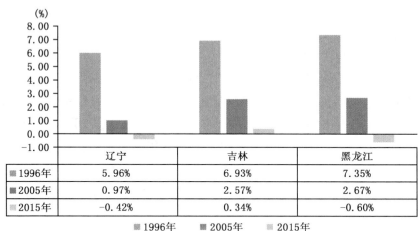

省份	辽宁	吉林	黑龙江
■1996年	5.96%	6.93%	7.35%
■2005年	0.97%	2.57%	2.67%
□2015年	−0.42%	0.34%	−0.60%

■1996年　■2005年　□2015年

资料来源:国家统计局。

图 4—193　东北地区人口自然变化率

二是人口自然增长率下降。2017 年全国自然增长率为 5.32‰,辽宁和黑龙江却出现负增长,分别为−0.44‰、−0.41‰。吉林情况略好,自然增长率仅 0.26‰(见表 4—21)。与此同时,东北三省死亡率不足 7‰,低于全国平均水平 7.11‰。其中,辽宁死亡率最高,为 6.93‰。吉林和黑龙江分别为 6.5‰、6.63‰。虽然东北三省死亡率低,但是与 2016 年相比,死亡率均有所增长。根据东北三省统计公报数据,2018 年,辽宁省全年出生人口 27.9 万人,出生率 6.39‰;死亡人口 32.3 万人,死亡率 7.39‰;人口自然增长率−1.00‰。黑龙江省人口出生率为 5.98‰,死亡率为 6.67‰,人口自然增长率为−0.69‰。吉林省人口出生率为 6.62‰,人口死亡率 6.26‰,人口自然增长率 0.36‰。

表 4—21　　　　　　东北三省人口自然增长率

省　份	辽宁	吉林	黑龙江
常住人口(万人)	4 368.9	2 717.43	3 788.7
15～64 岁人口数(万人)	2 886.2	1 833.7	2 926
15～64 岁人口占比(%)	66.06	67.48	77.2
自然增长率(‰)	−0.44	0.26	−0.41

续表

省　份	辽宁	吉林	黑龙江
常住人口城镇化率(%)	67.49	56.65	59.4

资料来源:2018 年各省《国民经济和社会发展统计公报》。

三是人口老龄化严重。2017 年全国 65 周岁及以上人口 15 831 万人,占比 11.4%,远超国际标准。东北三省老龄化更加严重。2017 年 5 岁及以上人口占比超 12%。其中,辽宁省老龄化最为严重,辽宁省户籍总人口为 4 232.57 万人,60 岁及以上户籍老年人口 958.74 万人,占总人口的 22.65%;65 岁及以上人口 626.8 万人,占比 14.35%。根据国际标准,此项占比超过 10% 即为老龄化社会,辽宁省已达深度老龄化。吉林 65 岁以上人口占全省总人口的比重为 12.38%。黑龙江 65 岁以上人口占全省总人口的比重为 12.9%(见图 4—194)。

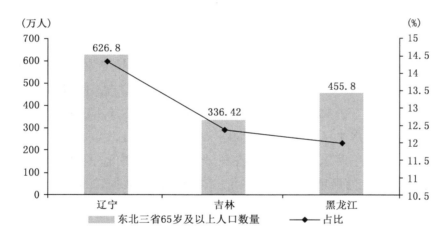

图 4—194　2017 年东北三省 65 岁及以上人口数量及占比走势

四是精英阶层大量外迁。黑龙江省社科院 2014 年发布了《黑龙江省人口迁移与人口流动研究报告》,称“2000 年—2011 年的 11 年间,黑龙江省户籍净迁出人口达 322.5 万”。在 2010 年的人口普查中,外出半年以上的人口高达 539.9 万人,占到了黑龙江全省人口的 14.1%;其中,15~44 岁的年轻劳动人口占迁出人口比例达 70%。而整个东北地区 20~39 岁人口占全国比例已从 1982 年的 10.0% 下降到 2010 年的 8.1%。据不完全统计,东北地区外迁人员以企业高层、管理层和生产线骨干力量为主,主要原因是东北地区就业机会减少,收入水平大幅低于东部地区。根据 2017 年《中国就业市场景气报告》,2016 年第三季度,东部、中部和西部地区的就业景气指数分别为 1.75、1.69 和 1.59。东北地区为 1.4,工作机会最少。而毕业生最为看重的薪酬方面,长春、哈尔滨和沈阳在全国 34 个主要城市中分列倒数第一、第二和第六名,远低于全国平均水平。

2. 东北地区固定资产投资开始止跌企稳

与人口持续流出相反的是,东北地区的固定资产投资,尤其是辽宁省的固定资产投资自 2000 年开始稳步攀升,到 2013 年达到顶峰后就快速滑落,到 2016 底已低于 2010 年投资规模。2017 年开始,东北地区的固定资产投资止跌企稳,当年以 30 655 亿元的投资,实现了 2.8% 的增长。2018 年各省的固定资产投资出现分化,辽宁省固定资产投资较 2017 年增长了 3.7%,吉林省增长了 1.6%,黑龙江省较 2017 年下降了 4.70%。而 2018 年规模以上工业增加值增长指标,辽宁省相比 2017 年增长了 9.8%,吉林省增长了 5.0%,黑龙江省增长了 3.0%(见图 4—195)。

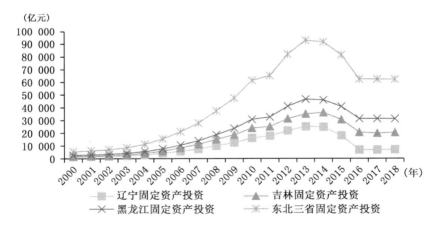

图 4—195　2000—2018 年东北三省全社会固定资产投资情况

在东北三省的固定资产投资中,黑龙江第一产业的固定资产投资始终保持增长态势,而辽宁在 2014 年、吉林在 2015 年第一产业的固定资产投资都出现大幅下滑(见图 4—196)。

同时,辽宁省第二产业固定资产投资额超过吉林和黑龙江二省之和。2013 年开始辽宁省第二产业投资大幅下滑,带动整个东北地区第二产业

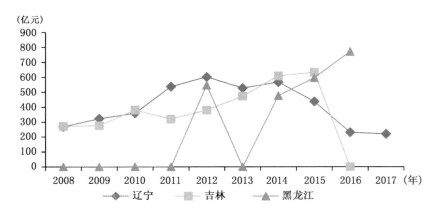

图 4—196　东北三省第一产业固定资产投资

的投资回落。吉林省、黑龙江省的第二产业固定资产投资额分别在 2015 年、2016 年超过辽宁省,见图 4—197。

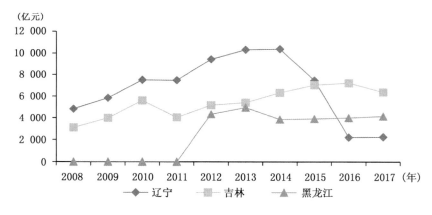

图 4—197　东北三省第二产业固定资产投资

　　而吉林、黑龙江的第三产业投资则没有受第一、第二产业投资回落的影响,从 2008 年到 2018 年,基本保持了稳定小幅攀升的势头。而辽宁的第三产业固定资产投资规模远超吉林、黑龙江两省之和,即使是在增幅快速减少的 2013、2014 两年,辽宁省第三产业的固定资产投资也远超其他两省之和。但是到了 2015 年之后,辽宁省第三产业的投资已低于其他两省(见图 4—198)。

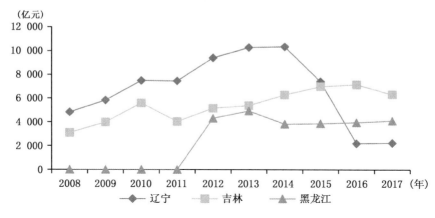

图 4-198　东北三省第三产业固定资产投资

2019 年一季度,东北三省固定资产投资增长 2.9%。其中,辽宁、吉林、黑龙江三省固定资产投资增速分别为 3.2%、0.8%、4.2%。与去年同期相比,辽宁省下降 1.1 个百分点,吉林、黑龙江两省则分别增长 9.4 个百分点、1.7 个百分点。虽然与其他区域横向比较仍有较大差距,但在时间序列上,东北三省固定资产投资已经进入恢复性增长阶段。

3. 农用地面积、耕地面积持续增加,农业机械化水平不断提升

2003 年,东北三省农用地面积为 6 545.26 万公顷,占全国农用地面积的 9.96%;到 2017 年,东北三省农用地面积已增长到 6 803.84 万公顷,占全国农用地面积的 10.55%。其中黑龙江省增加了 211.11 万公顷,增长了 5.58%;辽宁省增加了 28.31 万公顷,增长了 2.52%;吉林省增加了 19.16 万公顷,增长了 1.17%。

同期,东北三省的耕地面积总体上也在持续增加。2003—2017 年,东北三省耕地面积从 2 152.62 万公顷增加到 2 780.403 万公顷,合计增加 627.78 万公顷,占同期全国增加耕地面积的 16.46%。东北三省耕地面积占全国的比重从 2003 年的 16.55% 上升到 2017 年的 20.61%。2003—2017 年的总体增长可以分为两个阶段:第一阶段 2003—2009 年,东北三省的耕地总面积持续增加,并在 2009 年达到 2 793.828 万公顷的顶峰;此后,从 2009 年到 2017 年,东北三省的耕地面积持续减少(见表 4—22)。

表 4—22　　　　　　2003—2017 年东北三省耕地面积及占全国比重　　　　单位:万公顷

年份	全国 耕地面积	辽宁省 耕地面积	吉林省 耕地面积	黑龙江省 耕地面积	东北三省 耕地面积	东三省耕地 面积占全国 比重(%)
2003	13 003.92	417.48	557.84	1 177.3	2 152.62	16.55
2004	13 003.92	417.48	557.84	1 177.3	2 152.62	16.55
2005	13 003.92	417.48	557.84	1 177.3	2 152.62	16.55
2006	13 003.92	417.48	557.84	1 177.3	2 152.62	16.55
2007	12 173.52	408.517	553.502	1 183.837	2 145.856	17.63
2008	12 171.589	408.528	553.464	1 183.012	2 145.004	17.62
2009	13 538.456	504.193	703.045	1 586.59	2 793.828	20.64
2010	13 526.826	503.121	701.74	1 585.802	2 790.663	20.63
2011	13 523.857	501.318	702.122	1 584.913	2 788.353	20.62
2012	13 515.844	499.885	701.37	1 584.589	2 785.844	20.61
2013	13 516.337	498.966	700.647	1 586.411	2 786.024	20.61
2014	13 505.734	498.167	700.137	1 585.999	2 784.303	20.62
2015	13 499.87	497.741	699.923	1 585.411	2 783.075	20.62
2016	13 492.093	497.453	699.34	1 585.007	2 781.8	20.62
2017	13 488.122	497.159	698.674	1 584.57	2 780.403	20.61

　　东北三省农用地的增加,是一种结构性调整现象,表现为耕地面积增加,其他农业用地减少。2003 年辽宁省耕地面积占农用地的比重为 37.11%,到 2017 年,这一比重上升到 43.11%,上升了 6 个百分点。2003—2017 年,15 年里辽宁耕地面积增加了 19.08 个百分点,而同期农用地只增加了 2.5 个百分点。吉林省的耕地增加了 25.24 个百分点,而农用地只增加了 19 个百分点,吉林省全年粮食种植面积 560.00 万公顷,比上年增加 5.61 万公顷。其中,稻谷 83.97 万公顷,增加 1.89 万公顷;玉米种植面积 423.15 万公顷,增加 6.75 万公顷;豆类种植面积 34.35 万公顷,增加 1.46 万公顷;油料种植面积 28.08 万公顷,减少 12.79 万公顷。黑龙江省的耕地增加了 34.59 个百分点,而农用地只增加了 16.16 个百分点。

　　同时,东北三省的农业全程机械化水平持续提升,引领全国农业现代化。2018年,辽宁省玉米和水稻两种主要粮食作物的综合机械化水平分别达到83%和90.5%。吉林计划2020年农作物耕种收综合机械化率达到90%以上。黑龙江省农业综合机械化率达到97%,超过全国平均水平30个百分点。2018年末,吉林全省农机总动力达到3 464.19万千瓦,比上年末增长5.3%。拥有大中型拖拉机31.59万台;机电井19.42万眼,增长3.7%;节水灌溉机械5.49万套,增长30.1%。农田有效灌溉面积220.26万公顷。全年农村用电量达到54.84亿千瓦时,增长3.5%。

4. 能源消耗增速下行,但供需缺口不断扩大

一是煤炭供需缺口不断扩大。东北地区能源消费主要以煤炭为主,非化石能源消费占比偏低,能源消费结构较不合理。东北地区经济方式较为粗放,能源消费增长与地区经济增长存在单向Granger因果关系,亟须调整产业结构、提高科技创新水平(见图4—199)。

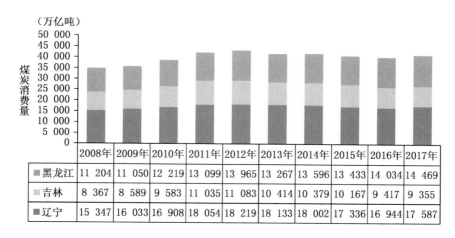

（万亿吨）	2008年	2009年	2010年	2011年	2012年	2013年	2014年	2015年	2016年	2017年
■黑龙江	11 204	11 050	12 219	13 099	13 965	13 267	13 596	13 433	14 034	14 469
□吉林	8 367	8 589	9 583	11 035	11 083	10 414	10 379	10 167	9 417	9 355
■辽宁	15 347	16 033	16 908	18 054	18 219	18 133	18 002	17 336	16 944	17 587

资料来源:中国经济与社会统计大数据平台。

图4—199 东北三省煤炭消费量

2018年,吉林、辽宁、黑龙江、蒙东煤炭在产产能分别为2 001、3 964、8 790、25 325万吨/年,合计规模40 080万吨/年,产能较2017年数据合计下降240万吨(—0.6%)。2018年煤炭产量辽宁3 376万吨、吉林1 518万吨、黑龙江5 792万吨,较2015年分别下降36%、27%、5%。2017年三省煤炭消费量分别为辽宁17 587万吨、吉林9 355万吨、黑龙江14 469万吨,均为煤炭大幅调入省份。与2017年三省合计10 687万吨产量相比,调入规模合计3.1亿吨,对外依存度高达74%,缺口较以往

年份不断扩大(见图 4—200)。

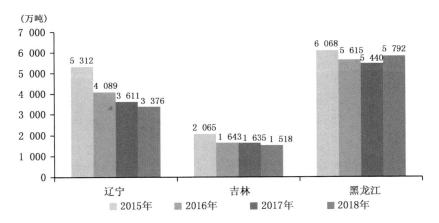

资料来源:根据公开资料整理。

图 4—200 2015—2018 年东北三省煤炭产量

二是电力消费依然增长,但增速减缓。2018 年吉林、辽宁、黑龙江三省用电量分别为 751、2 302、974 亿度,同比增长 6.8%、7.8%、4.8%,合计增速 6.9%;2019 年 1—8 月份累计用电增速 3.4%,虽然增速下行,但依然处于增长状态(见图 4—201)。

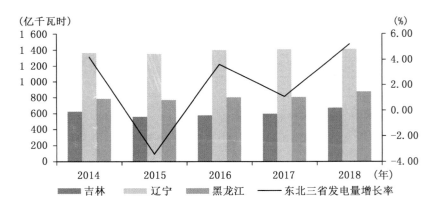

资料来源:根据公开资料整理。

图 4—201 东北三省发电量

在东北三省的电力供应中,火电发电量占主要地位。2018 年三省的火电发电占比均维持在 70% 以上,三省火电合计占比 79.2%。自 2015

年以来,东北三省的火电发电量绝对值均呈上升趋势,但占整个电力供应的比重在持续下降,能源供应结构不断得到改善(见图4—202)。

图4—202 东北地区火电占比

三是原油消费量稳步增加,辽宁省消费比重不断提升。东北三省是我国重要的原油产地和传统的重化工业基地,原油产量和消费量都占有较高的比重。2000—2017年,东北三省原油消费量从2000年的25 873.38万吨增加到2017年的67 063.97万吨,增长了近200%。辽宁省石油消费量从2000年开始一直占据了82%以上,2017年更是达到了87.83%。而黑龙江的石油消费量占东三省的比重则由2006年的4.78%,一路下降到2017年的2.84%(见图4—203)。

四是"气化东北"的规划目标无法完成。"气化辽宁""气化吉林"和"气化黑龙江"是"十三五"期间各省提出的能源发展目标。由于气源不足等原因,东北地区天然气利用情况很不理想,三个省份均不能按时完成各省自定的天然气(能源)发展"十三五"规划的2020年消费量目标(见表4—23)。同时,全国也有约二十个省无法完成天然气的消费规划。

东北三省的天然气主要来源是大庆油田,2018年三省合计生产天然气44.5亿立方米,其中大庆的产量为43.5立方米,占整个东北三省的98%。而2018年,东北三省的天然气消费量为157亿立方米,缺口达112.5亿立方米,整个东北三省的天然气自给率仅28.3%。

2019年10月16日,中俄东线天然气管道工程黑龙江省黑河—吉林省长岭段(北段)实现全线贯通。2019年12月1日,该管段正式进气投产,第一年度计划引进俄罗斯天然气50亿立方米,约占东北三省天然气

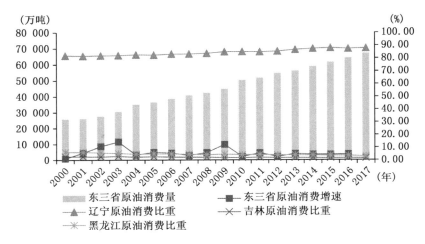

图 4-203　东北地区原油消费量

表 4-23　　　　　　　　　　东北三省天然气消费量　　　　　　　　单位:亿立方米

年　份	省　份		
	辽宁省	吉林省	黑龙江省
2015 年	54	20.7	36
2018 年	78	36	43
2020 年规划	125.3	60	92
完成率(%)	62.3	60	46.7

消费量的 34%,将改变东北地区的天然气市场供应格局,并优化区域能源结构。

4.4.3　东北地区要素产出状况

1. 东北地区 GDP 占全国比重持续下降,经济发展过于依赖大连、沈阳

截至 2018 年底,东北地区生产总值为 56 751.59 亿元,占全国比重为 6.20%,较 2000 年的 9 771.97 亿元产值、9.90% 的比重,下降了 3.7 个百分点。2019 年一季度,东北三省 GDP 总和为 1.13 万亿元,占全国的比重仅为 5.3%,仅相当于浙江省的 GDP(见图 4-204)。

从人均 GDP 来看,辽宁 2018 年人均 GDP 为 5.8 万元,吉林人均 GDP 为 5.5 万元,黑龙江人均 GDP 为 4.3 万元,三省 GDP 总和为 5.66

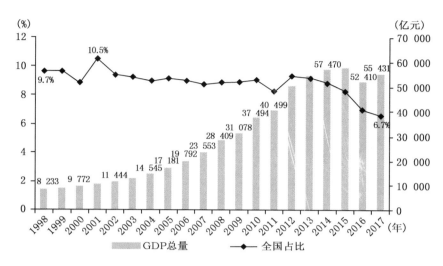

资料来源:中国经济社会统计数据库。

图 4—204　东北地区 GDP 总量和增速

万亿元。常住人口总和为 1.08 亿人,人均 GDP 接近 8 000 美元,低于同期全国人均 GDP 水平。

从地区经济比重来看,2018 年辽宁 GDP 占东三省 GDP 总和的 44%,2019 年一季度辽宁 GDP 为 5 486 亿元,接近黑龙江(3 184 亿元)和吉林(2 701 亿元)GDP 总和。其中,2018 年辽宁的大连和沈阳两市的 GDP 总和占辽宁省的 55%,沈阳 GDP 为 6 292 亿元,大连 GDP 为 7 668 亿元,比重占到东北三省的 24.2%,而其他城市普遍表现平平,东北地区经济发展存在严重的过度集中现象,且沈阳和大连的经济带动效应并不明显。

2. 东北第一产业对全国贡献不断提升

近年来,东北三省粮食综合生产能力不断提高,维护国家粮食安全"压舱石"地位持续巩固。2008 年,东北三省的粮食产量达到 892.5 亿公斤,约占全国粮食产量的 16.9%;2018 年,东北三省的粮食产量达到 1 333 亿公斤,约占全国粮食产量的 20.3%。黑龙江省已建成全国最大的绿色食品生产基地,全省绿色有机食品认证面积超过 8 000 万亩,整个东北正从全国粮仓向"绿色大厨房"转变(见图 4—205、图 4—206)。[①]

---

① 新华社."东北粮仓"端牢"中国饭碗"[N]. 新华社,2019-10-14.

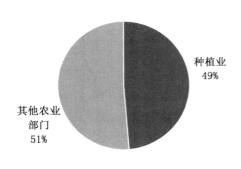

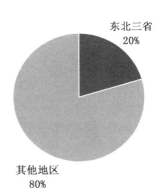

图 4—205　东北地区种植业比重　　　图 4—206　东北地区粮食产量比重

　　2018 年辽宁省农业生产总体稳定。全年粮食产量达到 2 192 万吨；蔬菜及食用菌产量 1 852.3 万吨,比上年增长 3.2％；水果产量 788.9 万吨,增长 2.7％。畜牧业受疫情影响,全年猪肉产量 210.1 万吨,下降 4.9％；羊肉产量 6.6 万吨,下降 6％。但牛肉、禽肉、禽蛋及牛奶产量保持较快增长,牛肉产量 27.5 万吨,增长 9.5％；禽蛋产量 297.2 万吨,增长 9.9％；生牛奶产量 131.8 万吨,增长 10.1％。从渔业看,水产品产量与上年持平(见表 4—24)。

表 4—24　　　　　　　2000—2018 年辽宁省主要农产品产量和产值

年份	耕地面积 （公顷）	粮食产量 （吨）	蔬菜产量 （吨）	禽肉产量 （吨）	渔业产值 （万元）
2000	4 174 800	11 400 000	1 7570 000	764 000	1 800 000
2001	4 174 800	13 944 000	18 266 000	766 000	1 885 000
2002	3 526 900	15 104 000	20 986 000	839 000	2 032 000
2003	3 467 000	14 983 000	21 482 000	896 000	2 240 000
2004	3 391 300	17 200 000	20 346 000	956 000	2 722 000
2005	3 655 200	17 458 000	19 548 000	1 021 000	3 067 000
2006	4 085 100	17 970 000	21 298 000	931 000	2 926 000
2007	4 085 200	18 439 000	22 320 000	1 054 000	3 218 000
2008	4 085 300	18 794 000	24 383 000	1 163 000	3 646 000

年份	耕地面积（公顷）	粮食产量（吨）	蔬菜产量（吨）	禽肉产量（吨）	渔业产值（万元）
2009	4 085 300	16 130 000	26 044 000	1 151 000	4 245 000
2010	4 085 283	18 040 000	26 682 000	1 219 000	4 654 000
2011	4 085 283	21 039 000	28 325 000	1 252 000	5 238 000
2012	4 998 900	21 750 000	29 776 000	1 201 000	5 710 000
2013	4 989 662	23 533 000	31 714 000	1 164 000	6 276 000
2014	4 981 676	18 732 000	30 901 000	1 171 000	6 287 000
2015	4 977 411	21 866 000	29 330 000	1 303 000	6 115 000
2016	4 974 533	23 156 000	18 498 779	1 368 000	5 595 000
2017	4 971 587	21 367 000	17 978 426	1 299 000	7 052 000
2018	4 997 662	21 924 000	18 578 426	1 305 000	7 193 040

资料来源:根据历年统计公报整理。

2018 年,吉林省实现农林牧渔业增加值 1 204.80 亿元,比上年增长 2.0%。其中,实现农业增加值 598.16 亿元,增长 3.2%;林业增加值 44.56 亿元,下降 8.4%;牧业增加值 494.08 亿元,增长 2.5%;渔业增加值 23.91 亿元,下降 4.2%;农林牧渔服务业增加值 44.09 亿元,增长 2.0%。全年粮食总产量 3 633.00 万吨。其中,玉米产量 2 799.88 万吨,单产 6 616.80 公斤/公顷;水稻产量 646.32 万吨,单产 7 696.96 公斤/公顷。全年全省猪、牛、羊、禽肉类总产量 251.70 万吨。其中,猪肉产量 126.99 万吨,牛肉产量 40.66 万吨,羊肉产量 4.62 万吨;禽肉产量 79.43 万吨;禽蛋产量 117.11 万吨;生牛奶产量 38.83 万吨。年末生猪存栏 870.40 万头;全年生猪出栏 1 570.42 万头(见图 4－207)。

2018 年,黑龙江全省实现农林牧渔业增加值 3 079.9 亿元,按可比价格计算,比上年增长 3.8%。其中,种植业增加值 2 237.7 亿元,增长 4.5%;林业增加值 97.5 亿元,增长 5.8%;畜牧业增加值 612.9 亿元,增长 0.6%;渔业增加值 52.8 亿元,增长 7.4%;农林牧渔服务业增加值 79.0 亿元,增长 7.8%。全省综合治理水土流失面积 42.5 万公顷。农村用电量 82.8 亿度,增长 3.8%;化肥施用量 245.6 万吨,下降 2.2%。全

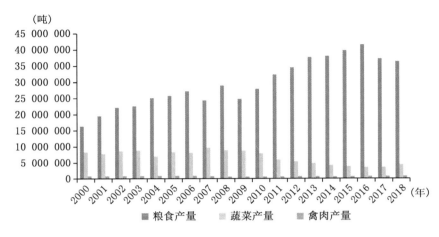

图 4—207　2000—2018 年吉林省主要农产品产量

省粮食产量 7 506.8 万吨,比上年增长 1.3%,连续 8 年位列全国第一。其中,水稻、小麦、玉米和大豆分别为 2 685.5 万吨、36.2 万吨、3 982.2 万吨和 657.8 万吨。水稻、小麦和大豆分别下降 4.7%、5.0% 和 4.6%;玉米产量增长 7.5%。全省经济作物种植向高质化发展,药材面积 62.5 万亩,比上年增长 26.7%;甜玉米产量 10.8 万吨,比上年增长 85.7%;松子、榛子、核桃等坚果产量比上年增长 12.7%。全省生猪存栏和出栏量分别为 1 353.2 万头和 1 964.4 万头,分别比上年下降 5.6% 和 6.0%;牛和羊出栏量分别为 270.2 万头和 743.9 万只,分别下降 4.0% 和 4.7%。猪肉、牛肉、羊肉和禽肉产量分别为 149.9 万吨、42.6 万吨、12.5 万吨和 41.3 万吨。禽蛋和生牛奶产量分别为 108.5 万吨和 455.9 万吨。绿色食品方面,年末全省绿色食品种植面积 8 046.7 万亩,比上年增长 5.4%;绿色食品认证个数 2 700 个,比上年增长 5.5%;绿色食品产业牵动农户 131 万户。绿色食品加工企业产品产量 1 790 万吨,增长 2.9%;实现产值 1 650 亿元,增长 2.2%;实现利税 98.9 亿元,增长 0.4%(见图 4—208)。

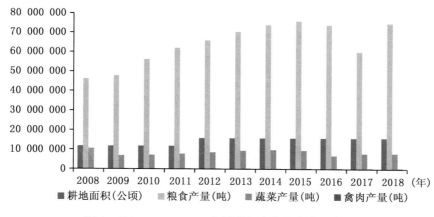

图 4—208　2008—2018 年黑龙江省主要农产品产量

3.2018 年东北三省工业企稳向好

2016—2018 年东北地区经济增速分别为 2.5％、5.1％、5.1％,经济运行总体企稳,与全国平均增速的差距呈逐步缩小的趋势。2018 年东北地区工业增加值增速为 6.1％,比东部地区高出 0.5 个百分点,其中,辽宁省全年规模以上工业增加值比上年增长 9.8％,继续保持在全国第三位,效益水平持续向好;吉林工业增加值比上年增长 5％;黑龙江省增长 3％。

2019 年上半年东北地区三省经济运行总体平稳。辽宁、吉林、黑龙江 GDP 增速分别实现 5.7％、4.5％和 5％左右。2019 年上半年,辽宁省规模以上工业增加值增长 7.2％,比全国平均高 1.2 个百分点。

2018 年,辽宁省规模以上工业增加值比上年增长 9.8％。其中,国有控股企业增加值增长 8.9％,集体企业增加值增长 5.0％,股份制企业增加值增长 9.7％,外商及中国港澳台商投资企业增加值增长 10.8％。分门类统计,全年规模以上采矿业增加值比上年下降 0.7％;制造业增加值增长 10.9％;电力、热力、燃气及水的生产和供应业增加值增长 8.0％(见图 4—209)。

分行业统计,全年规模以上装备制造业增加值比上年增长 9.4％,占规模以上工业增加值的比重为 27.4％。其中,计算机、通信和其他电子设备制造业增加值增长 30.0％;专用设备制造业增加值增长 11.6％;汽车制造业增加值增长 10.2％;通用设备制造业增加值增长 3.3％。全年规模以上石化工业增加值比上年增长 15.1％,占规模以上工业增加值的

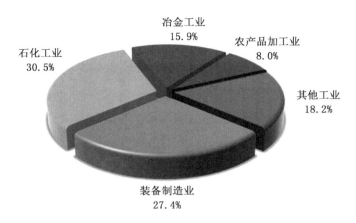

图 4—209　辽宁省规模以上工业增加值行业构成

比重为 30.5%。全年规模以上冶金工业增加值比上年增长 7.0%,占规模以上工业增加值的比重为 15.9%。全年规模以上农产品加工业增加值比上年增长 4.6%,占规模以上工业增加值的比重为 8.0%。

辽宁省全年规模以上工业主要产品产量中,生铁 6 331.8 万吨,比上年增长 4.9%;粗钢 6 873.9 万吨,增长 8.5%;钢材 6 899.1 万吨,增长 9.6%;原油加工量 8 096.1 万吨,增长 13.5%;汽油 1 592.8 万吨,增长 21.0%;煤油 612.3 万吨,增长 21.3%;十种有色金属 108.6 万吨,增长 10.1%;工业机器人 6 072 套,增长 18.0%;光缆 374.0 万芯千米,增长 12.5%;初级形态塑料 362.5 万吨,增长 9.7%;乙烯 176.2 万吨,增长 12.0%;化学试剂 52.0 万吨,增长 8.3%;智能手机 279.4 万台,增长 5.1%;发电量 1 898.0 亿千瓦小时,增长 4.5%。其中,核能发电量 301.6 亿千瓦小时,增长 27.8%;清洁能源发电量占发电量的比重达到 25.7%,比上年提高 3.7 个百分点;汽车 95.5 万辆,下降 1.2%。其中新能源汽车 2.2 万辆,增长 4.7 倍;发动机 15 603.6 万千瓦,下降 20.9%;原煤 3 375.9 万吨,下降 6.5%;铁矿石原矿 13 170.4 万吨,下降 5.4%;硫铁矿石(折含硫 35%)53.1 万吨,下降 15.0%;民用钢质船舶 166.4 万载重吨,下降 18.5%;数字激光音、视盘机 180.7 万台,下降 1.9%(见图 4—210、图 4—211)。

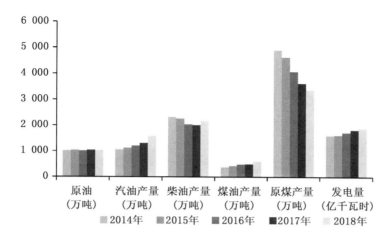

资料来源:中国经济和社会发展统计数据库。

图 4—210 辽宁省 2014—2018 年能源生产情况

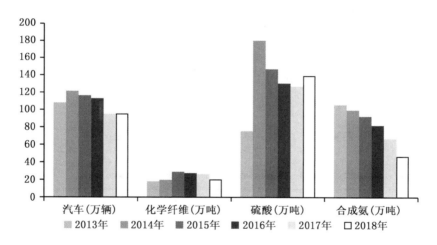

资料来源:中国经济和社会发展统计数据库。

图 4—211 2013—2018 年辽宁省部分工业产品产量

　　全年规模以上工业产品销售率 98.2%。其中,国有控股企业产品销售率 98.1%;集体企业产品销售率 100.1%,股份合作企业产品销售率 101.5%;股份制企业产品销售率 99.0%;外商及港澳台商投资企业产品销售率 97.8%。全年规模以上工业主营业务收入 26 489.9 亿元,比上年增长 15.8%;利税总额 2 925.1 亿元,增长 20.7%,其中利润总额 1 460.3

亿元,增长 41.8%。

2018 年,吉林省全部工业增加值 5 437.11 亿元,比上年增长 5.0%。规模以上工业增加值增长 5.0%。其中,轻工业增长 0.3%,重工业增长 6.1%。分经济类型看,国有及国有控股企业增长 14.3%,集体企业增长 32.1%,外商及港澳台商投资企业增长 13.8%。分门类看,采矿业下降 0.2%,制造业增长 4.1%,电力、热力、燃气及水的生产和供应业增长 13.6%(见图 4—212、表 4—25)。

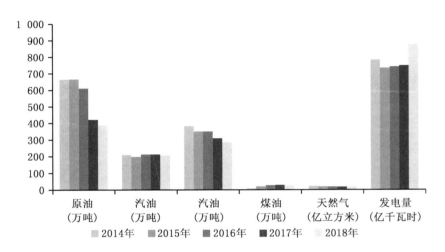

图 4—212　2014—2018 年吉林省部分能源产品产量

表 4—25　　　　　　　　　2014—2018 年吉林省部分工业产品产量

年 份	类 别					
	汽车 (万辆)	塑料 (万吨)	化学纤维 (万吨)	硫酸 (万吨)	合成氨 (万吨)	农用氮磷 钾肥料
2014	237.37	100.20	28.61	64.40	25.09	17.90
2015	208.13	105.00	30.20	71.30	25.37	57.10
2016	260.69	124.30	35.35	33.20	26.61	12.87
2017	289.77	131.47	34.38	86.88	25.60	193.33
2018	286.85	47.33	36.91	91.57	27.34	150.60

资料来源:中国经济与社会统计数据库。

2018 年黑龙江省规模以上工业企业增加值比上年增长 3.0%。重点监测的工业产品中,增长较快的有:生铁 695.7 万吨,增长 58.6%;粗钢 774.3 万吨,增长 53.9%;钢材 561.4 万吨,增长 36.4%;汽车 162 914 辆,增长 33.3%。下降较多的有:发动机 1 795.7 万千瓦,下降 53.9%;锂离子电池 886.3 万只,下降 37.7%;化肥 38.4 万吨,下降 27.1%;合成氨 39.5 万吨,下降 19.5%。

4.4.4 东北地区投入产出效率分析

1. 东北地区土地要素的投入产出效率高于全国平均水平

东北是传统的工业基地和粮食生产基地,辽宁、黑龙江的城镇化率分别达到 67.7% 和 59.2%,长期处于全国领先水平,相比其他区域更具有集聚发展的优势。以农业生产的单位土地产出来衡量传统产业的土地产出效率,东北地区的粮食播种面积和粮食产量更为均衡,单位面积粮食产量达到 5 722 公斤/公顷,基本与中部地区持平,高于全国 5 621 公斤/公顷的平均水平(见图 4—213、图 4—214)。

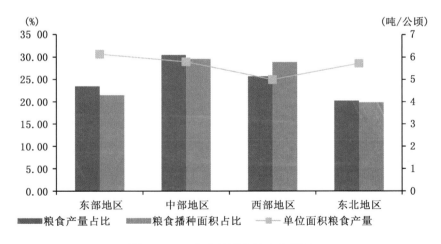

图 4—213 东北地区土地生产效率

2. 东北地区第二产业的劳动生产率正被东部地区快速赶超

东北地区是我国传统的工业基地,长期以来劳动生产率高于全国平均水平。东北振兴战略提出以来,国家加大了对东北地区的投资和援助。2011 年以来,东北地区的第二产业劳动生产率一度超过了经济发达的东

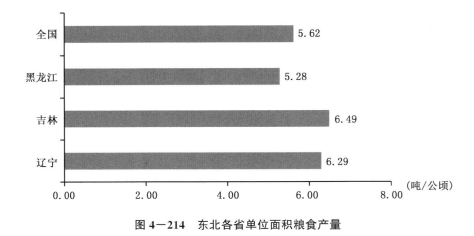

图 4—214　东北各省单位面积粮食产量

部地区。近年来,随着东北地区人口的流失和东部地区经济水平的持续提高,东部地区的劳动生产率,尤其是第二产业的劳动生产率正快速追平甚至是赶超了东北的劳动生产率(见图 4—215、图 4—216)。

图 4—215　东北地区第二产业劳动生产率变动趋势

3. 东北地区工业企业的投入产出效率有所回升,但仍低于全国平均水平

工业企业的效益基本能够反映出资本的投入产出效率,以东北地区工业企业的成本费用利润率和总资产贡献率,可以发现东北地区的工业企业的成本费用利润率和总资产贡献率均低于全国平均水平。这也是东

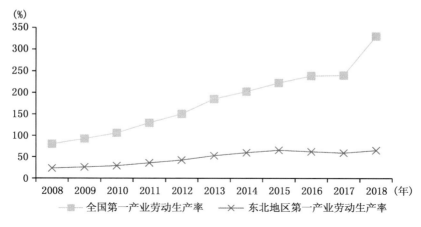

图4—216　东北地区第一产业劳动生产率与全国比较

北地区近年来产业和人口持续流出的重要因素之一(见图4—217)。

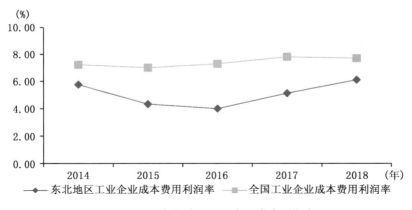

图4—217　东北地区工业企业成本利润率

2014—2016年东北地区企业的成本费用利润率仍持续下滑,2016年开始东北地区工业企业的成本费用利润率开始回升,到2018年末基本接近全国平均水平。而总资产回报率方面,东北地区工业企业的总资产回报也在2014—2016年持续下滑,2016—2018年略有回升,但依然处于4.03%的较低水平。因为2018年全国工业企业的总资产贡献率大幅降低,使得东北地区工业企业的总资产贡献率基本接近全国平均水平(见图4—218)。

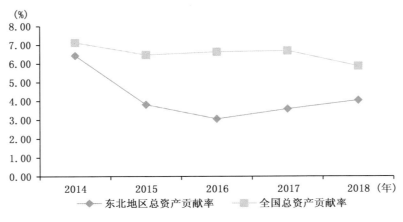

图 4—218　东北地区总资产贡献率

4. 东北地区科技研发投入强度较低,与东部地区差距持续加大

2018 年东北地区研发经费投入 710.1 亿元,研发经费投入强度仅 1.25,是全国四大区域中投入强度最低的区域,比 2.15 年全国平均水平低 0.9 个百分点。占全国研发投入的比重为 3.6%,较 2011 年的 6.69% 下降了 3.09 个百分点(见图 4—219)。

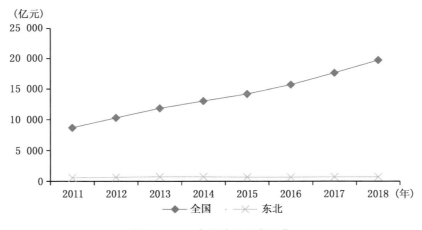

图 4—219　东北地区研发经费

4.4.5　小结

东北经济近年来出现了持续塌陷问题,因此,各项指标都出现了持续

大幅度走低的现象。"东北塌陷"问题得到了国家的高度重视,并开始了新一轮的"东北振兴"计划。在中央政府的大力扶持和东部省市的对口项目援助下,东北地区的经济止跌企稳,从 2016 年开始相关指标开始回升。

但是,东北地区在科技研发投入、劳动力人口投入方面存在巨大的差距。东北经济要能够实现可持续发展,就要改善单一的产业结构,向农业和服务业倾斜,减少重工业在经济结构中的占比,大力提升生态农业、中高端装备制造业、高科技产业、信息服务业等产业的发展。经济发展提速增力,才能吸引人才,人口也会回流,东北振兴才有希望。

4.5　四大区域产业动态发展及投入产出的比较分析

4.5.1　区域产业动态发展状况比较

近年来,中国区域经济发展取得显著成就,东部地区率先发展,中西部地区经济发展水平显著增强,东北地区经济逐步复苏。随着我国经济发展进入新常态,结构调整和改革推进力度不断加大,我国区域结构逐步由差别化向均衡化转变,但短期内区域经济发展差异化态势仍将持续。

1. 区域发展差距由扩大演变为缩小,区域分化态势加大

改革开放以来,中国四大区域发展差距经历了由扩大到缩小的过程。从 GDP 占全国经济总量来看,1978 年东部、中部、西部及东北地区生产总值占比分别为 43.56%、21.58%、20.89%、13.98%;2018 年演变为53.43%、21.40%、18.87%、6.30%。

从经济增长速度来看,改革开放以来直至 2018 年,东部、中部、西部及东北四大区域的年均增速保持在两位数以上,分别为 15.32%、14.72%、14.45%、12.48%。

东部地区逐步进入城镇化及工业化发展的后期阶段,未来经济发展将向稳增长、提质量方向发展,经济增速也将逐步放缓;同时,由于东部地区的劳动力、土地等生产要素价格大幅度上升,部分低附加值产业开始向中西部地区转移,中西部地区经济增速将继续领跑全国。

随着国家"一带一路"、长江经济带等重大国家战略的落地实施,中西部地区基础设施建设及交通基础条件将得到极大改善。以高速铁路、高

速公路为主的交通运输系统将为中西部经济社会发展提供重要支撑。未来中西部与东部地区的发展差距将进一步缩小。

东北地区增速将有所回升,但仍是发展洼地。目前东北地区经济发展有一定的回暖信号,但由于东北经济仍面临投资需求不足、国企改革滞后等问题,未来投资营商环境仍待改善。政府与市场、政府与企业及社会的发展关系等一系列深层次矛盾仍待破解。

2. 区域经济增长的主动力逐渐由第二产业转向第三产业,产业结构逐步优化升级

改革开放 40 年来,我国三次产业结构由"二一三"向"二三一",再向"三二一"演变。40 年间,随着经济总量的增加,服务业逐渐成为区域经济发展的主导产业。

从三次产业来看,1978 年三次产业结构比重为 24.6∶47.7∶27.7,而 2018 年三次产业结构优化为 7.19∶40.65∶52.16。40 年间,第一产业占 GDP 比重下降 17 个百分点,第二产业下降 7 个百分点,而第三产业则上升 25 个百分点。

四大区域板块产业结构也体现出"由重到轻"的变化趋势。第一产业贡献率东部明显低于西部,是西部的约 50%。第二产业东部低于西部约 6%。第三产业东部高于西部,相差 10% 以上。

4.5.2　区域要素投入状况比较

1. 劳动力、资本等要素在空间上非均衡流动加剧,欠发达地区"未富先老"与先发达地区"累积集聚"的双向极化现象加剧

由于人口老龄化的加剧和产业数字化转型的加速,我国人口、资本等要素在空间上的流动和布局都出现了重大变化。首先,从不同地区的人口年龄结构来看,2018 年我国 15～64 岁人口占比最高的天津已达到 78.81%,贵州最低是 66.42%。在 2005—2018 年期间,地区间的差异更加显著,15～64 岁人口占比增幅最大的省份与最小的省份相差 12.1%。河北、河南、湖南等地区"未富先老"的现象日益突出(见图 4—220)。

从资本投资空间流向的总体趋势来看,2010—2017 年期间,全社会固定资产投资新增部分,将近 25% 的比例流向了山东、江苏和河南等省份,而辽宁、山西两地全社会固定资产投资均出现了绝对量的下降。从各

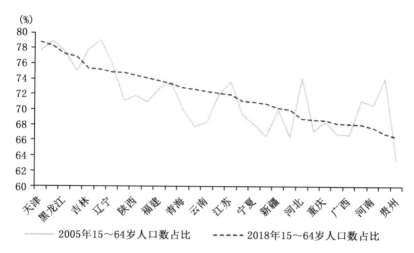

资料来源：国家统计局，来自人口抽样调查。

图4—220 2005年和2018年我国各省15～64岁人口数占比

地新增全社会固定资产投资占全国的比重来看，排名后10位的省份所占比重之和低于10％。这表明资本空间集聚的趋势正在增强，而先发达地区在要素集聚方面仍具有明显的先发优势（见图4—221）。

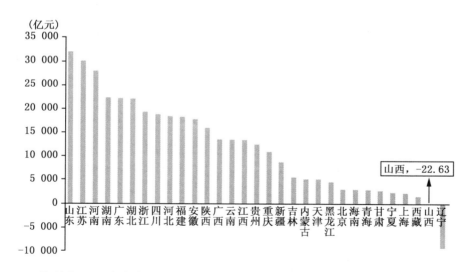

资料来源：国家统计局。

图4—221 2010—2017年期间各省新增全社会固定资产投资比较

2. 新一代技术进步导致要素空间的集聚规模效应增强

以信息网络技术为核心的新一代技术进步,对要素空间布局最为显著的影响是大幅降低了跨区域流动的成本和空间聚集的成本,并且不同要素通过功能的连接实现了在不同地理空间上的虚拟组合。由此造成了资源要素,尤其是优质资源要素在空间上集聚规模的扩大。

2017 年,我国高新技术企业超过 73.3% 集中在东部地区,而东部地区的高新技术企业大约 34.2% 又集中在广东,约 23.1% 集中在长三角地区。10 个副省级城市和 5 个计划单列市的高新技术企业之和占全国的比重超过 30%。

从不同地区人力资本的结构和流向来看,2017 年北京、上海大专及以上人口占本地区人口总数的比重分别为 47.6% 和 34.0%,比 2014 年分别提高 9.5 和 7.0 个百分点。同期相比,广西、贵州大专及以上人口占本地区人口总数的比重却都出现了不同程度的下降,表明人力资本向发达地区集聚的趋势仍在增强。在"规模累积"和"马太效应"的共同作用下,先发达地区的优势将更加显著,相对落后的地区实现追赶的难度更大,地区差距必将随之扩大。

3. 地方财政支出的结构性不平衡加大了区域间发展能力的差距

由于经济发展水平差距的扩大,地方用于公共服务的财政支出也出现了结构性分化。从所比较的一般公共服务、教育、医疗、文化、社会保障和就业等方面的人均财政支出水平来看,文化领域的财政支出差距最大,最高省份大约是最低省份的 9.5 倍。其次是社会保障和就业领域,最高与最低之比大约是 4.5 倍。总体趋势表现为,经济发展水平越高的地区用于教育、文化和社会保障的人均财政支出比例就越高,而相对落后地区则是以一般公共服务和医疗卫生领域的支出为主。这在某种程度上反映了不同地区用于人力资本和基础设施投资等支撑经济发展的基础能力存在严重的不平衡(见图 4—222)。

以 2017 年互联网基础设施为例(见图 4—223),广东、上海、北京等发达地区的互联网普及率都超过了 70%。同期相比,云南、甘肃、贵州等地区的互联网普及率都在 40% 左右。信息基础设施的落后在数字化经济加速发展的大背景下,已成为制约欠发达地区经济转型发展的瓶颈因素。

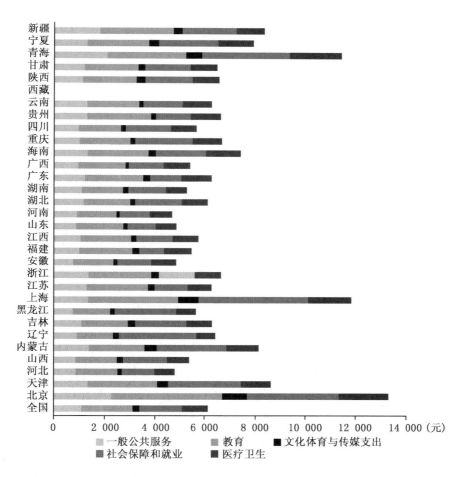

资料来源：国家统计局。

图 4－222　2017 年我国各省重点领域人均财政支出水平比较

4.5.3　区域要素投入的产出状况比较

1. 区域经济发展差距缩小，GDP 增速呈现分化趋势

2019 年 1—9 月份全国各省 GDP 总量显示，排名前五的省份依次为广东、江苏、山东、浙江、河南，各省（区、市）GDP 总量和人均 GDP 相对差也继续有所缩小，但地区绝对差距仍然在扩大，协调性有待继续提高。

2019 年前三季度我国 GDP 经济增速再次出现微弱下降态势，各省（区、市）经济增长也大多呈趋缓态势。在全国 31 个省市自治区前三季度

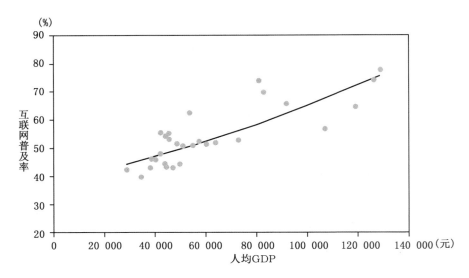

资料来源：国家统计局。

图 4—223　2017 年各省互联网普及率

GDP 增速中，云南省以 8.8% 的增速高于全国平均水平 2.6 个百分点，位列全国第一。其他 GDP 增速表现优异的省份还有贵州（8.7%）、西藏自治区（8.7%）、江西（8.6%）、福建（8.0%）、四川（7.8%）、湖北（7.8%）、湖南（7.8%）、河南（7.4%）、河北（7.0%）等省市（见表 4—26）。

表 4—26　　　　　　　　　2019 年前三季度全国各省市 GDP 比较　　　　　单位：亿元

全国排名	省（市、自治区）	2019 年前三季度 GDP	2018 年前三季度 GDP	名义增量	名义增速（%）	实际增速（%）
1	广东	77 191.22	70 635.22	6 556.00	9.28	6.40
2	江苏	72 199.64	67 039.28	5 160.36	7.70	6.40
3	山东	62 309.37	59 607.54	2 701.83	4.53	5.40
4	浙江	43 198.52	39 795.62	3 402.90	8.55	6.60
5	河南	39 055.64	35 537.40	3 518.24	9.90	7.40
6	四川	33 892.94	30 853.50	3 039.44	9.85	7.80
7	湖北	30 509.42	27 634.35	2 875.07	10.40	7.80
8	湖南	27 981.20	25 321.58	2 659.62	10.50	7.80
9	河北	26 814.72	25 226.33	1 588.39	6.30	7.00

全国排名	省（市、自治区）	2019 年前三季度 GDP	2018 年前三季度 GDP	名义增量	名义增速（％）	实际增速（％）
10	福建	25 595.01	23 311.80	2 283.21	9.79	8.00
11	上海	25 361.20	23 656.69	1 704.51	7.21	6.00
12	安徽	23 783.23	21 632.94	2 150.26	9.94	7.80
13	北京	23 129.96	21 511.11	1 618.85	7.52	6.20
14	辽宁	19 148.47	18 012.38	1 136.09	6.31	5.70
15	陕西	18 319.64	16 867.92	1 451.72	8.61	5.80
16	江西	17 176.01	15 592.53	1 583.48	10.16	8.60
17	重庆	16 073.56	14 773.30	1 300.26	8.80	6.30
18	天津	15 256.35	14 658.36	597.99	4.08	4.60
19	内蒙古	13 266.12	12 309.17	956.95	7.77	5.60
20	广西	13 239.65	12 863.07	376.58	2.93	5.50
21	云南	12 971.85	11 619.76	1 352.09	11.63	8.80
22	山西	12 688.44	11 640.33	1 048.07	9.00	6.60
23	贵州	11 513.44	10 401.39	1 112.05	10.69	8.70
24	黑龙江	10 292.23	9 859.92	432.31	4.38	4.30
25	吉林	10 045.01	9 957.68	87.33	0.88	1.80
26	新疆	9 127.10	8 502.39	624.71	7.35	6.10
27	甘肃	6 425.99	6 073.71	352.28	5.80	6.10
28	海南	3 865.79	3 546.92	418.87	11.81	5.50
29	宁夏	2 996.82	2 784.66	212.16	7.62	6.50
30	青海	2 046.45	1 926.54	119.91	6.22	5.70
31	西藏	1 156.29	1 044.03	112.26	10.75	8.70

资料来源：各地统计局。

我们可以发现几个变化。第一，先发达地区优势明显。前五之争，尽管名次没有变化，广东省依旧一骑当先，但是各省份之间的数据却在增大。比如广东与江苏省 2018 年同期差距 3 000 亿元，2019 年增加到 5 000 亿元，拉大了差距。江苏和山东差距拉大到 10 000 亿元，河南和浙江差距仍有 4 000 亿元。第二，除了山东省增速低于全国，其他四省依旧超越全国平均增速 7.10%。山东增速慢是因为新旧动能转型。江苏增量慢是由于安全环保政策及大环境影响变化。第三,在其他区域中,增速最快的是排名第 21 名的云南,增速达到 11.64%,也是唯一超过 11% 的省份。增速超过 10% 的有 6 个省份,基本都是不太发达的中西部省份。东北的吉林增速最慢,不到 1%,广西增速 2%,发展较慢。可能的原因是产业低迷、高精端人口外流等。

　　2. 地区间生产率相对于人均 GDP 水平出现了更大幅度的分化,不同地区经济增长活力差异显著

　　2014 年之后,我国地区发展水平出现了新一轮差距扩大的趋势。省级层面人均 GDP 最高与最低之比由 2014 年的 3.9 倍扩大至 2018 年的 4.5 倍。2013—2017 年,我国地区之间居民人均可支配收入最大最小值绝对差距扩大了 1.4 倍,最低省份大约相当于最高省份的 1/4(见图 4—224)。

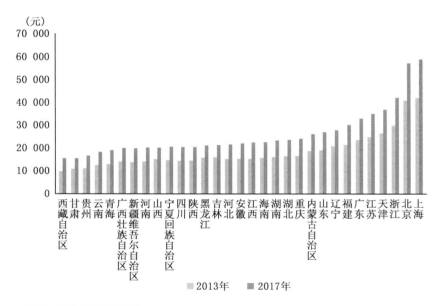

资料来源:各地统计局。

图 4—224　2013 年和 2017 年我国各省人均居民可支配收入比较

　　与人均 GDP 水平相比,地区间生产率差距扩大的趋势更加显著,并且持续的周期更长。我们用就业人口(包括城镇单位就业和私营企业、个

体从业人员)对不同省份的劳动生产率进行了估算。我国地区劳动生产率相对差距的扩大趋势自 2008 年金融危机之后就已显现,省级层面最高与最低值之比由 2008 年的 2.5 倍扩大到 2017 年的 3.8 倍。相对落后地区的生产率在 2008—2017 年期间增长非常缓慢,低于人均 GDP 的年均增长率。内蒙古自治区、甘肃等转型相对滞后地区的年均增长率为负(见图 4—225)。

地区劳动生产率出现分化的重要原因之一是部分地区经济增长活力不足。从各地区新增企业单位数占全国的比重来看,超过 30% 集中在江苏、广东和山东等东部发展相对领先的地区,而西部 12 个省份之和所占比重不到 20%。这一差距的扩大不可避免地导致地区之间居民收入和地方财政能力差距的扩大(见图 4—225)。

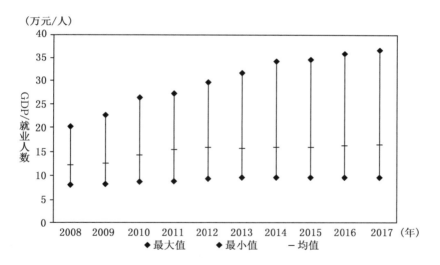

资料来源:根据《中国统计年鉴》估算。

图 4—225　2008—2017 年省级层面空间生产率差距变化

4.5.4　区域投入产出效率比较

中国区域经济发展存在较强的空间相关性且呈现收敛态势,要素流动对区域经济差距变化具有显著影响。1998—2016 年,中国的资本、劳动力要素呈现反向流动的趋势。资本要素主要向中西部相对转移,而劳动力要素有向东部集聚的倾向。资本要素在区域间流动有助于中国各省经济收敛,且随着金融市场的完善,资本流动的正向影响在逐渐扩大。劳动力要素流动导致区域经济发散,但户籍制度的松动提升了流动劳动力的质量,减缓了劳动力要素流动的负向影响,并促使中国区域经济由发散走向收敛。

1. 区域要素禀赋的生产效率差异大

张笑晨(2019)[①]基于国家统计局编制的《中国地区投入产出表 2012》计算得到了中国 31 个地区 3 种要素相对生产率的估计值(见表 4-27),包括资本存量、高教育水平劳动力和低教育水平劳动力。其中,高教育水平是指具有高中及以上文化程度。资本存量由投入产出表中的固定资产折旧价值和各行业折旧率估计。

如果不考虑西藏自治区,则对中国 31 个省市自治区进行比较发现:对于资本存量相对生产率,内蒙古自治区和河北分别取得最大值 1.282 和最小值 0.553,表示内蒙古自治区和河北生产一单位最终产品所需的资本存量投入比全国平均少 28.2%、多 44.7%;对于高教育水平劳动力相对生产率,江苏和宁夏回族自治区分别取得最大值 1.479 和最小值 0.016,表示江苏和宁夏回族自治区生产一单位最终产品所需的资本存量投入比全国平均少 47.9%、多 98.4%;对于高教育水平劳动力相对生产率,广东和宁夏回族自治区分别取得最大值 1.197 和最小值 0.01,表示广东和宁夏回族自治区生产一单位最终产品所需的资本存量投入比全国平均少 19.7%、多 99%(见表 4-27)。

表 4-27　　　　　各省 2012 年要素相对生产率估计值

	资本存量	高教育水平劳动力	低教育水平劳动力
北京	0.914	0.152	0.146
天津	1.150	1.018	0.573
河北	0.553	0.649	0.805
山西	0.660	0.162	0.068
内蒙古自治区	1.282	0.634	0.358
辽宁	0.853	0.927	0.852

---

① 张笑晨. 中国区域间要素禀赋、技术差异与贸易[J]. 现代商贸工业,2019,40(04):11-13.

续表

	资本存量	高教育水平劳动力	低教育水平劳动力
吉林	0.786	0.435	0.352
黑龙江	0.991	0.226	0.101
上海	0.943	1.230	0.802
江苏	0.830	1.479	1.115
浙江	1.124	0.739	0.410
安徽	0.768	0.891	1.168
福建	0.856	0.811	0.746
江西	0.656	0.761	0.911
山东	0.786	0.983	0.952
河南	0.711	0.698	0.819
湖北	0.596	0.711	0.652
湖南	0.732	0.862	1.120
广东	0.888	1.270	1.197
广西壮族自治区	0.727	0.461	0.455
海南	0.926	0.169	0.076
重庆	0.973	0.604	0.450
四川	0.852	0.768	1.103
贵州	0.797	0.186	0.084
云南	0.755	0.147	0.074
西藏自治区	0.329	0.004	0.002
陕西	1.017	0.549	0.406
甘肃	0.935	0.442	0.297
青海	0.649	0.089	0.036
宁夏回族自治区	0.702	0.016	0.010
新疆维吾尔自治区	0.697	0.173	0.077

资料来源:张笑晨,《中国区域间要素禀赋、技术差异与贸易》,2019。

2. 资本向西促进区域经济收敛,劳动力向东促进区域经济发散

陈燕儿和白俊红(2019)[①]用 1998—2016 年各省资本在全国总资本所占份额的变动来表征资本在区域间的相对流动,以 1998—2016 年各省劳动力数量在全国总劳动力数量所占份额的变动来表征各省份劳动力相对流动情况(见表 4—28)。

表 4—28　　　　　　各省 1998—2016 年劳动力及资本流动情况

地区	劳动力份额变化均值	资本份额变化均值	地区	劳动力份额变化均值	资本份额变化均值
北京	1.023 7	0.980 1	河南	0.995 3	1.016 5
天津	1.020 0	1.010 6	湖北	0.993 8	1.000 0
河北	1.000 8	0.987 8	湖南	0.996 6	1.013 6
山西	1.002 1	1.016 0	广东	1.017 6	0.999 9
内蒙古自治区	0.997 9	1.045 5	广西	0.996 1	1.028 4
辽宁	0.996 6	0.987 2	海南	1.004 8	1.005 9
吉林	0.995 7	1.022 7	重庆	0.994 0	1.019 8
黑龙江	0.994 4	0.990 9	四川	0.992 7	1.000 6
上海	1.021 5	0.959 3	贵州	0.993 2	1.039 9
江苏	0.999 6	0.993 7	云南	1.001 7	1.029 0
浙江	1.005 9	0.985 9	陕西	0.997 1	1.033 7
安徽	0.994 4	0.996 0	甘肃	0.996 1	1.010 4
福建	1.002 4	0.997 9	青海	1.003 1	1.051 8
江西	0.999 0	1.008 1	宁夏	1.006 4	1.060 1
山东	1.000 2	0.991 4			

资料来源:陈燕儿,白俊红.《要素流动与区域经济差距》,2019。

总体而言,中国的要素流动呈现"资本向西,劳动力向东"的特点。从 1998—2016 年各省资本在全国总资本所占份额变动来看,资本要素主要向甘肃、青海、陕西、宁夏回族自治区、湖南等省份相对转移,而上海、浙江、北京、江苏等属于资本流出省份,资本要素有偏向中、西部的倾向;从

① 陈燕儿,白俊红. 要素流动与区域经济差距[J]. 现代经济探讨,2019(6).

各省劳动力数量在全国总劳动力数量所占份额变动来看,吉林、黑龙江、湖北、陕西、四川、内蒙古自治区、辽宁存在较长时间的劳动力流出现象,而北京、广东、海南等省份的劳动力份额持续保持增长,劳动力要素有向东部集聚的倾向。

这与国外学者观察到的"资本追逐劳动"现象有所不同,可能是由于中国区域间资本流向一方面受到政府投资、政策性资金分配等政治力量的引导;另一方面也受到市场力量支配,两种力量的合并结果导致资本从东部流向中西部,而劳动力流动的决策主要与预期收入差距相关,因此经济较发达的东部地区成为劳动力主要流入地。

导致劳动力流动与区域经济差距之间关系出现变化的原因可能是劳动力流动质量的变化。随着义务教育的普及,流动劳动力的人力资本水平逐步提升。根据历次全国人口普查资料数据,省际流动人口的平均受教育年限由 1990 年的 7.38 年上升到 2010 年的 9.6 年,高于全国人口受教育的平均水平。户籍制度的松动以及传统就业观念的转变也鼓励拥有高级知识和技能的人才在区域间流动。根据 2015 年全国 1% 人口抽样调查资料,在全国范围内迁移的人群中(按户口登记地统计)超过 25% 具有大学专科及以上学历。

人才流动将对人才输出地产生激励作用,从而使得输入地和输出地的人均人力资本平均水平都得到提高。由于发达地区普遍具有更高的教育回报率,这将激励希望更高收入的落后地区人才增加其人力资本投资以获得发达地区的就业机会,在一定程度上会提升落后地区整体人力资本水平进而增强其自主创新能力,提高技术水平;并且由于流动门槛的存在,进行人力资本投资的潜在流动人才不一定都能获得流动机会,这将导致部分未能流动的人才继续留在本地工作,从而对落后地区的经济增长有所贡献。

4.5.5　小结

1. 我国区域发展不平衡加剧

受全球分工格局的深度调整和产业数字化转型等多重因素的影响,我国区域发展不平衡呈现出更复杂的特征。人口、资本等要素在空间上的非均衡流动加剧,欠发达地区"未富先老"与先发达地区"累积集聚"的双向极化现象加剧。先发达地区相对于落后地区,拥有更高质量的人力资本和基础设施,在产业向中高端转型的过程中,高质量的要素和税源继续向发达地区流入,由此导致地区之间财政收入差距不断扩大,结构不平衡状况加剧。

2. 我国各地投入产出效率参差不齐

多年来我国依靠低廉的劳动力成本和政策的优惠照顾取得经济增长。尽管国民生产总值高速增加,但这也是以牺牲能源、矿产资源和重度污染为代价的。实际上我国各地在要素投入利用转化效率上存在着严重问题,从分省市的经济活动效率排序看,一些经济大省如广东、江苏、浙江的效率排名靠后。这说明经济发达地区虽然在经济总量上遥遥领先,但主要依赖于大规模的要素投入,在要素利用率上却较低。地区间劳动生产率相对于人均 GDP 水平出现了更大幅度的分化,进一步加大了地区发展能力的差距。

4.6　本章小结

当前,我国经济由高速增长阶段转向高质量发展阶段。现阶段区域间投入产出效率存在差异,影响因素包括外部环境(国际贸易、宏观产业政策等)以及内部因素(地区政策差异、营商环境、科教实力等)。这反映了我国区域协调发展呈现新特点,也面临新挑战。

随着改革开放浪潮的不断推动,全国各地区经济水平取得迅猛长足的发展。但是在发展过程中,各地区的经济状况却呈现出不同程度的差距,而且这种差距还有加大的趋势。2008 年以后,东部地区经济增速开始放缓,中西部地区则大幅加快经济增长的步伐,这背后体现了国家层面的战略支持及当地相应的产业支撑。对于落后地区而言,经济体量较小带来的后发优势、密集的政策支持带来的产业转移、进一步扩大的基础设施建设,以及有深厚积淀的工业迅速发展,对于拉动区域经济和提高经济发展效率都功不可没。

区域间产业发展不均衡现象依然存在,且未得到很大改善。由于区域分工模糊导致区域产业结构趋同严重,阻碍了区域专业化的形成。一方面,资源加工型的垂直区域分工格局阻碍了区域间产业的协调发展与结构优化升级,不利于区域经济向更高层次迈进;另一方面,区域间的合作壁垒尚未完全打破,矛盾与冲突仍然存在。同时,在某些相同产业内部,各区域都将发展方向定位于产业生产主体部分,较少考虑配件部分,区域间缺乏专业化分工,影响产业发展的有效分工、合理布局。地区之间的经济和产业发展无法形成联动与协作,将进一步阻碍当地的要素投入产出效率的提高。

区域转型发展仍需培育新动力,探索新路径。由于传统产业和新兴产业在各个地区的比重不同,因此不同区域在新旧动能转换和产业结构调整的工作方向上存在差异,比如东部外向型经济、中西部内向型经济;东部以新兴产业为主;中西部聚焦于传统产业。目前我国各区域转型探索取得了一定成效,但仍然面临一些问题,需要深入改进。比如,京津冀地区资源环境与发展矛盾突出;东北地区民营经济发展环境有待优化,制约东北地区的体制性、机制性和结构性问题仍然存在。此外,不同地区对新兴产业的设定目标趋同,缺乏高质量发展。

区域创新能力建设中存在制约因素,科技资源有效转化为技术创新的能力还不强。当前区域创新驱动发展之所以存在差异,与当地的文化、政策、环境等不无关系。例如,一些企业科研投入积极性不高,创新水平低,核心技术依赖于国外;区域的创新文化氛围尚未形成,缺乏区域适配性政策支持,亟待进行公共治理方式和公共政策创新;区域创新平台建设不足,创新资源整合能力不强;科技成果转化的服务组织专业性不足;共性关键技术突破缺乏应有的制度保障。

未来我国各地区应加强协作,根据各自的禀赋条件充分发挥比较优势,走合理分工、优化发展的路子,形成优势互补、高质量发展的区域经济布局。中西部和东北地区要利用"成本洼地"优势,抓住产业梯度转移机遇,实现经济的科学崛起,东部地区则需依靠体制机制、人才、创新等优势实现经济的加速转型。主要从以下几个方面入手。

1. 进一步提升区域协调发展战略的引领作用

"区域协调发展战略"能够提升各层面区域战略的联动性和全局性,增强区域发展的协同性和整体性,促进我国各个地区进一步实现良好的经济发展成果。第一,促进区域发展的协同性不断增强,不仅要增强我国四大地区各自的发展动力,也要以城市群为基础,促进区域间的分工协作和协同治理。第二,坚持推动区域互动、城乡联动、陆海统筹,加强对贫困地区、民族地区等区域发展落后地区的扶持,有力支持区域发展的空间协调性进一步完备。第三,通过推动各区域充分发挥比较优势,打破行政分割局面深化区际分工,促进各类要素有序自由流动,提高整个区域经济的运行效率,缩小区域间的基本公共服务差距,促进人口、经济和资源、环境实现匹配和空间均衡。具体路径可以是城市群或者大都市区为基本空间单元构建区域财政平衡机制和土地资源配置一体化机制,加大地区之间财政能力均衡的力度,促进地区之间"共享增长"。

2. 以创新驱动作为新时期我国区域经济发展的重要抓手

我国已转向自主创新能力的提升、创新驱动发展战略与我国经济社会的发展深度融合的战略。能否构建区域现代产业体系,进而实现创新驱动发展战略有效融入区域经济发展布局,是今后破解区域动态竞争优势的关键性问题。

第一,继续构建新型区域创新网络。通过创新网络系统的构筑,推进区域在重大技术研究、创新平台共建、科技成果转化等产学研领域的深度融合,促进人才、资金、货物等便捷流动,推动基础设施互联互通、创新资源流动共享,最终发挥出重要的协同创新优势,利用本地创新资源研发有发展潜力的新技术、新产业、新业态。

第二,有效发挥政府职能,孕育良好的区域创新环境。培植良好的区域创新环境必须发挥政府的有效调控作用,打破各种体制机制障碍,集聚全球科创、金融、产业等要素,推进科技创新走廊建设,充分发挥核心创新区的辐射力、影响力,从而有效启动区域创新网络,增强创新功能和提高创新成果转化效率。

3. 积极引导地区产业体系转型升级以实现高质量发展

为了改变原有的高投入—低产出模式,实现真正的高质量发展,我国必须加快推进地区产业转型升级,努力提高资本、人力、资源等投入要素的产出效率。

一是要转变目前的经济增长方式、促进产业结构调整。不仅需要及时主动地淘汰和转移不具备优势的劳动密集型产业和"三高"行业,还应加快发展战略性新兴产业和现代生产性服务业,提升制造业效率的同时打造现代产业体系的核心竞争力。

　　二是要充分发挥科技创新和人才资源优势,增强自主创新能力,提升经济增长的内生动力和可持续性。一方面,要深入推进体制机制改革,主动融入新一轮科技和产业革命,在高新技术产业园区建设和科技创新上发力,在智能化、成套化、国际化、社会化上下功夫,优化制造业空间布局与区域分工。另一方面,在产业价值链分工上补足科技创新短板,进一步提高区域协同创新能级。鼓励企业促进科技创新合作,加大对基础应用领域的研发投入和自主研究,继续扎根科技要素密集的装备制造业,打造先进制造业产业集群和高新技术产业基地。

副报告

上海现代产业体系建设重点与对策

提　要

　　在全球产业与技术激烈竞争的背景下，上海如何加快建设现代产业体系，为长三角经济一体化发展，为国家产业转型升级建设现代经济体系做出上海的贡献，为上海建设卓越全球城市提供现代产业基础是十分重要，也是十分迫切的。

　　根据卓越全球城市目标，人们美好生活的要求、新技术革命影响，以及人口、环境、土地空间等因素，上海现代产业体系的特征可能是：①低碳、环保、智能化、互联网化的生产体系，互联网、信息技术与实体产业的融合一体化发展，并以互联网为基础的大规模智能化定制生产方式为主导。②全球资源配置中心之一，产业体系中的相当部分产业在全球分工条件下，具有产业链、价值链的控制力创新能力强，附加价值高，成为全球标识。③现代服务业与先进制造业融合发展，制造业服务化，服务业制造化为核心的体系。④产业组织体系形成资源配置平台为基础的大企业主导的生产服务集成群，中小企业组织群等有序有效组织体系，效率高。⑤创新服务体系完整，效率高，成为全球创新与高技术产业发展高地。上海未来现代产业体系将与环境友好目标、城市发展目标协同,最终使上海的国际竞争力上升。

上海现代产业体系建设目标模式为"综合性生产服务、模块化分工、互联互通"的新型网络状产业体系。此产业体系具有未来新兴产业体系内在与运行逻辑,是服务经济为主导、"三二一"产业融合发展的新型产业结构。围绕建设互联互通、网络状新型现代产业体系的目标,上海应当积极打造五大功能平台,分别是全球资本交易与流通配置平台、全球货品和服务交易与流动配置平台、全球科技创新与服务平台、全球信息知识技术交换与服务平台、全球文化娱乐创意及服务平台。建设三大类功能性集成产业来支撑:第一,生活服务功能性集成产业。第二,装备生产与服务功能性集成产业。第三,基础性、大功能性集成产业。重点关注决定未来全球产业领先性与竞争力的六大新兴产业,即新型基础产业(云、网、端)、新型平台产业(工业互联网)、人工智能产业、数字产业、基因经济与产业、现代服务业。

上海现代产业体系建设的重要对策有以下几点。

第一,改变上海现行产业体系运行逻辑。上海建立的现代产业体系应该是基于内生比较优势(智力资本与创新)与发达国家进行全球产业体系的专业化分工,通过自主创新实现产业技术、生产功能升级,占据价值链的高端,获得全球价值链的治理能力;同时,实现比较高的附加价值收益的增长。通过收益的增加就可以促进人力资本的进一步积累和创新的更多投入,促进新比较优势的形成,并在此基础上依据新的动态比较优势参与国际新分工,形成一个正反馈的循环。

第二,把握全球产业链价值链高端。面对全球产业尤其是制造业发展的新变化,面对新一轮技术革命,上海现代产业体系构建的重要对策应该是:有跨越与赶超的勇气与动力,以新兴产业集群发展为载体,通过科学技术创新、产业创新,直接把握世界新兴产业的价值链高端,发展附加价值高、收益大的环节,形成自己的核心竞争力,从而成为产业价值链的控制者,形成能够引领其他相关产业转型升级的高质量发展模式。

第三,实施产业转型"加、减、除、乘"四种新模式。"加"模式就是上海要加快与增加新兴产业发展。现代产业体系是在现行产业体系中转型脱胎而成。"减"模式就是减少上海现行产业体系中的低端技术、低端产品与服务的供给,是通过这些的减少导致产业无效低效的供给减少。"除"模式关键是上海应该加大力度除去能耗高、污染高的产业以及它们的加工组装环节。"除"的本质是绿色发展、清洁发展,下决心把现行产业体系中的那些能耗高、污染重的产业除掉。"乘"模式的核心是上海应该通过核心技术创新与把握,通过互联网、信息技术、大数据、人工智能以及平台经济融合所有产业,通过跨界融合创新,关联互通,实现产业发展的乘数效应,形成产业发展新业态、新模式,形成上海现代产业体系的动态运行新范式。

第四,上海要在先进制造业竞争中率先突破。上海建设现代产业体系发展现代服务业非常重要,这是上海未来经济的主体产业,与上海卓越世界城市建设发展密不可分,但上海的现代产业体系中不能也不应该缺少现代先进制造业。基于上海制造业与先进制造业的基础,上海要打响制造品牌,树立上海制造再出发的战略思维,不仅要主动应对产业新变革,打造"大国重器",代表国家参与国际竞争,也要顺应市场新潮流,创造"时代精品",走进千家万户的心中。

现代经济体系的核心是现代(新型)产业体系。所谓产业体系,就是所有产业相互关联衔接的系统。它既是全社会所有产品投入产出相互关联的体系,也是所有产品供给流通与消费的一体化体系,它是国民经济发展的核心。产业体系分现行与现代两种定义。现行产业体系是指目前我国正在运行的产业体系;现代产业体系是指全球领先的代表未来发展方向与竞争力的新型产业体系。

在全球资源价格上升、汇率波动、贸易保护主义抬头、信息化、技术进步快速和劳动力成本加大等因素影响下,中国经济与产业体系面临严重挑战。我国现行产业体系运行困难,低端产业产能严重过剩,高端产业核心技术缺乏,迫切需要转型调整。上海的产业体系同样遇到这样的问题,需要转型发展。另一方面,新技术革命正在全球发生,按照德国人"工业4.0"的说法,人类社会即将来临的恰恰是以智能化信息物联系统为代表的新产业革命。在这样的背景下,要求我们重新思考过去40年的发展,深刻规划上海产业未来如何科学发展。因此,研究符合上海未来需要的现代产业体系及其发展模式和相应的政策支持体系是奠定上海未来成为卓越的世界城市、上海经济社会可持续科学发展的关键之一,也是谋求上海经济在未来可以有比较强大的国际竞争力的关键所在,意义十分重大。

一

现行产业体系的两分法

在消费需求发生重大变化以及新技术革命已经爆发的今天,一个国家或一个地区的现行产业体系实际上可以以适应新需求、新技术进步的一类发展势头迅猛的新型产业和现有的已经是发展成熟的产业来做大致的划分。前者我们称之为新兴产业;后者我们称之为传统产业。当一个国家或地区的产业体系中新兴产业逐步发展成为国民经济的支柱成为国民经济发展的主要力量时,此时就可以把产业体系认定为是新型体系;反之则还是传统体系,需要进一步调整转型,需要创新驱动。

传统产业是指在工业化进程中,相对于新兴主导产业来说,前一个阶段主导产业高速增长后保留下来的一系列产业[1]。从生产要素密集度来看,传统产业大多是劳动密集型产业或资本密集型产业,其以传统生产技术为主导,进行传统产品的生产[2]。

---

[1] 孔祥敏. 中国传统产业在知识经济时代的前途[J]. 长白学刊,2001(6):42—45.
[2] 赵强,胡荣涛. 加快传统产业改造和升级的步伐[J]. 经济经纬,2002(1):28—31.

　　我们的传统产业概念包括三次产业在内,即包括传统农业、传统工业和传统服务业。其中,传统农业主要是指在自然经济条件下,采用人力、畜力、手工工具、铁器等为主的手工劳动方式或初级农业技术与机械,靠世代积累下来的传统经验发展,以自给自足的自然经济居主导地位的农业;传统工业主要是指在中国工业化发展进程中发挥重要作用的能源产业(煤炭、原油开采、电力等)和原材料工业(如钢铁、有色金属、建材、化工原料或材料等)等传统基础性产业以及食品、饮料、纺织、服装等加工制造型产业;传统服务业一是指需求是"传统"的(其需求在工业化以前就广泛存在),二是指生产方式是"传统"的("前资本主义生产方式",如家仆服务和传统商业等),典型行业如商贸业、餐饮业、住宿业、旅游业等。

　　新兴产业有广义和狭义之分:广义的新兴产业是指那些在先进技术革命成果的基础上,建立起来的对经济发展具有战略意义的新产业,这些产业创新性突出,是科技创新活动最为集中的领域;狭义的新兴产业是指那些依靠科技革命成果衍生出来的高新技术企业[①]。新兴产业的发展处于产业生命周期的初创期或成长期,具有良好的市场前景,并代表着产业未来发展的方向。

　　我们使用广义的新兴产业的概念,即新兴产业主要包括现代农业、先进制造业和新兴服务业。其中,现代农业主要是指应用现代科学技术、现代工业提供的生产资料和科学管理方法的社会化农业,是最新技术发展阶段的农业;先进制造业主要是指以当前与未来领先技术为核心的制造业,主要包括战略性新兴产业以及高新技术产业,如节能环保、新一代信息技术、生物、高端智能装备制造、新能源、新材料、新能源汽车等产业,以及光机电一体化、航空航天、核应用及地球、空间、海洋工程等技术领域新兴产业;新兴服务业是伴随着社会分工的细化和消费需求升级而新形成的服务行业,以及用现代新技术、新业态和新的服务方式改造提升传统服务业而产生的服务业,主要指互联网、科技服务、现代金融、电子商务、文化创意、现代物流、总部经济、信息服务等消费与生产服务业领域的新兴服务业。

　　狭义的新兴产业是指技术进步与产业革命中产生的过去没有的全新

　　① 黄南. 世界新兴产业发展的一般规律分析[J]. 科技与经济,2008,21(5):31—34.

的产业。这样的产业也包括新农业、新工业与新服务业,如互联网产业、平台产业、机器人产业等等。

新兴产业与传统产业是相对的,又是关联的。经济与产业发展的阶段不同,技术进步的阶段不同,新兴产业与传统产业的内容是不同的。钢铁、汽车、造船、纺织等产业曾经都是新兴产业,而在今天已经成为传统产业。今天的智能装备产业、数据分析产业、互联网平台产业等的确是全新的产业,正在快速地成长与发展,且影响着其他新兴与传统产业的转型升级。因为传统产业与新兴产业都是现行产业体系中的组成部分,相互之间依然有密切的技术经济联系并不完全割裂。正因为如此,可以观察到的是在市场机制作用下,新兴产业的知识与技术会溢出至传统产业,改造乃至淘汰过时落后的传统产业,从而使产业体系得以转型升级,成为新型的供给体系。

然而,问题是上海的新兴产业如何从一个传统产业占绝对比重的产业体系中脱颖而出发展起来,成为上海未来经济发展的新动力和新增长点,这才是应该特别关注的重点,也是上海现代产业体系构建的关键。

二

现代产业体系构建与发展的关键要素

（一）现代产业体系的五大特征

所谓现代产业体系，应该是以美好生活需求为主导的、开放的、再生性能源支撑的、智能与互联网信息技术融合的、技术进步产业创新能力强大、投入产出效率高的新型产业体系。具体有五大特征。

第一，现代产业体系是低碳、环保、智能化、互联网化的投入产出体系，是互联网、大数据、信息技术与实体产业的融合，并以互联网为基础的大规模智能化定制生产方式为主导的体系。现代产业体系是与环境友好的、城市发展相互依赖的，是以低碳、环保为特征的体系；同时随着全球化与信息化的快速发展，互联网、人工智能等已成为现代产业体系的基础性产业，渗透到各个产业，同时生产方式需要及时的信息交流、处理与沟通，包括人跟人、人跟机器、机器与机器之间的信息交流与沟通，从而支持大规模定制化的生产模式。

第二，现代产业体系是实现全球资源有效配置的体系。现代产业体系是高度开放的产业体系,产业体系能够进行全球资源配置,这个资源包括了资本、服务、创新、信息、文化等方面。现代产业体系中的部分核心产业在全球分工条件下,具有产业链、价值链的控制力、创新能力强,附加价值高的特点;具备关键环节的核心竞争力,能够作为"链主"掌握产业链,成为全球产业领先标识。

第三,现代产业体系是新型的产业跨界融合的体系,是智能制造与智慧服务融合一体为主的体系,形成不同于现行产业体系的结构。现代产业体系的结构是服务业制造化、制造业服务化融合结构,是各类纵向产业链或价值链与各类横向产业链或价值链交织而成的网络状结构,其中心节点是各类平台尤其是互联网平台。

第四,现代产业体系的产业组织体系是形成以各类平台为基础的产业生态圈、大企业主导的生产服务协作网络,以及中小企业组织群等有序有效组织体系,是现代产业体系的微观基础。根据现代产业协同发展、企业合作竞争的发展趋势,现代产业体系的微观基础是核心产业组成形成的产业生态圈、围绕这些产业大企业形成了一系列中小企业协作网络,在空间集聚的集群体系,使得分工合作方式变化,投入产出效率高,实现高的社会资源配置效率。

第五,现代产业体系是动态演进的产业体系。动态演进的核心是强大的技术进步与产业创新能力;动态演进的结果就是产业体系在不断自我更新,不断进行技术进步与促进新兴产业的诞生,具备现代最领先的各类产业制作、工艺、集成、服务技术与组织。因此现代产业体系应该是全球创新与高技术产业发展高地,在技术进步、产业创新与时俱进,能力强大,同时有完整、高效率技术进步与产业创新的服务体系。

上海的现代产业体系建设是我国现代产业体系建设与发展的一部分,虽然体系未必与全国体系完全一致,相反应该有上海的特色,但总体上看还是应该具有上述五大特征的现代产业体系。

(二)影响上海现代产业体系建设的关键因素

影响上海现代产业体系构建与发展的因素很多,首先是上海城市未来发展的定位,然后是消费需求新变化、科创中心发展与科技进步这两个重要因素,此外还有诸如上海产业发展的要素基础、生态环境、人口结构、政府政策、世界经济等等,都是影响产业体系发展演化的重要因素,而且还会交叉影响。

1. 全球城市功能定位对产业体系与结构的影响

随着全球化与信息化浪潮的愈演愈烈,城市被不断赋予新的作用。全球化使城市的资源配置功能越发突出,信息化则给城市带来了"流动空间",前一种使全球市场体系对城市产生了需求;后一种为城市参与全球公民社会提供可能,而这两种力量共同推动了城市对全球管理体系的参与。[①] 在此背景下,城市的"国际化",也就是其影响力出现阶段的划分:都市国际化是其初级阶段;国际大都市是其中级阶段;而全球城市,或者称世界城市,是其高级阶段。

一个全球城市的产业结构,必然要适应全球发展的趋势,以支撑其全球领先的经济、政治、文化地位。上海的发展目标是成为一个综合性全球城市,其产业结构转型必然要与其相适应。

(1)全球城市的概念

"全球城市"概念是顺应世界发展的情况,从"巨型城市"与"世界城市"的概念中发展而来。全球城市概念的发展本身隐含了全球经济与产业体系及结构的发展历程。

20 世纪 70 年代,詹妮丝·帕尔曼(Janice Perlman)提出了著名的"巨型城市计划"(Mega-cities Project)[②],也让这一概念为人所知。巨型城市关注的是大量人口聚集在某个城市区域的现象。最初的定义为 800 万人以上的大城市,20 世纪 90 年代以后提升到 1 000 万人。在 20 世纪 50 年代,世界上达到巨型城市标准的只有纽约,因此这一概念从一个侧面反映了城市的发展情况。然而人们逐渐发现,城市在区域、国家、全球的地位和等级是从其经济、政治、文化等领域作用体现出来的而不是人口。一个重要的证据是在 2000 年以后,巨型城市的增长主要在发展中地区。[③]

"世界城市"概念最早是帕特里克·盖迪斯(Patrick Geddes,1915)提出的。英国学者彼得·霍尔(Peter Hall)在其出版的《世界城市》(1966)一书中,从多个角度对这一概念进行了深入定义,从世界中心的角

---

① 汤伟:《超越国家?——城市和国际体系转型的逻辑关系》,《社会科学》2011 年第 8 期。

② 参见 www. megacitiesproject. org。

③ United Nations,World Urbanization Prospects:The 1999 Revision.

度来阐述世界城市的意义。① 约翰·弗里德曼（John Friedmann）于 1986 年进一步提出了"世界城市假说"，可以说是之后"全球城市"概念的雏形。他以新国际劳动分工在空间组织上的表现，提出了七个彼此相关的论断。在产业体系层面，他认为城市与世界经济的融合程度与融合形式，将决定城市结构的转型；全球资本把某些关键城市作为空间组织的"基点"，以及生产和销售的"节点"，这些关键城市即为世界城市；世界城市成长的推动力来源于少数快速增长的部门，例如公司总部、国际金融部门、全球运输及通信部门以及高层次商业服务业（生产性服务业）；世界城市是国际资本的主要汇聚地点。

　　1991 年，美国芝加哥大学社会学系的学者萨斯基亚·萨森（Saskia Sassen）基于全球化背景下城市经济基础、空间组织及其社会结构做进一步的分析，提出了"全球城市模型"（The Global City：New York，London，Tokyo），正式将全球城市的概念提上舞台。在萨森的理论中，全球城市掌控资本、服务与信息的能力伴随着国际化的脚步越来越强，逐渐成为全球城市中的节点，并对全球经济发挥举足轻重的作用，这与世界城市的概念类似。

　　不同的是，萨森的全球城市模型中，企业代替宏观的"城市"与"国家"，成为区位选择的主要分析对象。他的论断包括：①经济的全球化程度越高，跨国公司就要在不同的国家开展业务，同时催生中心管理的需要，且这个需要越来越复杂。全球城市具有提供这种专业化服务的能力，中心功能就倾向于向它们集中。②金融业、生产性服务业也同样向全球城市集中。一方面，生产性服务业集聚彼此收益，容易形成服务联合体。另一方面，尽管全球贸易的发展和制造业的分散使得跨国公司总部选址灵活性增强，但是由于专业生产性服务业的需求，跨国公司依然倾向于选择那些具备生产性服务业产业优势的地区，也就是全球城市。③跨国公司的经济活动全球布点，生产性服务业提供的必然也是全球化的服务。同时，随着贸易壁垒的弱化，城市逐渐代替国家，构建新的网络层级体系，彼此依赖、获利。④伴随着制造业分散，金融业生产性服务业集中，城市的产业结构和人才结构为之变化。整个城市的高级专业人员占全部从业

---

① Peter Hall，"The World Cities"，1966，London：Weidenfeld and Nicolson.

人员的比重不断提高。从事服务业的临时工同样相应上升。劳动力市场两极分化。

全球城市概念不再局限于宏观经济，而是以跨国企业呈现的生产分散、管理集中的特征为基础，研究城市的经济、社会和空间组织变化。生产性服务业被突出强调城市资本与货物的掌控能力往往由此带来。这使得全球城市替代世界城市，成为更加准确的城市评判标准。

（2）全球城市的现代特征

由于信息化的普及，全球城市理论在原有基础上不断更新。文化、知识、人才等概念被融入全球城市的特征中，而全球城市的掌控力则有了更加准确的体现，也就是其对资本、服务、创新、信息、文化等的资源配置者。这之中，在信息、创新与文化的资源配置能力上，领先者与落后者的差距更加明显。

萨森的全球城市理论提出于 1991 年。当时，互联网信息技术还未普及，全球化主要发生在资本流动、货物运输和服务输出层面。因此，在全球城市的概念中，她强调的特征主要集中在资本与服务层面，包括：①世界经济组织高度集中的控制中心；②金融机构和专业服务公司的主要集聚地；③高新技术产业的生产和研发基地；④产品和创新的市场。[①]

2001 年，伴随着信息化趋势的明显，萨森对于其理论进行了更新，进一步强调世界网络化特征，拓展了资源的概念。服务性公司的地位被进一步提升，尽管这类服务性公司的位置（区位）选择具有集中化倾向，但为了能够在全球范围内提供服务，其仍然在全球遍设子公司、分部，从而形成全球性的网络。网络中的每一个子公司、分部都代表着其服务在全球的具体分配，这是其位置（区位）决策在全球范围内实施的结果。从这一角度讲，世界城市可以看成是众多的服务性公司实施其全球位置决策的聚合作用结果。其下各种子公司、分部构成的"公司塔"，正是网络中的节点。而流动的也不局限于资本和商品，还包含与城市相关的创新、信息、文化等。

发展中国家的大城市与全球城市领先者之间的差距正是在信息、创

---

① Saskia Sassen，The Global Cities：New York，London，Tokyo（2nd edition），2001，Princeton University Press.

新与文化能力上。在周振华的著作《崛起中的全球城市》①中,引用杨(Yeung)和奥兹(Olds)提出的概念,将具备相应基础条件,并朝着全球城市发展的国际大都市定义为崛起中的全球城市。基础条件主要是融入全球城市的网络与节点中,而这一融入首先发生在资本与货物领域。而除了经济发展本身,周振华强调由文化创造能力与治理模式构成的全球城市的气质决定全球城市的地位。这些能力决定了信息资源、人才资源、文化资源的掌控力,而全球城市的领先者往往在这些方面的优势较大。

根据弗里德曼与萨森的研究,一个全球城市的产业结构,必然符合其资本、服务与信息掌控者的角色,对其全球生产、销售、服务和创新中心的作用起到支撑作用。对应当下国际化与信息化的浪潮,其产业结构应当是具有资源配置体系、生产性服务业、现代化生产体系和创新产业组织体系支撑的。我们认为全球城市的现代化特征为:

①全球资源配置中心

资源配置能力是现代全球城市的重要组成部分。一个全球城市的产业体系的相当部分产业在全球分工条件下,必然具有产业链、价值链的控制力,其资源配置创新能力强,附加价值高,成为全球标识。

全球城市所能进行配置的资源包括了资本、服务、创新、信息、文化等方面。资本主要是指经济资源、金融、贸易资源与物流资源,它的配置能力是全球城市的基础要求。服务指对资源配置能力实现的保障以及对其他资源配置效率的影响,包括对生产和基础服务有支撑作用的生产性服务业,与传统意义上的服务有一定区别,更强调对资源配置效率的提升。服务配置是城市的吸引力的基础。创新代表城市的技术资源与发展潜力,与资本一起能发挥主导力量,且更难获取。信息包含了信息技术,媒体信息与组织信息的配置能力,影响城市的吸引力,也影响生产与服务的效率。文化则代表城市的软实力与文化消费的引领力,是城市影响力的重要体现。

在全球化、信息化的当下,全球城市在完整的产业价值链中,从上游到下游历经研发、设计、生产、销售、服务等环节,能够实现从原材料到最后制成品的完成,保证该产业价值链中人、物、信息、资金的畅通以及价值

---

① 周振华:《崛起中的全球城市》,上海人民出版社 2008 年版。

的生成和积累。作为全球资本、服务与信息掌控者,全球城市必然成为金融机构和专业服务公司比如广告、会计师事务所,进而成为世界创新、信息与文化中心,支撑其在资源配置中的话语权和控制权。在信息化愈演愈烈的浪潮中,创新带来的技术配置能力,信息带来的知识配置能力,文化带来的影响力与消费高端化,越来越重要。

上海目前在资本的资源配置能力上已经比较出众。在"四个中心"目标下,上海已经拥有一定的金融资源、贸易资源配置能力。但在其他资源配置能力上,上海依然与全球领先者有差距。

②现代服务业体系

全球城市是服务中心,其生产性服务业发展是其重要指标。参考公认全球城市纽约、东京、伦敦的服务经济为主,主要标志是"两个70%",即第三产业的比重应该占 GDP 的 70%,而在所有服务业贡献的 GDP 当中,生产性服务业又应该占到服务业比重的 70%。服务中心不仅代表着生产结构的改变,也代表着人才结构高端化,消费素质提高。

生产性服务业是提供中间需求性质服务产品的企业集合,其服务对象是面向企业而非最终消费者的。它能保持工业生产过程的连续性、促进各行业技术的进步,同时能促进产业升级,保障服务与生产效率的服务行业。生产性服务业的发展决定了城市管理能力、控制能力与创新能力的大小。其是全球城市最重要的竞争力指标。反向来看,由于生产性服务业的集聚效应与网络效应,一个城市若想提升自己的功能定位,进阶到全球城市,那么如何发展生产性服务业,提升其在产业结构中的比例,也是最关键的问题。生产性服务业在全球城市产业结构中应当是重中之重。

现代服务业体系的构建也意味着城市生活者的消费结构的改变。城市民众的消费与全球化、信息化的趋势相适应,这同时也代表了人才的集聚。包括医药健康、环保、信息网络、文化在内的消费比例将相应提高,而人才将进一步提供创新与文化发展的动力。

③低碳环保智能化的生产体系

尽管全球城市主要承担资源配置的作用,但其依然是世界生产的中心。支撑其生产体系的是互联网、信息技术与实体产业的融合一体化发展,并以互联网为基础的大规模智能化定制生产方式为主导,也就是定制的生产体系。在这个生产体系中,全球城市扮演着技术引导者、品牌掌控者的角色。

随着全球化与信息化的快速发展,生产方式更需要及时的信息交流、处理与沟通,包括人跟人、人跟机器、机器跟机器之间的信息交流与沟通,以支持定制化的生产。这些都需要通信技术,需要互联网和信息的贯通,需要高端的人力资本和高级人才。由于生产性服务业大规模介入,新的生产组织方式将使得运输成本大为减少,定制交易成本也大为节约。加上定制也没有库存,没有多余产品的浪费,相比于传统制造业,其在能源消耗与环境保护上有着天然的优势。低碳环保智能化的生产体系必然能掌控全球生产的主导权。

生产体系的改变下,技术与品牌将越来越成为评判产品好坏的标准,而这些正是新生产方式的领先者,全球城市所掌控的。因而,尽管制造业大规模外迁,规模缩减,但全球城市依然是全球的生产中心,根本原因正是现代生产体系的变革。而全球城市也应当发展起符合其需求的生产中心,其真正的核心是在生产性服务业支撑下,信息互联互通的智能化的定制生产体系。

④现代产业组织体系

根据生产性服务业的发展规律,全球城市的产业组织体系是以平台为基础的大企业主导的群、中小企业组织群等有序、有效组织体系。这个体系效率高,构成跨产业,且具有较强的创新性,支撑全球城市不断向前发展。

全球城市的发展往往首先形成一系列大企业,而后围绕这些大企业形成了一系列中小企业的集群,从整体上带动了整体经济的发展。大企业提供了资本、服务和信息掌控者的基础,而中小企业大部分将从事生产性服务业,或在高新技术研发和产业化领域具有强大潜力,以支撑这些掌控者的地位。

中小企业的领域具有一定的灵活性。如今,"一二三"产业融合的当下,这种灵活性将提供价值网络构建的良好条件。中小企业能够对市场趋势做出快速反应,同时进行技术、生产与服务的调整,引领创新。

这些中小企业能够帮助城市的智能化生产体系发展,并帮助企业在产业价值链上的地位上升。在全球城市的产业组织角色分配中,大小企业必然是一个有序的组织,大企业掌控方向,并与小企业联合开拓创新,提供源源不断的动力。

2. 重大技术进步对产业体系有重大影响

每一次重大技术变革与创新必然导致产业的创新发展,甚至导致所谓的新工业革命。这些技术又可归为两大类:基础产业类新技术与智能制造新技术。这些技术变革及其将来发展的趋势将决定新工业革命的走向,也是决定我国现代产业体系建立与发展的关键要素之一。

基础产业类新技术构成了现代产业体系的技术装备与产品基础,包括以下几方面。

(1)互联网与物联网信息技术

传统的认识中,互联网信息技术仅仅是人与人沟通的工具。随着互联、数字、智能化的融合,智能工厂将孕育而出,成为新工业革命的发展方向,而其核心正是互联网信息技术。互联网信息技术下的物联网、WIFI技术、云计算技术打破了人指挥机器的传统模式,让机器学会学习,学会交流,学会自主变化,人只要提要求,机器就能自己完成制造。

(2)信息、大数据分析技术及其影响

生产中的大数据成为工业大数据,它是由一个产品制造流程或者一个工业体系带出的数据。工业大数据使得产品带来更高的价值,每一个出产的产品最后都能回馈信息至生产者手中,从而反过来影响之后的生产者决策与行为,也能提前为生产者应对突发情况做出提示,使得生产过程中不再存在不确定的信息。工业大数据的信息系统对制造设备的要求越来越高,逐步成为新一代智能制造装备或工厂。

(3)新能源技术及其影响

我们目前的经济与社会发展模式、人们的生产方式与生活消费方式基本依赖于化石能源的生产与使用,然而目前化石能源已经逐步进入枯竭期。以太阳能、风能技术、海洋能技术、核能技术为代表的新能源技术正逐渐发挥作用,替代原有的产业结构与产品。新能源发电之外,新能源汽车、新能源住房等领域都带来了新的应用领域,且正成为主流的消费品。

(4)新材料技术及其影响

新一代的产品材料将选用诸如碳纳米管、陶瓷基纳米复合材料和新

型碳纤维等新材料,而其生产方式将会是添加式的,一次定型。这样的材料生产方式的实现关键就是新型材料技术。新型材料会使未来的产品比现有制成品更硬、更轻、更节能、更耐用。如分子材料与制造技术将可以在原子精确度的条件下操控分子。物质可以轻易地被准确的操作,进而连接起来,由此带来成本的大幅度降低与成本的上升。

基础产业技术的革新改变了制造的方式,由人指挥机器向机器提出要求,变为机器智能自行生产转变,使得产品的制造更简单,更高效。

形成智能生产服务系统的核心技术,包括以下几方面。

(1)智能制造装备技术

智能制造装备是实现定制化的生产的基础"工人"。目前,智能制造装备的前沿是 3D 打印技术以及高端机器人技术。以 3D 打印技术为例,零部件是通过在三维模型中融化材料的连续层制成的——叠加材料而不是减去材料。用于生产这些零部件的"3D 打印"技术使用的是动力金属、塑料液滴和其他材料——类似于激光打印机的色粉盒。这一技术可在不使用任何工具或固定装置的情况下制造物品。制造过程不会产生任何废料,也不会因为产品复杂而产生额外费用。

(2)嵌入式电子、智能系统与软件控制

智能化生产系统及过程,以及网络分布式生产设施的实现需要嵌入式电子、智能系统与软件控制的帮助。它们是智能制造装备的"指挥"。未来,各个工厂将具备统一的机械、电器和通信标准。以物联网和服务互联网为基础,配备有感测器、无线和 RFID 通信技术的智能制造设备可以对生产过程进行智能化监控。由此,智能工厂能够自行运转,且工厂间零件与机器可以相互交流。结合大数据技术,智能工厂还能对生产与修理做出可能的提示。

(3)智能定制生产与在线控制体系

智能定制生产体系与在线控制技术是通过基础设施如互联网技术、大数据技术等综合而成的软件控制系统,是智能制造设备的质量"监控者"。智能设备可以根据每个在制产品承载的整个供应链和生命周期中所需的各种信息,进行生产制造与服务自组织调整。所生产的产品本身是智能的,是消费者个性化需要的产品或服务。此外,这个系统还能够辅助操作步骤与监测周围环境,其工厂可以实现全产业链的智能生产,实现生产的自我调整,透明化生产,个性化制造。

(4)资源与产品、服务配送技术与系统

未来,"配送系统"将与定位技术结合得更加紧密,实现资源与产品服务的运转监管,进而实现零库存,以及实时响应的送货系统。这一系统是物联网的进一步运用,可以帮助监控实物的具体数据、运输的具体位置,实现实时生产、快速送达的目标。与之对应,交通系统也会受其影响,产生相应的革新,与智能城市的发展目标相互呼应。

这些新技术新方式目前的发展变化,以及未来的发展变化可能对未来全球产业分工、产业发展与新型产业体系有重大影响,显然这些变化是我们必须关注与深刻研究的。

3. 人们美好生活需要不断变化的影响

任何在人类社会发展中获得成功的新技术、新业态、新模式都是人类需求现在或未来的满足。以生产与管理等诸多方面技术与方法支持的产业发展与产业体系实为满足消费者需求的生产服务体系,需求与供给本应相互关联。所以,今天正在发展创新的新技术、新模式,实为人们为现在与未来消费者的需求变化与消费习惯变化所准备的。所以,我们认为消费需求与消费习惯今天与未来的可能变化在引导技术的进步,引导方法与模式的创新,进而成为推动现代产业体系的动态演化的最重要的影响变量。

随着人类知识的增加,人均收入的提高,以及人类对新生活方式、幸福生活的追求,人类的消费需求、消费理念、消费习惯正在发生巨大的变化。这些变化有三个重要的方面:消费需求的个性化、集成化与便利化。

个性化是指消费者按照自己的需求与消费偏好,消费仅仅为自己个人定制的产品与服务。个性化消费是人们最终、最高的追求,也是幸福与满意的最高级阶段。至今为止的人类生产方式与技术仅仅是尽可能满足大众化一般的需求,至于个性化那是非常奢侈的个例。然而,由于互联网与智能生产服务系统的技术发展,海量消费者的不同需求数据能够被快速地收集与处理,进而由云计算进行数据处理,然后由智能生产服务系统完成快速的个性化生产。目前符合个性化需要的大规模定制生产在技术上已经成为可能,部分已经成为现实。

集成化是指对消费者服务需求一揽子要求的满足。目前,生产与服务分工日益深化，各类企业提供专业化的产品与服务，效率提高了，但对消费者的需求而言，可能需要多方面的提供才可能，结果消费者感到不方便。消费者越来越希望能够有提供系统的一揽子消费或服务。正是有如此需求，随着信息技术、数据分析技术的发展，为消费者的服务已经多方面趋向融合，越来越倾向于集成。

便利化是指消费者总是追求经济且有效率方便的消费方式。应该说由于信息技术与智能互联服务系统等技术的进步，企业一方面能够便捷的获取消费者想要的商品与服务信息，另一方面也可以快速、直接地为消费者提供他们需要的商品和服务。消费便利化在今天已经有了长足的发展，未来还可以进一步期待。

4. 新技术发展与消费需求变化导致本轮新技术发展与革命的本质有以下几个方面变化，将综合影响现代产业体系的发展方向

（1）生产方式的变革

以工业"4.0"为核心的新技术革命导致了新的生产方式的产生，即"以互联网为支撑的智能化大规模定制生产方式"。这一生产方式本质是创造一种为消费者个性化消费生产服务且可以大规模进行的全新模式，我们现在的生产方式是机器生产机器的大规模标准化生产，它已经不能适应新的消费者的上述消费新变化。相比较大规模、大批量、标准化生产方式，新的生产方式有诸多优势，例如，生产效率高，资源节约，如智能生产表现在原材料使用仅为传统生产方式的十分之一，能源消耗也可以大幅度降低。总成本低，表现在新型智能生产成本低、利用互联网信息沟通成本低和自定制无库存，低交易费用，等。

因为个性化产品与服务的供给，提高了消费者的幸福感与满意度。

（2）生产组织方式的变革

现行产业体系的生产组织方式为"集中生产，全球分销"。比如制造业生产是先圈一块地盖厂房，全世界原料送进来，生产产品后运到全世界销售。这种生产方式往往导致大量运输成本的产生，信息搜寻与交易成本都很大，且不少资源被耗损浪费。在新工业革命背景下，基于新的智能系统，在线控制体系，产品不再需要集中生产以追求大规模流水线生产所带来的平均成本降低，也不需要依靠全球性的分销系统追求最大化利益，而是依靠新的智能生产服务系统为满足消费者的个性需求，进行"分散生

产,就地销售"便可。原材料与产出品的物流方式也不需要集中地、大批量地运送,而是"分散取送,网格配置"便可。

（3）社会组织方式的变革

回到人的角度看,工作方式上,人的职能的转变越发明显,而几乎所有职能都可以通过互联网与云计算任意地点完成。人转为分散工作,互联互通。社会交流也更加自由,根据兴趣导向,组建虚拟社团。在这种工作方式下,道路交通、能源消耗都得到了节约,人们没必要集中到城市中生活,而是分散居住,就地工作。这种变化是建立在由智能生产与消费变革上的社会组织方式改变。

5. 上海现代产业体系建设的其他影响因素

上海"十三五"发展规划纲要明确提出,到 2020 年上海服务业增加值占 GDP 比重保持 70% 以上,制造业增加值占 GDP 比重保持在 25% 左右。然而从发展现状看,普遍的要素供给约束、供给抑制和供给结构老化,关键技术缺乏产业创新不足是困扰上海产业体系转型发展的主要问题。

劳动力资源总量持续下降,人力资本质量有待提高。上海户籍人口的自然增长率,长年在 0% 上下浮动。2013 年开始,上海劳动力资源总量已持续递减,平均每年减少 16.14 万人。如果没有外来人口的补充,上海的人口实际是在缓慢减少,或者至少是不增长。2018 年初,上海市常住人口 2 415.33 万,比 2016 年年末减少了 10.41 万人,比 2017 年年末减少 1.37 万人,减少的部分主要是外来人口。值得关注的是,2017 年末,上海市户籍常住人口达到了 1 445.65 万人,比 2016 年末增加了 6.15 万人,户籍人口增加的部分主要是外来人口入户造成的,本地户籍人口的自然增长率为 −0.6‰,仍处于下降趋势。同时,外来常住人口为 972.68 万人,比 2016 年末降低了 7.52 万人,这一数据部分印证了"逃离北上广"现象的存在(见图 1)。

与此同时,老龄化与少子化趋势明显。2017 年,上海 15～59 岁劳动年龄人口负担 60 岁及以上老年人口的抚养系数达到 58.8%,比上年增加 4.7 个百分点。加上少儿抚养比,2017 年上海总抚养比已经达到 77.1%,即大约每 1.29 个 15～59 岁的劳动力要负担 1 个 60 岁以上或者 0～14 岁人口。主要劳动年龄人口占常住人口的比重也由当年的 74.6%

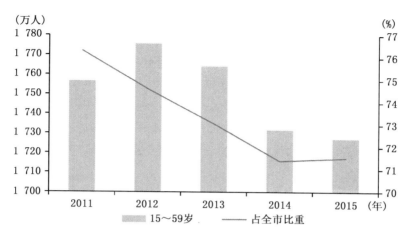

图 1　上海市劳动力人口数及占比趋势

降至 2017 年末的 67.86%。① 截至 2017 年 12 月 31 日,上海全市户籍人口中 60 岁及以上老年人口为 483.60 万人,占总人口的 33.2%,较 2016 年增加了 25.81 万人,增速 5.6%;户籍常住人口中 65 岁及以上老年人口达到 315.06 万人,户籍人口老龄化率为 21.8%,即平均不到 5 个户籍人口中就有 1 个 65 岁及以上;65 岁及以上外来老年人口总量达到 30.72 万人,比上年增加 7.97 万人,增长 35.0%。初步预计,到 2020 年上海常住人口老龄化率超过 21.5%,其中户籍人口老龄化率达到 36%。上海经济增长的人口红利预计到 2020 年终结,未来必将更多依靠人力资本红利和科技进步推动经济发展。

同时,上海市的劳动力质量距离建设具有全球影响力的科技创新中心和"四个中心"仍有差距。2015 年,上海主要劳动力受过高等教育的比例为 32%,比北京低近 10 个百分点;人均受教育年限 11.7 年,与纽约、伦敦等国际大都市差异较大。到 2020 年,两地的这种差距将缩小到 8 个百分点,在《中长期教育改革和发展规划纲要(2010—2020 年)》中,北京计划到 2020 年主要劳动力人口受过高等教育的比例超过 48%,而上海计划 2020 年达到 40%。

在外来劳动力方面,上海近 1 000 万的外来常住人口中,大专及以上

① 注:此处劳动年龄人口的统计口径为 15～60 岁。如按 15～65 岁的标准,该比重在 70% 左右。

文化程度占比 14.1%,高中文化程度人口占比 16.3%,初中文化程度人口占比 52.7%,小学及以下文化程度占比 16.9%,总体文化程度构成依旧偏低。另据测算,400 万余名来沪人员的就业状况并不明晰,约占符合劳动年龄段来沪人员总数的 42.28%,属于"灰色就业"的潜在人群(即疑似无业游民或社会闲散人员)。

与此同时,国内各大城市对人才的争夺也日趋激烈,一、二、三线城市都纷纷出台了引进高端人才的优惠政策,导致京沪两地间及上海与长三角城市间呈现十分显著的人才双向流动趋势。根据《上海中高端人才及沪漂大数据报告(2018)》,上海中高端人才净流入率位居全国城市第 11 名,杭州、长沙、成都则位列前三名。人才流入上海占比最高的前五座来源城市和上海中高端人才的前五个流向地均为北京、苏州、杭州、南京、深圳,上海流出人才的主要去向是北京,占比为 12.46%。上海的中高端人才净流入率未进入全国前十名的原因,可能与上海生活成本过高、房价过高,以及严格的户籍管制政策有关。对此,上海需要进一步推出优惠政策,吸引具有全球影响力的高端人才,提升上海中高端人才的净流入率。

建设用地规模接近极限,减量化将成土地利用新常态。上海"十三五"规划纲要明确提出要守住"四条底线",即人口、土地、环境和安全,新增的建设用地计划进一步向公益民生类项目倾斜,将大部分优先安排轨道交通和社会养老等公共服务项目。根据《上海市城市总体规划(2017—2035 年)》规定,到 2020 年上海城市建设用地规模将控制在 3 185 平方公里;2035 年控制在 3 200 平方公里;而 2015 年末,上海建设用地规模已达 3 145 平方公里,即"十三五"期间,上海建设用地增量只有 40 平方公里;未来十几年内上海新增城市建设用地,加上低效建设用地减量化 50 平方公里,合计仅新增 111 平方公里,相比"十二五"时期明显减少。

3 145 平方公里的既有建设用地,占上海全市陆域面积比重已达 45%,逼近现有资源环境承载能力极限。也远高于很多国际大都市 20%～30% 的开发水平。其中,工业用地占建设用地总量的比重超过 25%,明显高于国际大都市(一般均在 20% 以下)。土地作为一种稀缺资源,已成为制约上海经济发展的瓶颈之一。"优化城市土地利用结构,盘活存量用地,提高工业用地利用绩效",将是未来上海缓解土地供应瓶颈约束的主要途径。

土地资源的供求失衡矛盾,加剧了土地价格的上升。上海自 2007 年开始实施工业用地招拍挂制度以来，工业用地价虽然在全球金融危机爆发时出现了波动，但上升的趋势未变。2000年的时候才77万元/亩，且2000—2010年基本趋于稳定。在2010年之后才开始爆发式增长，并保持了持续上升的态势。2000—2010年上海工业用地价格还只是长江三角洲地区平均价格的1.5～1.6倍；2012年增至1.9倍；2018年增至2.5倍；特别是进入2015年以来，每季度工业用地平均价格的同比上升幅度均保持在10%以上。2018年第二季度全国106个城市中，上海的工业用地价格排名第三，为169万元/亩，完税后工业用地价格约为240万元/亩（见图2、图3）。

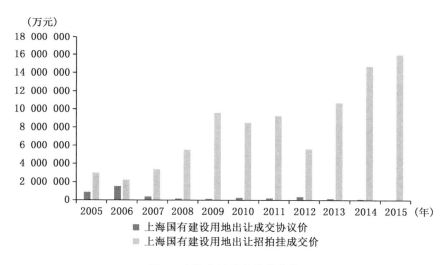

图2 上海土地成交价格变化

土地价格高企，一方面削弱了上海产业的竞争优势；另一方面，也说明各路资本看好上海的投资价值，表明上海的土地仍具有极强的吸引力，长三角地区产业分区域集聚发展的趋势仍将延续。

吸引外资止跌回升与外资撤离并存，上海工业投资提质增效作用凸显。上海工业曾是吸引各方投资的热土，但近年来吸引国际国内资本受到严重冲击。2018年上海一改往年投资下滑的趋势，吸引外资和国内投资由去年的"双降"转为"双回升"。主要表现为以下几点。

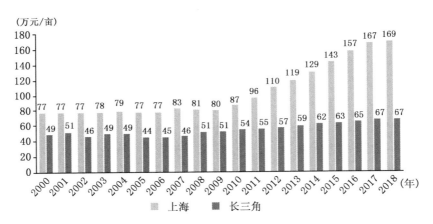

图 3　2000—2018 年上海工业用地价格的变化与长三角地区的对比[①]

　　一是工业利用外资出现回暖现象。在经历较长时间的低迷后,上海制造业吸引外资出现回暖迹象。2018 年上半年,上海实现合同外资与实到外资"双增长"。其中,制造业实到外资规模比去年大幅增长,成为上海吸引外资由降转升的重要支撑。这一现象与"上海扩大开放 100 条"和上海近年来着力打造具有全球影响力的科技创新中心密切有关,吸引的制造业外资中,尤以来自德国、荷兰、奥地利等欧洲传统制造强国的企业最为活跃,由此推动今年上半年欧洲对上海投资跃升,实到外资 15.1 亿美元,同比增长 42.2%。另一方面,在外资撤离中国的现象中,上海也受到一定程度的冲击,比如全球第三大、台湾第一大液晶显示面板制造商友达光电 2018 年 1 月关闭了松江工厂,主要原因是其重要客户三星及苹果悄悄转移订单所致。近年来,三星一直在加快撤离中国步伐,特别是在萨德事件发生后,三星撤离更是坚决,在中国大陆的员工从几万名到现在几乎所剩无几了!

　　二是上海市产业发展提质增效作用凸显。2018 年上半年上海工业投资不断超越性增长,实际完成投资 465.8 亿元,同比增长 22.9%,创近 10 年新高,成为支撑全社会投资增长的有效动力。工业投资快速回升的主要原因是 2017 年以来,国家发布多项政策鼓励制造业发展,上海则于 2018 年启动了改善营商环境、打响"上海制造"品牌的工作,主要区和工

---

　　① 　注:资料引自 http://www.sohu.com/a/251075909_313697。

业集团推动制造业投资热情高涨,制造业投资完成了346.8亿元,同比增长22%。其中,电子信息、成套设备、精品钢材、汽车、石化、生物医药六大制造业重点产业同比增长21.3%,属于新兴行业的基因工程药物和疫苗制造业、工业机器人制造业等细分行业投资形势显著优于很多传统行业。2018年上半年,非国有经济工业投资完成369.4亿元,同比增长32.9%,超过工业投资增幅10个百分点。其中,私营经济投资保持了年初以来的高位增幅,同比增长78.9%(上年同期下降14.2%),主要项目分布于汽车零部件、服装、机器人等多类行业,各类所有制主体对实体经济的投资信心不断提升。

三是以经贸合作为突破口,上海企业加快走出去。随着国家"一带一路"倡议的深入推进,上海大力加强了对沿线国家的经贸投资,并将其作为"一带一路"建设的重要内容,上升为全面提升对外开放水平的主攻方向。截至2017年10月,上海企业三年内共参与海外投资项目246个,实际投资额达54.9亿美元,年均增长近1.6倍;承接重大工程3 019个,累计合同额达217亿美元,年均增长9.4%;贸易额突破5 000亿元。据上海市商务委统计数据显示,2017年,上海共办理企业境外投资备案和核准608项,备案和核准项目投资总额602.76亿美元,备案和核准中方对外投资额129.07亿美元。根据各省市商务系统公布的数据,2017年上海非金融类对外直接投资额达123.55亿美元,占全国同期境外投资的比重超过10%,稳居全国各省、市、自治区第一位。在对外投资整体趋缓的大环境下,上海的对外投资交易仍表现活跃。在对外承包工程方面,上海也表现优异,对外承包工程新签项目以大项目为主。2017年1—12月,上海新签对外承包工程合同额108.52亿美元,同比下降8.38%,在全国各省市中位列第五;实际完成营业额99.33亿美元,同比增长49.2%,在全国各省市中位列第三。

四是工业企业效益开始回升。近几年,由于国际国内形势总体仍较严峻,导致工业企业盈利能力持续下降,这种趋势在2018年上半年开始扭转。2019年上半年,上海全市规模以上工业总产值16 989.20亿元,比去年同期增长5.2%。35个工业行业中,22个行业的产值比去年同期实现增长,增长面为62.9%,其中汽车制造业在全国汽车市场交易增速显著回落的情况下,产值比去年同期增长了12.3%。工业战略性新兴产业的七个重点行业均实现增长,新能源汽车、新一代信息技术和生物分别增长 29.6%、14.2% 和 15.0%。2019 年 1—5 月,工业企业主营业务收入比去年同期增长 8.4%,利润总额增长 11.2%,主营业务收入利润率为 8.9%,高于全国平均水平 2.5 个百分点。

创新要素活力亟待激发,创新环境有待进一步改善。创新包括技术创新和管理创新。上海有实力雄厚的科研院校和高素质的人才队伍,但上海在创新方面并未占得先机。主要原因:一是科研创新仍需加强,基础研究投入仍然较少。从研发强度(研发投入占 GDP 比重)来看,2016 年,北京以 5.94% 高居榜首,深圳以 4.1% 位居第二,上海以 3.8% 位居第三,三地均超过全国 2.12% 的平均水平。从 R&D 经费支出占 GDP 的比重看,2015 年上海即已为 3.7%,位居世界前列(美国 2.79%,日本 3.34%,德国 2.92%,以色列 4.2%,韩国 4.36%);2017 年进一步上涨到 3.78%。未来五年,该比例至少还将再提升 0.2 个百分点,到 2022 年,上海全社会研发经费支出将相当于 GDP 的 4%。尽管上海非常重视科技研发投入,但创新投入的结构仍不尽合理,基础研究所占比重偏低。2015 年上海基础研究和应用研究投入比例分别只有 8.2% 和 13.7%,其余 78.1% 的投入都用于试验发展。虽然基础研究的投入比例高于全国 5.3% 的总水平,但仍远低于美国的 16.5% 和韩国的 18.1%(见图 4)。

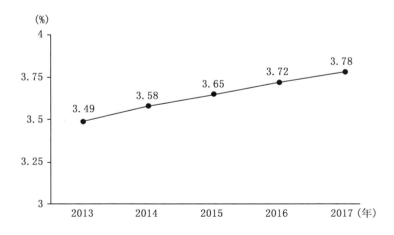

图 4　2013—2017 年 R&D 经费支出相当于上海市生产总值的比例

　　二是上海企业研发经费内部支出增长创新高。2017 年,上海企业 R&D 投入强度为 1.22%,比上年提高 0.04 个百分点。处于研究阶段和已完成的研究开发项目共计 15 357 项,比上年增长 14.6%。企业研究开发项目经费内部支出 746.67 亿元,比上年增长 20.7%。本市企业共提交专利申请 40 184 件,比上年增长 12.4%。其中,发明专利申请数为 19 621 件,比上年增长 8.6%。拥有的有效发明专利数 58 755 件,比上年增长 10.7%。

　　三是创新制度供给依然不足,创新环境有待进一步改善。上海文化较多讲究的是规则、规范,创新创业尚未融入城市文化之髓。政府行政管理效能需要进一步提高,制度性交易成本与国际大都市比仍然偏高——根据世界银行 2016 年报告营商环境排名,新加坡连续 10 年位列第一,中国香港排在第 5 位,中国内地排在第 84 位。随着近年来政府深化改革,上海营商环境和科研环境得到持续改善,但对标国际先进水平,特别是与排名首位的新加坡相比,上海仍有一定差距。鼓励创新创业的支持政策需要进一步聚焦并加大力度。目前仍存在资源分散、不够高效的现象。一些政策在具体推进落实过程中仍存在操作性不强的尴尬。容忍失败的氛围尚未形成,对国有企业的考核机制也需进一步完善。

三

上海现行产业体系的实证分析

（一）现行产业体系理论分析框架

1. 现行产业体系结构性陷阱与背后逻辑

（1）产业体系的"结构性陷阱"问题

在我国现有产业体系中，传统产业如纺织、钢铁、煤炭、造船、水泥、建筑、房地产、零售业等产业占比较大，四大类传统工业占工业增加值比重的 70% 以上；建筑行业也以传统房屋建筑为主，占比在 80% 以上；服务业中传统服务业占比也超过半数。传统行业技术含量和附加价值低，且目前增长率连年下降，有些行业甚至出现负增长。传统基础性产业逐步衰退，主要产品产量逐渐趋稳或递减、增速趋缓或呈负增长，价格持续走低、盈利空间逐步收窄，且面临产能严重过剩问题，总量过剩与结构性过剩并存，其发展已逐渐步入成熟期或衰退期。尽管如此，但至今为止这些传统产业依然为中国贡献了 80% 以上的 GDP。

在供给侧结构改革的设想中，新兴产业的发展被寄予了厚望，政府这两年也一直不断地推动它的发展。近年上海新兴产业的确也保持良好的发展态势,生产规模迅速扩张、市场效益良好,且其创新驱动的能力已进一步形成,但同时,新兴产业的发展亦面临着核心技术滞后和关键环节缺失等困境与挑战。互联网产业发展继续风光无限,移动通信、电子商务、互联网金融、信息服务与消费等连创佳绩,但同时,互联网产业发展仍局限于消费服务领域,以替代效应为主,融合带动效应不足。上海目前的新兴产业成长速度是很快,但所占全国 GDP 的比重还非常小,不足以支撑中国整个经济体系的发展。更何况上海现在所发展的新兴产业,都是国际上发达国家的优势产业,是他们国家的支柱产业。我们新兴产业发展必然要在国际市场上与发达国家进行竞争。我们的新兴产业是处在幼稚阶段的产业,而发达国家相应的产业已经处在成熟阶段,竞争力不可同日而语。发达国家一定采取技术封锁、人才封锁、市场争夺等手段阻击我国新兴产业的发展,所以我国新兴产业要想很好发展形成竞争力,其难度可想而知。

我们把一个国家或地区的产业体系处在传统产业主导但增长不断下滑,新兴产业虽然在成长,但缺乏技术缺乏人才发展阻力巨大的状态,称之为产业体系发展的"结构性陷阱"(见图 5)。理论上可以证明,如果一个国家的产业体系与产业结构进入了如此状况,就是进入一个进退两难的境地,就是进入经济增长的"中等收入陷阱"。所谓中等收入陷阱,就是指中等收入国家普遍遇到的一种比较困难的经济发展状况,宏观的表现就是经济进入中长期增长停滞,人均收入中长期停滞,经济萧条,就业困难。从全球经济发展史来看,步入中等收入陷阱,是发展中国家在成为发达国家之前,普遍都要经历的一个阶段。但真正成功走出中等收入陷阱的国家比较少,大部分是失败的,比如"金砖四国"中一些国家、一些东欧国家、一些拉美国家的人均 GDP 早就超过中国了,达到了 1 万美元左右,但这么多年来,始终成不了发达国家,一直徘徊于中等收入陷阱之内。

仔细分析陷入中等收入陷阱的国家的经济状况,可以发现这些国家的产业体系实际上都陷入了产业体系发展的结构性陷阱。这个陷阱就是传统产业大幅衰弱,新兴产业又发展不起来的这样的结构性状况。因为随着一个国家的人均收入达到中等水平,该国的劳动力成本、资源价格等不断上升,达到刘易斯拐点,导致原来的传统产业竞争力弱化,产业转移情况

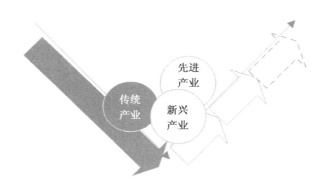

图 5　产业体系的结构性陷阱

严重,而新兴产业发展则遭遇技术壁垒和发达国家的阻击,发展困难,于是这个国家的经济发展就会陷入长期停滞、失业增加、收入水平难以提高等的状态。能否摆脱中等收入陷阱,从发展中国家顺利成为高收入国家就成为目前发展经济学中的重要议题,也是我国实现强国梦的重要方面。

跨过中等收入陷阱较为成功的案例是“亚洲四小龙”和日本。其中,日本最具典型性,它在战后没花多少时间就进入发达国家行列了。历史地看,这跟日本明治维新后的制度设计有关系,但最重要的还是日本在战后的各种努力。许多经济学家研究了其成功的原因,大致上认为:第一,日本在教育和人才培养方面投入很大,这对科技、文化的发展有很大的推动作用。日本的教育不仅普及率高,而且教育水平也很不错。到现在,日本已经出现了二十几位诺贝尔奖获得者。另外,日本人做事比较认真,执行力很强,只要看准了,就会一直做下去。第二,日本政府在产业发展与升级方面的决策把握得很好,也有一些不错的产业政策的制定与实施,抓住了全球经济发展的机遇,当然也在一定程度上得到了美国的帮助。第三,日本之所以能够完成产业结构的调整和升级,首要功臣并不是日本政府,而是三菱、东芝、索尼、TOYOTA 等等这些大公司,作为科技与产业创新的舵手企业,它们领导了相关的产业创新和发展。例如日本的汽车产业,实际上日本在战后很长一段时间里是没有汽车工业的,但为什么丰田等公司能很快崛起,生产的汽车甚至比美国本土品牌汽车还要好,比起德国的也不差?这跟丰田公司的努力领导产业创新和积极竞争有关,而日本政府主要是营造了一个良好的市场机制和制度环境,给企业的产业创新与发展提供了很好的土壤条件。

2. 走出结构性陷阱的逻辑:产业创新

我国已经进入中等收入国家,经济增长放慢,结构问题严峻。从我国目前的产业体系和产业结构的状态来看,传统产业已经开始衰退,新兴产业虽然在快速成长,但在整个产业体系中的比重比较小,对国民经济的贡献还比较小,且发展受阻。中国已然步入了产业体系的结构性陷阱之中。

(1)创新是突破陷阱的唯一逻辑

我国与上海现行产业体系应该说是在改革开放开启了我国新一轮的工业化后逐步发展形成的。当时正值发达国家国内要素价格上升,低端制造业难以生存,进而在国际进行产业转移,其中尤其是劳动密集型制造业的转型。而那时的中国劳动力多且价格便宜,其他资源也因为尚未有大规模开发而价格低廉,非常适合发展劳动密集型制造业。改革开放给了中国与上海当时产业发展进入全球产业分工体系的机遇,于是中国的新一轮工业化在大规模承接发达国家劳动密集型产业的过程中开始了,上海则是开始了重工业化过程。中国人凭着勤奋、努力,很快就使中国成为全球制造业的大国,尽管生产的是全球产业价值链中低端产品。然而,随着中国产业界的努力,的确慢慢地打开了全球的市场,使之全球每一处都有中国制造的产品。

可是随着中国经济的增长,出口的扩张,财富不断积累,劳动力工资水平不断提高,结果使中国居民的收入水平在不断上升;加之土地等资源的不断开发利用,使稀缺性的资源价格也开始不断上升。而在国际资本市场上,人民币也开始升值等等,综合这些因素使我国制造业生产成本大幅度上升,出口成本大幅度上升,而产品的市场价格由于国际市场萎缩和竞争激烈,导致我国劳动密集产业在全球的竞争力一降再降。理论上说,这就是我国依赖劳动力丰富、价格便宜、其他自然资源禀赋获得的国际市场竞争优势已经难以为继,传统产业传统制造业自然就要衰落,就要产能过剩。如果我国的产业发展一直沿着此逻辑下去,那么我国的经济只能不断向下调整,真正落入中等收入陷阱。

只有打破这个逻辑,进入新的发展逻辑,才能摆脱中等收入陷阱,才可能使中国与上海经济进入新的良性发展的道路,才有可能发展成为高收入国家与地区。怎样才能走出产业体系发展的结构性陷阱呢? 理论上讲,就是创新,需要创新驱动发展,尽快摆脱中国企业在全球产业价值链上位置较低的状况。

(2)产业创新推动新兴产业诞生与发展

现有的产业,比如汽车、互联网、计算机,都是从根本性的技术与产品的创新开始的,获得了商业化的成功,形成了大家追逐和消费者欢迎的新兴产业。而创造这些产业的,大部分是发达国家。我们过去以为产业化主要是产学研结合就够了,这个观点是值得商榷的。产学研合作固然重要,但是应该强调商业化成功。市场上的商业化成功实际上也是一个创新的过程,这个创新的过程就是"产业创新"的概念。

近年来,我国与上海在创新驱动发展战略指引下,先进制造业和新兴产业发展速度快、有成效,但目前在国民经济中的比重较小,而且有些产业核心技术与发达国家有相当大的差距,部分高端产品价值链核心环节都掌握在发达国家企业手中。解决我国先进制造业与新兴产业长期发展提高竞争力的关键是技术创新与产业创新。其中,产业创新特别重要,是实现产业领先的根本途径。而企业则是产业创新的主体,只有通过产业创新,才能摆脱产业与企业发展的停滞和危机,才能打破僵局和困境,变被动为主动,化压力为动力,重建竞争优势。目前的中美贸易摩擦,其原因表面上看是两国贸易不平衡的问题,实质上是两国在新兴产业、先进制造业、未来发展与竞争上的考量。

从产业生命周期看,产业成长的过程实际上是持续创新的过程。这个过程分四个环节:产品创新、工艺创新、组织创新、市场创新。这四个环节是连续的,缺一不可。所以,真正能够产业化使产业不断成长壮大,也是十分困难的,实际上把科技成果从实验室推向市场上获得巨大的成功,概率也是比较小的。

我们大致可以把产业创新分成研发创新、生产创新(包括工艺创新与组织创新)、市场创新三个大的阶段。研发创新阶段是原创,后面两个阶段,可叫作"引致创新"。依赖原来的新产品、新技术,然后再相应地来做创新。一个企业在这三个阶段里,哪一个不到位都会有问题。当然,把三个阶段分别交给不同的企业协同作战,最后获得成功,这也是可以的。

(3)企业在产业创新中的作用

基础研究主要由政府投入,科研机构和高校为主执行;应用研究由企业和科研机构一起完成;产业创新则主要是企业之间的合作,以及获得一些研究机构的支持。中国与上海目前缺乏大量的世界级科技创新或产业创新的大公司,华为可以算一个,其他的难说。希望未来能够涌现出这样的一些具有世界级的科技型产业创新的大公司。

一个企业为什么会有创新的动力?是因为它可以以某种方式,从根本上改变老行业的游戏规则,可以重新来界定行业之间的界限,甚至在某一个方面创造全新的产业。从这个意义上来讲,企业未来会有很大的竞争优势并获得巨大的收益,所以它愿意投入,愿意努力。要不断改革和进一步深化开放,企业和企业家的创新努力才能充分发挥。唯有如此,产业创新的成果才会大量涌现,创新驱动发展的效果才能达到最大化。

因此,从理论上看,上海能否顺利地从现行产业体系转型发展成为具有与卓越全球城市匹配、具有较强国际竞争力、能够引领未来产业不断发展的现代产业体系,实际上并不是选择了什么产业,而是在全球竞争背景下,上海的产业创新能力究竟如何,科创中心建设究竟如何?

(二)上海产业创新现状及其原因探讨

1. 上海创新投入产出状况分析

创新投入状况。从全国范围来看,上海创新投入处于全国前列,仅次于北京。2015 年上海市全年研究与试验发展(R&D)经费支出 936.14 亿元,比上年增长 8.6%,研发支持占 GDP 比重达到 3.73%,见图 6 和表 1。

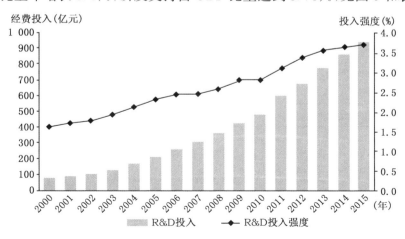

图 6　2000—2015 年上海 R&D 投入与强度

表 1　　　　　　　　　2010 和 2014 年上海与国内其他主要省市 R&D 投入

	R&D 投入			R&D 投入强度		
	2010 年（亿元）	2014 年（亿元）	增长（％）	2010 年（％）	2014 年（％）	增长（％）
全国	7 063	13 016	84.3	1.76	2.04	0.28
北京	822	1 269	54.4	5.82	5.95	0.13
上海	482	862	78.9	2.81	3.66	0.85
天津	230	645	102	2.49	2.96	0.47
江苏	858	1 630	90	2.07	2.5	0.43
浙江	494	908	83.7	1.78	2.26	0.48
山东	672	1 304	94.1	1.72	2.19	0.47
广东	809	1 605	98.5	1.76	2.27	0.61

　　科技成果产出、专利情况。近年来，上海专利数保持较快增速，在全国属于领先水平。2015 年，上海发明专利申请数量 38 153 项，比上年增长了 22.5％，占全国发明专利总申请数的 4.32％。其中，发明专利数 46 976 件，同比增长 20％，占全国发明专利的半数以上（见表 2）。

表 2　　　　　　　　　　　我国近年专利情况一览

指　标	年　份			
	2000	2010	2014	2015
专利申请量	11 337	71 196	81 664	100 006
♯发明	4 713	26 165	39 133	46 976
专利授权量	4 050	48 215	50 488	60 623
♯发明	304	6 867	11 614	17 601
有效发明专利	—	23 843	56 515	69 982
PCT 国际专利受理	—	735	1 038	1 060

　　2015 年，上海国际科技论文收录数和 10 年累计被引数指标在全国各地区中均居第 2 位。2015 年，上海科学家分别在《科学》《自然》上发表论文 18 篇、23 篇，分别占全国的 21.6％、25.8％。2015 年共有 54 项成果获国家科技奖，占全国授奖总数的 16.5％，连续第 13 年保持两位数，见表 3。

表 3 上海国际科技论文发表分类

年份	科技成果	按成果水平分				按成果分				
		♯国际领先	♯国际先进	♯国内领先	♯国内先进	基础理论	应用技术	其 中		软科学
								已推广应用	未应用	
2006	1 953	250	675	655	191	52	1 799	1506	293	102
2007	2 396	180	761	938	254	139	2 162	1724	438	95
2008	1 866	125	664	663	226	115	1 695	1337	358	56
2009	2 166	260	651	831	247	94	2 009	1 747	262	63
2010	2 318	188	698	724	202	152	2104	1 824	280	62
2011	2 388	211	598	568	158	182	2 137	1 943	194	69
2012	2 415	177	572	596	142	218	2 112	1 914	198	85
2013	2 490	125	462	548	164	248	2 152	1 872	280	90
2014	2 384	108	423	531	149	263	2 023	1 798	225	98
2015	2 356	125	367	467	155	239	2 040	1 764	276	77

科技成果转化。科技成果转化是指为提高生产力水平而对科技成果所进行的后续试验、开发、应用、推广直至形成新技术、新工艺、新材料、新产品,发展新产业等活动。科技成果转化率间接反映了技术创新和产业创新的效率。

2014 年全年累计认定高转项目 9 897 项,2005—2014 年累计认定项目数持续增加(见图 7)。

2014 年处于政策享受期的 2 882 项高转项目动态跟踪数据显示,其中 2 262 项高转项目在 2014 年实现销售,销售实现率达 78.48%,总计实现销售额达到 968.97 亿元,利润 53.59 亿元,纳税额 36.00 亿元。高转项目年产值占上海工业总产值一定份额,已成为推动上海高新技术产业化、支撑产业升级和结构调整的重要力量。

2015 年,上海市技术市场成交额高达 708 亿元,同比增长 12%,见表 4。

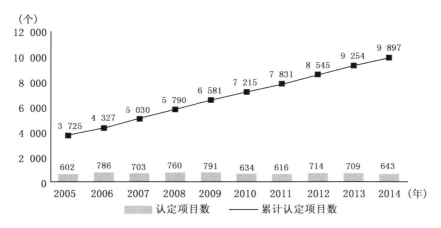

图 7　2005—2014 年度高新项目认定情况

表 4　　　　　　　　　　　上海市技术成交分类情况　　　　　　　　　单位:亿元

年份	成交金额	其　中			
		技术开发	技术转让	技术咨询	技术服务
2006	344.43	142.79	165.18	7.6	28.86
2007	432.64	181.5	212.49	5.5	33.15
2008	485.75	213.24	229.53	6.41	36.57
2009	489.86	266.3	174.34	5.39	43.83
2010	525.45	264.68	213.86	4.93	41.98
2011	550.32	328.25	164.49	5.4	52.18
2012	588.52	297.14	223.48	5.17	62.73
2013	620.87	267.33	230.15	7.4	115.99
2014	667.99	299.83	221.99	5.95	140.22
2015	707.99	321.49	296.99	5.32	84.2

　　新产品产出。2015 年,上海规模以上工业新产品总产值为 7 312.24 亿元,销售收入为 7 470.93 亿元,占全市规模以上工业企业总产值的 22%。分行业看,高技术行业新产品产值占其工业总产值的 14.8%。其中,医药制造业、航空航天制造业、电子及通信设备制造业、信息化学品制造业新产品占比较多,均达到了 25% 以上,见表 5。

表 5　　　　　　　　　　新兴产业新产品产出状况　　　　　　　　单位：亿元

	新产品产值	新产品销售收入	出口额
总计	7 312.24	7 470.93	1 079.84
高技术产业	985.28	981.04	455.85
信息化学品制造	10.66	10.46	7.15
医药制造业	205.89	187.74	8.79
航空航天器制造	38.88	42.04	—
电子及通信设备制造业	629.47	633.53	400.91
计算机及办公设备制造业	40.57	39.10	29.34
医疗设备及仪器仪表制造业	59.82	68.16	9.68

然而，上述新产品均已对现有产品的改良和升级为主，对于企业市场占有率、竞争力、利润率等无显著提升。以医药产品为例，目前，国内外研制出了许多疑难疾病以及癌症的具有显著成效的新药品，如能有效治愈丙肝的 Pegasys、DAA，对肾部、胃部两种恶性肿瘤有明显疗效的 SUTNT 等，分别由瑞士、杭州、美国等地区企业研制成功并成功商业化生产，而上海则大量依赖进口药。

新市场形成。目前，上海新兴产业的发展遭遇了瓶颈，新兴产业工业生产总值出现负增长。而且，这些新兴产业的发展并非通过上海地区企业研制出新产品，通过市场化以及持续的产品和工艺创新形成的新产业。

近年来，上海出现了众多的新服务业态。如电子商务日益繁荣，已经对现有实体商品交易市场造成了一定冲击。再如基于平台经济和共享经济的摩拜单车、ofo 等。然而，这些新市场并非源自上海，而是来自北京、杭州、深圳等地，在其他城市创造出来以后，再在上海推广使用。

可以说，上海对于新事物有较快的吸收能力和市场需求，具有较强的科技研发能力，但上海并不具备适合创新创业和产业创新的土壤，新产品和新产业的供给能力不强。

2. 上海产业创新支撑体系现状

企业是创新的主体。2013—2014 年全国企业创新调查数据显示，上海市开展创新的制造业企业占比 40.6%。其中，大、中、小型工业企业开展创新活动的比例分别为 61.4%、50.8% 和 32.5%。2014 年，上海共有国家级创新型企业 15 家；国家级创新型试点企业 19 家；市级创新型企业 500 家；科技小巨人企业和小巨人培育企业共 1 225 家；高新技术企业 5 433 家；技术先进型服务企业 252 家。

　　从创新投入看，工业企业是创新的主体。2015 年，规模以上工业企业研发经费与主营业务收入之比从 2010 年的 0.85% 增加到 2015 年的 1.39%，是全国平均水平（0.9%）的 1.54 倍。高新技术企业数量从 2010 年的 3 129 家上升到 2015 年的 6 071 家。2014 年，上海企业研发投入 546.46 亿元，比上年增长 8.76%，是 2000 年的 13 倍。其中，工业企业投入 449.22，占比 82.2%。大中型企业投入占工业企业投入的 84.4%。工业企业科技人员 22.3 万人，比上年增长 7.83%。从研发强度看，2014 年，上海规模以上工业企业 R&D 投入占其主营业务收入的比重为 1.27%，比 2013 年提高了 0.1 个百分点。企业研发投入和强度稳步提高，为企业开展技术创新活动提供了有力支撑。然而，与国际先进水平相比，仍然存在差距。国际上一般认为，当研发强度达到 2% 时，企业才能基本生存；当研发强度达到 5% 以上，企业才具有竞争力。从 R&D 活动类型看，2014 年，上海工业企业中基础研究与应用研究占比较低，在 1% 以下，而试验发展的比重在 99% 以上。而在发达国家中，一般而言，企业基础研究经费占比为 4%～8%，应用研究经费为 15%。同发达国家企业 R&D 经费投入相比，上海工业企业基础研究和应用研究经费投入有待进一步提高，也体现了其创新能力的差距，见表 6。

表 6　　上海 2008—2014 年规模以上工业企业研究与试验发展（R&D）活动情况

时　　间	R&D 人员全时当量（人年）	R&D 经费（万元）	R&D 项目数（项）
2008 年	43 815	2 005 734	6 998
2009 年	67 420	2 365 150	9 667
2010 年	69 077	2 740 500	9 240
2011 年	79 147	3 437 627	12 378
2012 年	82 355	3 715 075	12 833
2013 年	92 136	4 047 800	13 441
2014 年	93 868	4 492 192	13 821

　　在创新产出方面，2014 年，上海大中型工业企业累计拥有有效发明

专利 27 540 件,比上年增长 36.7%。专利所有权转让及许可收入 11.8
亿元,比上年增长了 2.37 倍。大中型工业企业新产品产值 7 408 亿元,
比上年增长 17.7%,新产品销售收入 8 447 亿元,比上年增长了 18%。

高校和科研院所力量。在上海城市创新生态系统中,高校和科研院
所是一支重要的创新力量,承担着重要作用。截至 2014 年底,上海共有
普通高等学校(含独立学院)68 所,其中 211 高校 9 所、985 高校 4 所。
2014 年,上海普通高等学校招生 13.8 万人,毕(结)业 13.24 万人,教职
工总数 7.34 万人,其中正高级和副高级专任教师数 2.03 万人。截至
2014 年底,上海共有科研机构 180 家,其中中央部门属科研机构 75 家,
占比 41.7%;从业人员数 5.9 万人,比上年增长 1.37%。从学科分类看,
工程科学与技术占比最高,占比 67.78%;而农业、自然科学、医学科学次
之,占比均在 10% 左右。

近年来,上海高校科技创新能力加速提升,高校已成为上海基础研究
和应用基础研究的重要主体力量,也是科技创新创业人才的培养和聚集
地。一方面,高校 R&D 创新投入快速增加。2014 年,高校研发投入
71.6 亿元,比上年增长了 1.4%。其中,基础研究、应用研究和试验发展
分别占比 35.15%、49.37% 和 15.47%。科技人员数 2.7 万人,R&D 人
员全时当量 22 186 人年。开展课题 5.03 万项,比上年增长 10.55%。另
一方面,高校科技创新产出稳步增长。2014 年,发表科技论文 7.41 万
篇,比上年增长 2.61%;出版科技著作 2 690 部,比上年增长 4.43%;申请
专利数 9 503 件,比上年减少 3.04%,其中,发明专利数 7 367 件,占比
77.5%。截至 2014 年底,高校拥有的有效专利数为 14 234 件,见表 7。

表 7　　　　　上海主要年份高等学校研究与试验发展(R&D)活动情况

指　标	年　份		
	2010	2013	2014
R&D 人员投入情况			
R&D 人员(人)	38 175	39 462	40 381
R&D 人员全时当量(人年)	21 565	21 530	22 198
基础研究	9 026	10 044	10 353
应用研究	10 387	9 928	9 659

续表

指标	年份		
	2010	2013	2014
试验发展	2 152	1 558	2 186
R&D 经费投入情况			
R&D 经费内部支出(亿元)	45.8	71.5	71.6
基础研究	15.19	26.94	25.17
应用研究	24.71	35.92	35.35
试验发展	5.9	8.64	11.08
R&D 课题情况			
R&D 课题数(项)	36 656	45 473	50 323
R&D 课题人员全时当量(人年)	21 541	21 467	22 186
R&D 课题经费内部支出(亿元)	32.96	51.25	56.03
科技产出及成果情况			
发表科技论文(篇)	70 290	72 225	74 108

　　科研院所也是创新生态的主要组成部分。近年来,上海科研机构的科技产出稳步增加,科研创新能力加速提升。2014 年,科研机构从事科技活动人员数 4.7 万人,R&D 经费内部支出 292 亿元,比上年增加 52%。R&D 项目(课题)数 9 567 项,比上年增长了 33.5%,发表科技论文 1.08 万篇。其中,国外发表占比 44%。申请专利 5 320 件,其中发明专利 4 176 件,见表 8。

表 8　　　　　　上海主要年份科研机构研究与试验发展(R&D)活动情况

指标	2010 年	2013 年	2014 年
有 R&D 活动单位数(个)	113	111	112
R&D 人员投入情况			
R&D 人员(人)	26 550	30 844	32 972
R&D 人员全时当量(人年)	23 241	28 743	29 343
基础研究	3 781	1 853	6 471
应用研究	8 771	14 033	10 196

续表

指　标	2010 年	2013 年	2014 年
试验发展	10 689	12 857	12 676
R&D 经费投入情况			
R&D 经费内部支出(亿元)	105.35	192.54	232.23
基础研究	13.87	16.33	33.78
应用研究	34.51	63.8	57.64
试验发展	56.97	112.41	140.81
R&D 项目(课题)情况			
R&D 项目(课题)数(项)	5 933	7 165	8 401
R&D 项目(课题)人员全时当量(人年)	18 799	25 430	26 651
R&D 项目(课题)经费内部支出(亿元)	58.99	139.89	166.38
科技产出及成果情况			
发表科技论文数(篇)	7 896	9 768	9 910
出版科技著作(种)	197	211	220
专利申请受理数(件)	1 864	3 304	3 841
发明专利	1 593	2 620	3 066
专利申请授权数(件)	817	1 726	2 194
发明专利	502	1 114	1 451
有效发明专利数(件)	2 732	4 377	5 667

　　研发创新平台/基地和中介机构。依托企业、高校和科研机构建设的各类研发创新平台和基地(如实验室、工程中心、企业技术中心等)往往是所在城市科技研发实力的关键载体。近年来,上海国家级和市级重点实验室、工程中心数量逐步增加,领域和行业分布趋于合理,已成为全市科技创新体系的重要载体和科技创新的重要源头。上海市国家技术转移中心已形成国内外技术转移渠道 123 个,张江建成了覆盖创新药物研制全链条的公共服务平台。

　　目前,上海共有国家级重点实验室 41 家,约占全国总数的 11%,市级重点实验室 117 家,重点实验室已基本覆盖全市各重点学科领域。41

家国家重点实验室主要分布在生命、信息、材料等领域,其中生命科学40%,信息 22.5%,材料 20%。在 117 家市级重点实验室中,生命科学领域占比 46.2%,信息、工程领域分别占比 17.1%和 14.5%。全市共有国家级工程中心 21 家,占全国总数的 6.3%,市级工程中心 212 家。212 家市级工程中心主要分布在先进制造、信息通信、新材料等战略性新兴产业领域。其中,制造业 22.2%,信息与通信产业 16.5%,材料 14.2%。

科技创新过程涉及资金、人才、信息等多种服务要素,在创新过程中,中介机构有不可忽视的作用。近年来,随着上海服务业的发展,各类创新服务中介机构蓬勃发展,成为创新扩散的重要助力。

专业技术服务。专业技术服务是指为企业特别是中小微型科技企业提供技术研发(主要是产业共性技术研发)、技术导入、技术诊断等方面的服务。技术研发服务的主体主要是各类企业技术中心、工程技术研究中心、中试基地、检测平台、科研仪器设备共享网等。近年来,上海以支撑产业发展为目标,整合产学研优势资源,已经评定并正式授牌了 12 家市级产业技术创新服务平台和 116 家市级专业技术服务平台。2014 年,这些平台共承担国家及省部级重大重点项目 292 项,共申请或授权发明专利数量 328 件,发表论文 219 篇,完成重要工程或产品设计 19 项,技术或咨询报告 9 篇,专著 8 部,提供条件资源服务超过 246 万次,给用户带来经济效益达 1 395 亿元。

孵化转化服务组织。孵化转化服务主要是指面向企业提供技术转移、成果转化和产业化等方面的服务。服务主体包括创业苗圃、各类孵化器、加速器、技术产权交易机构、技术开发交流机构、技术转移中心、技术市场管理机构、生产力促进中心等。截至 2014 年,上海已有创业苗圃 71 家,市级孵化器 107 家,加速器 13 个,新型创新创业孵化服务机构超过 100 家。累计孵化项目 5 300 多项,孵化企业 8 000 多家。

知识产权服务机构。知识产权中介服务主要是为科技创新和发展提供各类最新的知识产权信息和服务,服务的机构和载体主要包括各类专利检索机构、行业资讯机构、科技情报机构等。截至 2014 年,上海共有专利代理机构 89 家,仅次于北京(310 家)、广东(144 家)。

投融资服务机构。创新离不开资金支持,尤其对于中小企业来说,资金是企业进行创新的瓶颈。为企业技术创新和成长提供融资服务的机构主要包括风险投资机构、担保机构、科技银行、贷款机构、创业基金等。目前,上海共有各类金融服务机构 1 049 家,其中银行业 236 家,证券业 136 家,保险业 319 家,地方政府监管类金融机构 136 家,外资金融机构代表处 222 家,外商投资股权投资管理企业 42 家,小额贷款公司 62 家,创业投资机构 238 家。管理总资本占全国比重达 38%,创业风险投资及私募股权投资对高新技术投资额近 600 亿元[①]。2015 年上海吸引创业投资(VC)和私募股权投资(PE)总额达到 965.84 亿元。

政府机构。政府作为二次资源分配的主体以及制度环境的塑造者,对于引导企业和社会创新、改善创新环境具有重大作用,是影响创新生态系统形成和演化的重要因素。一方面,政府通过加大创新投入撬动社会资本进行创新,以提高社会创新水平。另一方面,政府可通过创新政策的制定营造创新的良好环境,引导企业进行创新。

创新投入。近年来,上海市政府创新投入力度不断增强,占地方财政收入的比重均保持在 5%。2014 年,上海市地方财政科技活动支出 262.3 亿元,比上年增长 4.7 万元,占当年财政收入的 5.3%。各级政府 R&D 财政支出合计 292 亿元,在研发经费内部支出中所占比例不断上升,见图 8。

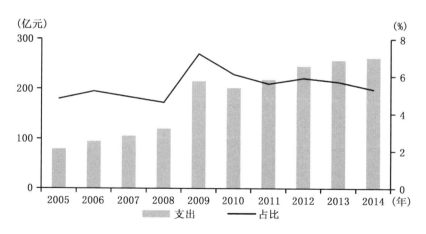

图 8 上海市地方财政创新投入情况

① 资料来源:张仁开.上海创新生态系统演化研究[D].华东师范大学,2016.

创新政策。自 2009 年高新技术产业化政策颁布以来,上海在随后几年内密集出台了一系列配套政策和实施细则,形成了比较完善的科技创新政策体系。尤其在 2015 年上海建设有全球影响力的科技创新中心以来,上海科技创新政策的制定和实施进入了一个新的阶段,先后在人才引进、科技金融、推动"万众创新、大众创业"以及营造创新文化氛围等方面实施了一系列具有重大突破性的政策措施。据不完全统计,截至 2015 年末,上海已出台创新相关政策 65 部。其中,综合引导类 7 部,科技投融资类 13 部,产业和企业创新类 17 部,创新创业人才类 13 部,创新创业服务类 8 部,创新文化类 3 部,其他类 4 部。2015 年,企业享受研发费加计扣除与高新技术企业税收减免额等合计 269.7 亿元,同比增加 37.2%,见图 9。

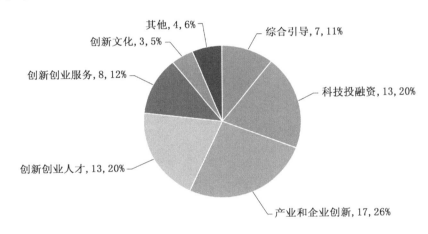

图 9　上海已出台创新政策

3. 上海产业创新存在的主要问题

总体而言,上海产业创新在我国处于领先水平,但与其他发达国家相比,还存在较大差距。

创新链不完整,四大创新环节上有弱项。首先,上海研发产业较为集聚,其原因是这类企业同时靠近产学研和市场两端,既易于获取科技创新成果,又易于获取市场,因而较可能产生新产品。但是,上海经济发展的主体国有企业缺乏创新的动力和机制,创新的主体中小企业的数量和规模都不大,新产品仍然不多。其次,中小企业的技术标准制定和实施能力较弱,价值链规模普遍较小,即使建立起大规模的价值链也难以维持技术标准,并通过开放技术标准保留配套价值链企业。再次,上海的产品创新激励机制、氛围不足,毕业生向第三产业流动,导致产学研创新和产业创新的动机都较弱。

新产品产生后,主导企业需要重新设计价值链,并使价值链形成和有效运转。首先,上海及周边价值链产业环节成本较高,远距离配套产业运输成本较高。新产品拥有企业往往无法同时运行多个价值链,并且由于讨价还价能力较弱,新价值链调整难度较大。其次,上海主要产业分布于价值链两端,中间又存在不足,因此价值链不完整。例如研发、销售、售后服务等较为发达,而零部件生产、组装等环节由于附加价值较低相对不足,价值链调整范围较为狭窄。再次,上海及附近核心产业结构集中,例如新材料、高新技术改造传统产业以及电子信息技术等,产业结构单一可能影响其他新产业形成。最后,上海价值链定位高端、技术要求较高,新产品适用范围较小。

我国这些年在科技进步与研发的投入不断增长,成果不断增长,但在产业创新的支持方面重视不够。而作为产业创新主体的企业在新产品新工艺创新的投入也十分有限。这一方面与企业长期处在低附加价值获得的状态,导致无力在研发与创新方面投入有关,另一方面也与创新人才、创新能力缺乏,追求短期快速回报的思想理念有关。更进一步地分析可以发现,我们的企业习惯于低成本、低价格竞争,在产品品质提升产品差异化方面下功夫不多,因为这方面涉及工艺创新、组织创新与市场创新,需要更多的人力、财力、物力投入,且在这方面也无经验与人才,回报周期又长。

缺乏产业创新的领军主体,或领军主体比较弱。我国经济与产业发展的主力虽然是民营企业,但在各行业中领军的企业还是国有企业。由于国有企业的体制机制改革缓慢、国有企业领导人的评价体系问题等等,导致国有企业在成为产业创新的领军主体时遭遇大家都知道的体制机制、决策缓慢、动力不足等一系列问题。而像华为这样的优秀产业创新型领军民营企业数量又太少,大部分民营企业虽有发展,但所处产业领域的相对低端,导致缺乏研发与产业创新的能力与资本实力。再加上,目前两类企业的税负都普遍比较大,企业产品服务附加价值比较低,收益状况不良,也没有财力、没有信心投入研发创新和产业创新。

产学研合作机制待完善,产出效率不高。产学研合作中包含主体有政府、高校、企业、研究院所等。产学研合作中,高校和科研院所为上游,企业为下游,政府扮演整体支持作用。当前主要困难有:第一,上下游沟通与协作不畅,高校和科研院所对于企业的生产需要等信息缺乏了解,导致高校和科研院所创新动力不足、效率不高。第二,横向沟通与协作不畅,高校与科研院所之间既有联系又有区别。然而,两者之间缺乏有效的沟通与合作机制,两者创新功能缺少互补。第三,政府部门支持和管理不足。产学研体系中,政府角色主要有政策引导、推动与支持、维持公平竞争等,因而较为重要。但是,政府本身并不是创新主体,所以政府与创新主体的信息不对称可能导致政策失效。第四,产学研体系与产业创新体系之间缺乏有效对接。两者之间价值传递过程就是高科技成果转化过程,产学研产出的科技成果是后续产业创新的来源,两者对接桥梁是企业,当前企业参与产学研的动力相对不足,因此使两端的效率都不高。第五,中介服务机构落后。中介服务机构是产学研的支持环节,该环节也可能影响产学研的产出率。

政府管理能力很强,但有时替代市场机制的发挥。政府很努力、很繁忙,在社会、文化、经济等方方面面承担了大量的管理工作,取得了很好的成绩,创造了良好的生活环境。但另一方面,我们的政府事无巨细什么都管,管到科研机构科技创新的具体项目、管到企业产业创新的具体落实等等,这样的大包大揽,直接替代了市场机制的发挥,直接替代了科学家们的研究选择、企业家们的产业创新选择。产业创新完全是市场导向为主的再创新,企业只有看到创新租金可以获得,新产品未来市场潜力大时,才愿意在产业创新的四个关键创新环节努力。因此,如果市场机制缺乏、创新激励机制不到位、宏观政策状况尚未有利于竞争与创新、没有良好产业创新的环境,无论政府如何进行产学研结合方式的调整和创新,实际效果也不可能太好。

四

上海现代产业体系建设的目标、思路与路径

    上海现行的产业体系及其结构依然存在着诸多问题,制约着上海向全球城市过渡与转型。为了迎接全球产业与技术发展所带来的机遇与挑战,上海应当积极谋求产业结构的转型和升级,建立与卓越全球城市发展相匹配的现代产业体系,以求在新技术发展变革浪潮、全球产业链重组与竞争中占得先机,快速实现现代产业体系建设的长远目标。

    然而,卓越的全球城市的建设并非一蹴而就。在此过程中,明确的发展思路和目标模式是城市发展和产业转型、现代产业体系建设重要的方向指引,清晰的路径设计是顺利实施的良好保障。未来,上海应当以发展新型网络状产业体系为根本目标,该产业体系的主导生产方式为互联网为支撑的智能化大规模定制生产方式;该产业体系的主导生产组织是统一市场条件下的平台＋分散生产＋就地服务的模式;该产业体系的就是变与发达国家的垂直分工为水平分工,即由外生比较优势决定的产业间分工,转变为规模定制主导下的产业内分工;该产业体系的基本生产系统为智能互联生产服务一体化系统,包含了智能工厂与智能产品部分;该产

业体系运行依赖的核心要素禀赋为智力资本、知识信息、数据;该产业体系与生态自然环境和谐相处,是绿色生产绿色使用和资源节约的体系,即"集成生产服务、模块化分工、互联互通"的新型网络状产业体系,从而适应和匹配卓越全球城市的发展目标。

(一)现代产业体系建设的总体思路

围绕建设卓越全球城市的长远目标,以打造具有全球影响力的要素配置中心、科技创新中心为基本途径,以发展战略性新兴产业为重要手段,充分发挥市场的主导作用,建立与城市地位相匹配的、具有综合性服务平台功能的新型现代产业体系是上海未来产业体系及其结构升级的总体思路。

第一,上海现代产业体系应当与卓越全球城市的发展目标相一致。卓越全球城市的首要特征就是具有全球领导力,而产业实力是城市领导力的基础。未来上海的现代产业体系也应当与城市地位相匹配,具有全球领导力和影响力。产业的领导力主要体现在占据全球产业体系的核心地位,具有引领产业发展方向、配置资源要素的能力。新型产业发展是经济进步的基础,而经济进步又是文化繁荣的根本保证。因此,建设具有全球领导力和影响力的产业体系是建设具有经济硬实力和文化软实力的卓越全球城市的必然要求。

第二,以打造具有全球影响力的要素配置中心和科技创新中心为基本途径,不断提升上海现代产业体系的竞争力和领导力。在当今社会,生产要素不仅包括资本、劳动力,信息、技术、人才、数据也成为不可或缺的资源要素。目前,上海城市发展的方向是打造经济中心、金融中心、航运中心和贸易中心四个中心。产业发展目标在于提升上海在先进制造业、现代服务业尤其在货币资本和国际商品贸易中的影响力和竞争力。然而,随着新一轮工业革命和"工业4.0"的进一步发展,资本和贸易在产业发展中的地位和作用逐渐下降。信息、技术作为未来产业发展不可或缺的生产要素,越来越发挥着基础性和引领性作用。因此,未来上海产业发展重点应从资本、商品的中心逐渐向信息、技术、人才中心过渡,掌控未来经济和产业发展的基础性要素,即新型基础产业,从而提升上海产业在全球产业体系的影响力和领导力。同时,科技创新能力是长期保持要素配置能力的决定性因素。打造科技创新中心,与要素配置中心协同发展,以信息、人才配置支持科技创新,以科技创新带动技术要素进一步集聚,共同形成上海未来产业体系的核心竞争力。

第三,以发展战略性新兴产业为重要手段,带动上海要素配置中心和科技创新中心的建设。产业的战略性主要表现在两个方面:一是涉及国家产业体系中薄弱的核心产业、关键产业的发展上;二是涉及全球未来产业制高点、竞争力的关键战略性产业的发展上。为此,上海必须建设好国际要素配置中心和科技创新中心。而国际要素配置中心和科技创新中心的建设最主要的是对信息资源、技术资源、基础能源和基础材料的控制,而信息、技术、能源、材料的控制离不开战略性新兴产业的支持。发展智能信息物联网为代表的新一代信息产业,尤其是 5G 产业的发展为信息资源的获取和交流奠定产业基础;发展智能大数据技术和云计算技术,为信息的处理和知识的交流搭建良好的平台;发展新能源产业和新材料产业,为整个产业体系的建立奠定能源和材料基础。因此,通过战略性新兴产业的发展,带动相关产业的协同发展,从而吸引和集聚信息资源和科技资源,带动要素配置中心和科技创新中心的建设。

第四,充分发挥市场的主导作用和政府的引导作用。要充分发挥现代产业体系建设过程中市场的主导作用,让市场筛选有竞争力的技术和产业价值链环节。相关研究证明,财政支出占 GDP 比重越高,能源效率越低,经济效率更差,说明限制政府在资源配置中的作用,更大程度发挥市场作用,对提高整个经济的运行效率具有重要意义。因此,上海需要通过提升市场效率,引领产业结构转型升级,实现现代产业体系的建设。

政府的重点是规范与监管,促进市场建立起规范的秩序,结合自身实际和城市发展阶段制定统一的产业结构与空间布局的城市发展规划,做到产业体系与城市格局的协调、有序、可持续发展,从而实现产业发展与城市发展的协同。

1. 现代产业体系建设的目标模式

建立以"集成生产服务、模块化分工、互联互通"的新型网络状产业体系是上海现代产业体系建设的目标模式,这也是上海建设卓越全球城市的必然要求。

建立新型网络状产业体系必须要打破对现行产业体系和产业结构的

传统认识。传统的产业划分以价值链的纵向视角为前提,按照产业特性将产业划分为第一产业、第二产业和第三产业。然而,随着产业的发展,三次产业间的边界越来越模糊,跨产业边界的经济活动越来越广泛。如果继续使用三次产业的划分方法,不免有失恰当,而且也不能准确地反映城市发展对产业发展的新要求。因此,我们建议以价值链和价值网络的横向视角,对产业体系进行重新梳理,从而准确描述上海未来产业体系的目标模式。

网络状新型产业体系以满足消费者的综合性需求为根本目的,对消费需求进行模块化划分。按照衣、食、住、行、教育、文化、医疗等功能性和价值性需求,通过消费服务业、消费品产业、装备设施产业与基础产业的模块化分工和互联互通,实现综合性、个性化生产和服务,见图 10。

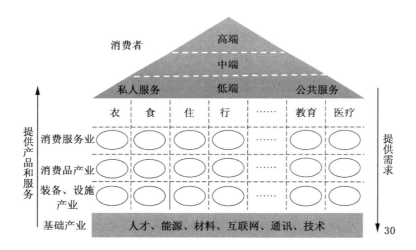

图 10　网络状现代产业体系

网络状新型产业体系的"集成生产服务"体现在通过生产和服务的集成满足消费者的综合性、个性化需求。消费者既有衣、食、住、行等私人服务的需求,也有教育、医疗、文化等公共服务的需求;既有低端需求,也有中、高端需求。网络状产业体系存在就是为了满足消费者的各类需求,同时根据消费者的意愿实现个性化服务。

网络状新型产业体系的"模块化分工"体现在针对消费者的不同需求,有一系列分工合作的功能模块来最终实现。基础性产业模块为其他产业模块提供基本的能源、材料和技术;装备、设施产业模块为生产服务提供设备和场地;消费品产业模块利用材料和设备,生产相应的消费产品;消费服务模块基于其他产业模块,为消费者提供服务,满足其最终需求。

网络状新型产业体系的"互联互通"体现在产业网络中功能模块的融合互动。基础产业和生产性服务业是互联互通的重要基础。基础性产业中主要以互联网、物联网、智能电网等为主要代表,为其他功能模块提供了融合互动的信息和技术基础,是模块互联互通的桥梁。而生产性服务业为其他模块提供了融合互动的基础服务,是模块互联互通的黏合剂。

2. 现代产业体系的基本组成

对于以建设卓越全球城市为己任的上海来说,建设网络状新型产业体系既要满足消费者的综合需求,同时也要重点满足消费者的高端需求。具体来说,在消费服务业和消费品产业领域,上海应重点发展现代高端服务业和高端消费品;在装备设施产业领域,上海应重点发展智能化、数字化制造;在基础产业领域,上海应着力发展新通讯、新材料等"硬基础",大数据、云计算等"软基础",以及智能互联网、物联网、智能电网等"互联性基础产业"。

建设五大平台。围绕建设互联互通、网络状新型产业体系的目标,上海应当积极打造五大功能平台,分别是全球资本交易与流通配置平台、全球货品和服务交易与流动配置平台、全球科技创新与服务平台、全球信息知识技术交换与服务平台、全球文化娱乐创意及服务平台。

三大类功能性产业。五大平台的建设由三大类功能性集成产业来支撑。

第一,生活服务功能性集成产业。主要包括大健康产业,如养生、健康、医药、医疗等相关产业;大娱乐产业,如影视、游戏、动漫、旅游等产业;大文化生产与服务业,如文学、艺术、美术、思想、哲学、教育等产业。

第二,装备生产与服务功能性集成产业。这类功能性集成产业主要包括高端消费品生产装备制造与服务业,涵盖衣、食、住、行各个领域;智能生产设施与工具、以及相关服务产业,如机器人生产与服务、3D打印设备与服务网络等;智能系统、软件生产与服务产业。

第三,基础性、大功能性集成产业。该类功能性集成产业主要包括互联网、物联网(工业)以及相关服务业;泛能源、环保、回收生产与服务产业;新材料生产与服务事业,如新型碳材料、纳米材料、高分子材料、生物材料等;信息、知识、技术创新及服务集成性产业。

六大战略性新兴产业。瞄准未来产业发展的世界领先地位,上海必须在六大新兴产业方面提前布局,加大投资形成规模与体系。

第一个是新基础设施产业,过去的基础设施指的是马路、港口、铁路等等,而决定未来产业发展的则会是新基础设施。"云"包括云计算、大数据;"网"包括新型互联网、新型物联网;"端",即终端和 App,"端"主要为移动终端,App 是操控入口。

在"云+网+端"的背后,5G 技术决定了新基础设施的状态和未来的领先性,因此如何把 5G 继续推进和做好,并且在上海快速地形成领先或者广泛地使用,这对上海现行与未来经济产业发展具有重大的意义。

新的基础设施、新的"云+网+端"产生之后可能会推动将来一系列的变化。以企业边界来举例,将来企业变得不再重要,更关键的是团队的合作,而劳动的雇佣关系也将发生变化,自我雇佣的时间可能会比别人雇佣你的时间更多一些等等,这些变化与新的生产组织——大规模协作网络的产生分不开。

第二是平台产业。平台分为两个方面:一个是线下;一个是线上。我们现有产业的划分是按照一二三四产业划分,但在未来,当平台经济逐渐成为主流的情况下,这样的划分可能并不太适合用来分析经济和产业了。平台服务的触角会不断地延伸、扩展,实际上是融合的。产业的边界将越来越淡化,直至消失。而生产服务和消费可能实现自由联动,消费者就是生产者,生产者就是消费者。

第三是人工智能(AI)产业。尽管现在市面上依然充斥着很多低智商的机器,但是一定会慢慢演化到智慧型机器,然后超级机器人将诞生,人工智能会衍生到各个产业层面,会改变产业的形态、发展和产品,所以 AI 产业的发展相当关键。

第四是数字产业。数据也可以看作是一个生产要素。它和资本、劳动、土地一样,我们对生产要素加以组合和开发就能产生价值,对数据加以组合和开发也会产生价值。所谓的大数据分析,首先当然是要把数据记录下来,但更重要的是分析和研究让它产生价值。

第五是基因经济与产业。基因涉及生命与健康,它的经济价值是极大的,尽管目前基因产业发展受到道德伦理的约束,但基因检测、基因修复、基因应用等方面依然会是一个重要的经济与产业的发展方向。

第六是新型服务产业。在当下的贸易结构当中,服务贸易正在不断地发展,服务贸易比重开始追上或已经超过商品贸易的比重。这是因为新型服务产业发展起来了。新型服务产业提供新型的生产与消费服务,其中包括个性化服务,即按照消费者自身的消费偏好来提供各式各样的产品和服务,如今个性化服务正在各式各样的领域展开。与此同时,智能化服务、集成化服务、全方位服务等也会成为未来发展的方向。

五大平台、三大功能性集成产业和六大战略性新兴产业的发展形成离不开城市地理空间要素的支持。为了实现网络状产业体系的升级目标,上海应当确立合理的产业空间布局和人才空间布局,以产业和人才的空间集聚带动产业功能集成、促进产业平台形成,从而最大程度发挥网络状产业体系的竞争优势,促进上海建设卓越全球城市的长期目标的最终实现。

(二)建立现代产业体系的战略路径

上海建立新型产业体系必须遵循科学的发展路径,必须在禀赋升级、价值链升级和空间结构优化三个方面取得协调,才可能实现由现行产业体系到现代产业体系的转化。

战略路径包括三个方面(见图11)。

一是升级要素禀赋,改变比较优势的基础。现代产业体系建设的基础是比较优势的动态变化。因此,从现在到未来,上海如何建立一个能充分发挥比较优势的产业分工体系,同时又不陷入"比较优势陷阱",关键是加大教育与创新投入,提高人力资本的内在品质,实现知识与创新的积累,提升创新能力和创新制度建设,抓住新一轮产业革命的契机。加大智力资本投入,提升创新能力与效率,积极开展重大技术创新、产业创新是发展现代产业体系与结构的关键之一。

二是产业链、价值链升级,在全球价值链中获得价值链的"治理权"。在开放格局下,上海很多产业是与发达国家产业链、价值链配合的产业,在产业链、价值链上处于位置低端边缘,根本没有产业链、价值链的治理权。发达国家的跨国公司充当了产业链、价值链的"系统的整合者",甚至

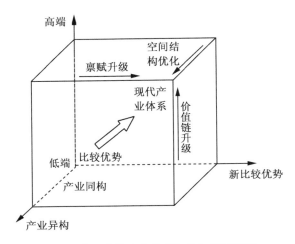

图 11　建立现代产业体系与结构战略路径

通过产业链、价值链的区域分割和等级制安排,限制发展中国家的产业沿产业链、价值链的学习和产业升级。因此,如何通过知识积累和创新能力培育,使我国更多的大企业获得更多产业链价值链主导升级的"话语权"是转型的关键之二。

三是通过长三角区域市场一体化,构建形成现代产业体系的统一市场基础。目前长三角区域间市场分割市场保护,导致了产业同构产能过剩的现象,由此进一步导致了资源分散和落后企业的保护,难以形成良好的市场竞争格局。创新者也难以获得创新成果市场认可后的创新租金,如此创新就难以展开,产业体系转型升级自然十分困难。上海应该在推动长三角经济、产业区域一体化过程中,通过要素流动和市场的统一,为上海现代产业体系建设提供一个良好的资源配置支持和市场机制支持,这是关键之三。

五

上海现代产业体系建设的重点对策

（一）改变现行产业体系运行逻辑

1. 现行产业体系的运行逻辑

在全球价值链（GVC）分工条件下，以跨国公司为代表的主导企业，一方面通过工序的分解将低附加值的环节转移到有比较优势的国家和地区生产，降低成本。同时，通过专利池、战略隔绝、品牌强化和零售市场并购等多种手段来提高设计、研发和营销等高附加值环节的进入壁垒，阻碍发展中国家企业进行功能升级和产业链、价值链的升级，这正是发展中国家企业融入全球分工体系后陷入"悲惨增长"的根源（卓越、张珉，2008）。近年来，随着中国经济发展水平的提高，工资成本、环境成本等已经大规模上升，中国的劳动密集型产业不得不面对来自低收入国家的挑战，而在产业升级发展高技术的新兴产业过程中又会遭遇发达国家的"阻击"。这就是我国目前产业体系遇到的最大困难，也是目前供给侧结构改革的关键所在。如果我们无法跨越这些挑战，我国的发展就会陷入比较优势的

"断档"期,陷入所谓的"中等收入陷阱",引发中长期经济衰退(张其仔,2008)。我国与上海现行产业体系运行的系统动力学模型如图 12 所示,资源、环境、劳动力成本的上升,使原本建立在自然禀赋的价值链低端为主的生产加工竞争力衰弱,最终使得原来的正向增强的反馈环无法进行下去,这就是我们目前的运行逻辑。

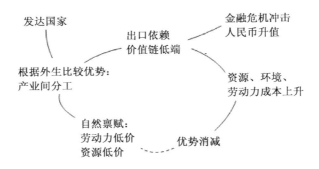

图 12　现行产业体系运行的系统动力学模型

2. 现代产业体系运行逻辑

上海建立的现代产业体系应该是基于内生比较优势(智力资本与创新)与发达国家进行全球产业体系的专业化分工,通过自主创新实现产业技术、生产功能升级,占据价值链的高端,获得全球价值链的治理能力,同时实现比较高的附加价值收益的增长。通过收益的增加就可以促进人力资本的进一步积累和创新的更多的投入,促进新比较优势的形成,并在此基础上依据新的动态比较优势参与国际新分工,形成一个正反馈的循环,如图 13 所示。

由现行产业体系向现代产业体系动态发展的关键是形成新比较优势。杨小凯等人(Yang and Borland,1991)在批评新古典主流理论的基础上,从专业化和分工的角度拓展了对内生比较优势的分析。他们认为,对于一个即使没有先天的或者说外生比较优势的个人,通过参与分工,提高自己的专业化水平,通过加速个人人力资本的积累也能获得内生比较优势。显然,现代产业体系是以新一代高科技为基础的产业体系,这样的产业体系需要高级的人力资源作为发展的关键要素。为此,上海应该切切实实地把人才高地发展起来,把教育水平推向更高,为上海建设现代产业体系奠定人力资本基础。

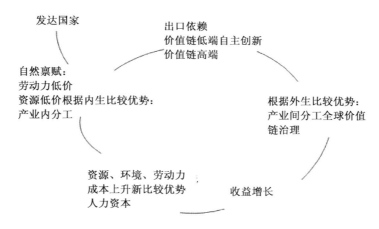

发达国家

出口依赖
价值链低端自主创新
价值链高端

自然禀赋:
劳动力低价
资源低价根据内生比较优势:
产业内分工

根据外生比较优势:
产业间分工全球价值
链治理

资源、环境、劳动力
成本上升新比较优势
人力资本

收益增长

资料来源:作者绘制。

图 13 现代产业体系运行的系统动力学模型

(二)发展新兴产业占据价值链高端

1. 贸易摩擦的背后是产业体系的竞争

21 世纪的最初十年,全球产业链与价值链已经形成了某种基本的均衡性。谁占据高端、谁处在低端,各国大多找到了自己的位置。以制造业为例,德国、美国、日本是高端,主要是研发与分销,包括制造业中的核心技术与关键设备零部件,附加值高收益大;中国是中低端,主要从事中低端制造加工,附加值低收益也低,所以彼此分工合作,基本上相安无事(见图 14)。但近年来,我国的制造业在完成了一定程度的积累之后,加大了科技与研发投入,技术在不断进步,制造业慢慢向价值链的高端环节发展,这对原有的全球产业链价值链均衡是一个冲击。在发达国家眼中,就是威胁,就是侵犯。

所以目前中美贸易摩擦,表面上看是两国贸易不平衡的问题,但本质上是两国在现代产业体系、新兴产业、先进制造业未来发展与竞争上的"角力"。这就是全球的竞争背后,实际上就是各国产业体系、核心技术的竞争、产业的竞争,也是创新的竞争。我国与上海近年来在创新驱动发展战略指引下,先进制造业和新兴产业发展速度很快,成效显著,产业结构有了较大的调整。但与此同时,先进制造业和新兴产业目前在国民经济中的比重还比较小,而且有些产业核心技术与发达国家有相当大的差距,

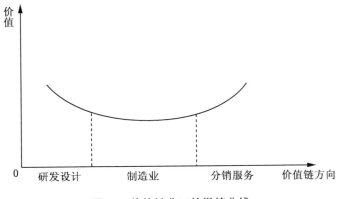

图 14　价值链分工的微笑曲线

许多新兴产业核心技术、高端产品价值链核心环节都掌握在发达国家企业手中。因此,从现行产业体系到现代产业体系建立的路径本质上就是创新驱动发展的路径。

2. 创新发展要从价值链高端入手

创新有多种,创新从内容上看,有基础研究的创新、应用研究的创新、产业的创新。基础研究的创新西方称之为科学发现,应用研究的创新称为技术发明;产业创新才是经济学家熊彼特教授讲的"创新"——生产要素的重组,核心是企业家精神。创新的方式又有渐进式和破坏式。我们现在破坏式创新比较少,产业创新比较弱,基础研究投入也不够,在应用技术方面的投入虽然多,但不能形成商业化的成功,这是我们的切肤之痛。

面对全球制造业发展的新变化,面对新一轮技术革命,上海现代产业体系构建的战略应该是:有跨越与赶超的勇气与动力,以新兴产业集群发展为载体,通过科学技术创新、产业创新,直接把握世界新兴产业的价值链高端,发展附加价值高、收益大的环节,形成自己的核心竞争力,从而成为产业价值链的控制者,形成能够引领其他相关产业转型升级的高质量发展模式。为此,我们需要充分认识科技创新、产业创新在上海制造业再辉煌过程中的关键作用,尤其重视产业创新实质是四个环节,即产品创新、工艺创新、组织创新和市场创新的协同;认识产业创新的主体是科技型大中型企业。通过科技创新、产业创新推动上海现代产业体系形成与发展,打破目前产业发展僵局和困境,变被动为主动,化压力为动力,重建国际竞争优势。

（三）实施产业转型"加、减、除、乘"四种新模式

1. "加"模式

"加"模式就是上海要加快与增加新兴产业发展。现代产业体系是在现行产业体系中转型脱胎而成。随着新一轮工业革命的推进和深入，以下一代通信网络、人工智能、互联网、物联网、云计算等为代表的新一代智能、信息技术正在改变着传统的生产模式，推动产业链的重构，形成一大批新兴的产业。这些新兴产业由于代表了消费者的新需求以及技术进步的未来，逐步成为产业体系的核心支柱与主导产业时，现行产业体系就脱胎成为现代产业体系了。因此，如何通过创新与合作，长三角一体化发展，大力推动上海与长三角地区新兴产业发展，并成为产业的领先者，是目前的当务之急。

"加"模式本质上是增加，是融合，是通过提高与增加新产业新技术新模式来改变上海现行的产业体系。目前来看，可以增加的新兴产业很多，如新能源、新材料、智能装备、互联网信息技术产业、大数据产业、新型服务业、大健康、航空航天、智慧海洋、现代农业、移动互联等。通过这些新兴产业的发展，一方面替代传统产业在国民经济中的支柱与主导地位，不断跟上新一轮技术革命与工业革命的步伐，提升国际竞争力；另一方面是大力应用人工智能、新一代互联网信息技术等新兴技术于现有传统产业改造，将其改造为智能互联生产服务系统，改造为可以生产供给智能产品与服务等高技术含量的产业，使之成为现代产业体系的重要产业，进而推动形成现代产业体系。

2. "减"模式

"减"模式就是减少上海现行产业体系中的低端技术、低端产品与服务的供给，是通过这些减少导致产业无效低效的供给减少，引导高新技术、先进管理方式的植入，用新组织管理方式和先进实用技术改造这些产业，从而提高产品与服务竞争力，提高产业附加值，满足人民日益高涨的美好生活的需求，最终实现产业转型升级，实现高质量发展。

"减"模式的核心是如何减。"减"模式应该是通过市场机制、通过公平竞争的方法减去社会中无效、低效的供给，而不是采用行政命令一刀切的方法。唯有公平的市场竞争，才可能有内在动力的创新，企业才会真正

有动力从两个方面努力。一个途径是先进管理方式的采用,即在现有传统产业技术升级条件下,通过生产组织的改造,管理手段的调整,资源的重新安排,质量标准的严格控制,推动产品和服务的精品化,提高产品与服务附加价值;另一个途径是新技术植入提高创新能力,用新技术、新材料改造生产加工方式,逐步往个性化、自动化、智能化生产发展,用新一代信息技术改造现行生产与服务产品,发展新产品和服务,提升产品与服务的附加价值与竞争力。

3."除"模式

"除"模式的关键是上海应该加大力度除去能耗高、污染高的产业以及它们的加工组装环节。除的本质是绿色发展、清洁发展,下决心把现行产业体系中的那些能耗高、污染重的产业除掉。除掉的方法:一是关停并转,即直接不让生存发展;一是大规模限时限刻进行转型改造,使之符合标准。

在"除"模式的状况下,首先要除的是上海的高能耗、高污染行业,要加大对其改造的力度。上海能源耗费相对集中于一些传统的高载能行业,如钢铁、石油化工。从价值链上看,能源耗费和污染主要集中在加工、组装和围绕生产进行的运输环节。这些成熟产业的制造环节已经实现标准化,不需要很高的技术,比拼的是劳动力成本以及资金密集,这一类制造业今天在我国已经失去优势。其次要除的是产业价值链上的能耗大污染大的环节,实现价值链升级。我们在发展新兴产业时,也应该注意并非所有新兴产业的价值链环节都是清洁绿色的。以属于清洁能源的电动汽车新兴产业为例,由于电池片和组件生产的技术门槛较低,各地区在发展新能源汽车的思想主导下,都一窝蜂地上锂电池加工项目,其中生产过程以及旧电池处理的污染怎么控制已经成为现实问题。因此,即便在发展新兴产业过程中,新污染怎么综合控制与防范是一个新问题,是上海构建现代产业体系需要思考的重要问题,需要新的政策与制度规则的建设。

4."乘"模式

"乘"模式的核心是上海应该通过核心技术创新与把握;通过互联网、信息技术、大数据、人工智能以及平台经济融合所有产业;通过跨界融合创新,关联互通,实现产业发展的乘数效应,形成产业发展新业态、新模式,形成现代产业体系的动态运行新范式。近期来看,核心技术创新和跨界融合创新,发展半导体芯片、人工智能技术、新一代互联网和移动物联网已经迫在眉睫。工业互联网与智能制造的结合，将改变现行的生产服务供给方式，主要包括三个方面：第一，能源由集中生产转变为分散生产；第二，制造方式由切削式生产转变为智能定制和添加式生产；第三，分散的能源和分散的生产，依靠信息网络平台连接起来，实现现代产业体系全新供给方式，即以互联网为依托的智能化大规模定制生产方式。

对于我国与上海来说，发展半导体技术、人工智能、智能制造、新材料、大数据技术、新一代信息技术是支持未来产业制造模式改变的核心，是构建现代产业体系的重中之重。应当积极布局下一代通信网络、物联网、云计算、智能装备、新材料等新一代产业，通过这些新兴产业的发展推动新一代技术在农业、制造业和服务业的应用，促进信息在不同产业领域的快速传递和共享，促进产业间的分工协作和跨界融合创新。在新一代智能技术、信息技术的推动下，现代服务业将更加紧密地嵌入到农业、制造业的各个环节中，从而进一步促进产业间的深度融合和互联互通，促进个性化、网络化、智能化的现代产业体系与结构的建立。通过新能源替代、新生产方式及下一代信息技术的应用，完全跳出传统发展模式，建立真正有国际竞争力、面向未来发展的现代产业体系。

（四）上海要在先进制造业竞争中率先突破

上海建设现代产业体系、发展现代服务业非常重要。这是上海未来经济的主体产业，这与上海卓越世界城市建设发展密不可分。但上海的现代产业体系中不能也不应该缺少现代先进制造业。基于上海制造业与先进制造业的基础，上海要打响制造品牌，树立上海制造再出发的战略思维，不仅要主动应对产业新变革，打造"大国重器"，代表国家参与国际竞争，也要顺应市场新潮流，创造"时代精品"，走进千家万户的心中。

在创新引领，加快培育新兴动能方面，上海要把智能制造作为全球科创中心建设的主战场，充分发掘上海制造创新驱动的动力源泉。我们建议，要加快实施产业创新工程，推动科技创新成果转化，实现"从无到有"、填补国内空白；同时，加快开展技术改造焕新计划，实现"从有到优"，推动提质增效。上海应该发挥在先进制造业、新一代信息网络技术等方面的优势，特别是依托长三角的产业腹地优势，在新基础产业发展、工业互联网制造、智能制造、新型材料等高点竞争中率先突破。

　　上海要实施更加积极主动的开放战略,加大全球资源配置力度,始终坚持上海制造追求卓越、勇攀高峰的发展取向。把打响"上海制造"品牌作为推动高质量发展的重要抓手,创造高品质生活的重要举措,在设计新、质量好、标准高、服务优上,全力彰显美誉度。

　　具体而言,可以聚焦高端智能装备、汽车、航天航空等优势产业领域,依托上海电气、上汽集团、商飞等行业领军企业,培育打造国际水准的数字化、网络化、智能化企业级互联网平台。依托上海的技术创新优势和长三角腹地优势,培育具有全球影响力的跨行业、跨领域工业互联网平台,实现多平台互联互通。通过互联网平台整合资源,构建设计、生产与供应链资源有效组织的协同制造体系。通过工业互联网平台与上海及长三角重点产业园区的互动,推动龙头企业依托工业互联网平台将业务流程与管理体系向上下游延伸,促进中小企业业务系统向云端迁移,带动中小企业工业互联网应用。以企业级平台和跨行业、跨领域平台为支撑,积极参与国家层面的工业互联网参考架构和标准体系建设,在中国制高点竞争中发挥重要作用。

　　企业应该成为先进制造业发展的核心主体。要让企业成为制造业转型升级的主体,市场成为配置资源根本力量。政府可以集中资源优势,做好服务企业的"店小二",大力培育上海的世界一流企业、"独角兽"企业、"隐形冠军"为核心的卓越先进制造企业群体。

　　首先是做强世界一流企业,使上海制造辐射面更广。构建根植本地,面向全球布局的创新、生产和服务网络,加快新一代智能制造模式应用。以龙头企业为引领,建设合作创新平台,发展全球价值链和供应链,争取更多的制造企业成为产业链和价值链领导者。

　　其次是做大"独角兽"企业,使上海制造创新力更强。聚焦智能硬件、生物医药、新能源与智能网联汽车等领域,加强技术创新、产业创新、商业模式创新和科创版发展,以培育先进制造领域科技型"独角兽"企业。

　　最后是做优"隐形冠军",使上海制造专业化更精。开展企业发展的战略对标,引导企业专注于细分产品的研发制造和市场拓展,精益求精打造"百年老店"形象,形成更多制造领域的"隐形冠军"企业,提升上海制造的美誉度。

　　(本报告成文于 2018 年,此次正式发表以飨读者。执笔:芮明杰)

参考文献

［1］Drucker J. Regional Industrial Structure Concentration in the U-
nited States：Trends and Implications［J］. Economic Geography. 2011,87
（4）：421—452.

［2］Drucker J, Feser E. Regional industrial structure and agglomera-
tion economies：An analysis of productivity in three manufacturing in-
dustries ☆［J］. Regional Science & Urban Economics. 2012,42(s 1—2)：
1—14.

［3］George C S L, Cassandra W. Technological Innovation in China's
High-Tech Sector：Insights from a 2008 Survey of the Integrated Circuit
Design Industry in Shanghai［J］. Eurasian Geography & Econom-
ics. 2009,50(4)：402—424.

［4］Gereffi G. Development Models and Industrial Upgrading in Chi-
na and Mexico［J］. European Sociological Review. 2009,25(1)：37—51.

［5］刘明宇,芮明杰,姚凯. 全球化背景下中国产业体系的构建模式
研究［J］. 中国工业经济,2009,(3):66—75.

［6］芮明杰等. 中国新型产业体系构建与发展研究［M］. 上海:上海
财经大学出版社,2017.3.

［7］芮明杰、王小沙主编. 2017 中国产业发展年度发展报告［M］. 上
海:上海财经大学出版社,2018.3.

［8］芮明杰,王小沙主编. 2016 中国产业发展年度发展报告［M］. 上
海:上海财经大学出版社,2017.3.

［9］芮明杰,杨锐. 大公司主导变革:我国产业结构战略性调整的新
思路、新政策［M］. 上海:上海财经大学出版社,2015.12.

［10］芮明杰等. 上海未来综合性全球城市产业体系构想［J］. 科学

发展,2015(4).

[11]芮明杰. 第三次工业革命与中国选择[M]. 上海:上海辞书出版社,2013.12.

[12]芮明杰. 如何走出产业体系的"结构性陷阱"[N]. 社会科学报,第 1609 期,2018.5.

[13]芮明杰. 推动我国先进制造业走向全球产业价值链高端[N]. 三思派专栏文章,2018.4.

[14]芮明杰. 上海制造业再创辉煌:产业创新是关键[N]. 第一财经日报,2018.5.9.

[15]温杰,张建华. 中国产业结构变迁的资源再配置效应[J]. 中国软科学,2010,(6):57—67.

[16]张其仔. 比较优势的演化与中国产业升级路径的选择[J]. 中国工业经济,2008,(9).

[17]张杰,刘志彪,郑江淮. 产业链定位、分工与集聚如何影响企业创新[J]. 中国工业经济,2007,(7):47—55.

[18]张昕,李廉水. 制造业聚集、知识溢出与区域创新绩效[J]. 数量经济技术经济研究,2007(8):35—44.

[19]张洁,芮明杰. 现代服务业发展模式及其国际借鉴[J]. 改革,2010,(5)142—144.

图书在版编目(CIP)数据

2019 中国产业发展年度分析报告:投入产出的视角/芮明杰,王小沙主编. —上海:上海财经大学出版社,2020.8

ISBN 978-7-5642-3513-0/F · 3513

Ⅰ.①2… Ⅱ.①芮… ②王… Ⅲ.①产业发展-研究报告-中国-2019

Ⅳ.①F124

中国版本图书馆 CIP 数据核字(2020)第 059805 号

□ 丛书策划　王永长
□ 责任编辑　杨　娟
□ 封面设计　张克瑶

2019 中国产业发展年度分析报告
——投入产出的视角

芮明杰　　王小沙　主编

上海财经大学出版社出版发行
(上海市中山北一路 369 号　邮编 200083)
网　　址:http://www.sufep.com
电子邮箱:webmaster @ sufep.com
全国新华书店经销
上海华业装潢印刷厂印刷装订
2020 年 8 月第 1 版　2020 年 8 月第 1 次印刷

710mm×1000mm　1/16　37.5 印张(插页:2)　577 千字
定价:98.00 元